"十四五"职业教育系列教材

U0657940

建筑工程施工安全

（第二版）

主编　张　迪　吴瑞卿

参编　钟志锋　吴咏陶

　　　李　颖　王晓亮

　　　谭宇翔　钟超俊

中国电力出版社

CHINA ELECTRIC POWER PRESS

内 容 提 要

本书是以培养安全员岗位能力为目标，面向高职高专、职业本科建筑工程技术、安全技术与管理、工程管理等专业的职业教育教材。

本书以危险性较大的分部分项工程为主线，突出职业教育特点，内容包括施工现场安全教育及安全检查、基坑支护安全、脚手架施工安全、模板施工安全、垂直运输安全、拆除施工安全、临时用电安全、施工现场消防安全等 8 个项目的 38 个任务。

本书可作为高职高专、职业本科建筑工程技术、安全技术与管理、工程管理等专业的教学用书，也可作为建筑施工安全技术、安全管理的培训和参考用书。

图书在版编目（CIP）数据

建筑工程施工安全 / 张迪，吴瑞卿主编 . — 2 版 . — 北京：中国电力出版社，2023.1（2025.2 重印）
ISBN 978-7-5198-6375-3

Ⅰ.①建…　Ⅱ.①张…　②吴…　Ⅲ.①建筑工程 - 工程施工 - 安全技术 - 高等职业教育 - 教材　Ⅳ.① TU714

中国版本图书馆 CIP 数据核字（2021）第 266846 号

出版发行：中国电力出版社
地　　址：北京市东城区北京站西街 19 号（邮政编码 100005）
网　　址：http://www.cepp.sgcc.com.cn
责任编辑：熊荣华（010-63412543　124372496@qq.com）
责任校对：黄　蓓　常燕昆
装帧设计：郝晓燕
责任印制：吴　迪

印　　刷：北京雁林吉兆印刷有限公司
版　　次：2016 年 8 月第一版　2023 年 1 月第二版
印　　次：2025 年 2 月北京第十三次印刷
开　　本：787 毫米 ×1092 毫米　16 开本
印　　张：17.5
字　　数：433 千字
定　　价：60.00 元

前　　言

建筑施工不安全因素多，是伤亡事故多发行业，安全生产有着极其重要的意义。

安全生产应以《中华人民共和国安全生产法》为依据，以人为本，坚持人民至上、生命至上，把保护人民生命安全摆在首位，树牢安全发展理念，坚持"安全第一、预防为主、综合治理"的方针，从源头上防范化解重大安全风险。

本书对接安全员职业标准和岗位要求，以培养学生具有建筑工程施工安全管理能力为目标，详细介绍了建筑工程施工过程中的安全技术，安全措施及规范、规程与标准，主要内容包括：施工现场安全教育、建筑基坑及土方工程施工安全、脚手架工程施工安全、模板工程施工安全、建筑施工机械设备使用安全、拆除工程施工安全、施工现场临时用电安全、施工现场消防安全等。特别重点介绍了脚手架、高支撑模板系统、塔机基础的设计。

本书以党的二十大对职业教育的"产教融合"要求为核心，编者由长期从事职业教育的教师和行业专家组成，不但遵循高职教育教学认知规律，还吸收了建筑施工行业发展的新知识、新技术、新工艺和新方法；以党的二十大对职业教育的"科教融汇"要求为标准，以职业教育学习方式和教育模式创新为依据，形成了方便查找，促进学生主动学习、有效学习的新形态教材。本书还具有以下特点：

（1）拥有大量的教学素材。编者建设了大量教学素材，读者可以通过扫描封面和书中的二维码自主获取。除纸质教材所包含的知识点、技能点、相关原理以及通过文字或图表形式展示的信息外，还根据课程知识点的分布，建设了包含演示文稿、动画、教学案例、思考与练习、职业活动训练等众多教学文件及教学信息。多样化构建课程教学资源库，供读者学习和相关课程教师参考。

（2）具有丰富多样的教学资源表现形式。以课程为中心的多媒体、多形态、多层次的教学资源，包括视频、动画等，保证教学内容从书本内向书本外延伸，从课堂内向课堂外延伸，为读者构筑起全方位、立体化的知识获取平台。

（3）可实现线上线下学习的互为补充。书中每个项目均有详细的教学要求，包括知识目标和能力目标，每个项目还安排了一定数量的思考与练习、职业能力训练等。

本书由广东水利电力职业技术学院张迪和广州建筑股份有限公司吴瑞卿主编，华南理工大学蔡健主审，广州建筑股份有限公司钟志锋、李颖、王晓亮、钟超俊，广州一建建设集团有限公司吴咏陶，广东水利电力职业技术学院谭宇翔参与了部分章节的编写工作。本书力图做到涉及面广，适用性强，概念清楚而简明，内容丰富而完整。

限于编写时间和编者水平，书中难免有不妥之处，敬请读者批评指正。

编　者

目　　录

项目1 施工现场安全教育

【知识目标】

（1）了解安全施工的概念和国家建设工程安全生产管理方针的内容。

（2）掌握建筑施工安全事故征兆、常见伤害形式、安全事故等级划分，掌握施工现场安全事故处理原则、处理程序和处理方法。

（3）了解安全生产管理制度，熟悉建筑施工安全生产相关的法律、法规。

（4）熟悉建筑施工安全检查标准。

【技能目标】

（1）能够结合工程实际分析某工程项目的安全生产特点并找出其施工现场的不安全因素。

（2）能够编制某实际工程项目的施工安全管理预案。

（3）能够对照某实际工程项目分析指出其是否符合有关安全生产法律、法规的情况。

（4）能够按照《建筑施工安全检查标准》（JGJ 59）对某施工现场进行安全检查。

（5）能够依据《建筑施工安全检查标准》（JGJ 59）对某工程的施工安全资料档案进行汇总。

【相关案例】

详细内容请用微信扫描本页二维码阅览。

项目1 相关拓展阅读资源

任务1.1 建筑施工安全的定义及施工安全事故类别

1.1.1 建筑施工安全的定义

建筑施工安全，指在建筑工程相应的施工要求与施工条件下，保证施工过程中涉及人员和财产的安全，包括施工作业安全、施工设施（备）安全、施工现场（通行、停留）安全、消防安全以及其他意外情况发生时的安全。

安全施工，是指以国家法律、法规、规定和强制性条文及技术标准为依据，采取各种相应手段进行控制，消除生产过程中的不安全因素，以达到减少一般安全事故、杜绝重大安全事故发生为目的施工活动。

1.1.2 建筑施工安全生产的特点

建筑施工安全生产的特点有：

（1）产品的固定性导致作业环境的局限性。

（2）露天作业导致作业条件恶劣。

（3）流动性大，工人整体素质低带来了安全管理难度大。

（4）手工操作多、体力消耗大、强度高带来了个体劳动保护的艰巨性。

（5）体积庞大带来了施工作业的高空性。

（6）施工场地狭窄带来了多工种立体交叉性。

（7）拆除工程潜在危险带来了作业不安全性。

（8）产品多样性、施工工艺多变性要求安全技术措施和安全管理措施的动态性。

1.1.3 国家建设工程安全生产管理方针 🔳

国家建设工程安全生产管理方针是"安全第一，预防为主，综合治理"。

1.1.4 建筑施工安全管理中的不安全因素 🔳

建筑施工安全管理，是指建设行政主管部门、建筑安全监督管理机构、建筑施工企业及有关单位对建筑生产过程中的安全工作，进行计划、组织、指挥、控制、监督、调节和改进等一系列致力于满足施工安全的管理活动。

建筑施工安全管理中主要有以下不安全因素。

（1）人的不安全因素。

（2）物的不安全状态。

物的不安全状态是指导致施工安全事故的物质条件，包括机械设备及其使用中存在的不安全因素。

（3）施工管理的不安全因素。

施工管理的不安全因素通常也称管理上的缺陷。

1.1.5 事故隐患和重大事故隐患 🔳

（1）事故隐患，是指违反安全生产法律、法规、规章、国家标准、行业标准、安全规程和管理制度的规定，或者因其他因素在生产经营活动中存在可能导致事故发生的物的危险状态、人的不安全行为和管理上的缺陷。

（2）重大事故隐患，是指危害或者整改难度较大，需要全部或者局部停产停业，并经过一定时间整改治理方能排除的事故隐患，或者因外部因素影响致使生产经营单位自身难以排除的事故隐患。

1.1.6 建筑施工事故征兆 🔳

施工事故的征兆，是指在安全事故发生之前所显示出的可能要发生事故的迹象。如能及时地发现征兆并采取排险措施，则有可能阻止事故的发生；即使不能阻止时，也可以及时撤出人员和采取保护措施，以减轻事故的伤害和损失。

（1）事故的征兆按其出现的顺序可分为早期征兆、中期征兆和晚期征兆。

1）早期征兆。

早期征兆是导致事故发生的物体开始启动初现的迹象，如结构杆件的初始变形、土方的

🔳 表明该处有二维码拓展资源，读者可用微信扫描本项目首页二维码阅览。

初始开裂、滑动等。

2）中期征兆。

中期征兆是早期征兆的发展与扩大迹象，如变形迅速发展、裂缝显著扩张、局部土体开始移动、坍塌等。

3）晚期征兆。

晚期征兆是在事故发生前，原有状态面临突变的迹象，如即将发生裂断、折断脱离等险情，预示事故将至。

（2）事故征兆发现后的处理。

如果难以准确地判断事故征兆的类别时，应当按照后一级的办法进行处理，即大致判断为"早期征兆"者，按"中期征兆"处理；大致判断为"中期征兆"者，按"晚期征兆"处理。以免判断失误，延误发生指令的时间，造成难以挽回的伤害和损失。

1.1.7 建筑施工安全事故类别 📱

建筑施工中常见的事故有高处坠落、坍塌、物体打击、触电、机械伤害。这五类事故占事故总数的 85% 以上，俗称"五大伤害"。此外，施工中还易发生起重伤害、中毒、窒息和火灾、爆炸等伤害事故。

1.1.8 安全事故等级

安全事故等级见表 1-1。

表 1-1   安 全 事 故 等 级

级别	具备下列条件之一者
特别重大事故	造成 30 人以上死亡，或者 100 人以上重伤（包括急性工业中毒，下同），或者 1 亿元以上直接经济损失的事故。
重大事故	造成 10 人以上 30 人以下死亡，或者 50 人以上 100 人以下重伤，或者 5000 万以上 1 亿元以下直接经济损失的事故。
较大事故	造成 3 人以上 10 人以下死亡，或者 10 人以上 50 人以下重伤，或者 1000 万以上 5000 万元以下直接经济损失的事故。
一般事故	造成 3 人以下死亡，或者 10 人以下重伤，或者 1000 万元以下直接经济损失的事故。

1.1.9 施工现场安全事故处理 📱

安全事故的处理应当坚持实事求是、尊重科学的原则，及时、准确地查清事故经过、事故原因和事故损失，查明事故性质，认定事故责任，总结事故教训，提出整改措施，并对事故责任者依法追究责任。

（1）安全事故处理原则。

安全事故处理原则即"四不放过"原则：事故原因未查清的不放过；事故隐患未排除的不放过；事故相关人员未受教育的不放过；相关责任人未受到处罚的不放过。

（2）安全事故处理程序。

安全事故处理程序：报告安全事故，包括抢救伤员、排除险情、防止事态扩大等→调查安全事故，包括成立安全事故调查小组、提交事故调查报告等→处理安全事故，包括安全生产监督管理部门对事故发生单位落实防范和整改措施进行监督检查、负责事故调查的有关部门向社会公布事故处理结果等。

1）报告安全事故。

报告安全事故应当及时、准确、完整，任何单位和个人对事故不得迟报、漏报、谎报或者瞒报。

2）调查安全事故。

3）处理安全事故。

思考与练习

（1）什么是安全施工？

（2）简述国家建设工程安全生产管理方针的内容。

（3）基坑（槽）塌方事故发生前的常见征兆有哪些？

（4）简述脚手架及运输车道架倾倒事故发生前的常见征兆。

（5）简述脚手架局部垮塌和倒塌事故发生前的常见征兆。

（6）简述支撑架垮塌和倒塌事故发生前的常见征兆。

（7）简述机械设备倾翻事故发生前的常见征兆。

（8）简述塔式起重机事故发生前的常见征兆。

（9）简述施工升降机事故发生前的常见征兆。

（10）简述高处作业吊篮事故发生前的常见征兆。

（11）简述汽车式起重机事故发生前的常见征兆。

（12）什么是"五大伤害"？

（13）简述建筑施工安全事故的常见伤害形式。

（14）安全事故的等级是如何划分的？

（15）简述安全事故处理原则。

（16）简述安全事故处理程序。

任务1.2　学习建设工程安全的主要法律、法规、规定

建设工程施工安全生产管理制度是对国家建设工程安全管理机构、建筑施工单位在施工过程中的安全管理工作的责任划分和工作要求，是为保证建设工程生产安全所进行的计划、组织、教育、指挥、协调和控制等一系列管理活动而制定的法律制度，是针对建设行为主体单位在安全生产过程中的行为规范和所承担的责任做的具体详细的规定。

1.2.1　建筑法律

建筑工程涉及的法律主要有：《中华人民共和国建筑法》《中华人民共和国安全生产法》《中华人民共和国劳动法》《中华人民共和国刑法》《中华人民共和国消防法》《中华人民共和国环境保护法》《中华人民共和国大气污染防治法》《中华人民共和国固体废物污染环境防治法》《中华人民共和国环境噪声污染防治法》等。

1.2.2　行政法规

建筑行政法规是对法律的进一步细化，是国务院根据有关法律中的授权条款和管理全国建筑行政工作的需要制定的，是法律体系的第二层次，以国务院令形式公布。

在建筑行政法规层面上，《安全生产许可证条例》和《建设工程安全生产管理条例》是建设工程安全生产法规体系中主要的行政法规。

在《安全生产许可证条例》中，我国第一次以法律形式确立了企业安全生产的准入制度，是强化安全生产源头管理，全面落实"安全第一，预防为主，综合治理"安全生产方针的重大举措。

《建设工程安全生产管理条例》是根据《建筑法》和《安全生产法》制定的一部关于建设工程安全生产的专项法规。

1.2.3 其他有关建设工程安全生产的行政法规

其他有关建设工程安全生产的行政法规有：《建筑安全生产监督管理规定》《建设工程施工现场管理规定》《企业职工伤亡事故报告和处理规定》《特别重大事故调查程序暂行规定》《国务院关于特大安全事故行政责任追究的规定》《特种设备安全监察条例》《国务院关于进一步加强安全生产的决定》等。

1.2.4 建筑部门规章

建筑部门规章根据其制定机关的不同分为两类：一类是部门规章，另一类是地方政府规章，规章在各自的权限范围内施行。

建筑部门规章有：《建设工程施工许可管理办法》《建筑业企业资质管理规定》《工程建设项目勘察设计招标投标办法》《房屋建筑和市政基础设施项目工程总承包管理办法》《房屋建筑和市政基础设施工程施工分包管理办法》等。

1.2.5 工程建设标准

工程建设标准包括国家标准、行业标准、地方标准和企业标准。

工程建设标准主要有：《建筑施工安全检查标准》（JGJ 59）、《施工企业安全生产评价标准》（JGJ/T 77）、《建设工程施工现场消防安全技术规范》（GB 50720）、《施工现场临时用电安全技术规范》（JGJ 46）、《建筑施工高处作业安全技术规范》（JGJ 80）、《龙门架及井架物料提升机安全技术规范》（JGJ 88）、《建筑施工扣件式钢管脚手架安全技术规范》（JGJ 130）、《建筑施工承插型盘扣式钢管支架安全技术规程》（DB 32/T 4073）、《建筑施工模板安全技术规范》（JGJ 162）、《建筑机械使用安全技术规程》（JGJ 33）、《工程建设标准强制性条文》等。

思考与练习

（1）什么是建设工程施工安全生产管理制度？
（2）涉及建筑施工安全的法律主要有哪些？
（3）什么是建筑行政法规？
（4）涉及建筑施工安全的建筑行政法规主要有哪些？
（5）简述《建设工程安全生产管理条例》的主要内容。
（6）什么是建筑部门规章？主要有哪些建筑部门规章？
（7）什么是工程建设标准？主要有哪些工程建设标准？

任务 1.3 学习安全生产责任制度

安全生产责任制度是指将各种不同的安全责任落实到负责有安全管理责任的人员和具体岗位人员身上的一种制度，是安全生产管理方针，即"安全第一、预防为主、综合治理"的具体体现。安全生产责任制度是建设工程生产中最基本的安全管理制度，是所有安全规章制度的核心。

安全生产责任制度的主要内容包括以下几方面。

1.3.1 从事建设工程活动主体的负责人的责任制

（1）建设单位的安全责任。

（2）勘察、设计、工程监理及其他有关单位的安全责任。

（3）施工单位的安全责任。

1.3.2 从事建设工程活动主体的职能机构负责人及其岗位人员的安全生产责任制

施工单位应当设立安全生产管理机构，配备专职安全生产管理人员。安全生产管理机构及配备的专职安全生产管理人员要对安全生产负责。

岗位人员必须对安全生产负责。从事特种作业的安全人员必须进行培训，考试合格后方能持证上岗作业。

1.3.3 建设工程安全生产监理责任制度

监理单位法定代表人应对本企业监理工程项目的安全监理全面负责。总监理工程师要对工程项目的安全监理负责，并根据工程项目特点，明确监理人员的安全监理职责。

1.3.4 安全生产教育培训制度

安全生产教育培训制度是对建设领域的工作人员进行安全教育培训，增强安全意识、提高安全知识和技能的制度。建筑施工企业应当建立健全劳动安全生产教育培训制度，加强对职工安全生产的教育培训；未经安全生产教育培训的人员，不得上岗作业。

1.3.5 安全生产检查监察制度

（1）安全生产检查制度。

安全生产检查制度是工程监理机构或施工单位自身对安全生产状况进行定期或不定期检查的制度。通过检查可以发现问题，查出隐患，从而采取有效措施，消除施工过程中不安全的因素，把事故消灭在萌芽状态，做到防患于未然，是"预防为主"的主要体现。通过检查，还可以总结出好的经验加以推广，为进一步搞好安全工作打下基础。安全检查制度是安全生产的保障。

施工单位专职安全生产管理人员负责对安全生产进行现场监督检查。发现安全事故隐患，应当及时向项目负责人和安全生产管理机构报告；对违章指挥、违章操作的，应当立即制止。

工程监理单位应当审查施工组织设计中的安全技术措施或者专项施工方案是否符合工程建设强制性标准。工程监理单位在实施监理过程中，发现存在安全事故隐患的，应当要求施工单位整改；情况严重的，应当要求施工单位暂时停止施工，并及时报告建设单位。施工单位拒不整改或者不停止施工的，工程监理单位应当及时向有关主管部门报告。工程监理单位和监理工程师应当按照法律、法规和工程建设强制性标准实施监理，并对建设工程安全生产承担监理责任。

1）施工准备阶段安全监理的主要工作内容，详见本项目相关拓展阅读资源。

2）施工阶段安全监理的主要工作内容，详见本项目相关拓展阅读资源。

（2）安全生产监督检查制度。

建设工程施工安全生产监督检查制度，是指国家建设行政部门和其他有关部门对建筑施工安全生产进行检查监督，并对违法行为进行制止和处罚的制度。

1.3.6　群防群治制度

群防群治制度是在建设工程安全生产中，充分发挥广大职工的积极性，加强群众性的监督检查，发挥工会组织对安全宣传教育、安全检查的监督作用，以预防和治理施工生产中的伤亡事故的一种制度。

1.3.7　建筑施工安全生产许可制度

建筑施工安全生产许可制度，是指在建筑施工过程开始之前，依法对参与建筑施工活动的主体能力、资格以及其他安全生产因素进行审查、评价并确认资格或条件的制度。建筑施工安全生产许可证，主要包括对施工企业安全资格的许可证，对有关人员资格的认证和对特殊设施、设备的认证。

1.3.8　生产安全事故报告调查处理制度

施工单位发生生产安全事故，应当按照国家有关伤亡事故报告和调查处理的规定，及时、如实地向负责安全生产监督管理的部门、建设行政主管部门或者其他有关部门报告；特种设备发生事故的，还应当同时向特种设备安全监督管理部门报告。接到报告的部门应当按照国家有关规定，如实上报。

安全事故报告应当包括以下内容：

（1）事故发生单位概况。

（2）事故发生的时间、地点以及事故现场情况。

（3）事故的简要经过。

（4）事故已经造成或者可能造成的伤亡人数（包括下落不明的人数）和初步估计的直接经济损失。

（5）已经采取的措施。

（6）其他应当报告的情况。

1.3.9　施工企业资质管理制度

1.3.10　意外伤害保险制度

1.3.11　建筑起重机械安全监管制度

1.3.12　危及施工安全的工艺、设备、材料淘汰制度

1.3.13　生产安全事故责任追究制度

思考与练习

（1）什么是安全生产责任制度？简述安全生产责任制度的主要内容。

（2）施工单位应当在施工组织设计中编制哪些危险性较大的分部分项工程专项施工方案？

（3）简述施工单位专职安全生产管理人员的配备办法。

（4）特种作业人员指什么岗位的工作人员？

（5）施工单位应当在施工现场的哪些位置设置明显的安全警示标志？

（6）建设单位的安全责任主要有哪些？

（7）勘察、设计、工程监理及其他有关单位的安全责任主要有哪些？

（8）施工单位的安全责任主要有哪些？

（9）安全生产教育培训制度包括哪些内容？

（10）什么是安全生产检查制度？

（11）简述施工准备阶段安全监理的主要工作内容。

（12）简述施工阶段安全监理的主要工作内容。

（13）简述安全生产监督检查制度的主要工作内容。

（14）简述群防群治制度的主要工作内容。

（15）简述建筑施工企业取得安全生产许可证的安全生产条件具体规定。

（16）简述生产安全事故报告调查处理制度的主要工作内容。

职业活动训练

活动 1. 讨论安全生产管理制度的目的与意义

（1）活动分组：全班分为 6～8 个组，每组 5～7 人。

（2）活动资料：建设工程安全生产管理制度等相关资料。

（3）活动要求：学生阅读建设工程安全生产管理制度，以小组为单位讨论安全生产管理的目的和意义，写出讨论报告。

（4）活动总结：召开成果汇报会，以小组为单位汇报活动情况，进行成果交流和活动总结。

活动 2. 阅读施工安全教育资料

（1）活动分组：全班分为 6～8 个组，每组 5～7 人。

（2）活动资料：不同建设工程项目的安全教育管理档案等资料。

（3）活动要求：学生阅读建设工程安全教育管理档案资料，总结各级安全教育的内容和要求，以小组为单位写出学习体会，提出见解。

（4）活动总结：召开成果汇报会，以小组为单位汇报活动情况，进行成果交流和活动总结。

活动 3. 安全教育模拟会

（1）活动分组：全班分为 3 个组，分别进行公司安全教育、项目经理部安全教育、班组安全教育。

（2）活动资料：某建设工程项目的三级安全教育管理档案资料。

（3）活动要求：学生阅读建设工程的安全教育管理档案资料，以小组为单位对新工人入场进行三级安全教育培训。

（4）活动总结：召开成果汇报会，以小组为单位汇报活动情况，进行成果交流和活动总结。

任务 1.4 编制施工安全专项方案

建筑工程施工包括土方工程、基础工程、砌体工程、钢筋混凝土工程、地面工程、装饰工程等若干个分部、分项工程施工，各个施工环节具有不同的特点，存在不同的安全隐患，需要在工程实施前，针对工程的现场情况和工程的具体特点组织、实施相应的安全防范措施。

1.4.1 危大工程施工安全专项方案

危大工程安全专项施工方案是指施工单位在编制施工组织设计的基础上，针对危险性较大的分部分项工程单独编制的安全技术措施文件。施工单位应当在危大工程施工前组织工程技术人员，根据国家和地方现行相关标准规范，结合施工现场实际情况编制专项施工方案。

对于超过一定规模的危大工程，施工单位应当组织召开专家论证会对专项施工方案进行论证。实行施工总承包的，由施工总承包单位组织召开专家论证会。

危大工程专项施工方案主要包括以下内容：

（1）工程概况：危大工程概况和特点、施工平面布置、场地及周边环境情况、施工要求和技术保证条件等。

（2）编制依据：相关法律、法规、规范性文件、标准、规范、操作规程及施工图设计文件、施工组织设计等。

（3）施工计划：包括施工进度计划、材料与设备计划等。

（4）施工工艺技术：技术参数、工艺流程、施工方法、操作要求、检查要求等。

（5）施工安全保证措施：组织保障措施、技术措施、监测监控措施等。

（6）施工管理及作业人员配备和分工：施工管理人员、专职安全生产管理人员、特种作业人员、其他作业人员等。

（7）验收要求：验收标准、验收程序、验收内容、验收人员等。

（8）应急处置措施。

（9）计算书、相关施工图纸及节点详图。

专项施工方案应当由施工单位技术负责人审核签字、加盖单位公章，并由总监理工程师审查签字、加盖执业印章后方可实施。由专业分包单位编制的专项方案应出专业分包单位技术负责人和总承包单位技术负责人共同审核签字并加盖单位公章，并由总监理工程师审查签字、加盖执业印章后方可实施。

1.4.2 安全技术交底 📱

安全技术交底制度是安全制度的重要组成部分。根据《中华人民共和国安全生产法》《建设工程安全生产管理条例》《施工企业安全检查标准》等有关规定，在进行工程技术交底的同时要进行安全技术交底。

专项施工方案实施前，编制人员或者项目技术负责人应当向施工现场管理人员进行方案交底。交底内容应当包括施工工艺、材料、设备、工作流程、工作条件、安全技术措施，以及安全管理和应急处置措施等，方案交底应由双方签字确认。

（1）安全技术交底的基本要求，详见本项目相关拓展阅读资源。

（2）安全技术交底的主要内容，详见本项目相关拓展阅读资源。

思考与练习

（1）简述安全施工组织设计的内容。

（2）常见的施工安全技术措施主要有哪些？

（3）简述安全技术交底的主要内容。

职业活动训练

阅读建设工程施工组织设计的安全方案、专项施工方案的安全措施和安全技术交底资料：

（1）活动分组：全班分为 6～8 个组，每组 5～7 人。

（2）活动资料：不同建设工程项目的施工组织设计安全预案、专项施工方案的安全措施和安全技术交底资料。

（3）活动要求：学生阅读相关资料，以小组为单位对写出施工组织设计安全预案、专项施工方案的安全措施和安全技术交底资料的主要内容。

（4）活动总结：召开成果汇报会，以小组为单位汇报活动情况，进行成果交流和活动总结。

任务 1.5　施工现场安全检查

安全检查是对生产过程中影响安全的各种因素进行实地观察、测试、分析、研究，以尽早发现潜变、异常、危险和可能发生的事故，制定预防措施并组织实施。安全检查的目的是预知危险、发现隐患，以便提前采取有效措施、消除危险。

1.5.1　安全检查的依据 📱

1.5.2　安全检查的要求 📱

1.5.3　安全检查的作用 📱

1.5.4　安全检查的内容 📱

1.5.5　安全检查的方式 📱

安全检查通常采取日常检查、定期检查、专业检查、不定期检查四种类型。各种检查可单独进行也可以结合进行。

1.5.6　安全检查的评分

安全检查评分的主要依据是《建筑施工安全检查标准》（JGJ 59）。

（1）建筑施工安全检查的主要内容。

施工中常见的事故有高处坠落、触电、物体打击、机械伤害、坍塌等五类事故，占事故总数的 85% 以上。建筑施工安全检查集中在安全管理、文明施工、扣件式钢管脚手架、门式钢管脚手架、碗扣式钢管脚手架、承插型盘扣式钢管脚手架、满堂脚手架、悬挑式脚手架、附着式升降脚手架、高处作业吊篮、基坑工程、模板支架、高处作业、施工用电、物料提升机、施工升降机、塔式起重机、起重吊装、施工机具共 19 个方面。

《建筑施工安全检查标准》（JGJ 59）分别列出 19 张检查表和建筑施工安全检查评分汇总表，即安全管理检查评分表；文明施工检查评分表；扣件式钢管脚手架检查评分表；门式钢管脚手架检查评分表；碗扣式钢管脚手架检查评分表；承插型盘扣式钢管脚手架检查评分表；满堂脚手架检查评分表；悬挑式脚手架检查评分表；附着式升降脚手架检查评分表；高处作业吊篮检查评分表；基坑工程检查评分表；模板支架检查评分表；高处作业检查评分表；施工用电检查评分表；物料提升机检查评分表；施工升降机检查评分表；塔式起重机检查评分表；起重吊装检查评分表；施工机具检查评分表；建筑施工安全检查评分汇总表。

（2）建筑施工安全检查评分表的应用。

建筑施工安全检查评定中，保证项目应全数检查。

分项检查评分表和检查评分汇总表的满分分值均应为 100 分，评分表实得分值应为各检查项目所得分值之和。

评分应采用扣减分值的方法，扣减分值总和不得超过该检查项目的应得分值；

如果在分项检查评分表评分时，保证项目中有一项未得分或保证项目小计得分不足 40 分，此分项检查评分表不应得分；

脚手架、物料提升机与施工升降机、塔式起重机与起重吊装项目的实得分值，应为所对应专业的分项检查评分表实得分值的算术平均值。

建筑施工安全检查评分汇总表满分为 100 分。各分项检查表在汇总表中所占的满分分值分别为：安全管理 10 分，文明施工 15 分，脚手架 10 分，基坑工程 10 分，模板支架 10 分，高处作业 10 分，施工用电 10 分，物料提升机与施工升降机 10 分，塔式起重机与起重吊装 10 分，施工机具 5 分。

检查评分汇总表中各分项项目实得分值应按下式计算：

$$A_1 = \frac{B \times C}{100}$$

式中　A_1——汇总表各分项项目实得分值；

　　　B——汇总表中该项应得满分值；

　　　C——该项检查评分表实得分值。

当评分遇有缺项时，分项检查评分表或检查评分汇总表的总得分值应按下式计算：

$$A_2 = \frac{D}{E} \times 100$$

式中　A_2——遇有缺项时总得分值；

　　　D——实查项目在该表的实得分值之和；

　　　E——实查项目在该表的应得满分值之和。

应按汇总表的总得分和分项检查评分表的得分，建筑施工安全检查评定划分为优良、合格、不合格三个等级。

1）优良。

分项检查评分表无零分，汇总表得分值应在 80 分及以上。

2）合格。

分项检查评分表无零分，汇总表得分值应在 80 分以下、70 分及以上。

3）不合格。

汇总表得分值不足 70 分时；当有一分项检查评分表为零时。

当建筑施工安全检查评定的等级为不合格时，必须限期整改达到合格。

思考与练习

（1）简述安全检查的目的、依据和要求。

（2）简述安全检查的内容、方式。

（3）简述安全检查评分的主要依据。

（4）如何应用建筑施工安全检查评分表？

职业活动训练

安全检查与安全评价：

（1）活动分组：全班分为 6～8 个组，每组 5～7 人。

（2）活动资料：针对一个在建工程，以小组为单位对其进行不同项目的安全检查。

（3）活动要求：学生在教师指导下阅读相关安全检查标准及安全检查评分表，填写安全检查评分汇总表，各小组根据检查评分结果对在建工程做出安全评价。

（4）活动总结：召开成果汇报会，以小组为单位汇报活动情况，进行成果交流和活动总结。

任务 1.6　施工安全资料整理

建筑施工现场安全技术资料指建筑施工企业按照施工规范的规定要求，在施工管理过程中建立与形成的应当归档保存的有关施工安全、文明生产的资料。

1.6.1　施工安全资料的主要内容

1.6.2　施工安全资料档案汇总

思考与练习

（1）建筑施工现场安全技术资料主要包括哪些内容？

（2）如何汇总施工安全资料档案？

职业活动训练

阅读某工程施工现场安全技术资料：

（1）活动分组：全班分为 6～8 个组，每组 5～7 人。

（2）活动资料：针对一个在建工程，以小组为单位对其施工现场安全技术资料进行阅读和分析。

（3）活动要求：学生在教师指导下阅读施工现场安全技术资料，相关安全检查标准及安全检查评分表，填写安全检查评分汇总表，各小组根据检查评分结果对在建工程做出安全评价。

（4）活动总结：召开成果汇报会，以小组为单位汇报活动情况，进行成果交流和活动总结。

项目2 建筑基坑及土方工程施工安全

【知识目标】

(1) 了解建筑基坑及土方工程施工的基本理论和相关知识；

(2) 熟悉建筑基坑、土石方、降排水工程施工等一般安全要求；

(3) 掌握建筑基坑、土石方、降排水工程施工等基本安全措施。

【技能目标】

(1) 能够结合各类支护结构的适用条件进行某实际工程的基坑支护选型。

(2) 能够参与编写基坑及土方工程专项施工方案。

(3) 能够根据《建筑施工安全检查标准》（JGJ 59）进行某工程基坑工程的安全检查和评分。

【相关案例】

详细内容请用微信扫描本页二维码阅览。

项目2 相关拓展阅读资源

任务2.1 建筑基坑工程安全技术

建筑基坑工程是一种风险性大的系统工程，其设计和施工必须确保基坑支护本身及周边环境的安全，必须遵循根据检测与监测结果进行动态设计与信息化施工相结合的原则。

2.1.1 建筑基坑工程相关定义

(1) 基坑：为进行建（构）筑物地下部分的施工由地面向下开挖出的空间。

(2) 基坑侧壁：构成建筑基坑围体的某一侧面。

(3) 基坑周边环境：与基坑开挖相互影响的周边建（构）筑物、地下管线、道路、岩土体与地下水体的统称。

(4) 基坑支护：为保护地下主体结构施工和基坑周边环境的安全，对基坑采用的临时性支挡、加固、保护与地下水控制的措施。

(5) 建筑深基坑：为进行建（构）筑物地下部分施工及地下设施、设备埋设，由地面向下开挖，深度大于或等于5m的空间。

（6）支护结构：支挡或加固基坑侧壁的承受荷载的结构。

（7）基坑工程施工安全等级：基坑工程施工安全等级是根据工程地基基础设计等级，结合基坑本体安全、工程桩基与地基施工安全、基坑侧壁土层与荷载条件、环境安全等因素综合确定的基坑工程安全标准，是基坑施工安全技术与管理的基本依据。

2.1.2 建筑基坑支护工程的特点和要求

2.1.2.1 建筑基坑支护工程的特点

（1）基坑支护是临时结构，安全储备相对较小，风险性较大。

（2）基坑支护具有很强的区域性和个案性，其由场地的工程、水文地质条件和岩土工程性质以及周边环境条件的差异性所决定，因此，基坑工程的设计和施工，必须因地制宜，切忌生搬硬套。

（3）基坑支护是一项综合性很强的系统工程，它不仅涉及结构、岩土、工程地质及环境等多门学科，而且基坑支护和土体加固、开挖、降水等工序环环相扣，紧密相连。

（4）基坑支护具有较强的时空效应，支护结构所承受的荷载（如土压力）及其产生的应力和变形在时间上和空间上具有较强的变异性，在软黏土和复杂体型基坑工程中尤为突出。

（5）基坑支护对周边环境会产生较大影响。基坑开挖、降水势必引起周边场地土的应力和地下水位发生改变，使土体产生变形，对相邻建（构）筑物、道路和地下管线等产生影响，严重者将危及它们的安全和正常使用。此时，大量土方运输也将对交通和环境卫生产生影响。

2.1.2.2 建筑基坑支护工程的安全特点

（1）基坑支护是一个综合性的岩土工程难题，既涉及土力学中典型的强度、稳定及变形问题，同时还涉及土与支护结构的共同作用问题。

（2）施工全过程实际上是一个对支护结构施加荷载的过程，任何超限都会使支护结构超载工作，从而导致严重后果。

（3）由于支护结构的侧向荷载为基坑外侧水、土压力，其荷载变化还受季节的影响，如较长雨期可能造成侧向荷载的较大变化。

2.1.2.3 建筑基坑支护工程的要求

（1）保证基坑四周边坡土体的稳定性，同时满足地下室施工有足够空间的要求，这是土方开挖和地下室施工的必要条件。

（2）保证基坑四周相邻建（构）筑物和地下管线等设施在基坑支护和地下室施工期间不受损害。即坑壁土体的变形，包括地面和地下土体的垂直和水平位移要控制在允许范围内。

（3）通过采取截水、降水、排水等措施，保证基坑工程施工作业面在地下水位以上。

2.1.3 建筑基坑支护结构的设计

2.1.3.1 支护结构的安全等级

基坑支护设计时，应综合考虑基坑周边环境和地质条件的复杂程度、基坑深度等因素，按表 2-1 采用支护结构的安全等级，对同一基坑的不同部位，可采用不同的安全等级。

表 2-1 支护结构的安全等级

安全等级	破坏后果
一级	支护结构破坏失效、土体变形过大对基坑周边环境或主体结构施工安全的影响很严重。
二级	支护结构破坏失效、土体变形过大对基坑周边环境或主体结构施工安全的影响严重。
三级	支护结构破坏失效、土体变形过大对基坑周边环境或主体结构施工安全的影响不严重。

2.1.3.2　支护结构选型

（1）支护结构选型时，应综合考虑下列因素：

1）基坑深度；

2）土的性状及地下水条件；

3）基坑周边环境对基坑变形的承受能力及支护结构失效的后果；

4）主体地下结构和基础形式及其施工方法、基坑平面尺寸及形状；

5）支护结构施工工艺的可行性；

6）施工场地条件及施工季节；

7）经济指标、环保性能和施工工期。

（2）支护结构应按表 2-2、表 2-3 选型。

表 2-2　　　　　　　　　　　　支 护 结 构 类 型

结构形式		支护形式示意图	适用条件	不宜使用条件
放坡			1. 基坑周边开阔，满足放坡条件； 2. 允许基坑边土体有较大水平位移； 3. 开挖面以上一定范围内无地下水或已经降水处理； 4. 可独立或与其他结构组合使用。	1. 淤泥和流塑土层； 2. 地下水位高于开挖面且未经降水处理。
土钉墙			1. 允许土体有较大位移； 2. 岩土条件较好； 3. 地下水位以上为黏土、粉质黏土、粉土、砂土； 4. 已经降水或止水处理的岩土； 5. 开挖深度不宜大于 12m。	1. 土体为富含地下水的岩土层、含水砂土层，且未经降水、止水处理的； 2. 膨胀土等特殊性土层； 3. 基坑周边有需严格控制土体位移的建（构）筑物和地下管线。
水泥土墙			1. 开挖深度不宜大于 7m，允许坑边土体有较大的位移； 2. 填土、可塑～流塑黏性土、粉土、粉细砂及松散的中、粗砂； 3. 墙顶超载不大于 20kPa。	1. 周边无足够的施工场地； 2. 周边建筑物、地下管线要求严格控制基坑位移变形； 3. 墙深范围内存在富含有机质淤泥。
排桩	悬臂		开挖深度不宜大于 8m。	周边环境不允许基坑土体有较大水平位移。
	桩锚		1. 场地狭小且需深开挖； 2. 周边环境对基坑土体的水平位移控制要求严格。	1. 基坑周边不允许锚杆施工； 2. 锚杆锚固段只能设在淤泥或土质较差的软土层。

续表

结构形式		支护形式示意图	适用条件	不宜使用条件
排桩	内撑	内撑 排桩	1. 场地狭小且需深开挖； 2. 周边环境对基坑土体的水平位移控制要求更严格； 3. 基坑周边不允许锚杆施工。	
地下连续墙	锚索	连续墙 锚索	适用于所有止水要求严格以及各类复杂土层的支护工程。	悬臂或与锚杆联合使用的地下连续墙不宜使用与排桩相同。
	内撑	内撑 连续墙	适用于任何复杂周边环境的基坑支护工程。	

表 2-3　　　　　　　　　　各类支护结构的适用条件

结构类型		适用条件		
		安全等级	基坑深度、环境条件、土类和地下水条件	
支挡式结构	锚拉式结构	一级 二级 三级	适用于较深的基坑。	1. 排桩适用于可采用降水或截水帷幕的基坑； 2. 地下连续墙宜同时用作主体结构外墙，可同时用于截水； 3. 锚杆不宜用在软土层和高水位的碎石土、砂土层中； 4. 当临近基坑由建筑物地下室、地下构筑物等，锚杆的有效长度不足时，不应采用锚杆； 5. 当锚杆施工会造成基坑周边建（构）筑物的损害或违反城市地下空间规划等规定时，不应采用锚杆。
	支撑式结构		适用于较深的基坑。	
	悬臂式结构		适用于较深的基坑。	
	双排桩		当锚拉式、支撑式和悬臂式结构不适用时，可考虑采用双排桩。	
	支护结构与主体结构结合的逆作法		适用于基坑周边环境条件很复杂的深基坑。	
土钉墙	单一土钉墙	二级 三级	适用于地下水位以上或降水的非软土基坑，且基坑深度不宜大于 12m。	当基坑潜在滑动面内有建筑物、重要地下管线时，不宜采用土钉墙。
	预应力锚杆复合土钉墙		适用于地下水位或降水的非软土基坑，且基坑深度不宜大于 15m。	
	水泥土桩复合土钉墙		用于非软土基坑时，基坑深度不宜大于 12m；用于淤泥质土基坑时，基坑深度不宜大于 6m；不宜用于高水位的碎石土、砂土层中。	
	微型桩复合土钉墙		适用于地下水位以上或降水的基坑，用于非软土基坑时，基坑深度不宜大于 12m；用于淤泥质土基坑时，基坑深度不宜大于 6m。	

结构类型	安全等级	适用条件
		基坑深度、环境条件、土类和地下水条件
重力式水泥土墙	二级 三级	适用于淤泥质土、淤泥基坑，且基坑深度不宜大于7m。
放坡	三级	1. 施工场地满足放坡条件； 2. 放坡与上述支护结构形式结合。

注　1. 当基坑不同部位的周边环境条件、土层性状、基坑深度等不同时，可在不同部位分别采用不同的支护形式；
　　2. 支护结构可采用上、下部以不同结构类型组合的形式。

（3）采用两种或两种以上支护结构形式时，其结合处应考虑相邻支护结构的相互影响，且应有可靠的过渡连接。

2.1.3.3　建筑基坑支护工程设计原则和相关规定

（1）建筑基坑支护工程的设计使用期限。

基坑支护工程的设计使用期限是指设计规定的从基坑开挖到预定深度至完成基坑支护使用功能的时段。建筑基坑支护工程的设计应明确使用期限。

（2）建筑基坑支护工程的设计要求。

1）下列支护结构应采用承载能力极限状态进行设计：

① 支护结构构件或连接因超过材料强度而破坏，或因过度变形而不适于继续承受荷载，或出现压屈、局部失稳；

② 支护结构和土体整体滑动；

③ 坑底因隆起而丧失稳定；

④ 对支挡式结构，挡土构件因坑底土体丧失嵌固能力而推移或倾覆；

⑤ 对锚拉式支挡结构或土钉墙，锚杆或土钉因土体丧失锚固能力而能拔动；

⑥ 对重力式水泥土墙，墙体倾覆或滑移；

⑦ 对重力式水泥土墙、支挡式结构，其持力层因丧失承载能力而破坏；

⑧ 地下水渗流引起的土体渗透破坏。

2）下列支护结构应按正常使用极限状态进行设计：

① 造成基坑周边建（构）筑物、地下管线、道路等损坏或影响其正常使用的支护结构位移；

② 因地下水位下降、地下水渗流或施工因素而造成基坑周边建（构）筑物、地下管线、道路等损坏或影响其正常使用的土体变形；

③ 影响主体地下结构正常施工的支护结构位移；

④ 影响主体地下结构正常施工的地下水渗流。

3）支护结构构件按承载能力极限状态设计时，作用基本组合的综合分项系数不应小于1.25。对安全地基为一级、二级、三级的支护结构，其结构重要性系数分别不应小于1.1、1.0、0.9。各类稳定性安全系数应符合《建筑基坑支护技术规程》（JGJ 120）的规定取值。

4）基坑支护设计应按《建筑基坑支护技术规程》（JGJ 120）要求设定支护结构的水平位移控制值和基坑周边环境的沉降控制值。

5）基坑支护应按实际的基坑周边建（构）筑物、地下管线、道路和施工荷载等进行设计，设计中应明确基坑周边荷载限值、地下水和地表水控制等基坑使用条件。

（3）基坑支护设计应满足下列主体地下结构的施工要求：

① 基坑侧壁与主体地下结构的净空间和地下水控制应满足主体地下结构及其防水的施工要求；

② 采用锚杆时，锚杆的锚头及腰梁不应妨碍地下结构外墙的施工；

③ 采用内支撑时，支撑及腰梁的设置应便于地下结构及其防水的施工。

（4）支护结构设计应规定各支护结构构件施工顺序及相应的基坑开挖深度。

2.1.3.4　建筑基坑支护工程设计方案的论证

（1）建筑边坡高度超过15m、深基坑工程地下室二层以上（含二层，深度超过7m），且地质条件和周围环境较复杂、工程影响较大，或者超过规范规定的边坡与深基坑工程的设计方案，建设单位应按照国家、各省市要求组织专家进行专项论证。

（2）其余的建筑边坡和深基坑工程应由建设单位组织专家进行专项论证。

（3）施工图设计文件报送施工图审查机构审查时，应附专项论证意见。

（4）提供论证的设计方案应当包括支护结构、挖土、降排水措施、地表水的排泄与疏导、环境保护、监测、应急措施等内容，工程设计计算和分析必须按照国家和各省有关规定、标准、规范进行，符合设计文件编制深度的要求。

2.1.4　基坑工程施工安全注意事项

2.1.4.1　基坑工程施工的危险因素

基坑工程施工中的危害主要为土方坍塌、物体打击、高处坠落等。

1. 土方坍塌

土方坍塌将使施工人员部分或全部埋入土中，造成窒息死亡的重大事故。而抢救被埋的人员又比较困难，用工具挖土怕伤人，用手扒土速度又太慢。因此，一旦发生此类事故其危害性较严重。

2. 物体打击

（1）挖出的泥石堆，可能发生滚落砸伤坑内的作业人员。

（2）堆放在沟边的材料不稳定散落到基坑内伤人。

3. 高处坠落

（1）没有设置跨越基坑的桥板，造成人员跳跃失足坠入基坑。

（2）未设上下基坑、沟槽的梯子，使人员上下攀爬坠落。

（3）桥板或梯子质量不合要求所造成的坠落。

另外，在上述坠落发生的同时，还可能引起土方坍塌而将坠落者埋没。

4. 地下障碍物

（1）电缆容易引起触电和其他电气事故。

（2）煤气管道可能造成泄漏和爆炸事故。

（3）化工管道造成毒气泄漏。

因此，在基坑工程施工前要进行场地勘察工作，其中也应包括地下障碍物。

5. 机械设备

（1）土方机械离基坑边缘过近，造成基坑边缘负荷过大而塌方，并使挖土机倾翻伤人。

（2）设备失灵，造成机械失控撞人和倾翻。

（3）机械与人工同时作业，发生车辆伤害。

（4）使用潜水泵抽水时，由于漏电造成的触电伤害。

另外，噪声、废气、振动也严重影响作业人员的情绪和身体健康。

6. 场地环境

（1）紧邻基坑的建筑物或设施（如走行人的栈桥等）的意外坠落物给下方作业人员造成的伤害。

（2）基坑上空有高压电力线时，在使用长金属杆或塔架等机械的施工中，不小心与高压线接触而发生触电伤害。

2.1.4.2　建筑深基坑工程施工安全

（1）施工前应踏勘施工现场，调研场地的地质水文情况，查看有无地下管线、电缆光纤及周边建（构）筑物、道路、高压线的情况。

（2）认真学习施工图纸，根据施工总体计划安排，确定基坑工程的施工方案（含施工工序、施工机械的选用及投入数量等），并附有安全验算结果，经施工单位技术负责人、总监理工程师签字后实施。

（3）根据基坑设计说明的基坑开挖工况要求，确定土方开挖施工工序，同时根据施工工期和工程所在地每天可外运土的时间要求，确定土方开挖的工期，从而计算每天出土量。

（4）根据施工总平面布置和每天出土量，确定出土路线、运输车道的布置。

（5）开挖深度超过 5m（含 5m）的基坑（槽）的土方开挖、支护、降水工程；开挖深度虽未超过 5m，但地质条件、周围环境和地下管线复杂，或影响毗邻建筑（构筑）物安全的基坑（槽）的土方开挖、支护、降水工程；由施工总承包单位组织专家对施工专项方案进行论证。

（6）止水帷幕、支护结构的质量是深基坑施工能否顺利开展的关键，故在施工过程中，要控制止水帷幕、支护结构的质量，并确保位置正确。

（7）土方开挖施工过程中，要分层分段开挖，并严格控制开挖工序，同时做好排、降水措施。

（8）采用内支撑方案时，应制定内支撑换撑方案，并严格按方案进行施工。

（9）控制好管涌、流沙、坑底隆起、坑外地下水位的变化和地表的沉陷等。

（10）控制好坑外建筑物、道路和管线等的沉降、位移。

2.1.5　基坑防护和维护

2.1.5.1　基坑防护安全

基坑防护是基础施工期间地面以下作业面和基坑边的防护工作，编制安全技术措施时，应根据施工现场情况有针对性地考虑人员上下基坑及坑边防护。基坑防护的要求是：

（1）深度超过 2m 的基坑施工，其临边应设置防止人及物体滚落基坑的措施并设警示标志，必要时应配专人监护。

（2）基坑周边搭设的防护栏，其栏杆的规格、栏杆的连接、搭设方式等必须符合《建筑施工高处作业安全技术规范》（JGJ 80）的规定。

（3）应根据基坑工程施工设计设置基坑交叉作业和施工人员上下的专用梯子和安全通道，不得攀登护壁支撑上下。

（4）夜间施工时，施工现场应根据工程实际情况设置照明设施，在危险地段应设置红灯警示。

（5）基坑内作业、攀登作业及悬空作业均应有安全的立足点和防护设施。

2.1.5.2 基坑开挖和支护结构使用期限内的维护

（1）雨期施工时，应在坑顶、坑底采取有效的截排水措施；对地势低洼的基坑，应考虑周边汇水区域地面径流向基坑汇水的影响；排水沟、集水井应采取防渗措施。

（2）基坑周边地面宜作硬化或防渗处理。

（3）基坑周边的施工用水应有排放措施，不得渗入土体内。

（4）当坑体渗水、积水或有渗流时，应及时进行疏导、排泄、截断水源。

（5）开挖至坑底后，应及时进行混凝土垫层和主体地下结构施工。

（6）主体地下结构施工时，结构外墙与基坑侧壁之间应及时回填。

思考与练习

（1）简述基坑支护工程的特点。

（2）简述各类支护结构的适用条件。

（3）支护结构的安全等级是如何划分的？

（4）基坑工程施工应注意哪些事项？

任务 2.2 地下水与地表水控制

在基坑开挖及基础施工过程中，经常遇到地下水渗入和地表水流入坑内，土体经水浸泡后，会造成边坡失稳、坍塌，以及地基承载力下降，影响正常施工等。因此在基坑施工中，应根据基坑开挖场地工程地质、水文条件及基坑周边环境条件等采取地下水与地表水控制的有效措施，及时进行止水、排水、降水和地面截水工作。

2.2.1 地下水与地表水控制要求

（1）应根据设计文件、基坑开挖场地工程地质、水文地质条件及基坑周边环境条件编制降排水施工方案。

（2）降排水施工方案应包含各种泵的扬程、功率，排水管路尺寸、材料、路线，水箱位置、尺寸，电力配置等。降排水系统应保证水流排入市政管网或排水渠道，应采取措施防止抽排出的水倒灌流入基坑。

（3）当基坑内出现临时局部深挖时，可采取集水明排、盲沟等技术措施，并应与整体降水系统有效结合。

（4）抽水应采取措施控制出水含砂量。含砂量控制，应满足设计要求，并应满足有关规范要求。

（5）当坑底下部的承压水影响到基坑安全时，应采取坑底土体加固或降低承压水头等治理措施。

（6）应进行中长期天气预报资料收集，编制晴雨表，根据天气预报实时调整施工进度。降雨前应对已开挖未进行支护的侧壁采用覆盖措施，并应配备设备及时排除基坑内积水。

（7）当因地下水或地表水控制原因引起基坑周边建（构）筑物或地下管线产生超限沉降时，应查找原因并采取有效控制措施。

（8）在粉性土及砂土中施工水泥土截水帷幕，宜采用适合的添加剂，降低截水帷幕渗透系数，并应对帷幕渗透系数进行检验，当检验结果不满足设计要求时，应进行设计复核。

（9）截水帷幕与灌注桩间不应存在间隙，当环境保护设计要求较高时，应在灌注桩与截水帷幕之间采取注浆加固等措施。

（10）所有运行系统的电力电缆拆接必须由专业人员负责，井管、水泵的安装应采用起重设备。

2.2.2　排水、降水措施

2.2.2.1　排水措施

（1）排水沟和集水井宜布置于地下结构外侧，距坡脚不宜小于 0.5m。单级放坡基坑的降水井宜设置在坡顶，多级放坡基坑的降水井宜设置于坡顶、放坡平台。

（2）排水沟、集水井设计应符合下列三条规定：

1）排水沟深度、宽度、坡度应根据基坑涌水量计算确定，排水沟底宽不宜小于 300mm；

2）集水井大小和数量应根据基坑涌水量和渗漏水量、积水水量确定，且直径（或宽度）不宜小于 0.6m，底面应比排水沟沟底深 0.5m，间距不宜大于 30m。集水井壁应有防护结构，并应设置碎石滤水层、泵端纱网；

3）当基坑开挖深度超过地下水位后，排水沟与集水井的深度应随开挖深度加深，并应及时将集水井中的水排出基坑。

（3）水沟或集水井的截面应根据基坑涌水量的大小确定，其排水量应满足下式要求：

$$V \geqslant 1.5Q$$

式中　V——排水量，m^3/d；

　　　Q——基坑涌水量，m^3/d。

（4）当基坑深度较大，地下水位较高且多层土中上部有透水性较强的土层时，可在边坡不同高度分段的平台上设置多层明沟，分层排除上部土层中的地下水（即分层明沟排水法，如图 2-1 所示）。

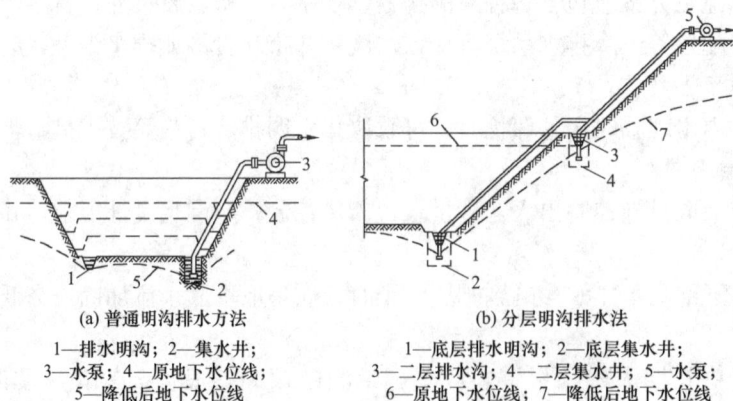

(a) 普通明沟排水方法
1—排水明沟；2—集水井；
3—水泵；4—原地下水位线；
5—降低后地下水位线

(b) 分层明沟排水法
1—底层排水明沟；2—底层集水井；
3—二层排水沟；4—二层集水井；5—水泵；
6—原地下水位线；7—降低后地下水位线

图 2-1　明沟排水方法示意图

2.2.2.2 降水措施

降水是为防止地下水通过基坑侧壁与坑底流入基坑，一般采用抽水井或渗水井降低基坑内外地下水的方法。

（1）降水管井采用钻、冲孔法施工。

1）施工前先查明有关地下构筑物及地下电源、水、煤气管道的情况，及时按国家有关规定采取防护措施；

2）钻机转动部分应有安全防护装置；

3）在架空输电线附近施工，应严格按安全操作规程的有关规定进行施工，高压线的正下方不得堆放吊车等设备，钻架与高压线之间应有可靠的安全距离；

4）夜间施工要有足够的照明设备，钻机操作台、传动及转盘等危险部位，主要通道不能留有黑影。

（2）轻型井点降水系统运行要求。

1）总管与真空泵接好后应开动真空泵开始试抽水，检查泵的工作状态；

2）真空泵的真空度达到 0.08MPa 以上；

3）正式抽水宜在预抽水 15d 后进行；

4）应及时做好降水记录。

（3）降水运行阶段应有专人值班，应对降排水系统进行定期或不定期巡查，防止停电或其他因素影响降排水系统正常运行。

（4）降水井随基坑开挖深度需切除时，对继续运行的降水井应去除井管四周地面下 1m 的滤料层，并应采用黏土封井后再运行。

2.2.3 截水帷幕

2.2.3.1 概述

截水帷幕是指用以阻隔或减少地下水通过基坑侧壁与坑底流入基坑和控制基坑外地下水位下降的幕墙状竖向截水体。截水幕墙主要有高压喷射注浆截水帷幕、水泥土搅拌桩截水帷幕。

1. 高压喷射注浆止水帷幕

在基坑支护工程中主要以高压喷射注浆止水帷幕的方式阻止地下水沿水平方向流入基坑，同时起到防水、防渗作用。高压喷射注浆止水防渗可用在各种桩、板墙壁间注浆，与桩、板形成一个封水挡土结构（见图 2-2），也可单独作为基坑外设止水帷幕兼作挡土，直径一般为 0.6～1.5m，最大直径为 2m。桩长深达 45m，其基坑压强高达 5～10MPa，渗透系数可降低至 10^{-7}～10^{-8}cm/s。高压喷射注浆止水帷幕适用于淤泥、淤泥质土、粉土、砂土、人工填土等。

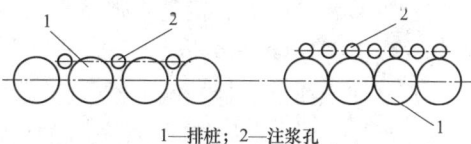

图 2-2 压力注浆孔与排桩相对位置图
1—排桩；2—注浆孔

高压喷射注浆可根据形成浆体的形态采用旋喷、定喷和摆喷等施工工艺。根据工程需要和土质条件，可分别采用单管法、双管法和三管法。加固形状可分为柱状、壁状、条状和块状。

2. 水泥土搅拌桩止水帷幕

水泥土搅拌桩止水帷幕是由一定比例的水泥浆液和地基土用搅拌桩机在地基深处就地将

软黏土与水泥浆（粉）强制拌和后，形成具有一定强度和稳定性的水泥加固土，从而提高地基土防水、防渗性能，达到止水、挡土的效果。水泥土搅拌桩直径一般为 0.5～0.6m，桩间搭接 0.15m，桩长宜进入不透水层 1m 左右，当场地地下水较丰富时，可设置双排搅拌桩作为止水帷幕。

目前，水泥搅拌桩按主要使用的施工方法分为单轴、双轴和三轴搅拌桩。

2.2.3.2　高压喷射注浆施工安全措施

（1）高压泥浆泵应全面检查和清洗干净，防止泵体的残渣和铁屑存在，各密封圈完整无泄漏，安全阀中的安全销要进行试压检验，确保能在额定最高压力时断销卸压，压力表应定期检查，保证正常使用，一旦发生故障，要停泵停机排除故障。

（2）人员需熟练操作技能，了解注浆全过程及钻机旋喷注浆作用。

（3）浆液材料不能受潮或变质，使用水泥不受潮，不用结块或过期水泥，对外加剂要分别存放，浆液材料及外加剂均应采用无毒材料。高压胶管不能超过压力范围使用，使用时屈弯不小于规定的弯曲半径，防止高压胶管破裂，延长使用时间。

（4）应采取措施减少二重管、三重管高压喷射注浆施工对基坑周围建筑物及管线沉降变形的影响，必要时应调整帷幕桩墙设计。

2.2.3.3　水泥土搅拌桩施工安全措施

（1）施工现场事先应予以平整，必须清除地上和地下的障碍物。

（2）搅拌机械及起重设备，在地面土质松软状态施工时，场地要铺填石块、碎石、经平整压实满足耐压力，根据土层情况，采取铺垫枕木、钢板或特制路轨箱。

（3）搅拌机入土切削和提升搅拌，负载荷太大及电机工作电流超过额定值时，应减慢升降速度或补给清水，一旦发生卡钻或停钻现象，应切断电源，将搅拌机强制提起之后，才能重启电机。

（4）成桩应采用二次搅拌工艺，喷浆搅拌时钻头的提升或下沉不宜大于 0.5m/min。压浆速度和提升（或下沉）速度相配合，确保额定浆量在桩身长度范围内均匀分布。

（5）搅拌机电网电压低于 380V 时应暂停施工，以保护电机。

（6）水泥浆内不得有硬结块，以免吸入泵内损坏缸体，每日完工后，需彻底清洗一次，喷浆搅拌施工过程中，如果发生故障停机超过半小时宜先拆卸管路，排除灰浆，妥为清洗。灰浆泵应定期拆开清洗，注意保持齿轮减速器内润滑油清洁。

（7）当遇到砂层下直接进入强、中风化地层时注意接合部位的注浆效果，通过驻搅一段时间并放慢搅拌速度，多喷浆。

（8）三轴水泥土搅拌桩截水帷幕施工。

1）应采用套接孔法施工，相邻桩的搭接时间间隔不宜大于 24h。

2）当帷幕墙前设置混凝土排桩时，宜先施工截水帷幕，后施工灌注排桩。

3）当采用多排三轴水泥土搅拌桩内套挡土桩墙方案时，应控制三轴搅拌桩施工对基坑周边环境的影响。

2.2.3.4　截水帷幕墙常见问题的处理措施

截水帷幕墙常见问题是达不到预期的截水效果，其常见原因是搅拌桩的搭接质量较难控制，搅拌桩搭接的质量直接关系到基坑止水的质量效果，因此必须特别重视。搅拌桩搭接包括桩间搭接和接桩搭接。桩间搭接是指构成整体支护的各个桩体在不同方向的径向连接；接桩搭接是指施工中因故障中断制桩，在故障排除后，须进行桩体轴向的连接。

（1）严格控制桩心距误差，桩心距最大偏差不超过 30mm。桩位偏差不得大于 50mm，垂直度偏差不得超过 1.5%。

（2）加强桩头直径检查。

（3）在机器静止的情况下，用铅锤校平桩机，须使铅锤尖与对针对正，避免桩柱倾斜。

（4）每台桩机在每一段支护的施工中，朝向应尽量不要改变，以免造成桩柱多向倾斜和深部脱搭。

（5）上一序号制桩完毕到下一序号施工的最大间歇时间为：砂层为 8h，砂土层 12h，黏土层 24h，如超过上述时间，可按下列两种不同情况处理：

1）因工序必须超时，可在被搭接的桩施工完毕后的 3h 以上和 8h 以内，在搭接桩位上用清水钻铣，铣去搭接桩位上的固结料，然后标出该桩的桩心位置，以方便后期搭接桩施工；

2）因其他故障超时，可紧贴搭接桩的边缘施工搭接桩，搭接桩施工完工的 3h 以上和 8h 以内，在两桩的桩心距中间部位，以 $\phi 250$ 的刮刀钻头钻一个小孔，用 0.6 水灰比的水泥自下向上喷浆至桩顶，使之胶结连接。

（6）截水措施失效时，可采用下列处理措施：

1）设置导流水管。

2）采用遇水膨胀材料或压密注浆、聚氨酯注浆等方法堵漏。

3）快硬早强混凝土浇筑护墙。

4）在基坑外壁增设高压旋喷或水泥土搅拌桩截水帷幕。

5）增设坑内降水和排水设施。

（7）回灌。

1）应根据降水布置、出水量、现场条件建立回灌系统，回灌点应布置在被保护建筑与降水井之间，并应通过现场试验确定回灌量和回灌工艺。

2）回灌注水量应保持稳定，在贮水箱进出口处应设置滤网，回灌水的水头高度可根据回灌水量进行调整，严禁超灌引起湿陷事故。

3）回灌砂井中的砂宜选用不均匀系数为 3～5 的纯净中粗砂，含泥量不宜大于 3%，灌砂量不少于井孔体积的 95%。

4）回灌水水质不得低于原地下水水质标准，回灌不应造成区域性地下水质污染。

5）回灌管路产生堵塞时，应分析产生堵塞的原因，采取连续反冲洗方法、间歇停泵反冲洗与压力灌水相结合的方法进行处理。

思考与练习

（1）简述基坑截水帷幕的作用和常用形式。

（2）截水幕墙常见问题的原因及其处理措施有哪些？

任务2.3　沟槽支护施工安全

2.3.1　沟槽支护的构造

开挖较窄的沟槽，多用横撑式土壁支撑。横撑式土壁支撑根据挡土板的不同，分为水平挡土板式［图2-3（a）］以及垂直挡土板式［图2-3（b）］两类。前者挡土板的布置又分为间断式和连续式两种。湿度小的黏性土挖土深度小于3m时，可用间断式水平挡土板支撑；对松散、湿度大的土可用连续式水平挡土板支撑，挖土深度可达5m。对松散和湿度很高的土可用垂直挡土板式支撑，其挖土深度不限。

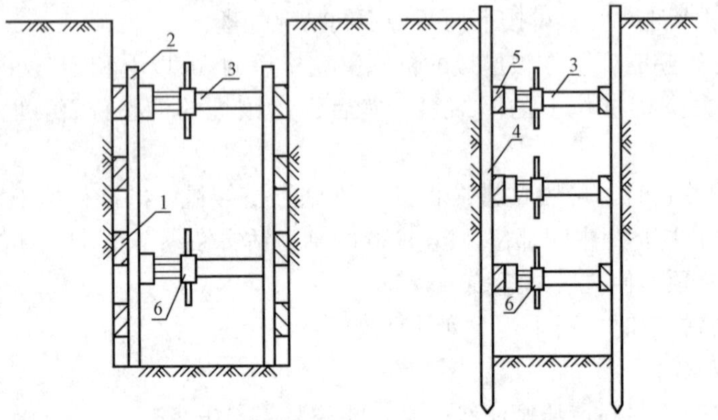

(a) 间断式水平挡土板支撑　　　　　　(b) 垂直挡土板支撑

1—水平挡土板；2—立柱；3—工具式横撑；4—垂直挡土板；5—横楞木；6—调节螺丝

图2-3　横撑式支撑

当沟槽宽度较大、开挖深度大、场地地质条件较差和地下水位较高时，基坑支护宜采用钢板桩＋对撑的支护形式，见图2-4。钢板桩支护施工速度快，可重复使用，常用钢板桩有拉森式Ⅲ型。

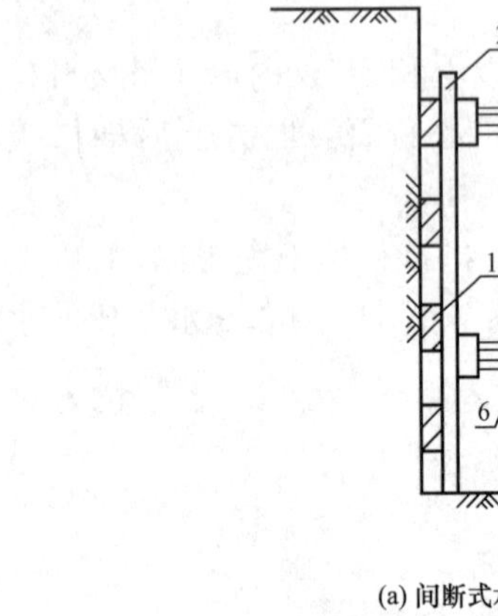

图2-4　钢板桩支护

2.3.2　沟槽支护施工安全

（1）根据施工场地大小、地质和水文情况，确定采取直立开挖或放坡开挖施工方案，以保证施工操作安全。

（2）根据沟槽开挖施工方案，确定支护结构的形式。

（3）开挖深度超过5m（含5m）的沟槽土方开挖、支护、降水工程，或者开挖深度虽未超过5m，但地质条件、周围环境和地下管线复杂，或影响毗邻建筑（构筑）物安全的沟槽土方开挖、支护、降水工程，由施工总承包单位组织专家对施工专项方案进行论证。

（4）基槽开挖，应先进行测量和抄平放线，定出开挖长度，按放线分段分层挖土。

（5）沟槽支撑宜选用质地坚实、无枯节、透节、穿心裂折的松木或杉木，不宜使用杂木。

（6）支撑应挖一层支撑一层，并严密顶紧，支撑牢固，严禁一次将土挖好后再支撑。

（7）挡土板或板桩与坑壁间的填土要分层回填夯实，使其严密接触。

（8）钢板桩要进行外观检验，不符合形状要求的钢板桩需进行矫正，以减少打桩过程中的困难。

（9）卸钢板桩宜采用两点吊。吊运时，每次起吊的钢板桩根数不宜过多，并应注意保护锁口免受损伤。吊运方式有成捆起吊和单根起吊。成捆起吊通常采用钢索捆扎，单根吊运常用专用的吊具。

（10）钢板桩应分层堆放，每层堆放数量一般不超过 5 根，各层间要垫枕木，垫木间距一般为 3～4m，且上、下层垫木应在同一垂直线上，堆放的总高度不宜超过 2m。

（11）钢板桩施工采用专用机械施打，考虑到起吊设备和振动设备等因素，钢板桩采用逐片插打。整个施工过程中，要用锤球始终控制每片桩的垂直度，及时调整。插打过程中，须遵守"插桩正直，分散即纠，调整合拢"的施工要点。

（12）按照基坑设计的要求，土方开挖至支撑底部 50cm 时，应及时安装腰梁和支撑，严禁超挖。

（13）拔钢板桩时，先用打拔桩机夹住钢板桩头部振动 1～2min，使钢板桩周围的土松动，产生"液化"，减少土对桩的摩阻力，然后慢慢地往上振拔。拔桩时注意桩机的负荷情况，发现上拔困难或拔不上来时，应停止拔桩，可先行往下施打少许，再往上拔，如此反复可将桩拔出来。

（14）钢板桩施工过程中遇到问题的处理。

1）打桩过程中有时遇上大的块石或其他不明障碍物，导致钢板桩打入深度不够，则采用转角桩或弧形桩绕过障碍物。

2）钢板桩在淤泥质地段挤进过程中，受到淤泥中块石或其他不明障碍物等侧向挤压作用力大小不同容易发生偏斜，采取以下措施进行纠偏：在发生偏斜位置将钢板桩往上拔 1.0m～2.0m，再往下锤进，如此上下往复振拔数次，可使大的块石等障碍物被振碎或使其发生位移，让钢板桩的位置得到纠正，减少钢板桩的倾斜度。

3）钢板桩沿轴线倾斜度较大时，采用异形桩来纠正，异形桩一般为上宽下窄和宽度大于或小于标准宽度的板桩，异形桩可根据实际倾斜度进行焊接加工；倾斜度较小时也可以用卷扬机或葫芦和钢索将桩反向拉住再锤击。

4）由于淤泥质基础较软，有时施工发生将邻桩带入现象，采用的措施是把相邻的数根桩焊接在一起，并且在施打当根桩的连接锁口上涂以黄油等润滑剂减少阻力。

（15）施工中应经常检查支撑和观测邻近建筑物的情况，如发现支撑有松动、变形、位移等情况，应及时加固或更换。加固办法可打紧受力较小部分的木楔或增加立柱及横撑等。如换支撑时，应先加新支撑后拆旧支撑。

（16）支撑的拆除应按回填顺序依次进行。多层支撑应自下而上逐层拆除，拆除一层，经回填夯实后，再拆除上层。拆除支撑时，应注意防止附近建筑物或构筑物产生下沉或破坏，必要时采取加固措施。

思考与练习

（1）简述沟槽支护的构造形式。

（2）钢板桩施工中常遇到的问题和处理措施有哪些？

任务 2.4　排桩＋锚索（内支撑）支护施工安全

2.4.1　概述

2.4.1.1　排桩＋锚索（内支撑）支护的概念

（1）排桩：沿基坑侧壁排列设置的支护桩及冠梁组成的支挡式结构部件或悬臂式支挡结构。

（2）锚索：由杆体（钢绞线）、注浆固结体、锚具、套管索组成的一端与支护结构构件连接，另一端锚固在稳定岩土体内的抗拉杆件。

（3）内支撑：设置在基坑内的由钢筋混凝土或钢构件组成的用以支撑挡土构件的结构部件。支撑构件采用钢材、混凝土时，分别称为钢内支撑、混凝土内支撑。

2.4.1.2　排桩＋锚索（内支撑）支护的形式

1. 灌注桩排桩

灌注桩可采用人工挖孔、钻（冲）孔和旋挖的成孔方式。

（1）人工挖孔排桩的护壁厚度应不小于 150mm。护壁混凝土应用机械搅拌，挖孔桩的孔深不得超过 25m，桩身直径（不含护壁）不得小于 1.2m。

（2）钻（冲）孔桩和旋挖排桩直径大于 0.8m。

2. 预应力锚索

（1）预应力锚索设置为一桩一锚或二桩一锚。根据基坑深度和场地地质情况，可沿基坑高度设置一道或多道预应力锚索。

（2）桩＋锚索支护的基本构造如图 2-5～图 2-8 所示。

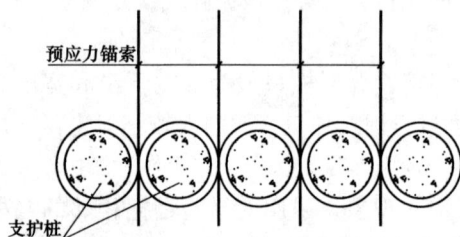

图 2-5　一桩一锚示意图　　　　　　　　图 2-6　二桩一锚示意图

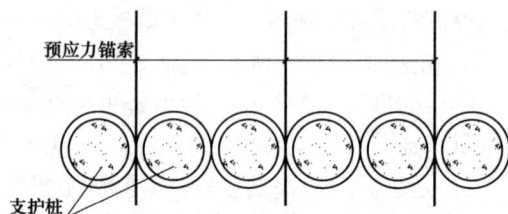

3. 内支撑

（1）内支撑结构可选用钢支撑、混凝土支撑、钢与混凝土混合支撑。

（2）内支撑结构选型应符合下列原则：

1）宜采用受力明确、连接可靠、施工方便的结构形式；

2）宜采用对称平衡性、整体性强的结构形式；

3）应与主体地下结构的结构形式、施工顺序协调，应便于主体结构施工；

4）应利于基坑土方开挖和运输；

5）需要时，可考虑内支撑结构作为施工平台。

（3）内支撑结构应综合考虑基坑平面形状及尺寸、开挖深度、周边环境条件、主体结构形式等因素，选用有立柱和无立柱的内支撑形式：

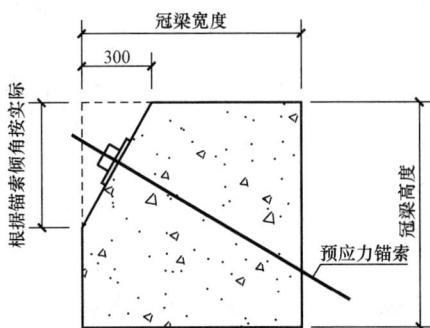

图 2-7　冠梁大样　　　　　　　图 2-8　腰梁大样

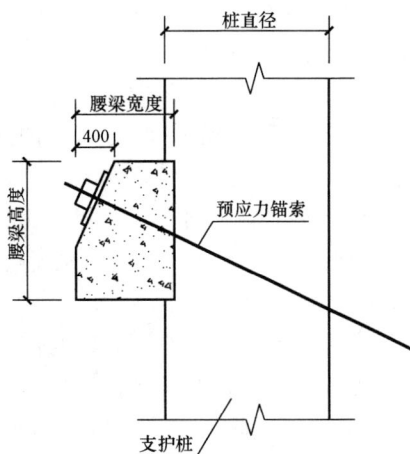

1）水平撑或斜撑，可采用单杆、桁架、八字形支撑；

2）正交或斜交的平面杆支撑；

3）环形杆系或环形板系支撑；

4）竖向斜撑。

2.4.2　施工安全管理

2.4.2.1　排桩施工安全措施

1. 人工挖孔桩主要安全措施

（1）人工挖孔桩排桩应分批施工，跳挖的净距不少于 4.5m，在相邻桩芯混凝土浇筑完成后才能进行下一批桩的施工。

（2）作业前，认真研究地质水文资料，分析场地地质情况，对不适宜挖桩的地段，应修改桩型，对可能出现流沙、管涌、涌水及有害气体的地段，应制定相应的应急措施和配置相应的应急设备和材料；对施工现场所有设备、设施、安全装置、工具和劳保用品等需要经常进行检查，确保完好和安全使用。

（3）图纸会审提出的问题及解决办法要详细记录，写成正式文件或会审纪要，参加会审的单位人员应签章，连同施工图、施工方案等作为主要施工依据。

（4）在人工挖孔桩全面开工前，必须向全体作业人员作三交底，并办理签认手续。每挖深 0.5～1m 要用钢筋对桩孔底面作品字形的地质探查，检查土质情况有无洞穴或流沙，确认为安全的才可进行挖掘。如发现突变情况，必须向工程负责人报告，立即采取安全措施。

（5）人工挖孔排桩的每节护壁均需有监理验收。应严格控制每天挖进深度不得大于 1m，混凝土护壁强度达到安全要求时（一般为 12～24h）才能拆模。

（6）场地邻近的建（构）筑物，施工前应会同有关单位和业主进行详细检查，并将建（构）筑物原有裂缝及特殊情况贴上砂纸记录备查。对挖孔和抽水可能危及的邻房，应事先采取加固措施。

（7）人工挖孔排桩持力层的岩质、入岩深度、桩径、桩长、垂直度、桩顶标高和混凝土强度等，必须符合设计要求。

（8）当桩孔开挖深度超过 5m 时，应在孔底面以上 3m 左右处的护壁凸缘上设置半圆形的钢筋做成的安全防护网。防护网随着挖孔深度下移，在吊桶上下时，作业人员必须站在防护网下面，停止挖土。

（9）每天开工前，应用气体检测仪对桩孔内气体进行检测，检测合格后，方可下井作业。孔深超过 10m 时，地面应配备向孔内送风装置，风量不宜少于 25L/s。孔底凿岩时应加大送风量。

（10）桩孔内必须放置钢爬梯，随挖孔深度增加放长至工作面，以作安全使用。严禁酒后操作，不准在孔内吸烟和使用明火作业。需要照明时应采用安全矿灯或 12V 以下的安全灯。

（11）已灌注完混凝土和暂停施工的桩口，应设置井盖和围栏围蔽。

（12）参加井下挖桩作业人员，年龄要求在 18～35 岁健壮的男中、青年，并取得县以上医疗单位健康合格证。施工作业人员施工前，必须经过挖孔桩安全知识培训，并经考试合格后才能上岗作业。

（13）挖桩施工作业人员施工时，必须戴好安全帽，绳股能随着操作深度与操作者的安全带连接，做救急设备用。吊绳钩及其他工具必须可靠，使用前应严格检查，不符合使用要求时及时更换，吊钩要附有保险装置。

（14）挖孔桩进深 5m 后，井下作业人员每次工作 4h 要转换一次。

（15）井下作业人员如遇流沙、塌方、毒气或大量地下水出现应及时停止作业，并返回地面报告主管人员。

（16）抽水时，孔内作业人员必须离开，严禁孔内边抽水边作业，抽水后，必须先将抽水的专用电源切断，作业人员方可下桩孔作业，严禁带电源操作。孔口配合孔内作业的人员要密切注视孔内的情况，不得擅离岗位。

（17）工地现场要配备 2～3 副防毒面具作应急之用。

（18）要求每个井口 2m 范围内禁止堆放泥土，以防止压坏桩护壁，造成井内塌方。

（19）施工场内的一切电源、电线路的安装和拆除，必须由持证电工专管，电器必须严格接地、接零和使用漏电保护器。各桩孔用电必须分闸，严禁一闸多孔和一闸多用。严格执行《施工现场临时用电安全技术规范》（JGJ 46）的规定。

（20）施工时应遵守国家和各省市的相关规定。

2. 钻（冲）孔桩施工主要安全技术措施

（1）钻（冲）孔排桩应采取隔桩施工，在相邻混凝土达到 70% 的设计强度后，方可成孔施工。

（2）清除影响施工的地下障碍物，整平施工场地，认真查清地下管线，给排水管道等情况。

（3）冲、钻孔机施工时，司机应思想集中，服从指挥，机械运行时不得离开岗位。

（4）冲、钻孔机操作时应安放平稳，以防止冲、钻机突然倾倒或钻具突然下落而发生伤亡事故。

（5）根据场地地质条件，调配泥浆的比重，防止发生坍孔。

（6）施工现场安全用电必须符合有关规定。

（7）混凝土灌注标高低于地面标高的桩孔，灌注混凝土完毕要及时回填砂石至地面标高。

（8）严禁用大石、砖墩等大件物件回填桩孔。

2.4.2.2　预应力锚索施工安全措施

（1）锚杆施工前宜通过试验性施工，确定锚杆设计参数和施工工艺的合理性，并应评估对环境的影响。

（2）施工前必须认真进行安全技术交底，明确分工，统一指挥。

（3）各种设备应处于完好状态，施工中应定期检查电源线路和设备的电器部件，确保用电安全。

（4）非操作人员不得进入正在进行施工的作业区，施工中喷头和注浆管前方严禁站人。

（5）锚杆钻机应安设安全可靠的反力装置；预应力筋的锚具、夹具、千斤顶等机具，必须有出厂合格证及机具标定证明书。

（6）在有地下承压水地层中钻进，孔口必须安设可靠的防喷装置，一旦发生漏水涌砂时能及时封住孔口。

（7）向锚杆孔注浆时，注浆罐内应保持一定数量的砂浆，以防罐体放空，砂浆喷出伤人；处理管路堵塞前，应消除罐内的压力。

（8）拉力计必须固定、牢靠，拉拔锚杆时，拉力计前方或下方严禁站人。

（9）锚杆杆端一旦出现颈缩时，应及时卸荷。

（10）张拉预应力锚杆前，应对设备全面检查，并固定牢固，张拉时孔口前方严禁站人。

（11）张拉过程中避免预应力筋断裂或滑脱。

（12）封孔水泥浆未达到设计强度等级70％时，不得在锚杆端悬挂重物或碰撞外锚具。

（13）机械设备的运转部位应有安全防护装置。所有电路电线采用三相五线制，电线、电缆必须架空，并按规定设置可靠的接零、接地保护。所有用电设备必须按规定设置漏电保护装置，做到"一机一闸一漏电一箱"，并定期检查。

（14）夜间施工时要有足够的照明设施。

2.4.2.3　内支撑施工安全措施

（1）支撑系统的施工与拆除，应按先撑后挖、先脱后拆的顺序，拆除顺序应与支护结构的设计工况相一致，并应结合现场支护结构内力与变形的结果进行。

（2）支撑体系上不要堆放材料或运行施工机械；当需利用支撑结构兼做施工平台或栈桥时，应进行专门设计。

（3）基坑开挖过程中应对基坑开挖形成的立柱进行监测，并应根据监测数据调整施工方案。

（4）支撑底模应具有一定的强度、刚度和稳定性，混凝土垫层不得用作底模。

（5）立柱及立柱桩施工

1）立柱桩施工前应对其单桩承载力进行验算，竖向荷载应按最不利工况取值，立柱在基坑开挖阶段应计入支撑与立柱的自重、支撑构件上的施工荷载等。

2）立柱与支撑可采用铰接连接。在节点处应根据承受的荷载大小，通过计算设置抗剪钢筋或钢牛腿等抗剪措施。立柱穿过主体结构底板以及支撑结构穿越主体结构地下室外墙的部位应采取止水构造措施。

3）钢立柱周边的桩孔应采用砂石均匀回填密实。

（6）钢支撑吊装就位时，吊车及钢支撑下方严禁人员入内，现场应做好防下坠措施。钢支撑吊装过程中应缓慢移动，操作人员应监视周围环境，避免钢支撑剐碰坑壁、冠梁、上部钢支撑等。起吊钢支撑应先进行试吊，检查起重机的稳定性、制动的可靠性、钢支撑的平衡性、绑扎的牢固性，确认无误后，方可起吊。当起重机出现倾覆迹象时，应快速使钢支撑落回基座。

（7）钢支撑预应力施加。

1）支撑安装完毕后，应及时检查各节点的连接状况，经确认符合要求后方可按设计要求均匀、对称、分级施加预应力。

2）预应力施加过程中应检查支撑连接节点，必要时应对支撑节点进行加固；预应力施加完毕、额定压力稳定后应锁定。

3）钢支撑使用过程应定期进行预应力监测，必要时应对预应力损失进行补偿；在周边环境保护要求较高时，宜采用钢支撑预应力自动补偿系统。

（8）支撑拆除施工。

1）拆除支撑施工前，必须对施工作业人员进行安全技术交底，施工中应加强安全检查。

2）拆除支撑作业施工范围严禁非操作人员入内，切割焊和吊运过程中工作区严禁入内，拆除的零部件严禁随意抛落。当钢筋混凝土支撑采用爆破拆除施工时，现场应划定危险区域，并应设置警戒线和相关的安全标志，警戒范围内不得有人员逗留，并应派专人监管。

3）支撑拆除时应设置安全可靠的防护措施和作业空间，当需利用永久结构底板或楼板作为支撑拆除平台时，应采取有效的加固及保护措施，并应征得主体结构设计单位同意。

4）换撑工况应满足设计工况要求，支撑应在梁板柱结构及换撑结构达到设计要求的强度后对称拆除。

5）支撑拆除施工过程中应加强对支撑轴力和支护结构位移的监测，变化较大时，应加密监测，并应及时统计、分析上报，必要时应停止施工加强支撑。

6）栈桥拆除施工过程中，栈桥上严禁堆载，并应限制施工机械超载，合理制订拆除顺序，应根据支护结构变形情况调整拆除长度，确保栈桥剩余部分结构的稳定性。

7）钢支撑可采用人工拆除和机械拆除。钢支撑拆除时应避免瞬间预加应力释放过大而导致支护结构局部变形、开裂，并应采用分步卸载钢支撑预应力的方法对其进行拆除。

8）当采用人工拆除作业时，作业人员应站在稳定的结构或脚手架上操作，支撑构件应采取有效的防下坠控制措施，对切断两端的支撑拆除的构件应有安全的放置场所。

9）机械拆除施工时：

① 应按施工组织设计选定的机械设备及吊装方案进行施工，严禁超载作业或任意扩大拆除范围。

② 作业中机械不得同时回转、行走。

③ 对尺寸或自重较大的构件或材料，必须采用起重机具及时下放。

④ 拆卸下来的各种材料应及时清理，分类堆放在指定场所。

⑤ 供机械设备使用和堆放拆卸下来的各种材料的场地地基承载力应满足要求。

10）爆破拆除施工时：

① 钢筋混凝土支撑爆破应根据周围环境作业条件、爆破规模，按现行国家标准《爆破

安全规程》（GB 6722）分级，并采取相应的安全技术措施。

② 爆破拆除钢筋混凝土支撑应进行安全评估，并应经当地有关部门审核批准后实施。

③ 应根据支撑结构特点制定爆破拆除顺序，爆破孔宜在钢筋混凝土支撑施工时预留。

④ 支撑与围护结构或主体结构相连的区域应先行切断，在爆破支撑顶面和底部应加设防护层。

2.4.2.4　排桩施工常见问题的处理措施

1. 人工挖孔桩施工

（1）井口坠物、坠人。

1）对于大直径桩在桩井口周边设置钢管护栏，并在护栏上悬挂防坠落标识。

2）对于小直径桩在井顶上覆盖圆形防护板。

3）已完工程桩全部封闭。

（2）孔壁坍塌。

结合工程地质条件，按设计要求进行搅拌桩加固地基处理，再进行桩的开挖。

（3）中毒。

1）上、下午开工前，用复合式气体检测仪测试，确认桩孔内无对人身有害气体，再用风机向孔内送风 15 分钟，使孔内空气流畅，确保无恙后工作人员才能下井作业。

2）孔内配备对讲机和求救绳，孔上监护人员与孔下作业人员定好联系信号，随时联系孔上人员，监护要到位，确保施工安全。

3）现场配备足够的防毒面具和通风设备，当有不明气体或有呼吸不畅现象出现时，孔下工作人员应马上佩戴防毒面具并迅速离开现场，开动通风设备进行排风，降低孔内有害气体浓度。

4）当发生意外时，孔上监护人员应及时呼救通知有关领导，并及时向孔下送风，做好自我防护后才能进行对孔下作业人员救护，下孔抢救人员必须佩戴防毒面具和救护绳。

（4）岩层裂隙水。

1）当查明岩层裂隙水较大时，在岩层成孔也要增加混凝土护壁，以阻隔裂隙水渗入。

2）利用附近的未浇筑桩芯的桩位降低地下水位。

3）每天开工前要先抽走井内积水。

4）对已终孔的桩孔及时浇筑混凝土。

5）局部对渗水点进行注浆加固。

6）如裂隙水较大，难以抽干时，可在邻近桩孔设置深井降水。

（5）触电。

1）贯彻"迅速、就地、正确、坚持"的触电急救八字方针。

2）将出事附近电源开关刀拉掉或将电源插头拔掉，以切断电源。

3）用干燥的绝缘木棒将电源线从触电者身上拨离，严禁直接接触电源或触电者。

（6）邻房、道路的沉降。

在施工现场周边邻近设置沉降点，在邻近房屋的适宜观测位置设置观测点，每天采用测量仪器进行沉降观测，并做好记录，绘制曲线图，如发现异常，马上停止周边施工作业，并及时通知设计院和监理单位，采取有效的处理措施。

2. 钻（冲）孔桩施工

（1）塌孔。

孔内水位突然下降，孔口冒细密的水泡，出渣量显著增加而不见进尺，钻机负荷显著增加等，采取的措施：

1）在松散砂土或流沙中钻进时应控制进尺，选用较大比重、黏度、胶体率的优质泥浆，或投入黏土掺片石低锤冲击，使黏土块、片石挤入孔壁。

2）如地下水位变化过大，应采取加高护筒、增大水头等措施。

3）发生孔口坍塌时，可立即拆除护筒并回填钻孔，重新埋设护筒再钻。

4）严格控制冲程高度。

5）清孔时应指定专人补水，保证钻孔内必要的水头高度，供水管最好不直接插入空中，以免冲刷孔壁。应扶正吸泥机，防止触动孔壁。不宜使用过大风压，不宜超过 1.5～1.6 倍钻孔中水柱压力。如坍孔严重须按前述方法处理。

6）吊钢筋骨架时，应对准孔中心竖直插入。

（2）钻孔漏浆。

在透水性强或有地下水流动的地层如稀泥浆流失，可采取以下措施：加稠泥浆或投入黏土、慢速转动，或在回填土内掺片石，反复冲击增强护壁，在有护筒防护范围内，接缝处漏浆可由潜水工用棉絮堵塞，封闭接缝。

（3）桩孔偏斜。

1）安装钻机时要使转盘、底座水平。起重滑轮缘、固定钻杆的卡孔和护筒中心三者应在同一轴线上，并经常检查校正。

2）由于主动钻杆较长，转动时上部摆动过大，必须在钻架上增添导向架，控制钻杆上的提引水龙头，使其沿导向架向下钻进。

3）钻杆、接头应逐个检查，及时调整，发现主动钻杆弯曲，要用千斤顶及时调直或更换钻杆。

4）在有倾斜的软弱地层钻进时，应吊住钻杆控制进尺，低速钻进，或回填片石，冲平后再钻进。

5）在偏斜处吊住钻头上下反复扫孔，使钻孔正直。偏斜严重时应回填砂黏土到偏斜处，待沉积密实后再继续钻进。冲击钻进时，应回填砂砾和黄土，待沉积密实后再钻进。

（4）梅花孔。

1）经常检查转向装置是否灵活。

2）选用适当黏度和比重的泥浆，适时掏渣。

3）用低冲程时，隔一段时间要更换高一些的冲程，使冲击钻头有足够的转动时间。

（5）糊钻埋钻。

常出现于正反循环（含潜水钻机）回转钻进和冲击钻进中。采取的措施：

1）对泥浆稠度、钻渣进出口、钻杆内径大小、排渣设备进行检查计算，并控制适当的进尺。若已严重糊钻，应停钻提出钻锥，清除钻渣。

2）冲击钻锥糊钻时，应减少冲程，降低泥浆稠度，在黏土层上回填部分砂、砾石。

3）遇到塌方或其他原因造成埋钻时，使用空气吸走埋钻泥沙，上提钻锥。

（6）卡孔。

在冲击钻进时常发生卡孔现象。卡钻后不宜强提，只宜轻提，轻提不动时，可用小冲击钻锥冲击或用冲、吸的方法将钻锥周围的钻渣松动后再提出。

（7）掉钻落物。

掉钻落物是指钻孔桩施工时钻或他物掉至孔内。宜迅速用打捞叉、钩、绳套等工具打捞，若落体已被泥沙埋住，应先清除泥浆，使用打捞工具接触落体后再打捞。

（8）钢筋笼放置与设计要求不符、钢筋笼变形、保护层不够、深度位置不符合要求。

1）如钢筋笼过长应分段制作，吊放钢筋笼入孔时再分段焊接。

2）钢筋笼在运输和吊放过程中，每隔2～2.5m设置加强箍一道，并在钢筋笼内每隔3～4m装一个可拆卸的十字形临时加劲架，在钢筋笼吊放入孔时再拆除。

3）在钢筋笼周围主筋上每隔一定间距设置混凝土垫块，混凝土垫块根据保护层的厚度及孔径设计。

4）清孔时应把沉渣清理干净，保证实际有效孔深满足设计要求。

5）钢筋笼应垂直缓慢放入孔内，防止硬撞孔壁。钢筋笼放入孔内后，要采取措施，固定好位置。

6）对在运输、堆放及吊装过程中已经发生变形的钢筋笼，应进行调整后再使用。

（9）断桩。

1）混凝土坍落度应严格按设计规范要求控制。

2）边灌混凝土边拔导管，做到连续作业，一气呵成。灌注时及时测混凝土顶面上升高度，随时掌握导管埋入深度，避免导管埋入过深或导管脱离混凝土面。

思考与练习

（1）人工挖孔桩施工安全措施有哪些？

（2）钻（冲）孔桩施工安全措施有哪些？

（3）简述钻（冲）孔桩施工常见问题的处理措施。

任务2.5 地下连续墙＋锚索（内支撑）支护施工安全

2.5.1 概述

2.5.1.1 地下连续墙＋锚索（内支撑）

1. 地下连续墙

地下连续墙是用机械施工方法成槽浇灌钢筋混凝土形成的地下墙体。施工时用专用设备沿着深基础或地下构筑物周边采用泥浆护壁开挖出一条具有一定宽度与深度的沟槽，在槽内设置钢筋笼，采用导管法在泥浆中浇筑混凝土，筑成一单元墙段，依次顺序施工，以某种接头方法连接成一道连续的地下钢筋混凝土墙。地下连续墙槽段划分如图2-9所示。

2. 预应力锚索

地下连续墙的冠梁、腰梁及锚索大样可参考排桩＋预应力锚索支护冠梁、腰梁及锚索的大样，见图2-7、图2-8。

3. 内支撑

地下连续墙内支撑的设置及要求与排桩＋预应力锚索支护相同。

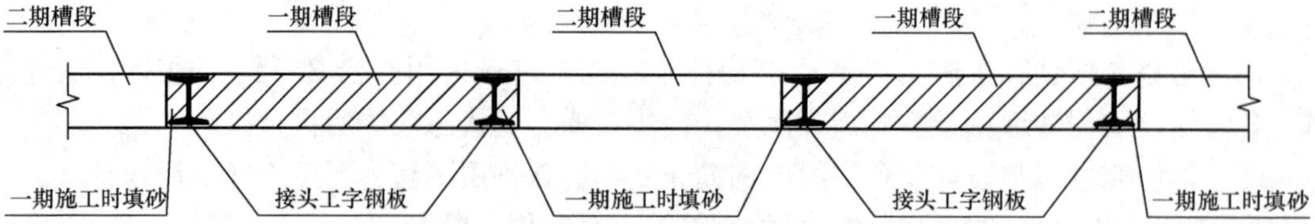

图 2-9　地下连续墙槽段划分示意图

二期槽段　一期槽段　二期槽段　一期槽段　二期槽段

一期施工时填砂　接头工字钢板　一期施工时填砂　接头工字钢板　一期施工时填砂

注：1. 开挖一期槽段，下接头工字钢板和钢筋笼，浇筑一期槽段的混凝土

2. 待一期槽段混凝土初凝后，开挖二期槽段，下钢筋笼，然后浇筑其混凝土与一期槽段混凝土形成整体

3. 图中填充阴影的槽段为一期槽段，其余的为二期槽段

2.5.1.2　地下连续墙的特点和注意事项

1. 地下连续墙的特点

（1）地下连续墙具有结构刚度大、整体性、抗渗性和耐久性好的特点，可作为永久性的挡土挡水和承重结构。

（2）能适应各种复杂的施工环境和水文地质条件，可紧靠已有建筑物施工。

（3）施工时振动小，噪声低，非常适用于在城市施工。

（4）对邻近建筑物和地下管线影响较小。

（5）能建造各种深度（10～50m）、宽度（70～120cm）和形状的地下连续墙。

（6）地下连续墙刚度大，易于设置埋件，适合于逆作法工程的施工。

（7）地下连续墙对地质的适用范围很广，从软弱的冲积地层到中硬的地层、密实的砂砾层，各种软岩和硬岩等所有的地质都可以建造地下连续墙。

（8）占地少，可以充分利用建筑红线以内有限的地面和空间，充分发挥投资效益。

（9）工效高、工期短、质量可靠、经济效益高。

2. 注意事项

（1）在一些特殊的地质条件下（如软弱淤泥质土，含漂石的冲积层和超硬岩石等），地下连续墙的施工难度很大。

（2）如果施工方法不当或施工地质条件特殊，可能出现相邻墙段不能对齐和漏水的问题。

（3）地下连续墙如果用作临时的挡土结构，比其他方法所用的费用要高。

（4）在城市施工时，废泥浆的处理比较麻烦，要做好相关措施。

2.5.2　施工安全管理

2.5.2.1　地下连续墙施工安全措施

（1）施工准备时，应做好施工调查，挖槽开始之前，应清除一切地下障碍物。场地平整、无积水，并设置好排浆沟。

（2）用液压抓斗机进行抓槽施工，抓槽施工至设计标高，同时留置相应深度的岩样，并且标明槽段编号、岩层深度、取样时间和地点与岩样照片的拍摄。

（3）成槽宜相隔1个槽段跳开进行，从清孔至完成混凝土浇筑累计槽壁暴露时间不宜超过24h。

（4）在进行成槽施工的全过程完成后，对完成施工成槽的槽段进行泥浆的换浆处理工作。同时会同工程设计人员、监理工程师和业主项目代表对连续墙槽段的成槽结果进行质量验收，在现场监理工程师的监督下对距槽段底500mm处进行泥浆抽检工作，并将相关泥浆指标参数记录备案。

（5）成槽时应加强观测，如槽壁发生较严重的局部坍塌时，应及时回填妥善处理。挖槽结束后，应检查槽位、槽深、槽宽及槽壁垂直度等，合格后方可进行换浆。

（6）钢筋网片采取整体制作一次成型，采用履带吊或汽车吊进行起吊。为使起吊、运输及入槽过程中钢筋网片不产生不可恢复的变形。钢筋网片按间距 1.2～1.5m 设 1 个钢桁架，墙段宽≤4m 时，宜用 3 个钢桁架，墙段宽≥5.5m 时，宜用 5 个钢桁架，其余则宜用 4 个。

（7）钢筋笼吊装施工。

1）吊装所用的吊车应满足吊装高度及起重量的要求，主吊和副吊应根据计算确定。钢筋笼吊点布置应根据吊装工况定，并应进行整体起吊安全验算，按计算结果配置吊具、吊点加固钢筋、吊筋等。

2）吊装前必须对钢筋笼进行全面检查，防止剩余的钢筋断头、焊接接头等遗留在钢筋笼上。

3）采取双机抬吊作业时，应统一指挥，动作应作配合协调，荷载应分配合理。

4）起重机械起吊钢筋笼时应先稍离地面起吊，确认钢筋笼已挂牢，钢筋笼刚度、焊接强度等满足要求时，再继续起吊。

5）起重机械在吊钢筋笼行走时，载荷不得超过允许起重量的 70%，钢筋笼离地不得大于 500mm，并应拴好拉绳，缓慢行驶（见图 2-10）。

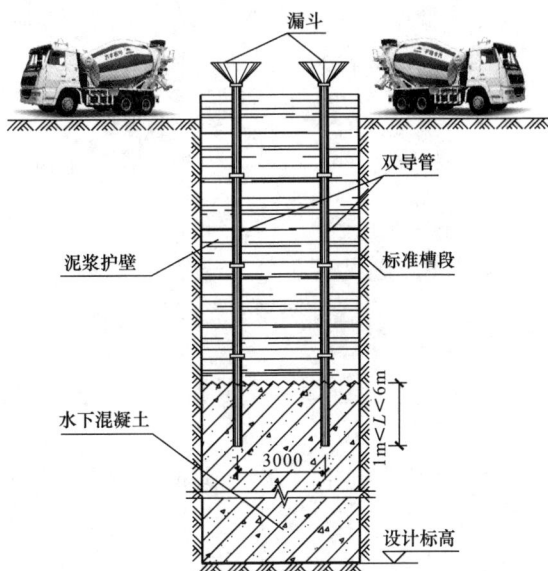

图 2-10　连续墙混凝土浇筑示意图

（8）连续墙施工接头管的拔出，应根据混凝土的硬化速度，依次适时地拔动，待混凝土灌注完毕后 2～3h 后完全拔出。注意过早拔出接头管，会使混凝土坍塌或开裂；过晚拔出接头管，会使拔出困难或不能拔出。

（9）在二次清孔施工完成后，采用两根导管，进行浇筑连续墙混凝土，在浇筑过程中，导管不能做横向运动，导管横向运动会把沉渣和泥浆混入混凝土内，且混凝土浇筑必须连续进行。

2.5.2.2　预应力锚索施工安全措施

预应力锚索施工安全措施与排桩＋锚索支护（内支撑）施工安全的 2.4.2.2 同。

2.5.2.3　内支撑施工安全措施

内支撑施工安全措施与排桩＋锚索支护（内支撑）施工安全的 2.4.2.3 同。

2.5.2.4　地下连续墙施工常见问题的处理措施

1. 槽壁坍塌

护壁泥浆不合格，漏浆或泥浆液面下降、地下水位上升、地下水流速大、挖槽穿过极软弱的粉砂层或松砂层，地面荷载过大或承受偏大土压力等因素，均可导致槽壁坍塌，应针对施工现场的条件，及时调整泥浆比重和质量，防止事故发生。

2. 挖槽机具卡在槽内

槽壁坍塌，挖槽机具停留在槽内太久，在黏土层中挖槽，挖槽方向偏差太大，挖槽中遇有地下障碍物等原因，都可造成挖槽机具卡在槽内的事故。为此，应在施工中加强观测，密切注意地质条件的变化，改善护壁泥浆的质量，以防止这类事故的发生。

3. 导墙破坏或变形

在挖槽过程中，导墙的强度及刚度不足，导墙的地基坍塌、导墙内侧没有支撑、作用在导墙上的荷载过大等原因都可导致导墙破坏或变形。应根据场地地质条件及作用在导墙的荷载进行导墙的详细设计，施工过程中严把导墙质量关，防止此类事故发生。

4. 单元槽段接头不良造成接头处漏水

应在设计中采用合理的接头结构形式，在施工中注意清除接头处沉积物，使单元槽段之间衔接紧密，防止接头处漏水的现象发生。

思考与练习

（1）简述地下连续墙施工安全措施。

（2）简述预应力锚索施工安全措施。

（3）简述地下连续墙施工常见问题的处理措施。

任务 2.6　土钉墙支护施工安全

采用土钉墙支护时，软土基坑开挖深度不得大于 4m，建筑边坡高度不得大于 15m，设计时应包括土钉墙支护设计、施工工艺要求。邻近有重要建筑物、构筑物、重要交通干线或重要管线的地段不宜采用土钉墙支护。

2.6.1　概述

2.6.1.1　土钉墙的定义

土钉是依靠其全长与土体的摩阻力，用来加固或锚固现场土体的细长杆件。施工时，可采取先在土层中钻孔，后置入钢筋，然后对全孔进行注浆的方法制成。亦可采用将钢管、角钢直接击入土中，再注浆的方法制成。

土钉常用 $\phi14\sim\phi32$ 钢筋，土钉墙是由密集的土钉群、被加固的原位土体、喷射混凝土面层和必要的防水系统组成（如图 2-11 所示）。

2.6.1.2　土钉墙的特点和适用性

1. 土钉墙的特点

（1）形成土钉复合体，提高边坡整体稳定性和承受边坡堆载的能力。

（2）施工设备简单，由于钉长一般比锚杆的长度小得多，不加预应力，所以设备简单。

（3）随基坑开挖逐层分段开挖作业，不占或少占单独作业时间，施工效率高，占用周

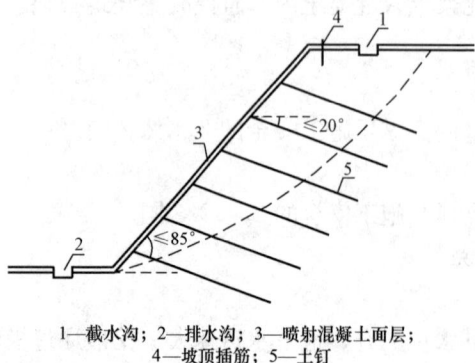

1—截水沟；2—排水沟；3—喷射混凝土面层；
4—坡顶插筋；5—土钉

图 2-11　土钉墙示意图

期短。

（4）施工不需单独占用场地，对现场狭小，放坡困难，有相邻建筑物时显示其优越性。

（5）土钉墙成本费较其他支护结构低。

（6）施工噪声、振动小，不影响环境。

2. 土钉墙的适用性

（1）适用于有一定黏结性的杂填土、黏性土、粉土、黄土与弱胶结的砂土边坡。

（2）适用于地下水位低于开挖层或经过降水使地下水位低于开挖标高的情况。

（3）不适用于标准贯入击数（N）低于 10 击的砂土边坡。

（4）对于塑性指数 $I_p > 20$ 的土，必须注意评价其蠕变特性后方可采用。

（5）不适用含水丰富的粉细砂层，砂卵石层。

（6）不适用于没有临时自稳能力的淤泥土层。

（7）不适宜在腐蚀性土如煤渣、煤灰、炉渣、酸性矿物废料等土质作永久性支挡结构。

2.6.1.3 土钉墙支护的基本构造

（1）土钉墙墙面坡度不宜大于 1∶0.1。

（2）土钉必须和面层有效连接，应设置承压板或加强钢筋等构造措施，承压板或加强钢筋应与土钉螺栓连接，或与钢筋焊接连接。

（3）土钉的长度宜为开挖深度的 0.5～1.2 倍，间距宜为 1～2m，与水平面夹角宜为 5°～20°。

（4）土钉钢筋宜采用 HRB335、HRB400 级钢筋，钢筋直径宜为 16～32mm，钻孔直径宜为 70～120mm。

（5）注浆材料宜采用水泥浆或水泥砂浆，其强度等级不宜低于 M10。

（6）喷射混凝土面层宜配置钢筋网，钢筋直径宜为 6～10mm，间距宜为 150～300mm；喷射混凝土强度等级不宜低于 C20，面层厚度不宜小于 80mm（见图 2-12）。

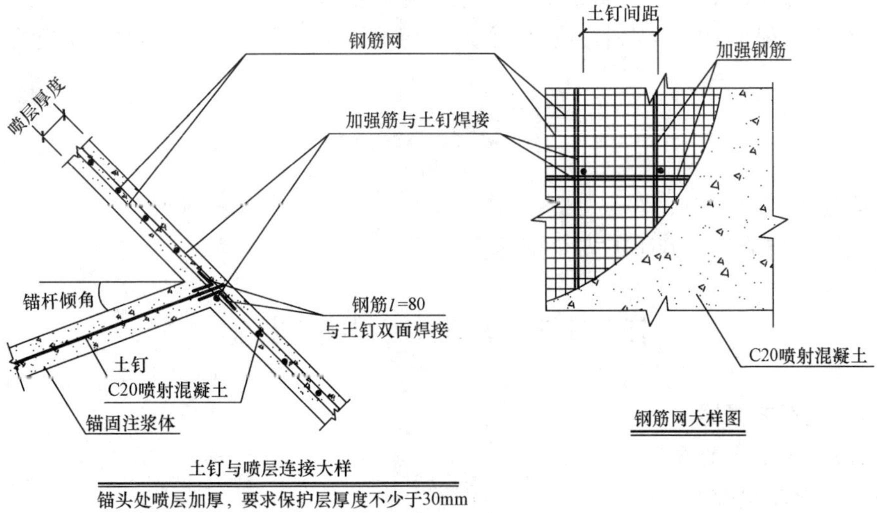

图 2-12 土钉墙大样示意图

（7）坡面上下段钢筋网搭接长度应大于 300mm。

（8）当地下水位高于基坑底面时，应采取降水或截水措施；土钉墙墙顶应采用砂浆或混凝土护面，坡顶和坡脚应设排水措施，坡面上可根据具体情况设置泄水孔。

2.6.2　土钉墙施工安全

（1）施工前必须认真对操作人员进行安全技术交底，明确分工，统一指挥。

（2）各种设备应处于完好状态，机器运转部位应有安全防护装置。

（3）所有用电设备必须按规定设置漏电保护装置，做到一机一闸一箱一漏电开关，并派专人检查，确保用电安全。

（4）钻孔机应安放安全可靠的反力装置。

（5）在有地下承压水地层中钻进，孔口必须安设可靠防喷装置，一旦发生漏水漏沙时能及时封住孔口。

（6）处理机械故障时，必须使设备断电、停风，并向施工设备送电、送风前，应通知有关人员。

（7）向土钉孔注浆时，注浆罐内应保持一定数量的砂浆，以防罐体放空，致使砂浆喷出伤人，处理管路堵塞前，应消除罐内压力。

（8）喷射作业处理堵管时，应将输料管顺直，必须紧按喷头，疏通管路的工作风压不得超过 0.4MPa。

（9）施工人员进入现场必须戴安全帽，作业施工必须遵守有关安全规定。

（10）施工中喷头和注浆管前方严禁站人。

（11）拉拔土钉时，拉力计前方及下方严禁站人。

（12）施工操作人员应避免皮肤与速凝剂、树脂胶泥直接接触，严禁树脂卷接触明火。

（13）喷射混凝土作业人员应采用个体防尘用具。

（14）施工前，应认真检查和处理锚喷支护作业区的危石，施工机具应布置在安全地带。

（15）喷射作业紧跟开挖工作面，混凝土终凝到下一循环喷射时间，不应少于 3h。

（16）夜间施工时，要有足够的照明设施，并控制施工噪声。

（17）施工过程必须做好对机械噪声、泥尘、污水的控制及处理，创造健康安全的职业环境。

思考与练习

（1）简述土钉墙支护的基本构造。

（2）简述土钉墙支护施工的安全措施。

任务 2.7　土石方工程施工安全

2.7.1　土石方概述

2.7.1.1　土石方的分类

土石方的分类见表 2-4。

2.7.1.2　土石方的性质

1. 土的可松性

土的可松性是指自然状态下的土，经过开挖后，结构联结遭受破坏，其体积因松散而增大，以后虽经回填压实，仍不能恢复到原来体积的性质。该指标需要在计算回填土方时考虑，否则回填后有余土，或产生场地标高与设计标高不符的后果。各种土的可松性参考数值见表 2-5。

表 2-4　　　　　　　　　　　　　**土 石 方 的 分 类**

土的分类	土的名称	密度（t/m³）	开挖工具及方法
一类土（松软土）	砂土、粉土、冲击砂土层、疏松的种植土、淤泥（泥炭）	0.6～1.5	用锹、锄头挖掘，少许用脚蹬。
二类土（普通土）	粉质黏土；潮湿的黄土；夹有碎石、卵石的砂；粉土混卵（碎）石；种植土、填土	1.1～1.6	用锹、锄头挖掘，少许用脚蹬。
三类土（坚土）	软及中等密实黏土；重粉质黏土、砾石土；干黄土、含有碎石卵石的黄土、粉质黏土；压实的填土	1.75～1.9	主要用镐，少许用锹、锄头挖掘，部分用撬棍。
四类土（砂砾坚土）	坚硬密实的黏性土或黄土；含碎石卵石的中等密实的黏性土或黄土；粗卵石；天然级配砂石；软泥灰岩	1.9	整个先用镐、撬棍，后用锹挖掘，部分用楔子及大锤。
五类土（软石）	硬质黏土；中密的页岩、泥灰岩、白垩土；胶结不紧的砾岩；软石灰及贝壳石灰石	1.1～2.7	用镐或撬棍、大锤挖掘，部分使用爆破方法。
六类土（次坚石）	泥岩、砂岩、砾岩；坚实的页岩、泥灰岩、密实的石灰岩；风化花岗岩、片麻岩及正长岩	2.2～2.9	用爆破方法开挖，部分用风镐。
七类土（坚石）	大理石；灰绿岩、玢岩；粗、中粒花岗岩；坚实的白云岩、砂岩、砾岩、片麻岩、石灰岩；微风化安山岩；玄武岩	2.5～3.1	用爆破方法开挖。
八类土（特坚石）	安山岩；玄武岩；花岗片麻岩；坚实的细粒花岗岩、闪长岩、石英岩、辉长岩、辉绿岩、玢岩、角闪岩	2.7～3.3	用爆破方法开挖。

表 2-5　　　　　　　　　　　　　**各种土的可松性参考数值**

土的类别	体积增加百分比（%）		可松性系数	
	最初	最终	K_S	K_S'
一类（种植土除外）	8～17	1～2.5	1.08～1.17	1.01～1.03
一类（植物性土、泥岩）	20～30	3～4	1.20～1.30	1.03～1.04
二类	14～28	1.5～5	1.14～1.28	1.02～1.05
三类	24～30	4～7	1.24～1.30	1.04～1.07
四类（泥灰岩、蛋白石除外）	26～32	6～9	1.26～1.32	1.06～1.09
四类（泥灰岩、蛋白石）	33～37	11～15	1.33～1.37	1.11～1.15
五～七类	30～45	10～20	1.30～1.45	1.10～1.20
八类	45～50	20～30	1.45～1.50	1.20～1.30

　　2. 土的含水量
　　土的含水量是指土中所含水的质量与固体颗粒质量之比，以百分比表示。土的含水量是随气候条件、雨雪和地下水的影响而变化，它对土方边坡的稳定性、填方密实度、土方施工方法的选择等有重要的影响。

　　3. 土的渗透性
　　土的渗透性是指土被水透过的性质。土体孔隙中的自由水在重力作用下会产生流动，但基坑开挖至地下水位以下，地下水会不断流入基坑，当水力梯度产生的动水压力超过土粒之间的联结力时，则会产生管涌或流沙。

4. 土的休止角

土的休止角是指天然状态下的土体可以稳定的坡度。土的坡度值可按表2-6采用。

在基坑高处的土方开挖过程中，应考虑土体的稳定坡角，同时根据现场施工实际情况制定合理的土方开挖方案，在满足施工安全及其技术经济要求的前提下，减少不必要的支撑，以节省施工投入。

2.7.2 土方边坡

土方开挖施工前，应在编制土方工程的施工组织设计时，确定基坑（槽）及管沟的边坡形式及开挖方法，以确保土方开挖过程中和基础施工阶段土体的稳定。

2.7.2.1 边坡的形式

边坡的形式是由场地土、开挖深度、周围环境、技术和经济的合理性等因素来决定，常用有直线形、折线形、分级形，见图2-13。

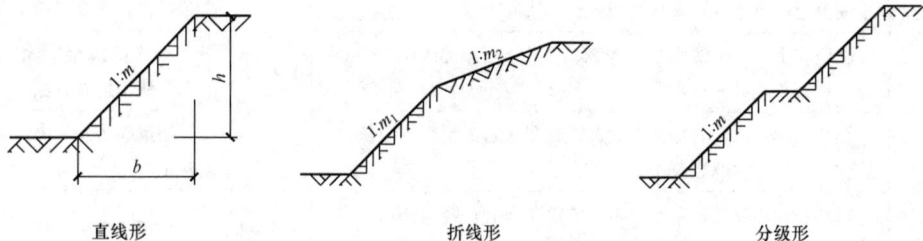

图2-13 边坡的形式

2.7.2.2 边坡的坡度

边坡的坡度应根据不同的挖填高度、土的性质及工程的特点而定（见表2-6），边坡的表示方法为：

$$土方边坡坡度 = \frac{h}{b} = \frac{1}{b/h} = 1:m$$

式中，$m = b/h$，为坡度系数。

表2-6   放坡开挖允许高度及坡度

序号	场地岩土名称	状态或风化程度	允许坡高（m）	允许坡度
1	硬质岩石	微风化	12	1:0.10～1:0.20
		中等风化	10	1:0.20～1:0.35
		强风化	8	1:0.35～1:0.50
2	软质岩石	微风化	8	1:0.35～1:0.50
		中等风化	8	1:0.50～1:0.75
		强风化	8	1:0.75～1:1.00
3	砂土	——	5	1:1.00基坑顶面无载重 1:1.25基坑顶面有静载 1:1.50基坑顶面有动载

续表

序号	场地岩土名称	状态或风化程度	允许坡高（m）	允许坡度
4	粉土	稍湿	5	1∶0.75 基坑顶面无载重 1∶1.00 基坑顶面有静载 1∶1.25 基坑顶面有动载
5	粉质黏土	坚硬	5	1∶0.33 基坑顶面无载重 1∶0.50 基坑顶面有静载 1∶0.75 基坑顶面有动载
		硬塑 可塑	5 4	1∶1.00～1∶1.25 基坑顶面无载重 1∶1.25～1∶1.50 基坑顶面无载重
6	黏土	坚硬 硬塑 可塑	5 5 4	1∶0.33～1∶0.75 1∶1.00～1∶1.25 1∶1.25～1∶1.50
7	杂填土	中密、密实的建筑垃圾土	5	1∶0.75～1∶1.00

注 1. 硬质岩石：新鲜岩石饱和单轴抗压强度 f_r 大于或等于 30MPa，如花岗岩、片麻岩等；

　　2. 软质岩石：新鲜岩石饱和单轴抗压强度 f_r 小于 30MPa，如泥岩、页岩等。

　　3. 当基顶面作用静载或动载时，应按规范进行验算，验算坡度大于表中数值时，应按表中数值确定坡度。

2.7.2.3　影响边坡稳定的因素

边坡不稳定主要表现为滑坡与塌方，而产生滑坡与塌方的因素可分为内部条件和外部条件，内因是不良的地质条件，外因是工程施工不当和水的作用。

1. 不良地质条件引起土体抗剪强度、抗滑力降低的原因

（1）土质松软——气候的影响。

（2）土体内含水量增加。

（3）振动液化——饱和的细砂、粉砂受振动。

土方边坡的稳定主要是土体内土颗粒间存在的摩擦力和黏结力，使土体具有一定的抗剪强度。黏性土既有摩擦力，又有黏结力，抗剪强度较高，土体不易失稳，土体若失稳就沿着滑动面整体滑动（滑坡）；而砂性土只有摩擦力，无黏结力，抗剪强度较差。所以黏性土的放坡可陡些，砂性土的放坡应缓些。

2. 工程施工不当和水作用的原因

（1）不按土体特性放坡或加支撑。

（2）坡顶荷载超载——堆物、行车。

（3）自重增加——雨水或地面水渗入水中引起。

（4）动水压力——地下水渗流产生。

（5）侧向静水压力——裂缝中动积水产生。

当外界因素发生变化，使土体的抗剪强度降低或土体所受剪应力增加时，破坏了土体的自然平衡状态，边坡就失去稳定而塌方。造成土体内抗剪强度降低的主要原因是水（雨水、施工用水）使土的含水量增加，土颗粒之间摩擦力和黏结力降低（水起润滑作用）；造成土体所受剪应力增加的原因主要是坡顶上部的荷载增加和土体自重的增大（含水量增加），及地下水渗流中的动水压力的作用；此外地面水侵入土体的裂缝之中产生静水压力也会使土体

内的剪应力增加。所以，在确定土方边坡的形式及放坡大小时，既要考虑上述各方面因素，又要注意周围环境条件，保证土方和基础施工的顺利进行。

2.7.3　土石方施工

2.7.3.1　机械的选型

机械的选型见表 2-7。

表 2-7　　　　　　　　　　　　　　**机 械 的 选 型**

机械选型	机械图片	施工特点及适用范围
正铲挖土机		前进向上，强制切土。挖掘力大，生产率高，可用于开挖停机面以上含水量大于 27% 的一～四类土，需与汽车配合。挖土机的生产率取决于每斗的装土量和每斗作业的循环延续时间。 1）正向挖土侧向卸土。 挖土机沿前进方向挖土，运输工具停在侧面装土。该方法挖土机卸土时，动臂回转角度小，运输工具行驶方便，生产率高，采用较多。 2）正向挖土后方卸土。 挖土机沿前进方向挖土，运输工具停在挖土机后方装土。该方法所挖的工作面较大，但回转角度大，生产率低，运输工具倒车开入，一般用于开挖施工区域的进口处及工作面狭小且较深的基坑。
反铲挖土机		后退向下，强制切土。挖掘力较正铲小，能开挖停机面以下的一～三类土，适于开挖基坑、基槽、管沟，每层经济合理的开挖深度 1.5～3.0m，可用于有地下水的土或泥泞土。
拉铲挖土机		后退向下，自重切土。挖土深度和挖土半径较大，能开挖停机面以下的一～二类土，工作装置简单，可由起重机改装，铲斗悬挂在钢丝绳下而不需要刚性斗柄，土斗借自重使斗齿切入土中。常用于开挖大型基坑和沟槽，拉铲挖土机可采用沟端开挖和沟侧开挖的作业方式。

机械选型	机械图片	施工特点及适用范围
抓铲挖土机		抓铲挖土机的挖土特点：直上直下，自重切土。挖掘力较小，能开挖停机面以下一～二类土，常用于独立基础、沉井和水下挖土。在组织土方工程机械化施工时，必须使主导机和辅助机械的台数相互配套，协调工作。挖土机数量应根据土方量大小、工期长短、经济效果等确定，与挖土机配合作业的自卸汽车，其载重量一般宜为挖土机每斗重量的3～5倍，配置的数量应能保证挖土机连续工作。

2.7.3.2　土石方开挖施工方式

1. 土石方岛式开挖施工

岛式开挖是先开挖基坑周边土方，最后挖去中心土墩的开挖方式。

（1）边部土方的开挖范围应根据支撑布置形式、围护墙变形控制等因素确定。边部土方应采用分段开挖的方法，应减小围护墙无支撑或无垫层暴露时间。

（2）中部岛状土体的各级放坡和总放坡应验算稳定性。

（3）中部岛状土体的开挖应均衡对称进行。

2. 土石方盆式开挖施工

盆式开挖是先开挖基坑中间部分的土方，基坑侧壁内侧预留土，挖除基坑其余土体后形成类似盆状的基坑，待支撑形成后再开挖基坑侧壁内侧预留土方的基坑开挖方式。

（1）中部土方的开挖范围应根据支撑形式、围护墙变形控制、坑边土体加固等因素确定；中部有支撑时应先完成中部支撑，再开挖盆边土方。

（2）盆边开挖形成的临时放坡应进行稳定性验算。

（3）盆边土体应分块对称开挖，分块大小应根据支撑平面布置确定，应限时完成支撑。

（4）软土地基盆式开挖的坡面可采取降水、支护、土体加固等措施。

3. 狭长形基坑的土方开挖施工

（1）采用钢支撑的狭长形基坑可采用纵向斜面分层分段开挖的方法，斜面应设置多级放坡；各阶段形成的放坡和纵向总坡的稳定性应满足现行行业标准《建筑基坑支护技术规程》（JGJ 120）的规定。

（2）每层每段开挖和支撑形成的时间应符合设计要求。

（3）分层分段开挖至坑底时，应限时施工垫层。

2.7.3.3　土石方开挖施工安全措施

（1）土石方开挖前应对围护结构和降水效果进行检查，满足设计要求后方可开挖，开挖中应对临时开挖侧壁的稳定性进行验算。

（2）基坑开挖应满足设计工况要求按分层、分段、限时、限高和均衡、对称开挖的方法。

1）当挖土机械、运输车辆等直接进入基坑进行施工作业时，应采取措施保证坡道稳定，坡道坡度不应大于1∶7，坡道宽度应满足行车要求。

2）基坑周边、放坡平台的施工荷载应按设计要求进行控制。

3）基坑开挖的土方不应在邻近建筑及基坑周边影响范围内堆放，当需堆放时应进行承载力和相关稳定性验算。

4）邻近基坑边的局部深坑宜在大面积垫层完成后开挖。

5）挖土机械不得碰撞工程桩、围护墙、支撑、立柱和立柱桩、降水井管、监测点等。

6）基坑开挖深度范围内有地下水时，应采取有效的降水与排水措施，地下水宜在每层土方开挖面以下800～1000mm。

（3）基坑开挖过程中，当基坑周边相邻工程进行桩基、基坑支护、土方开挖、爆破等施工作业时，应根据相互之间的施工影响，采取可靠的安全技术措施。

（4）基坑开挖应采用信息施工法，根据基坑周边环境等监测数据，及时调整开挖的施工顺序和施工方法。

（5）在土石方开挖施工过程中，当发现有毒有害液体、固体时，应立即停止作业，进行现场保护，并应报有关部门处理后方可继续施工。

（6）土石方爆破应符合现行行业标准《建筑施工土石方工程安全技术规范》（JGJ 180）的规定。

（7）放坡开挖的基坑施工应符合下列规定：

1）坡面可采用钢丝网水泥砂浆或现浇钢筋混凝土覆盖，现浇混凝土可采用钢板网喷射混凝土，护坡面层的厚度不应小于50mm、混凝土强度等级不宜低于C20，配筋应根据计算确定，混凝土面层应采用短土钉固定。

2）护坡面层宜扩展至坡顶和坡脚一定的距离，坡顶可与施工道路相连，坡脚可与垫层相连。

3）护坡坡面应设置泄水孔，间距应根据设计确定。当无设计要求时，可采用1.5～3.0m。

4）当进行分级放坡开挖时，在上一级基坑坡面处理完成之前，严禁下一级基坑坡面土方开挖。

（8）放坡开挖基坑的坡顶和坡脚应设置截水明沟、集水井。

（9）采用土钉或复合土钉墙支护的基坑开挖施工应符合下列规定：

1）截水帷幕、微型桩的强度和龄期应达到设计要求后方可进行土方开挖。

2）基坑开挖应与土钉施工分层交替进行，并应缩短无支护暴露时间。

3）面积较大的基坑可采用岛式开挖方式，应先挖除距基坑边8～10m的土方，再挖除基坑中部的土方。

4）采用分层分段方法进行土方开挖，每层土方开挖的底标高应低于相应土钉位置，距离宜为200～500mm，每层分段长度不应大于30m。

5）应在土钉承载力或龄期达到设计要求后开挖下一层土方。

（10）设有内支撑的基坑开挖施工。

1）基坑开挖应按先撑后挖、限时、对称、分层、分区等开挖方法确定开挖顺序，严禁超挖，应减小基坑无支撑暴露开挖时间和空间。混凝土支撑应在达到设计要求的强度后才可进行下层土方开挖；钢支撑应在质量验收并按设计要求施加预应力后方可进行下层土方开挖。

2）挖土机械不应停留在水平支撑上方进行挖土作业，当在支撑上部行走时，应在支撑上方回填不少于 300mm 厚的土层，并应采取铺设路基箱等措施。

3）立柱桩周边 300mm 土层及塔吊基础下钢格构柱周边 300mm 土层应采用人工挖除，格构柱内土方宜采用人工清除。

（11）土石方开挖爆破工程应由具有相应爆破资质和安全生产许可证的企业承担。爆破作业人员应取得有关部门颁发的资格证书，并应持证上岗。爆破工程作业现场应由具有相应资格的技术人员负责指导施工。

（12）当采用爆破法施工时，应采取合理的爆破施工工艺以减小对周边环境的影响。当坡体顶部边缘有建筑物或岩体抗拉强度较低时，坡体的上部宜采用锚杆支护控制岩体开挖后的卸荷裂隙。有锚杆支护的爆破开挖，应采取防止锚杆应力松弛措施。

（13）基坑岩石爆破施工安全措施。

1）爆破前，在危险区内的建筑物、构筑物、管线、设备等，应采取安全保护措施，防止爆破地震、飞石和冲击波的破坏。

2）防止爆破有害气体、噪声对人体的危害。

3）在爆破危险区的边界设立警戒哨和警告标志。

4）将爆破信号的意义、警告标志及起爆时间通知当地单位和居民。起爆前、督促人、畜撤离危险区。

5）导火索、导爆索等的切割以及与雷管的连接工作，一般应在专设的加工房内进行。当数量较少时，可在室外选择僻静、隐蔽和干燥的安全地点进行。加工起爆药包应于爆破前在现场安全地点进行，并按当班所需数量一次制作，不得留成品。

6）露天爆破如遇浓雾、大雨、大风、雷电或黑夜时，均不得起爆。

7）每次起爆后，要对爆破位置进行检索、清查，如发现瞎炮，要处理后才能进入下一道工序施工。处理瞎炮，应严格按国家有关安全规程执行。

8）爆破后应立即通风排烟，以保证清查人员的安全。

9）重要工程中，炸药、雷管要每天运至现场，不得过夜。

10）当采用静力爆破作业时，其安全措施为：

① 按实际的施工环境温度选择合适的破碎剂型号，不得错用或随意互换使用。

② 装运破碎剂的容器，应避免雨水浸入，以防发生喷出或炸裂。

③ 破碎剂要存在于干燥、通风良好的场所内，以防受潮变质，在干燥情况下，保存期限为 1 年。存放数量多时，要先放先用，后放后用。超过期限，受潮或前次未用完而已打开包装的破碎剂，使用前要检查是否失效。

④ 破碎剂要随配随用，一次不宜拌制过多，搅拌好的浆体，应在 10min 内用完，以免降低流动度和破碎效果。如流动度丧失，不得加水拌和使用。除冬季外，切勿用热水拌和。

⑤ 装填炮孔须清洗干净，装药前应检查炮孔干湿程度，对吸水性强的干燥炮孔，应先以净水湿润孔壁，然后装填，以免孔壁大量吸收浆体中的水分，影响水化作用和降低破碎效果。

⑥ 装填炮孔时，操作人员要戴防护眼镜，在灌浆到裂缝出现前，不得近距离直视孔口，以防发生喷出伤人事故。

⑦ 破碎剂浆体稍有腐蚀性，施工完毕，应及时洗手和脸，以防碱性刺激皮肤。如药液碰到皮肤或进入眼睛，要立即用水冲洗。

思考与练习

(1) 简述土石方的分类和主要性质。
(2) 影响边坡稳定的因素有哪些？
(3) 简述土方开挖施工的安全措施。
(4) 简述基坑岩石爆破施工的安全措施。

任务 2.8　基坑监测和应急措施

2.8.1　基坑监测

(1) 安全等级为一级、二级的支护结构，在基坑开挖过程与支护结构使用期内，必须进行支护结构的水平位移监测和基坑开挖影响范围内建（构）筑物、地面的沉降监测。

(2) 基坑开挖施工前必须制定出系统的监测方案，监测方案应包括监测项目、监测方法及精度要求、临测点的布置、观测周期、监控时间、工序管理和记录制度、报警标准以及信息反馈系统等。

(3) 基坑监测项目根据支护结构的安全等级按表 2-8 选择。

表 2-8　　　　　　　　　　　基坑工程监测项目

监测项目	支护结构的安全等级		
	一级	二级	三级
支护结构顶部水平位移	应测	应测	应测
基坑周边建（构）筑物、地下管线、道路沉降	应测	应测	应测
坑边地面沉降	应测	应测	宜测
支护结构深部水平位移	应测	应测	选测
锚杆拉力	应测	应测	选测
支撑轴力	应测	应测	选测
挡土构件内力	应测	宜测	选测
支撑立柱沉降	应测	宜测	选测
挡土构件、水泥土墙沉降	应测	宜测	选测
地下水位	应测	应测	选测
土压力	宜测	选测	选测
孔隙水压力	宜测	选测	选测

注　表内各监测项目中，仅选择基坑支护形式所含的内容。

(4) 观测点的布置应能满足监测要求。基坑开挖影响范围随开挖深度的增加而增大，一般从基坑边缘向外两倍开挖深度范围内的建（构）筑物均为监测对象，三倍坑深范围内的重要建（构）筑物，尤其是古文物保护点应列入监测范围内。

（5）各监测项目在基坑支护施工前应测得稳定的初始值，且不应少于两次。

（6）支护结构顶部水平位移的监测频次要求：

1）基坑向下开挖期间，监测不应少于每天一次，直至开挖停止后连续三天的监测数值稳定；

2）当地面、支护结构或周边建筑物出现裂缝、沉降，遇到降雨、降雪、气温骤变，基坑出现异常的渗水或漏水，坑外地面荷载增加等各种环境条件变化或异常情况时，应立即进行连续监测，直至连续三天的监测数值稳定；

3）当位移速率大于前次监测的位移速率时，则应进行连续监测；

4）在监测数值稳定期间，应根据水平位移稳定值的大小及工程实际情况定期进行监测。

（7）支护结构顶部水平位移之外的其他监测项目，除应根据支护结构施工和基坑开挖情况进行定期监测外，尚应在出现下列情况时进行监测，直至连续三天的监测数值稳定。

（8）出现上述第（6）条第2）、3）的情况时；

（9）锚杆、土钉或挡土构件施工时，或降水井抽水等引起地下水位下降时，应进行相邻建筑物、地下管线、道路的沉降观测。

（10）对基坑监测有特殊要求时，各监测项目的测点布置、量测精度、监测频度等应根据实际情况确定。

（11）在支护结构施工、基坑开挖期间以及支护结构使用期内，应对支护结构和周边环境的状况随时进行巡查，现场巡查时应检查有无下列现象及其发展情况：

1）基坑外地面和道路开裂、沉陷；

2）基坑周边建（构）筑物、围墙开裂、倾斜；

3）基坑周边水管漏水、破裂，燃气管漏气；

4）挡土构件表面开裂；

5）锚杆锚头松动，锚具夹片滑动，腰梁及支座变形，连接破损等；

6）支撑构件变形、开裂；

7）土钉墙土钉滑脱，土钉墙面层开裂和错动；

8）基坑侧壁和截水帷幕渗水、漏水、流沙等；

9）降水井抽水异常，基坑排水不通畅。

（12）基坑监测数据、现场巡查结果应及时整理和反馈。当出现下列危险征兆时应立即报警：

1）支护结构位移达到设计规定的位移限值；

2）支护结构位移速率增长且不收敛；

3）支护结构构件的内力超过其设计值；

4）基坑周边建（构）筑物、道路、地面的沉降达到设计规定的沉降、倾斜限值；基坑周边建（构）筑物、道路、地面开裂；

5）支护结构构件出现影响整体结构安全性的损坏；

6）基坑出现局部坍塌；

7）开挖面出现隆起现象；

8）基坑出现流沙、管涌现象。

2.8.2　基坑施工安全的应急措施

2.8.2.1　基坑发生坍塌前的主要迹象

（1）周围地面出现裂缝，并不断扩展。

（2）支撑系统发出挤压等异常响声。

（3）环梁或排桩、挡墙的水平位移较大，并持续发展。

（4）支护系统出现局部失稳。

（5）大量水、土不断涌入基坑。

（6）相当数量的锚杆螺母松动，甚至槽钢松脱等。

2.8.2.2　基坑施工安全的应急措施

（1）基坑开挖前，应预计事故发生的可能性，做好基坑抢险加固的准备工作：

1）基坑监测信息反馈系统的建立；

2）保证反压土料的来源及运输；

3）储备止水堵漏的必要器材；

4）储备加固用的钢材、水泥、草袋等。

（2）当支护结构地面出现裂缝时，必须及时用水泥砂浆封堵。

（3）当支护结构出现渗漏水的情况时，应及时采取有效堵漏止水措施。

（4）当基坑未设止水帷幕或止水幕墙漏水，坑内降水及开挖使坑外地面或道路下沉、建筑物倾斜开裂、管道爆裂时，应立即停止坑内降水和挖土，并立即用水泥浆液或其他化学浆液等材料处理止水帷幕等渗漏，必要时重新补做止水帷幕。

（5）水泥土墙等重力式支护结构如果位移超过设计估计值时，应予以高度重视，做好位移监测，掌握发展趋势；如位移持续发展，超过设计值较多时，则应采用水泥土墙背后卸载、加快垫层施工及加大垫层厚度或加设支撑等方法，及时进行处理。

（6）基坑开挖引起流沙、涌土或坑底隆起失稳时，应立即停止基坑内降水或挖土，进行堆料反压，周围环境允许时，也配合坑外降水。

（7）当基坑支护结构变形超过允许值或有失稳前兆时，应按下列规定立即采取加固措施。

1）当支护结构变形过大，明显倾斜时，可在坑底与坑壁之间加设斜撑。如基坑周边场地允许，可设置拉锚。

2）支护结构桩墙嵌固深度不足，使支护桩墙脚失稳时，应立即停止土方开挖，在桩墙前堆沙包反压，也可在基坑外侧挖土卸载，在挡土桩被动土区打入短桩加固等。

3）当坑边土体严重变形，且变形速率持续增加有滑动趋势时，应视为基坑整体滑移失稳的前兆，应立即采用沙包或其他材料回填，反压坑脚，待基坑稳定后再作妥善处理。

4）坡顶或桩墙后卸载，坑内停止挖土作业，适当增加内撑或锚杆，增大内撑预应力或预应力锚杆的预加力。

（8）基坑开挖回弹，工程桩上拔，地下室底板上浮甚至开裂时，应及时进行基坑内外降水，在箱筏基础底板下打抗浮锚轩。

（9）锚杆侵入相邻建设场地，相邻基坑施工对本基坑支护结构安全构成威胁时，在锚杆被拆除剪断前，应在两基坑挡土桩墙之间注浆，或采用混凝土梁板结构将相邻挡土桩墙连接成整体。

（10）土钉墙发生滑塌失稳时，立即停止坑内降水，并在坑内堆沙包反压，周围环境允许时，进行坑外降水。

（11）对基坑周围管线保护的应急措施，一般包括搭设封闭桩或开挖隔离沟，管线架空两种方法。

（12）当基坑周围存在破旧建筑物时，应根据实际情况在基坑开挖前进行预加固。

（13）对邻近建筑物沉降的控制一般可以采用跟踪注浆的方法。对沉降很大，而压密注浆又不能控制的建筑，如果基础是钢筋混凝土的，则可考虑静力锚杆压桩的方法。

（14）当基坑周围建筑物发生严重开裂、倾斜时，应立即组织人员紧急疏散，并立即进行支撑加固或拆除，同时上报上级主管部门。

思考与练习

（1）简述基坑变形监测的内容。

（2）基坑发生坍塌前的主要迹象有哪些？

任务 2.9 规范、规程与标准

2.9.1 《建筑地基基础设计规范》（GB 50007）强制性条文

《建筑地基基础设计规范》（GB 50007）强制性条文见表 2-9。

表 2-9 《建筑地基基础设计规范》（GB 50007）强制性条文

条文编号	条文内容
9.1.3	基坑开挖与支护设计应包括下列内容： 1 支护结构体系的方案和技术经济比较； 2 基坑支护体系的稳定性验算； 3 支护结构的承载力、稳定和变形计算； 4 地下水控制设计； 5 对周边环境影响的控制设计； 6 基坑土方开挖施工方案； 7 基坑工程的监测要求。
9.1.6	基坑土方开挖应严格按设计要求进行，不得超挖。基坑周边堆载不得超过设计规定。土方开挖完成后应立即施工垫层，对基坑进行封闭，防止水浸和暴露，并应及时进行地下结构施工。
10.3.3	基坑开挖应根据设计要求进行监测，实施动态设计和信息化施工。

2.9.2 《建筑基坑支护技术规程》（JGJ 120）强制性条文

《建筑基坑支护技术规程》（JGJ 120）强制性条文见表 2-10。

表 2-10 《建筑基坑支护技术规程》（JGJ 120）强制性条文

条文编号	条文内容
3.1.2	基坑支护应满足下列功能要求： 1 保证基坑周边建（构）筑物、地下管线、道路的安全和正常使用； 2 保证主体地下结构的施工空间。
8.1.3	当基坑开挖面上方的锚杆、土钉、支撑未达到设计要求时，严禁向下超挖土方。
8.1.4	采用锚杆或支撑的支护结构，在未达到设计规定的拆除条件时，严禁拆除锚杆或支撑。
8.1.5	基坑周边施工材料、设施或车辆荷载严禁超过设计要求的地面荷载限值。
8.2.2	安全等级为一级、二级的支护结构，在基坑开挖过程与支护结构使用期内，必须进行支护结构的水平位移监测和基坑开挖影响范围内建（构）筑物、地面的沉降监测。

2.9.3 《建筑深基坑施工安全技术规范》(JGJ 311) 强制性条文

《建筑深基坑施工安全技术规范》(JGJ 311) 强制性条文见表 2-11。

表 2-11 　　　　　　《建筑深基坑施工安全技术规范》(JGJ 311) 强制性条文

条文编号	条文内容
5.4.5	基坑工程变形监测数据超过报警值，或出现基坑、周边建（构）筑物、管线失稳破坏征兆时，应立即停止施工作业，撤离人员，待险情排除后方可恢复施工。

职业活动训练

活动 1. 阅读某土方工程专项施工方案

(1) 活动分组：全班分为 6～8 个组，每组 5～7 人。

(2) 活动资料：支护结构施工方案 2～3 套。

(3) 活动要求：学生在教师指导下阅读土方开挖施工方案，了解土方开挖施工方案包括的内容及其要求。

(4) 活动总结：召开成果汇报会，以小组为单位汇报活动情况，进行成果交流和活动总结。

活动 2. 基坑支护工程安全检查评分

(1) 活动分组：全班分为 6～8 个组，每组 5～7 人。

(2) 活动资料：某在建项目基坑工程。

(3) 活动要求：根据《建筑施工安全检查标准》(JGJ 59) 的基坑工程安全检查评分表进行检查和评分。

(4) 活动总结：检查评分表。

项目3　脚手架工程施工安全

【知识目标】

(1) 了解脚手架工程施工的基本理论和相关知识；

(2) 熟悉脚手架工程施工的一般安全要求；

(3) 掌握扣件式钢管脚手架设计的计算方法和步骤；

(4) 掌握脚手架工程施工的基本安全措施和规范强制性规定。

【技能目标】

(1) 能够根据脚手架工程常用的形式和选定原则设计某实际工程的脚手架体系；

(2) 能够对照脚手架施工安全的基本规定阅读某实际工程脚手架方案；

(3) 能够对照脚手架施工安全的基本规定进行某工程脚手架的验收；

(4) 能够根据《建筑施工安全检查标准》(JGJ 59) 进行某工程的脚手架安全检查和评分；

(5) 能够参与编写某脚手架工程专项施工方案。

【相关案例】

详细内容请用微信扫描本页二维码阅览。

项目3　相关拓展阅读资源

任务3.1　脚手架工程设计

3.1.1　脚手架工程的分类

3.1.1.1　脚手架的定义

脚手架是为施工作业需要所搭设的临时性架子。它是土木工程施工必须使用的重要设施，是为保证高处作业安全、顺利进行施工而搭设的工作平台或作业通道。在结构施工、装修施工和设备管道的安装施工中，都需要按照操作要求搭设脚手架。

3.1.1.2　脚手架的分类

(1) 按所用材料：分为木脚手架、竹脚手架、金属脚手架。

(2) 按搭设高度：分为普通脚手架和高层脚手架。

(3) 按搭设位置：分为外脚手架、里脚手架两大类。

（4）按构造形式：分为多立杆式、框式、桥式、吊式、挂式、升降式以及用于层间操作的工具式脚手架。

（5）按用途可分为：结构脚手架、装饰装修脚手架、防护用脚手架等。

建筑工程中主要的脚手架形式有：扣件式钢管脚手架、碗扣式钢管脚手架、盘扣式钢管脚手架等。

3.1.1.3　脚手架的基本要求

（1）脚手架所使用的材料与加工质量必须符合规范规定的要求。

（2）脚手架的高度、宽度应满足工人操作、材料堆放及运输的要求。

（3）脚手架应保证有足够的强度、刚度及稳定性，能保证施工期间在各种荷载和气候条件下不变形、不倾倒、不摇晃。

（4）脚手架的搭设应不会影响到墙体的安全。

（5）脚手架装拆简单、搬运方便，能多次周转使用。

（6）以合理的设计减少材料和人工投入，节省脚手架费用。

3.1.1.4　扣件式钢管脚手架基本构造（见图 3-1）

1. 脚手架主要材料

（1）钢管。

钢管用于立柱（内外立杆）、纵向水平杆（大横杆）、横向水平杆（小横杆）和斜撑（包括剪刀撑、水平斜撑、抛撑等）。

钢管宜采用外径 48.3mm、壁厚 3.6mm 的尺寸规格。每根钢管最大质量不应超过 25.8kg。

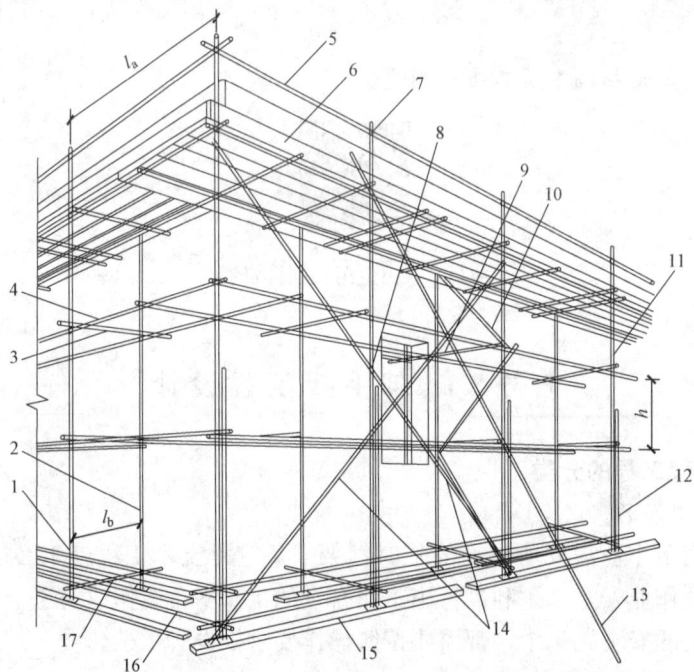

1—外立杆；2—内力杆；3—横向水平杆；4—纵向水平杆；5—栏杆；6—挡脚板；
7—直角扣件；8—旋转扣件；9—连墙件；10—横向斜撑；11—主立杆；12—副立杆；
13—抛撑；14—剪刀撑；15—垫板；16—纵向扫地杆；17—横向扫地杆

图 3-1　扣件式钢管脚手架基本构造图

（2）扣件。

扣件应采用可锻铸铁或铸钢制作。可锻铸铁扣件有三种：直角扣件、旋转扣件、对接扣件，见图 3-2。在扣件螺栓拧紧扭力矩达 65N·m 时扣件不得发生破坏。

（3）脚手板。

脚手板可采用钢、木、竹材料制作，单块脚手板的质量不宜大于 30kg。

1）冲压钢脚手板的材质应符合现行国家标准《碳素结构钢》（GB/T 700）中 Q235 级钢的规定。

2）木脚手板材质应符合现行国家标准《木结构设计标准》（GB 50005）中 Ⅱ_a 级材质的规定。脚手板厚度不应小于 50mm，两端各设置直径不小于 4mm 的镀锌钢丝箍两道。

3）竹脚手板采用由毛竹或楠竹制作的竹串片板、竹笆板；竹串片脚手板应符合现行行业标准《建筑施工木脚手架安全技术规范》（JGJ 164）的相关规定。

直角扣件　　　　　　　旋转扣件　　　　　　　对接扣件

图 3-2　可锻铸铁扣件主要形式示意图

（4）连墙件。

连墙件是脚手架与建筑物之间的拉撑杆，是限制脚手架纵向自由变形的约束连杆，是脚手架承受水平力作用时的支座，其设置应考虑：

1）将脚手架与建筑结构联结，确保脚手架整体稳定和使用安全。

2）约束脚手架在竖向荷载作用下的变形，提高其稳定承载力。

3）抵抗风荷载及其他水平荷载作用并传递给主体结构。

连墙件要采用刚性连接，常用有钢管扣件连接、焊接连接等，见图 3-3。

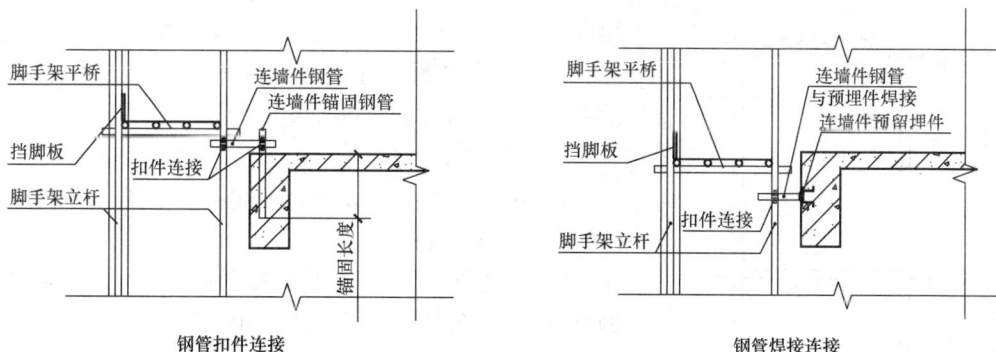

钢管扣件连接　　　　　　　　　　　　　　钢管焊接连接

图 3-3　常用连墙件大样图

（5）悬挑脚手架用型钢。

1）悬挑脚手架用型钢的材质应符合现行国家标准《碳素结构钢》（GB/T 700）或《低合金高强度结构钢》（GB/T 1591）的规定。

2）用于固定型钢悬挑梁的 U 形钢筋拉环或锚固螺栓材质应符合现行国家标准《钢筋混凝土用钢　第 1 部分：热轧光圆钢筋》（GB 1499.1）中 HPB300 级钢筋的规定。

2. 脚手架相关构造措施

（1）纵向水平杆。

1）纵向水平杆宜设置在立杆内侧，单根杆长度不应小于 3 跨。

2）纵向水平杆接长应采用对接扣件连接，并应符合下列规定：

① 两根相邻纵向水平杆的接头不应设置在同步或同跨内；不同步或不同跨两个相邻接头在水平方向错开的距离不应小于 500mm；各接头中心至最近主节点的距离不应大于纵距的 1/3，见图 3-4；

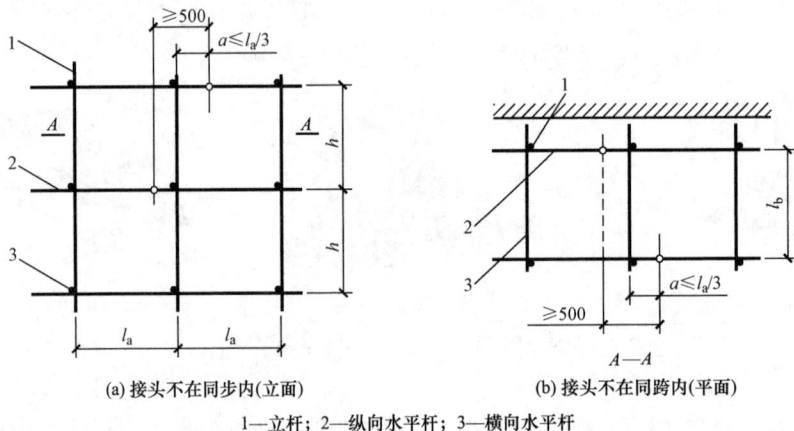

(a) 接头不在同步内(立面)　　　　　(b) 接头不在同跨内(平面)

1—立杆；2—纵向水平杆；3—横向水平杆

图 3-4　纵向水平杆对接接头布置

② 搭接长度不应小于 1m，应等间距设置 3 个旋转扣件固定，端部扣件盖板边缘至搭接纵向水平杆杆端的距离不应小于 100mm；

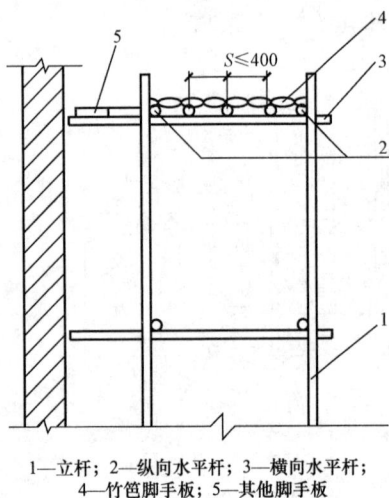

1—立杆；2—纵向水平杆；3—横向水平杆；
4—竹笆脚手板；5—其他脚手板

图 3-5　铺竹笆脚手板时纵向
水平杆的构造

③ 当使用冲压钢脚手板、木脚手板、竹串片脚手板时，纵向水平杆应作为横向水平杆的支座，用直角扣件固定在立杆上；当使用竹笆脚手板时，纵向水平杆应采用直角扣件固定在横向水平杆上，并应等间距设置，间距不应大于 400mm，见图 3-5。

（2）横向水平杆。

1）主节点处必须设置一根横向水平杆，用直角扣件扣接且严禁拆除。

2）作业层上非主节点处的横向水平杆，宜根据支承脚手板的需要等间距设置，最大间距不应大于纵距 1/2。

① 当使用冲压钢脚手板、木脚手板、竹串片脚手板时，双排脚手架的横向水平杆两端均应采用直角扣件固定在纵向水平杆上；单排脚手架的横向水平杆一端，应用直角扣件固定在纵向水平杆上，另一端插入墙内，插入长度不应小于 180mm。

② 使用竹笆脚手板时，双排脚手架的横向水平杆两端，应用直角扣件固定在立杆上；单排脚手架的横向水平杆的一端，应用直角扣件固定在立杆上，另一端应插入墙内，插入长度也不应小于 180mm。

（3）脚手板。

1）作业层脚手板应铺满、铺稳，铺实。

2）冲压钢脚手板、木脚手板、竹串片脚手板等，应设置在三根横向水平杆上。当脚手板长度小于 2m 时，可采用两根横向水平杆支承，但应将脚手板两端与其可靠固定，严防倾翻。脚手板的铺设应采用对接平铺，接头处必须设两根横向水平杆，脚手板外伸长应取 130～150mm，两块脚手外伸长度的和不应大于 300mm，如图 3-6；脚手板搭接铺设时，接头应支在横向水平杆上，搭接长度不应小于 200mm，其伸出横向水平杆的长度不应小于 100mm，见图 3-6。

(a) 脚手板对接　　　　　　　　(b) 脚手板搭接

图 3-6　脚手板对接、对接构造

3）竹笆脚手板应按其主竹筋垂直于纵向水平杆方向铺设，且采用对接平铺，四个角应用直径 1.2mm 的镀锌钢丝固定在纵向水平杆上。

4）作业层端部脚手板探头长度应取 150mm，其板的两端均应固定于支承杆件上。

（4）立杆。

1）每根立杆底部宜设置底座或垫板。

2）脚手架必须设置纵，横向扫地杆。纵向扫地杆应采用直角扣件固定在距钢管底端上皮不大于 200mm 处的立杆上。横向扫地杆应采用直角扣件固定在紧靠纵向扫地杆下方的立杆上。当立杆基础不在同一高度上时，必须将高处的纵向扫地杆向低处延长两跨与立杆固定，高低差不应大于 1m。靠边坡上方的立杆轴线到边坡的距离不应小于 500mm，见图 3-7。

3）单、双排脚手架底层步距均不应大于 2m，见图 3-7。

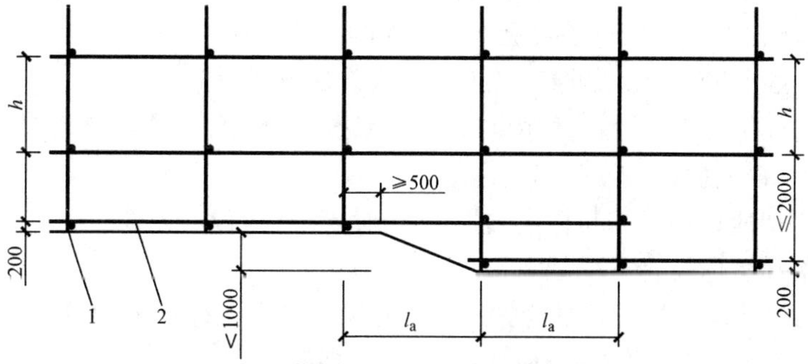

1—横向扫地杆；2—纵向扫地杆

图 3-7　纵横向扫地杆构造

4）立杆接长除顶层顶步可采用搭接外，其余各层各步接头必须采用对接扣件连接。对接、搭接应符合下列规定：

① 当立杆采用对接接长时，立杆的对接扣件应交错布置，两根相邻立杆的接头不应设置在同步内，同步内隔一根立杆的两个相隔接头在高度方向错开的距离不宜小于 500mm；各接头中心在主节点的距离不宜大于步距的 1/3；

② 当立杆采用搭接接长时，搭接长度不应小于 1m，并应采用不少于 2 个旋转扣件固定。端部扣件盖板的边缘距离不应小于 100mm。

5）脚手架立杆顶端栏杆宜高出女儿墙上端 1m，宜高出檐口上端 1.5m。

（5）连墙件。

1）连墙件设置的位置、数量应按专项施工方案确定。

2）连墙件数量的设置除了需要满足本章计算要求外，还应符合表 3-1 的规定。

表 3-1　　　　　　　　　　　　　连墙件设置规定

脚手架高度		竖向间距（h）	水平间距（l_a）	每根连墙件覆盖面积（m²）
双排落地	≤50m	$3h$	$3l_a$	≤40
双排悬挑	>50m	$2h$	$3l_a$	≤27
单排	≤24m	$3h$	$3l_a$	≤40

注　h—步距；l_a—纵距。

3）连墙件的布置。

① 应靠近主节点设置，偏离主节点的距离不应大于 300mm；

② 应从底层第一步纵向水平杆处开始设置，当该处设置有困难时，应采用其他可靠措施固定；

③ 应优先采用菱形布置，或采用方形，矩形布置；

④ 开口型脚手架的两端必须设置连墙件，连墙件的垂直间距不应大于建筑物的层高，并不应大于 4m。

4）连墙件的构造。

① 连墙件中的连墙杆应呈水平设置，当不能水平设置时，与脚手架连接的一端应下斜连接。

② 连墙件必须采用可承受拉力和压力的构造。

③ 对高度 24m 以上的双排脚手架，应采用刚性连墙件与建筑物连接。

5）当脚手架下部暂不能设连墙件时应采取防倾覆措施。当搭设抛撑时，抛撑应采用通长杆件，并用旋转扣件固定在脚手架上，与地面的倾角应在 45°～60°之间；连接点中心至主节点的距离不应大于 300mm。抛撑应在连墙件搭设后方可拆除。

6）架高超过 40m 且有风涡流作用时，应采取抗上升翻流作用的连墙措施（图 3-8）。

（6）剪刀撑与横向斜撑。

1）双排脚手架应设剪刀撑与横向斜撑，单排脚手架应设剪刀撑。

2）剪刀撑的设置应符合下列规定：

① 每道剪刀撑跨越立杆的根数应按表 3-2 的规定确定。每道剪刀撑宽度不应小于 4 跨，且不应小于 6m，斜杆与地面的倾角应在 45°～60°之间；

② 高度在 24m 以下的单、双排脚手架，均必须在外侧立面的两端、转角及中间间隔不超过 15m 的立面上，各设置一道剪刀撑，并应由底至顶连续设置（见图 3-9）；

③ 高度在 24m 以上的双排脚手架应在外侧全立面连续设置剪刀撑；

④ 剪刀撑斜杆的接长应宜采用搭接或对接，搭接应符合前述立杆搭接的相关要求；

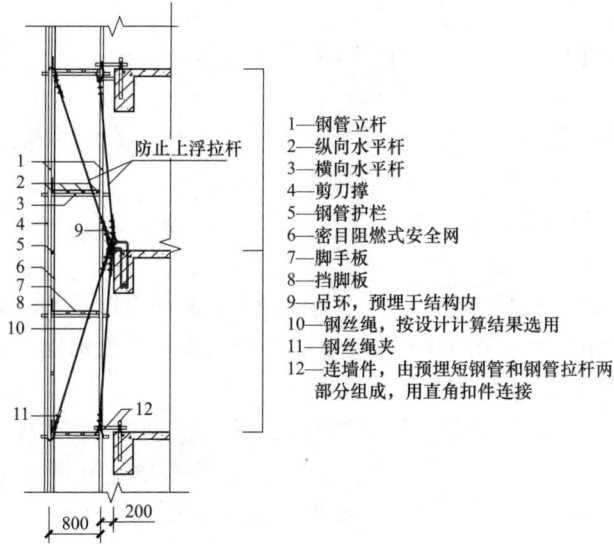

1—钢管立杆
2—纵向水平杆
3—横向水平杆
4—剪刀撑
5—钢管护栏
6—密目阻燃式安全网
7—脚手板
8—挡脚板
9—吊环，预埋于结构内
10—钢丝绳，按设计计算结果选用
11—钢丝绳夹
12—连墙件，由预埋短钢管和钢管拉杆两
　　部分组成，用直角扣件连接

防止上浮拉杆

图 3-8　脚手架抗上升翻流作用的措施

表 3-2　　　　　　　　　　　　　剪刀撑跨越立杆的最多根数

剪刀撑斜杆与地面的倾角 α	45°	50°	60°
剪刀撑跨越立杆的最大根数 n	7	6	5

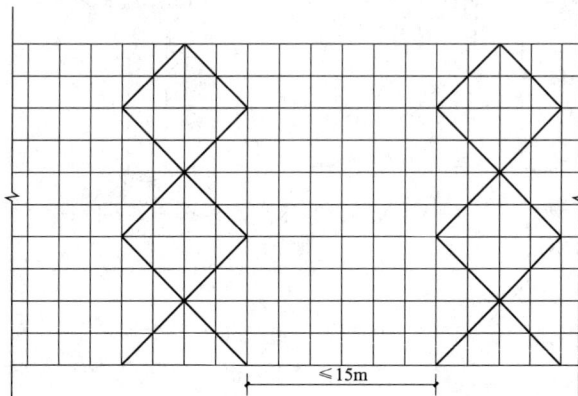

≤15m

图 3-9　剪刀撑布置

⑤ 剪刀撑斜杆应用旋转扣件固定在与之相交的横向水平杆的伸出端或立杆上，旋转扣件中心线至主节点的距离不应大于 150mm。

3）横向斜撑的设置应符合下列规定：

① 横向斜撑应在同一节间，由底至顶层呈之字形连续布置，斜撑的固定应采用旋转扣件固定在与之相交的横向水平杆的伸出端上，旋转扣件中心线至主节点的距离不宜大于 150mm；

② 开口型双排脚手架的两端均必须设置横向斜撑；

③ 高度在 24m 以下的封闭型双排脚手架可不设横向斜撑，高度在 24m 以上的封闭型脚手架，除拐角应设置横向斜撑外，中间应每隔 6 跨设置一道。

（7）脚手架的防护。

1）脚手板应铺设牢固、严实，并用安全网双层兜底。

2）施工层以下每隔 10m 应用安全网封闭。

3）脚手架外围要用密目式安全网全封闭，安全网宜设置在脚手架外立杆的内侧，并与架体绑扎牢固。

3.1.1.5　盘扣式钢管脚手架

1. 盘扣式钢管脚手架基本构造

承插盘扣式脚手架根据使用用途可分为支撑脚手架和作业脚手架。立杆之间采用外套管或内插管连接，水平杆和斜杆采用杆端扣接头卡入连接盘，用楔形插销连接，能承受相应的荷载，并具有作业安全和防护功能的结构架体。

根据立杆外径大小，脚手架可分为标准型（B 型）和重型（Z 型），其中标准型（B 型）脚手架的立杆钢管外径应为 48.3mm；重型（Z 型）脚手架的立杆钢管外径应为 60.3mm。

承插盘扣式脚手架焊接于立杆上的连接盘可以为正八边形孔板（图 3-10）或圆形孔板（图 3-11）的形式。

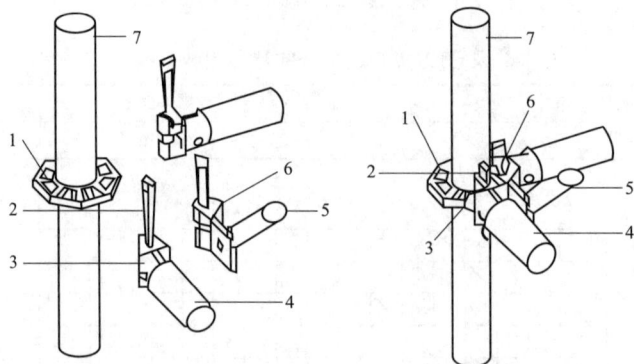

1—连接盘；2—插销；3—水平杆杆端扣接头；4—水平杆；5—斜杆；6—斜杆杆端扣接头；7—立杆

图 3-10　盘扣节点构造

图 3-11　盘扣节点图

2. 盘扣式钢管脚手架主要构配件及材料要求

（1）盘扣式钢管脚手架主要构配件。

1）为了防止水平杆和斜杆杆端扣接头的插销与连接盘在脚手架使用过程中滑脱，插销应设计为具有自锁功能的楔形，同时插销端头设计有弧形弯钩段确保插销不会滑脱。搭设脚手架时要求用不小于 0.5kg 锤子击紧插销，直至插销销紧。销紧后再次击打时，插销下沉量不得大于 3mm，扣接头端部弧面应与立杆外表面贴合，抗拔力不得小于 3kN。

2）承插型盘扣式钢管支架的主要构配件是工厂化生产的标准系列构件，立杆盘扣节点按照国际上习惯做法，竖向每隔 0.5m 间距设置，承插型盘扣式钢管支架具有标准化、通用性的特点，便于控制施工质量。

3）立杆盘扣节点间距宜按 0.5m 模数设置，横杆长度宜按 0.3m 模数设置。

（2）盘扣式钢管脚手架材料要求。

1）承插型盘扣式脚手架的构配件除有特殊要求外，其材质应符合现行国家标准《低合金高强度结构钢》（GB/T 1591）、《碳素结构钢》（GB/T 700）以及《一般工程用铸造碳钢件》（GB/T 11352）的规定，各类支架主要构配件材质应符合表3-3的规定。

表3-3　　　　　　　　　　　承插型盘扣式钢管支架主要构配件材质

立杆	水平杆	竖向斜杆	水平斜杆	扣接头	立杆连接套管	可调底座可调托座	可调螺母	连接盘插销
Q345A	Q235A	Q195	Q235B	ZG230-450	ZG230-450 或 20号无缝钢管	Q235B	ZG270-500	ZG230-450 或 Q235B

2）钢管外径允许偏差应符合表3-4的规定，钢管壁厚允许偏差应为±0.1mm。

表3-4　　　　　　　　　　　　钢管外径允许偏差

外径 D（mm）	外径允许偏差（mm）
33、38、42、48.3	+0.2 −0.1
60.3	+0.3 −0.1

3）连接盘、扣接头、插销以及可调螺母的调节手柄采用碳素铸钢制造时，其材料机械性能不得低于现行国家标准《一般工程用铸造碳钢件》（GB/T 11352）中牌号为ZG230-450的屈服强度、抗拉强度、延伸率的要求。

4）构配件外观质量应符合下列要求：

a. 钢管应无裂纹、凹陷、锈蚀，不得采用对接焊接钢管；

b. 钢管应平直，直线度允许偏差应为管长的1/500，两端面应平整，不得有斜口、毛刺；

c. 铸件表面应光滑，不得有砂眼、缩孔、裂纹、浇冒口残余等缺陷，表面粘砂应清除干净；

d. 冲压件不得有毛刺、裂纹、氧化皮等缺陷；

e. 各焊缝有效高度不应小于3.5mm，焊缝应饱满，焊药应清除干净，不得有未焊透、夹渣、咬肉、裂纹等缺陷；

f. 可调底座和可调托座表面宜浸漆或冷镀锌，涂层应均匀、牢固；架体杆件及其他构配件表面应热镀锌，表面应光滑，在连接处不得有毛刺、滴瘤和多余结块；

g. 主要构配件上的生产厂家标识应清晰。

3. 盘扣式钢管脚手架构造要求

（1）脚手架的构造体系应完整，脚手架应具有整体稳定性。

（2）脚手架的高宽比宜控制在3以内；当脚手架高宽比大于3时，应设置抛撑或揽风绳等抗倾覆措施。

（3）当搭设双排外脚手架时或搭设高度24m及以上时，应根据使用要求选择架体几何尺寸，相邻水平杆步距不宜大于2m。

（4）应根据脚手架方案计算得出的立杆纵横向间距选用定长的水平杆和斜杆，并应根据搭设高度组合立杆和可调底座。

（5）双排外脚手架首层立杆宜采用不同长度的立杆交错布置，立杆底部宜配置可调底座或垫板。

（6）当设置双排外脚手架人行通道时，应在通道上部架设支撑横梁，横梁截面大小应按跨度以及承受的荷载计算确定，通道两侧脚手架应加设斜杆；洞口顶部应铺设封闭的防护板，两侧应设置安全网；通行机动车的洞口，应设置安全警示和防撞设施。

（7）双排脚手架的外侧立面上应设置竖向斜杆，竖向斜杆不应采用钢管扣件，并应符合下列规定：

1）在脚手架的转角处、开口型脚手架端部应由架体底部至顶部连续设置斜杆；

2）应每隔不大于 4 跨设置一道竖向或斜向连续斜杆；当架体搭设高度在 24m 以上时，应每隔不大于 3 跨设置一道竖向斜杆；

3）竖向斜杆应在双排脚手架外侧相邻立杆间由底至顶连续设置（图 3-12）。

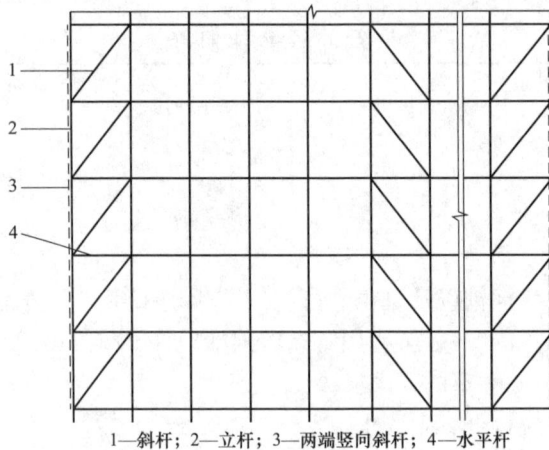

1—斜杆；2—立杆；3—两端竖向斜杆；4—水平杆

图 3-12　斜杆搭设示意图

（8）连墙件的设置应符合下列规定：

1）连墙件应采用可承受拉、压荷载的刚性杆件，并应与建筑主体结构和架体连接牢固；

2）连墙件应靠近水平杆的盘扣节点设置；

3）同一层连墙件宜在同一水平面，水平间距不应大于 3 跨；连墙件之上架体的悬臂高度不得超过 2 步；

4）在架体的转角处或开口型双排脚手架的端部应按楼层设置，且竖向间距不应大于 4m；

5）连墙件宜从底层第一道水平杆处开始设置；

6）连墙件宜采用菱形布置，也可采用矩形布置；

7）连墙点应均匀分布；

8）当脚手架下部不能搭设连墙件时，宜外扩搭设多排脚手架并设置斜杆形成外侧斜面状附加梯形架。

（9）三脚架与立杆连接及接触的地方，应沿三脚架长度方向增设水平杆，相邻三脚架应连接牢固。

4. 盘扣式钢管脚手架安装与拆除

（1）施工准备。

1）脚手架施工前应根据施工现场情况、地基承载力、搭设高度编制专项施工方案，并应经审核批准后实施。

2）操作人员应经过专业技术培训和专业考试合格后，持证上岗。脚手架搭设前，应按专项施工方案的要求对操作人员进行技术和安全作业交底。

3）经验收合格的构配件应按品种、规格分类码放，并应标挂数量、规格铭牌。构配件堆放场地应排水畅通、无积水。

4）脚手架连墙件、托架、悬挑梁固定螺栓或吊环等预埋件的设置，应按设计要求预埋。

5）脚手架搭设场地应平整、坚实，并应有排水措施。

（2）地基与基础。

1）脚手架基础应按专项施工方案进行施工，并应按基础承载力要求进行验收，脚手架应在地基基础验收合格后搭设。

2）土层地基上的立杆下应采用可调底座和垫板，垫板的长度不宜少于 2 跨。

3）当地基高差较大时，可利用立杆节点位差配合可调底座进行调整（图 3-13）。

（3）脚手架安装与拆除。

1）脚手架立杆应定位准确，并应配合施工进度搭设，双排外脚手架一次搭设高度不应超过最上层连墙件两步，且自由高度不应大于 4m。

2）双排外脚手架连墙件应随脚手架高度上升同步在规定位置处设置，不得滞后安装和任意拆除。

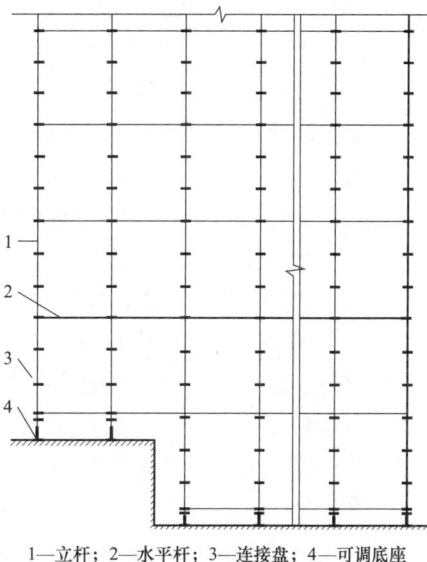

1—立杆；2—水平杆；3—连接盘；4—可调底座

图 3-13　可调底座调整立杆连接盘示意

3）作业层设置应符合下列规定：

① 应满铺脚手板；

② 双排外脚手架外侧应设挡脚板和防护栏杆，防护栏杆可在每层作业面立杆的 0.5m 和 1.0m 的连接盘处布置两道水平杆，并应在外侧满挂密目安全网；

③ 作业层与主体结构间的空隙应设置水平防护网；

④ 当采用钢脚手板时，钢脚手板的挂钩应稳固扣在水平杆上，挂钩应处于锁住状态。

4）加固件、斜杆应与脚手架同步搭设。当加固件、斜撑采用扣件钢管时，应符合现行行业标准《建筑施工扣件式钢管脚手架安全技术规范》（JGJ 130）的有关规定。

5）脚手架顶层的外侧防护栏杆高出顶层作业层的高度不应小于 1500mm。

6）当立杆处于受拉状态时，立杆的套管连接接长部位应采用螺栓连接。

7）脚手架应分段搭设、分段使用，应经验收合格后方可使用。

8）脚手架应经单位工程负责人确认并签署拆除许可令后，方可拆除。

9）当脚手架拆除时，应划出安全区，应设置警戒标志，并应派专人看管。

10）拆除前应清理脚手架上的器具、多余的材料和杂物。

11）脚手架拆除应按先装后拆、后装先拆的原则进行，不应上下同时作业。双排外脚手架连墙件应随脚手架逐层拆除，分段拆除的高度差不应大于两步。如因作业条件限制，当出现高度差大于两步时，应增设连墙件加固。

12）拆除至地面的脚手架及构配件应及时检查、维修及保养，并应按品种、规格分类存放。

5. 盘扣式钢管脚手架检查与验收

（1）对进入施工现场的脚手架构配件的检查与验收应符合下列规定：

1）应有脚手架产品标识及产品质量合格证、型式检验报告；

2）应有脚手架产品主要技术参数及产品使用说明书；

3）当对脚手架及构件质量有疑问时，应进行质量抽检和整架试验。

（2）当出现下列情况之一时，脚手架应进行检查和验收：

1）基础完工后及脚手架搭设前；

2）首段高度达到 6m 时；

3）架体随施工进度逐层升高时；

4）搭设高度达到设计高度后；

5）停用一个月以上，恢复使用前；

6）遇 6 级以上强风、大雨及冻结的地基土解冻后。

（3）脚手架检查和验收应符合下列规定：

1）搭设的架体应符合设计要求，斜杆或剪刀撑设置应符合规范相关规定；

2）立杆基础不应有不均匀沉降，可调底座与基础面的接触不应有松动和悬空现象；

3）连墙件设置应符合设计要求，应与主体结构、架体可靠连接；

4）外侧安全立网、内侧层间水平网的张挂及防护栏杆的设置应齐全、牢固；

5）周转使用的脚手架构配件使用前应进行外观检查，并应作记录；

6）搭设的施工记录和质量检查记录应及时、齐全。

3.1.1.6　附着式升降脚手架

附着式升降脚手架的架体构配件全部采用金属材料，由架体构架、竖向主框架、水平支承结构、升降机构、防倾覆装置、防坠落装置、卸荷装置及同步控制装置等组成。附着式升降脚手架是由工厂加工制作，现场组装，搭设一定高度通过附着支承装置附着于建筑结构上，依靠自身的升降机构，随建筑结构逐层升降，具有安全防护、防倾覆、防坠落和同步控制等功能的脚手架。

在超高层建筑的主体结构施工中，附着式升降脚手架有明显的优越性，它结构整体好、升降快捷方便、机械化程度高、经济效益显著，是一种很有推广使用价值的超高建（构）筑外脚手架。

附着式升降脚手架主要有侧提升和中心提升两种形式，见图 3-14、图 3-15。

1. 附着式升降脚手架尺寸规定

（1）架体高度不应大于 5 倍楼层高；

（2）架体净宽度不应小于 0.60m，不应大于 1.2m；

（3）架体步距和立杆纵距均不应大于 2m；

（4）直线布置的架体支承跨度不应大于 7m，折线或曲线布置的架体，相邻两竖向主框架支承点处的架体内、外侧距离不应大于 5.4m；

（5）架体的水平悬挑长度不应大于 2m，且不应大于邻近跨度的 1/2；

（6）架体全高与支承跨度的乘积不应大于 110m²；

（7）使用工况下，架体悬臂高度不应大于 2/5 架体高度，且不应大于 6m，当大于 6m

时，架体结构上必须采取相应的刚性连接措施。

2.竖向主框架构造规定

（1）竖向主框架应与架体同高度，与墙面垂直，并与水平支承结构形成具有足够强度和刚度的空间几何不变体系的稳定结构；

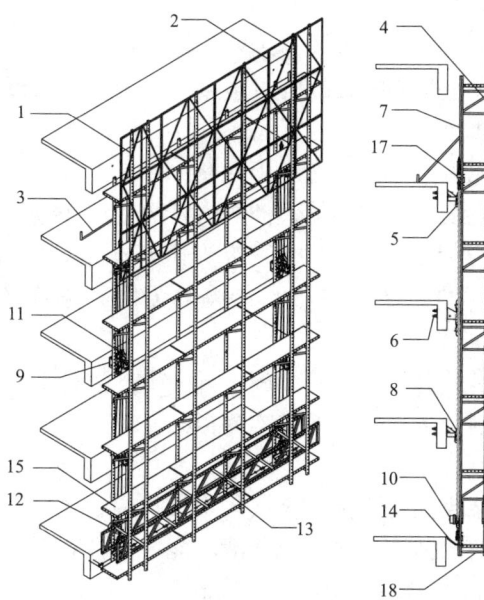

图 3-14　常见侧提升附着式升降脚手架示意图（图注同下图）

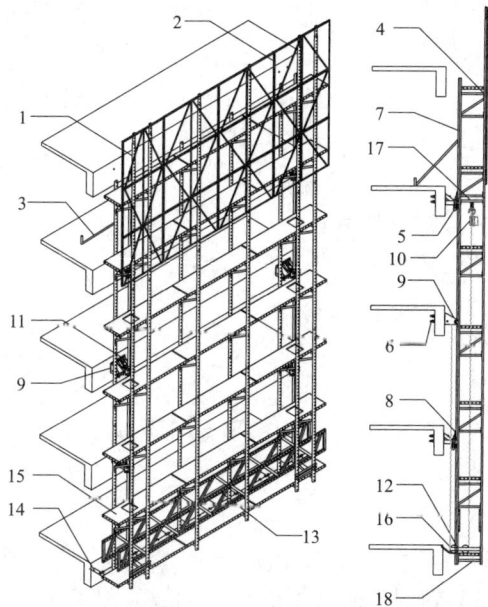

1—竖向主框架；2—外防护网；3—临时拉结；4—刚性支撑(三角撑或Z字撑)；
5—防倾覆、防坠落装置；6—附着螺栓；7—导轨；8—卸荷装置；9—升降支座；
10—升降动力设备；11—附着支承装置；12—下吊点；13—底部水平支承桁架；
14—封闭翻板；15—走道板；16—滑轮组；17—上吊点；18—兜底横梁

图 3-15　常见中心提升附着式升降脚手架示意图

（2）竖向主框架应为桁架或刚架结构，各杆件轴线应交汇于节点处，如不能交汇于一点，应进行附加弯矩验算；

（3）竖向主框架构件应采用螺栓或焊接连接，对接处的连接强度不得低于杆件强度；

（4）竖向主框架内侧应设置导轨，并与导轨刚性连接。

3. 水平支承结构的构造规定

（1）水平支承结构应为桁架结构或梁式结构，桁架结构各杆件的轴线应交汇于一点；

（2）水平支承结构构件应采用螺栓或焊接连接，当采用节点板构造连接时，其节点板厚度不应小于 6mm，且应满足设计要求；

（3）采用桁架结构形式时，高度不应小于 600mm；

（4）水平支承结构应连续布置在架体底部的内外两侧，并应与竖向主框架可靠连接；

（5）水平支承结构的接头应与走道板的接头错开设置，错开距离不应小于 500mm，接头连接处的强度、刚度不得低于水平支承结构的强度和刚度的要求，否则应采取加强措施；

（6）水平支承结构遇塔式起重机附着、施工升降机、物料平台等不能连续设置时，应采取加强措施，使其强度和刚度与水平支承结构相当。

4. 脚手板、翻板构造规定

（1）附着式升降脚手架应按每步铺设金属脚手板；

（2）脚手板应具有足够的强度、刚度和防滑功能，不得有裂纹、开焊、硬弯等缺陷，板面挠曲不应大于 10mm，任一角翘起不应大于 5mm；

（3）架体底层、中间防护层应设置翻板，翻板一侧与架体金属脚手板可靠连接，另一侧应搭靠在建筑结构上；当无法搭靠时，应采取防下翻措施；底部翻板应铺设严密，防护层翻板除预留不影响架体正常升降的洞口外，其余部位应密封严密；

（4）使用工况下架体与工程结构间应采取可靠的防止人员和物料坠落的防护措施；

（5）脚手板与防护网之间应有可靠的封堵措施。

5. 架体应采取可靠构造加强措施的部位

（1）架体与附着支承装置的连接处；

（2）架体上提升机构的设置处；

（3）架体上防坠落、防倾覆的设置处；

（4）架体吊拉点设置处；

（5）架体平面的转角处；

（6）因遇塔式起重机、施工升降机、物料平台等设施需要断开或开洞处；

（7）其他有加强要求的部位。

6. 导轨的构造规定

（1）当采用槽钢形式的导轨时，不得小于 6.3 号槽钢，宜选用 8 号槽钢及以上规格；

（2）当采用钢管形式的导轨时，圆管不应小于 φ48.3，3.6mm，方管壁厚不应小于 3mm；

（3）防坠横杆间距应与防坠落装置匹配，且不应大于 150mm；

（4）防坠横杆应采用圆钢，直径不应小于 28mm；

（5）导轨长度应覆盖至最顶层的脚手板；

（6）导轨与竖向主框架连接，通过附着支承装置固定于建筑结构上，导轨接长应采用刚性接头，导轨在附着支承装置处应设导向装置，数量不应少于 3 处。

7. 附着支承装置的设置规定

(1) 竖向主框架所覆盖的每个已建楼层处均应设置一道附着支承装置，每个附着支承装置均应设置有防倾覆导向及防坠落装置，各装置应独立发挥作用，升降工况有效支座不应少于 2 个，使用工况有效支座不应少于 3 个；

(2) 附着支承装置和升降支座应采用 2 根附着螺栓与建筑结构连接，螺栓应优先采用上下布置，并采用双螺母或单螺母加装弹簧垫片；如采用支座转换件，其连接强度应满足设计要求；

(3) 附着螺栓的选用应满足设计要求，且直径应≥30mm；垫板尺寸不得小于 100mm×100mm×10mm，附着螺栓的螺杆露出螺母端部的长度应不少于 3 丝且不得小于 10mm；

(4) 附着支承装置和升降支座应附着于结构梁或剪力墙上，附着结构厚度不应小于 200mm，附着结构混凝土强度应按设计要求确定，且不应小于 15MPa，升降支座处混凝土强度不应小于 20MPa；

(5) 严禁利用附着支承装置悬挂提升设备，升降支座必须独立设置；

(6) 附着支承装置附着于阳台梁时，不得采用钢丝绳卸荷，梁截面尺寸应满足受力计算要求；

(7) 飘窗、悬挑板上不能直接安装附着支承装置时，应采取相应转换件加卸荷的措施，并应进行受力计算；

(8) 在预应力混凝土构件上安装附着支座时，应进行预应力混凝土构件承载力的复核计算，宜加设拉杆、顶撑等卸荷措施；

(9) 当附着支承装置附着楼层结构内缩时，应通过设计计算采取增设相应构造柱的加强措施；

(10) 附着支承装置和升降支座支承处的建筑主体结构承载力应经结构设计复核确认。

8. 卸荷装置的设置规定

(1) 卸荷装置应设置于附着支承装置上，必须是定型化装置，具有高低调节功能，且不能作为防坠落装置使用。当采用顶撑杆时，其轴线与水平面的夹角不应小于 70°，且受力轴线与顶撑杆轴线重合；

(2) 竖向主框架有效的卸荷装置不应少于 2 个，且应满足承载力要求；

(3) 严禁采用钢管脚手架扣件或钢丝绳作为卸荷装置使用；

(4) 卸荷装置产生水平分力时，应通过设计计算并采取相应的技术措施；

9. 防倾覆装置的设置规定

(1) 架体导轨应设置不应少于 2 个的防倾覆装置，防倾覆装置每侧应有 2 个防倾导向轮；

(2) 在升降工况下，最上和最下的防倾覆装置之间的最小间距不应小于一个标准层层高；在使用工况下，最上和最下的防倾覆装置之间的最小间距不应小于 2 个标准层层高；

(3) 防倾导向轮与导轨之间的间隙应为 3～5mm；

(4) 防倾导向轮应与附着支承装置可靠连接，导向滑轮应固定可靠、转动灵活。

10. 附着式升降脚手架防坠落装置的设置规定

(1) 附着式升降脚手架应采用卡阻式的防坠落装置，防坠落装置应设置在竖向主框架处并附着在建筑结构上，每一个升降点不应少于 2 个防坠落装置，且在升降和使用工况下均必须起作用；

（2）防坠落装置必须采用机械式的全自动复位装置，严禁使用手动复位装置；

（3）防坠落装置应具有防尘防污染的措施，并应灵敏可靠、运转自如；

（4）防坠落装置技术性能除应满足承载能力要求外，制动距离应≤120mm。

11. 架体升降机构设置规定

（1）架体应在每个竖向主框架处设置升降机构，上、下吊点应设置在竖向主框架上；且吊点位置与竖向主框架中心线水平距离不应大于500mm；

（2）升降支座挂点板厚度不应少于10mm；

（3）升降动力设备宜选用低速环链电动提升机或电动液压升降设备，同一单体建筑应采用同厂家、同一规格型号设备，且应运转正常；

（4）当升降机构采用钢丝绳、滑轮组传动方式，滑轮直径与钢丝绳直径匹配，钢丝绳的选用、端部固定和使用应符合《起重机械滑轮》（GB/T 27546）、《塔式起重机设计规范》（GB/T 13752）、《塔式起重机安全规程》（GB 5144）、《起重机　钢丝绳　保养、维护、检验和报废》（GB/T 5972）等现行国家标准的有关规定；

（5）设置电动液压升降设备的架体部位应有加强措施；

（6）液压升降设备应有防止失压的控制措施。

12. 附着式升降脚手架施工安全要求

（1）附着式升降脚手架的安装、升降、使用与拆除作业应严格按专项施工方案执行。

（2）附着式升降脚手架安装、升降和拆除作业前，架体下方应划定安全警戒区域，设置警戒线、警戒标识，并派专人值守，严禁无关人员入内。

（3）架体安装、升降作业前，应确认附着支承装置处的结构混凝土强度满足方案和本规程的要求后方可作业。

（4）架体螺栓穿入方向宜一致，按要求配齐垫片，使用工具紧固。

（5）附着式升降脚手架安装、拆除和升降应在白天作业，遇有风速在12m/s及以上的大风或大雨、大雾等恶劣天气时，应停止作业。风雨过后，应先经过试运行，确认架体整体安全可靠后方可进行作业。

（6）当使用过程中附着式升降脚手架发生故障或存在安全隐患时，应及时维修和整改，维修期间应停止作业。

（7）安装、拆除及升降作业人员离开作业面时，必须将架体与建筑结构可靠连接，确保架体处于安全可靠状态。

（8）附着式升降脚手架的临时用电设施应符合现行行业标准《施工现场临时用电安全技术规范》（JGJ 46）的规定。

（9）附着式升降脚手架安全装置应全部合格，安全防护设施应齐备和符合方案设计要求，并应配置必要的消防设施。

（10）附着式升降脚手架同步控制装置的安装和试运行效果应符合方案设计要求。

（11）附着式升降脚手架升降动力设备、防坠落装置、同步控制装置应具有防雨、防砸、防尘、防混凝土污染的措施。

13. 附着式升降脚手架验收

（1）安装平台搭设前，应对安装平台的基础进行检查验收，验收合格后方可进行搭设。

（2）安装平台搭设完成后，应进行检查验收，验收合格后方可进行附着式升降脚手架安装作业。

（3）安装平台安装过程中，应对安装平台进行下列项目的日常检查，发现问题应及时处理：

1）立杆与水平杆、连墙件应无松动，架体应无明显变形；

2）地基应无积水，垫板及底座应无松动，立杆应无悬空；

3）安全防护措施应符合本规程要求；

4）应无超载使用。

（4）构配件出厂时应按工艺要求进行检验；附着支承装置、防坠落装置、防倾覆装置等关键部件应进行 100%检验。

（5）附着式升降脚手架安装前，应检查是否具备下列资料：

1）相关资质证书及安全生产许可证；

2）附着式升降脚手架产权单位提供的相关资料；

3）产品进场检查验收记录；

4）特种作业人员和管理人员相关证书；

5）防坠落装置、防倾覆装置、升降机构、同步控制装置的重力传感器、附着螺栓和其他主要部件的合格证及检验报告。

（6）附着式升降脚手架应在下列阶段进行检查与验收：

1）首次安装完毕；

2）提升或下降前；

3）提升或下降到位，投入使用前；

4）停用超过 1 个月；

5）遇有风速在 12m/s（六级风力）及以上的大风或大雨、大雾等恶劣天气后。

（7）附着式升降脚手架安装完成应进行自检，首次提升前应按本规程附录 D 表 D.0.2 进行检查验收，验收合格后方可进行提升作业。

（8）附着式升降脚手架每次升（降）作业前，均应进行检查验收，验收合格后方可进行升（降）作业。

（9）附着式升降脚手架每次升（降）到位后，均应进行检查验收，验收合格后方可使用。

（10）附着式升降脚手架停用超过 1 个月，或遇有风速在 12m/s（六级风力）及以上的大风或大雨、大雾等恶劣天气后，应进行检查验收，合格后方可使用。

（11）每月对架体进行检查与验收，对存在问题及时整改。

（12）总承包单位组织监理单位、产权（或出租）单位、专业承包单位进行附着式升降脚手架的检查验收，验收合格后应悬挂验收标志牌。

3.1.2　外脚手架设计

以扣件式钢管脚手架为例说明外脚手架设计。

3.1.2.1　外脚手架常用形式

脚手架搭设的结构安全度受人为因素影响较大，高度越高，不安全的隐患越大。落地式单管钢管脚手架的搭设高度受立杆纵距大小的影响，对于超高层建筑，其外脚手架可采用双管立杆、分段卸荷和分段搭设的形式。

1. 落地式扣件式钢管脚手架

（1）单管落地脚手架（图3-16）。

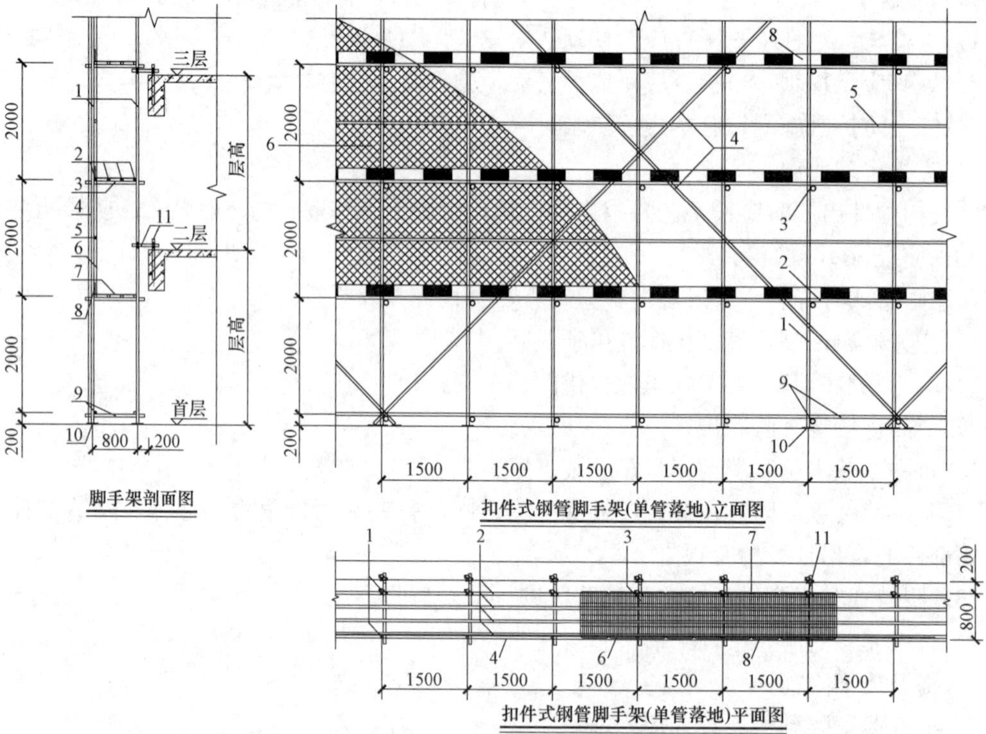

脚手架剖面图

扣件式钢管脚手架(单管落地)立面图

扣件式钢管脚手架(单管落地)平面图

1—钢管立杆；2—纵向水平杆；3—横向水平杆；4—剪刀撑；5—钢管护栏；
6—密目阻燃式安全网；7—脚手板；8—挡脚板；9—纵横扫地杆。纵向扫地杆固定在距底座上皮
不大于200mm处的立杆上，横向扫地杆固定在紧靠纵向扫地杆下方的立杆上；
10—钢管底座；11—连墙件，由预埋短钢管和钢管拉杆两部分组成，由直角扣件连接

图3-16 单管落地脚手架

（2）双管落地脚手架（图3-17）。

2. 悬挑型钢扣件式钢管脚手架

悬挑型钢扣件式钢管脚手架主要是采用悬挑型钢与结构楼面梁板锚固，另一端挑出建筑物以支撑上部一个分段高度的脚手架，悬挑型钢作为该分段脚手架立杆的基础，其水平间距与立杆纵距一致，如图3-18。

型钢悬挑梁宜采用双轴对称截面的型钢，钢梁截面高度不应小于160mm；悬挑钢梁悬挑长度应按设计确定，固定段长度不应小于悬挑长度的1.25倍。悬挑型钢梁尾端应在两处及以上固定于钢筋混凝土梁板结构上。每个型钢悬挑梁外端宜设置钢丝绳或钢拉杆与上层建筑结构斜拉结。钢丝绳、斜拉杆不参与悬挑梁受力计算；钢丝绳与建筑结构拉结的吊环应使用HPB300级钢筋，其直径不宜小于20mm，吊环预埋锚固长度应符合现行国家标准《混凝土结构设计规范》（GB 50010）中钢筋锚固的规定。

施工时，在型钢面焊制立杆底座（比立杆管直径小1～1.5mm），将立杆插入底座中固定，在型钢梁底焊接钢丝绳定位钢筋，其上部设置扫地杆，然后按常规脚手架方法搭设，同时设置连墙件与建筑物连接。

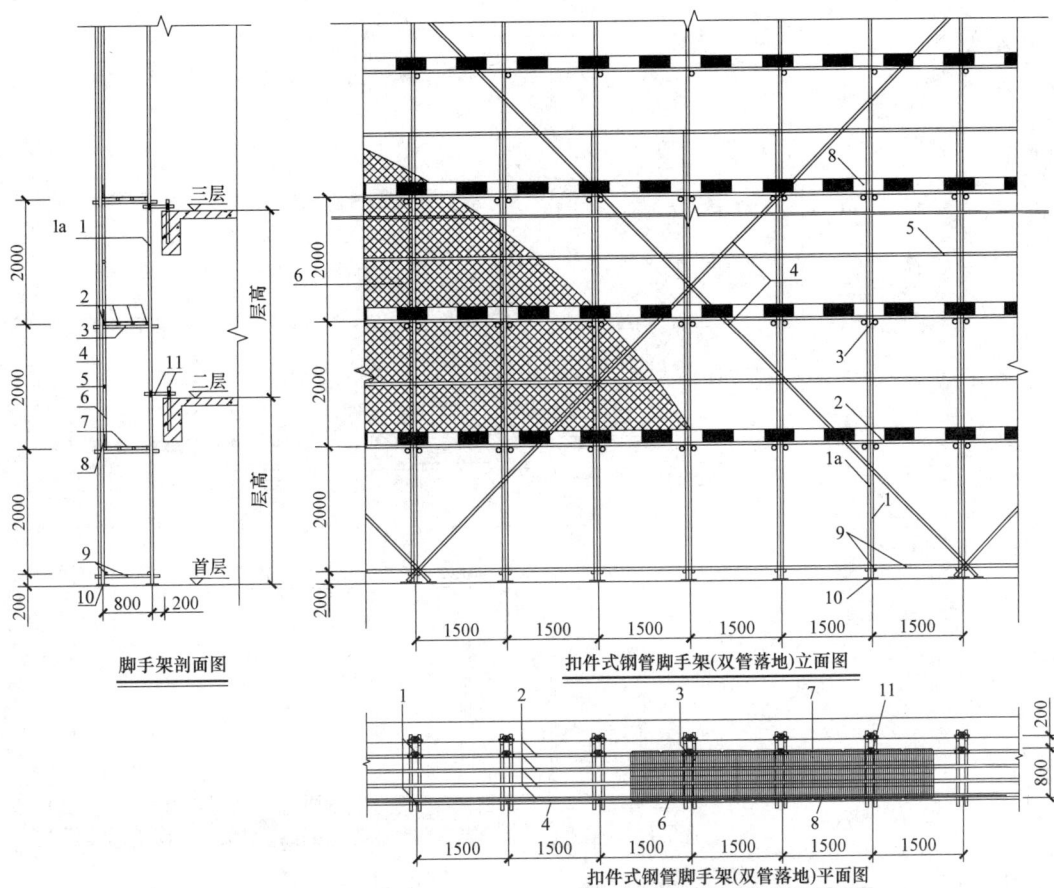

1—钢管立杆(单管);1a—钢管立杆(双管);2—纵向水平杆;3—横向水平杆;4—剪刀撑;
5—钢管护栏;6—密目阻燃式安全网;7—脚手板;8—挡脚板;9—纵横扫地杆。
纵向扫地杆固定在距底座上皮不大于200mm处的立杆上,横向扫地杆固定在紧靠纵向扫地杆
下方的立杆上;10—钢管底座;11—连墙件,由预埋短钢管和钢管拉杆两部分组成,由直角扣件连接

图 3-17 双管落地脚手架

3. 拉吊卸荷扣件式钢管脚手架

拉吊卸荷扣件式钢管脚手架主要是将脚手架全高分成若干高度段,通过钢丝绳与建筑物进行拉吊,将脚手架分段荷载由建筑结构承担,见图 3-19~图 3-22。注意要分别对各个拉吊段进行计算,且为确保结构的安全,要对吊环设置位置的结构进行复核。

3.1.2.2 设计计算基本规定

(1)脚手架承载能力应按概率极限状态设计法的要求,采用分项系数设计表达式进行设计。可只进行下列设计计算:

1)纵向、横向水平杆等受弯构件的强度和连接扣件的抗滑承载力计算;

2)立杆稳定性计算;

3)连墙件的强度、稳定性和连接强度的计算;

4)立杆地基承载力计算。

(2)计算构件的强度、稳定性与连接强度时,应采用荷载效应基本组合的设计值。永久荷载分项系数应取 1.2,可变荷载分项系数应取 1.4。

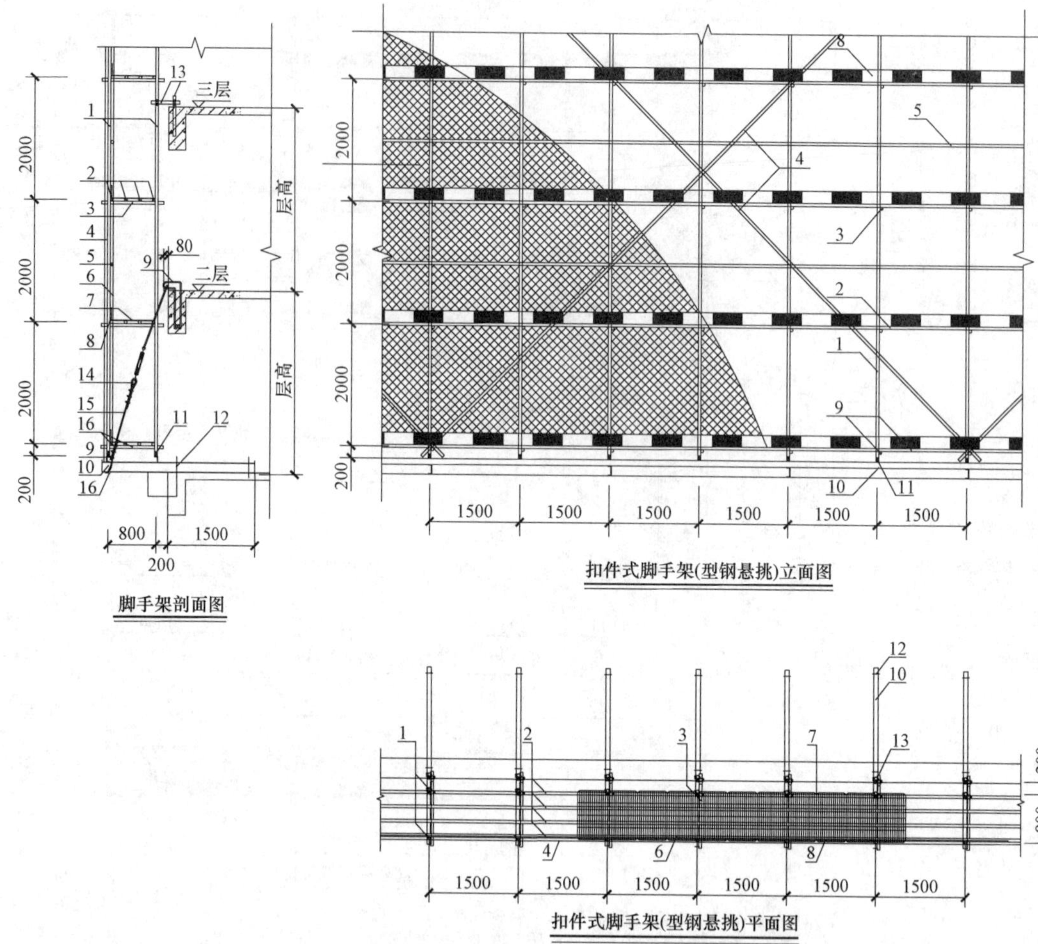

脚手架剖面图

扣件式脚手架(型钢悬挑)立面图

扣件式脚手架(型钢悬挑)平面图

1—钢管立杆；2—纵向水平杆；3—横向水平杆；4—剪刀撑；5—钢管护栏；6—密目阻燃式安全网；7—脚手板；
8—挡脚板；9—纵横向扫地杆。纵向扫地杆固定在距底座上皮不大于200mm处的立杆上，横向扫地杆固定在紧靠纵
向扫地杆下方的立杆上；10—悬挑槽钢，锚固长度为悬挑长度2倍；11—φ25钢筋，L=100mm，焊接于槽钢面，
钢管固定于槽钢上；12—禾络码，锚固于梁板内；13—连墙件，由预埋短钢管和钢管拉杆两部分组成，用直角扣件连接；
14—钢丝绳，按设计计算结果选用；15—钢丝绳夹；16—钢丝绳定位φ18钢筋

图 3-18　悬挑型钢扣件式钢管脚手架

（3）脚手架中的受弯构件，尚应根据正常使用极限状态的要求进行变形验算。验算构件变形时，应采用荷载效应的标准组合的设计值，各类荷载分项系数均应取 1.0。

（4）当纵向或横向水平杆的轴线对立杆轴线的偏心距不大于 55mm 时，立杆稳定性计算中可不考虑此偏心距的影响。

（5）除进行脚手架设计计算外，构造上还应满足规范的要求。

3.1.2.3　计算流程

1. 单管落地脚手架（见图 3-23）

2. 双管落地脚手架（见图 3-24）

3. 型钢悬挑脚手架（见图 3-25）

4. 拉吊卸荷脚手架（见图 3-26）

脚手架剖面图

扣件式钢管脚手架(拉吊卸荷)立面图

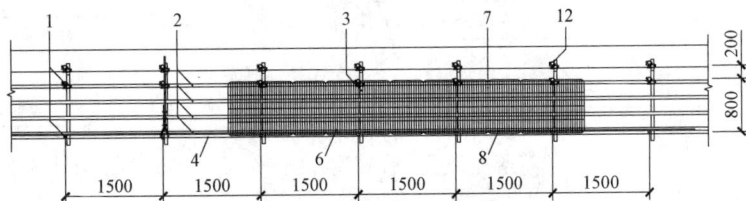

扣件式钢管脚手架(拉吊卸荷)平面图

1—钢管立杆；2—纵向水平杆；3—横向水平杆；4—剪刀撑；5—钢管护栏；6—密目阻燃式安全网；
7—脚手板；8—挡脚板；9—吊环，预埋于结构内；10—钢丝绳，按设计计算结果选用；
11—钢丝绳夹；12—连墙件，由预理短钢管和钢管拉杆两部分组成，用直角扣件连接

图 3-19　拉吊卸荷扣件式钢管脚手架

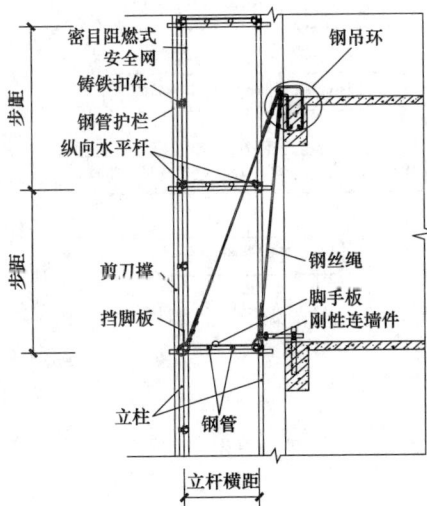

图 3-20　脚手架剖面示意图

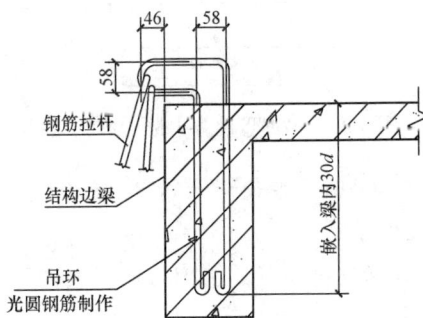

图 3-21　脚手架吊环大样图

索具套环　绳夹　安全环　钢丝绳末端

绳卡夹座　钢丝绳承力端

绳卡间距A为6d-7d，d为钢丝绳直径

图 3-22　脚手架钢丝绳大样图

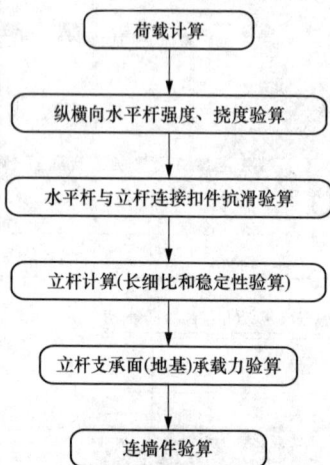

荷载计算

纵横向水平杆强度、挠度验算

水平杆与立杆连接扣件抗滑验算

立杆计算(长细比和稳定性验算)

立杆支承面(地基)承载力验算

连墙件验算

图 3-23　单管落地脚手架计算流程图

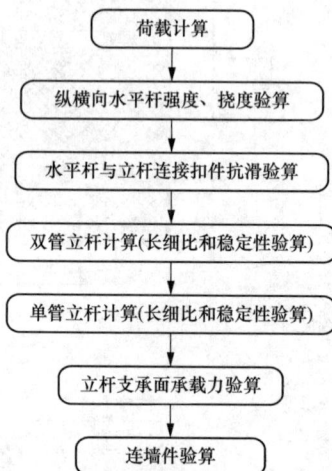

荷载计算

纵横向水平杆强度、挠度验算

水平杆与立杆连接扣件抗滑验算

双管立杆计算(长细比和稳定性验算)

单管立杆计算(长细比和稳定性验算)

立杆支承面承载力验算

连墙件验算

图 3-24　双管落地脚手架计算流程图

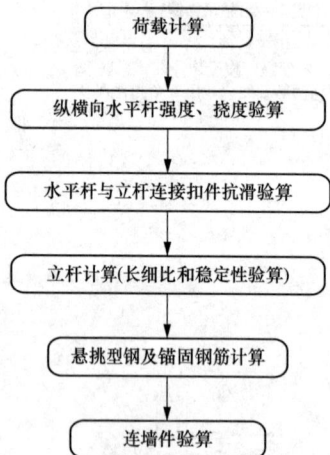

荷载计算

纵横向水平杆强度、挠度验算

水平杆与立杆连接扣件抗滑验算

立杆计算(长细比和稳定性验算)

悬挑型钢及锚固钢筋计算

连墙件验算

图 3-25　型钢悬挑脚手架计算流程图

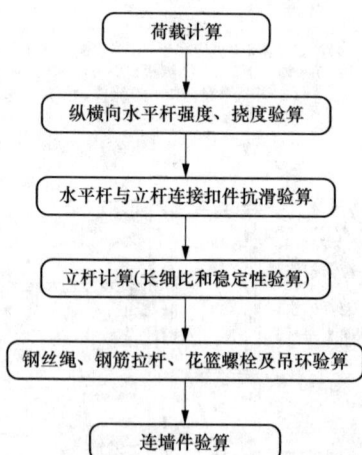

荷载计算

纵横向水平杆强度、挠度验算

水平杆与立杆连接扣件抗滑验算

立杆计算(长细比和稳定性验算)

钢丝绳、钢筋拉杆、花篮螺栓及吊环验算

连墙件验算

图 3-26　拉吊卸荷脚手架计算流程图

3.1.2.4　脚手架设计计算常用数值

1. 永久荷载

（1）每米立杆承受的结构自重（表 3-5）。

（2）脚手板自重（表 3-6）。

（3）栏杆、挡脚板自重（表 3-7）。

表 3-5　　　　　　　φ48×3.5 钢管脚手架每米立杆承受的结构自重标准值 g_k (kN/m)

步距 \ 纵距	1	1.5	1.8	2	2.1
1.2	0.1489	0.1611	0.1734	0.1815	0.1856
1.35	0.1379	0.1491	0.1601	0.1674	0.1711
1.5	0.1291	0.1394	0.1495	0.1562	0.1596
1.8	0.1161	0.1248	0.1337	0.1395	0.1424
1.9	0.11275	0.1212	0.1298	0.13535	0.1381
2	0.1094	0.1176	0.1259	0.1312	0.1338

表 3-6　　　　　　　　　　　脚手板自重表（kN/m²）

类别	标准值
冲压钢脚手板	0.3
竹串片脚手板	0.35
木脚手板	0.35
竹笆脚手板	0.1

表 3-7　　　　　　　　　　栏杆、挡脚板自重（kN/m）

类别	标准值（kN/m）
栏杆、冲压钢脚手板挡板	0.16
栏杆、竹串片脚手板挡板	0.17
栏杆、木脚手板挡板	0.17

2. 施工均布活荷载（表 3-8）

表 3-8　　　　　　　　　　施工均布活荷载（kN/m²）

类别	标准值（kN/m²）
装修脚手架	2
结构脚手架	3

注　斜道均布活荷载标准值不应低于 2kN/m²。

3. 作用于脚手架上的水平风荷载

（1）风压高度变化系数 μ_z（表 3-9）。

表 3-9　　　　　　　　　　风压高度变化系数 μ_z

离地面或海平面高度（m）	地面粗糙度类别			
	A	B	C	D
5	1.17	1.00	0.74	0.62
10	1.38	1.00	0.74	0.62
15	1.52	1.14	0.74	0.62
20	1.63	1.25	0.84	0.62
30	1.80	1.42	1.00	0.62

离地面或海平面	地面粗糙度类别			
高度（m）	A	B	C	D
40	1.92	1.56	1.13	0.73
50	2.03	1.67	1.25	0.84
60	2.12	1.77	1.35	0.93
70	2.20	1.86	1.45	1.02
80	2.27	1.95	1.54	1.11
90	2.34	2.02	1.62	1.19
100	2.40	2.09	1.70	1.27
150	2.64	2.38	2.03	1.61
200	2.83	2.61	2.30	1.92
250	2.99	2.80	2.54	2.19
300	3.12	2.97	2.75	2.45
350	3.12	3.12	2.94	2.68
400	3.12	3.12	3.12	2.91
≥450	3.12	3.12	3.12	3.12

（2）风荷载体型系数 μ_s（表 3-10）。

表 3-10　　　　　　　　　脚手架的风荷载体型系数 μ_s

背靠建筑物的状况		全封闭墙	敞开、框架和开洞墙
脚手架状况	全封闭、半封闭	1.0φ	1.3φ
	敞开	μ_{stw}	

注　1. μ_{stw} 值可将脚手架视为桁架，按现行国家标准《建筑结构荷载规范》（GB 5009）表 6.3.1 第 32 项和第 36 项的规定计算；

　　2. φ 为挡风系数，$\varphi = 1.2A_n/A_w$，其中 A_n 为挡风面积；A_w 为迎风面积。敞开式单、双排脚手架的 φ 值宜按表 3-11 采用。

表 3-11　　　　敞开式单、双排扣件式钢管（$\phi48 \times 3.5$mm）脚手架的挡风系数 φ 值

步距	纵距（m）										
（m）	0.4	0.6	0.75	0.9	1.0	1.2	1.3	1.35	1.5	1.8	2.0
0.60	0.260	0.212	0.193	0.180	0.173	0.164	0.160	0.158	0.154	0.148	0.144
0.75	0.241	0.192	0.173	0.161	0.154	0.144	0.141	0.139	0.135	0.128	0.125
0.90	0.228	0.180	0.161	0.148	0.141	0.132	0.128	0.126	0.122	0.115	0.112
1.05	0.219	0.171	0.151	0.138	0.132	0.122	0.119	0.117	0.113	0.106	0.103
1.20	0.212	0.164	0.144	0.132	0.125	0.115	0.112	0.110	0.106	0.099	0.096
1.35	0.207	0.158	0.139	0.126	0.120	0.110	0.106	0.105	0.100	0.094	0.091
1.50	0.202	0.154	0.135	0.122	0.115	0.106	0.102	0.100	0.096	0.090	0.086
1.60	0.200	0.152	0.132	0.119	0.113	0.103	0.100	0.098	0.094	0.087	0.084
1.80	0.1959	0.148	0.128	0.115	0.109	0.099	0.096	0.094	0.090	0.083	0.080
2.00	0.1927	0.144	0.125	0.112	0.106	0.096	0.092	0.091	0.086	0.080	0.077

注　$\phi48.3 \times 3.6$mm 钢管。

密目式安全立网全封闭脚手架挡风系数 φ 不宜小于 0.8。

4. 荷载效应组合（表 3-12）

表 3-12 　　　　　　　荷 载 效 应 组 合

计算项目	荷载效应组合
纵向、横向水平杆承载力与变形	永久荷载＋施工均布活荷载
脚手架立杆地基承载力 型钢悬挑梁的承载力、稳定和变形	① 永久荷载＋施工均布活荷载 ② 永久荷载＋0.9（施工均布活荷载＋风荷载）
立杆稳定	① 永久荷载＋施工均布活荷载 ② 永久荷载＋0.9（施工均布活荷载＋风荷载）
连墙件承载力与稳定	单排架，风荷载＋2.0kN 双排架，风荷载＋3.0kN

5. 钢材的强度设计值与弹性模量（表 3-13）

表 3-13 　　　　　　钢材的强度设计值与弹性模量（N/mm²）

Q235 钢抗拉、抗压和抗弯强度设计值 f	205
弹性模量	2.06×10^5

6. 扣件、底座的承载力设计值（表 3-14）

表 3-14 　　　　　　　扣件、底座的承载力设计值

项目	承载力设计值（kN）
对接扣件（抗滑）	3.20
直角扣件、旋转扣件（抗滑）	8.00
底座（抗压）	40.00

注　扣件螺栓拧紧扭力矩不应小于 40N·m，且不应大于 65 N·m。

7. 受弯构件挠度容许值（表 3-15）

表 3-15 　　　　　　　受弯构件挠度容许值

构件类别	容许挠度 [v]
脚手板、脚手架纵向、横向水平杆	$l/150$ 与 10mm
脚于架悬挑受弯杆件	$l/400$
型钢悬挑脚手架悬挑钢梁	$l/250$

注　l 为受弯构件的跨度，对悬挑杆件为其悬伸长度的 2 倍。

8. 受压、受拉构件长细比容许值（表 3-16）

表 3-16 　　　　　　　受压、受拉构件的容许长细比

构件类别		容许长细比 [λ]
立杆	双排架	210
	单排架	230
	满堂脚手架	250
横向斜撑、剪刀撑中的压杆		250
拉杆		350

9. 脚手架立杆计算长度系数 μ（表 3-17）

表 3-17　　　　　　　　　　脚手架立杆计算长度系数 μ

类别	立杆横距（m）	连墙件布置	
		二步三跨	三步三跨
双排架	1.05	1.50	1.70
	1.30	1.55	1.75
	1.55	1.60	1.8
单排架	1.50	1.80	2.00

10. 钢管截面特性（表 3-18）

表 3-18　　　　　　　　　　钢 管 截 面 特 性

外径 ϕ, d	壁厚 t	截面积	惯性矩 I	截面模量 W	回转半径 i	每米长质量
(mm)	(mm)	(cm²)	(cm⁴)	(cm³)	(cm)	(kg/m)
60.3	3.2	5.74	23.47	7.78	2.02	4.51
48.3	3.2	4.53	11.59	4.80	1.60	3.56
48.3	3.0	4.24	10.78	4.49	1.59	3.33
48.3	3.5	4.89	12.19	5.08	1.58	3.84

11. Q235 钢轴心受压构件稳定系数（表 3-19）

表 3-19　　　　　　　　　　Q235 钢管轴心受压稳定系数 φ

λ	0	1	2	3	4	5	6	7	8	9
0	1.000	0.997	0.995	0.992	0.989	0.987	0.984	0.981	0.979	0.976
10	0.974	0.971	0.968	0.966	0.963	0.960	0.958	0.955	0.952	0.949
20	0.947	0.944	0.941	0.938	0.936	0.933	0.930	0.927	0.924	0.921
30	0.918	0.915	0.912	0.909	0.906	0.903	0.899	0.896	0.893	0.889
40	0.866	0.882	0.879	0.875	0.872	0.868	0.864	0.861	0.858	0.855
50	0.852	0.849	0.846	0.843	0.839	0.836	0.832	0.829	0.825	0.822
60	0.818	0.814	0.810	0.806	0.802	0.797	0.793	0.789	0.784	0.779
70	0.775	0.770	0.765	0.760	0.755	0.750	0.744	0.739	0.733	0.728
80	0.722	0.716	0.710	0.704	0.698	0.692	0.686	0.680	0.673	0.667
90	0.661	0.654	0.648	0.641	0.634	0.626	0.618	0.611	0.603	0.595
100	0.588	0.580	0.573	0.566	0.558	0.551	0.544	0.537	0.530	0.523
110	0.516	0.509	0.502	0.496	0.489	0.483	0.476	0.470	0.464	0.458
120	0.452	0.446	0.440	0.434	0.428	0.423	0.417	0.412	0.406	0.401
130	0.396	0.391	0.386	0.381	0.376	0.371	0.367	0.362	0.357	0.353
140	0.349	0.344	0.340	0.336	0.332	0.328	0.324	0.320	0.316	0.312
150	0.308	0.305	0.301	0.298	0.294	0.291	0.287	0.284	0.281	0.277
160	0.274	0.271	0.268	0.265	0.262	0.259	0.256	0.253	0.251	0.248
170	0.245	0.243	0.240	0.237	0.235	0.232	0.230	0.227	0.225	0.223
180	0.220	0.218	0.216	0.214	0.211	0.209	0.207	0.205	0.203	0.201
190	0.199	0.197	0.195	0.193	0.191	0.189	0.188	0.186	0.184	0.182
200	0.180	0.179	0.177	0.175	0.174	0.172	0.171	0.169	0.167	0.166

λ	0	1	2	3	4	5	6	7	8	9
210	0.164	0.163	0.161	0.160	0.159	0.157	0.156	0.154	0.153	0.152
220	0.150	0.149	0.148	0.146	0.145	0.144	0.143	0.141	0.140	0.139
230	0.138	0.137	0.136	0.135	0.133	0.132	0.131	0.130	0.129	0.128
240	0.127	0.126	0.125	0.124	0.123	0.122	0.121	0.120	0.119	1.118
250	0.117	—	—	—	—	—	—	—	—	—

3.1.2.5　设计计算原理

1. 荷载计算

主要是脚手架的永久荷载标准值（各构件的自重）、施工均布活荷载以及作用于脚手架上的水平风荷载标准值的计算。

2. 纵横向水平杆验算

（1）荷载计算。

荷载效应组合：永久荷载＋施工均布活荷载。

（2）纵向水平杆在横向水平杆上。

1）纵向水平杆计算。

纵向水平杆根据钢管的长度、立杆纵向间距按三跨或多跨连续梁进行计算，荷载为均布荷载且按照最不利布置，q_1 为自重标准值，q_2 为活荷载值，l 为立杆纵向间距。

计算纵向水平杆最大弯矩、支座反力的计算简图见图 3-27～图 3-29。

三跨连续梁：

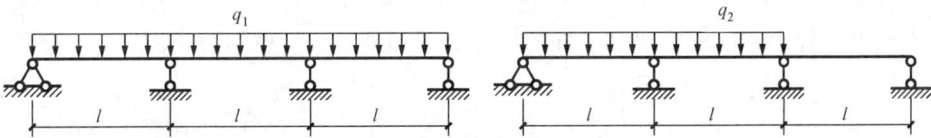

图 3-27　纵向水平杆计算简图

四跨连续梁：

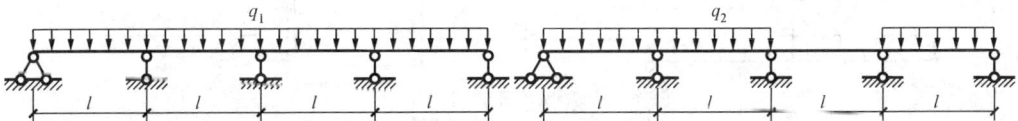

图 3-28　纵向水平杆计算简图

五跨连续梁：

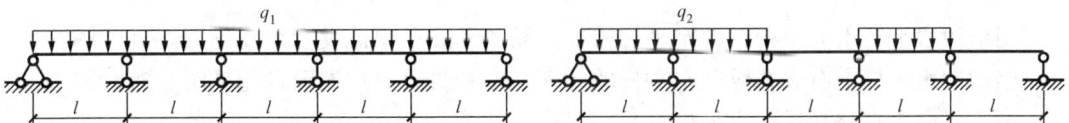

图 3-29　纵向水平杆计算简图

计算纵向水平杆最大变形的计算简图见 3-30～图 3-32。

三跨连续梁：

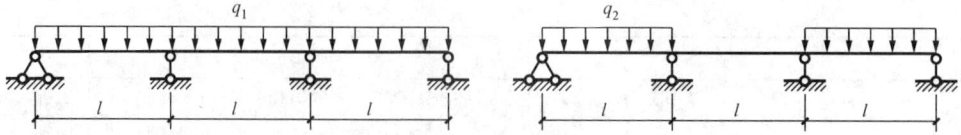

图 3-30　纵向水平杆计算简图

四跨连续梁：

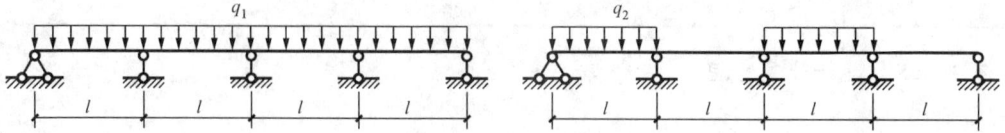

图 3-31　纵向水平杆计算简图

五跨连续梁：

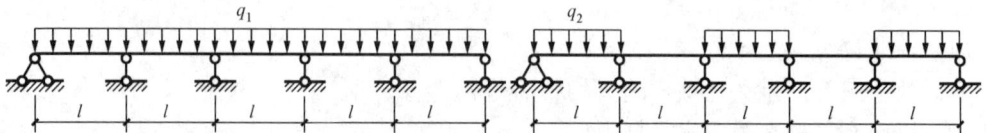

q_1—永久荷载；q_2—施工均布活荷载

图 3-32　纵向水平杆计算简图

2）横向水平杆计算。

横向水平杆按单跨梁计算，荷载为均布荷载和集中荷载，集中荷载为横向水平杆上纵向水平杆的数量。

当横向水平杆上有 1 根纵向水平杆的计算简图和脚手架搭设示意见图 3-33、图 3-34：

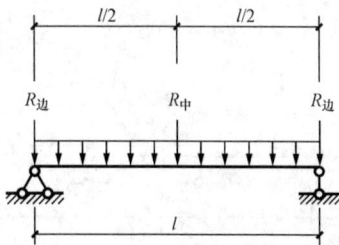

注：l—立杆横向间距

图 3-33　横向水平杆计算简图

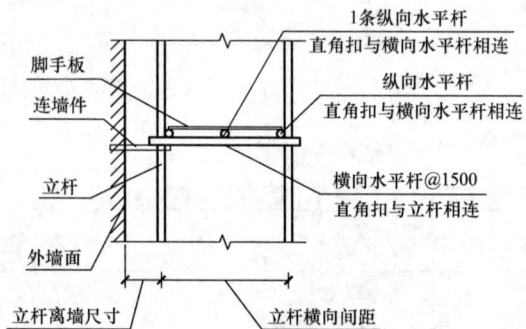

图 3-34　脚手架搭设示意图

当横向水平杆上有 2 根纵向水平杆的计算简图和脚手架搭设示意图见图 3-35、图 3-36；
当横向水平杆上有 3 根纵向水平杆的计算简图和脚手架搭设示意图见图 3-37、图 3-38；

（3）纵向水平杆在横向水平杆下。

1）横向水平杆计算。

横向水平杆按单跨梁计算，荷载为均布荷载。计算简图和脚手架搭设示意见图 3-39、图 3-40：

2）纵向水平杆计算。

图 3-35　横向水平杆计算简图

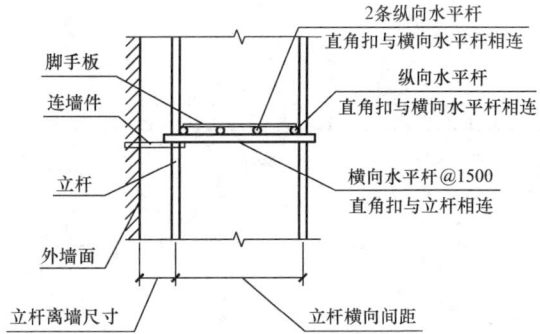

图 3-36　脚手架搭设示意图

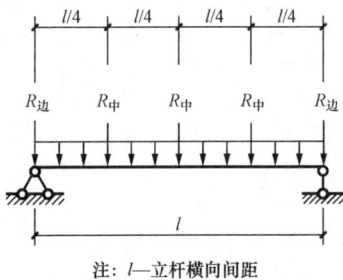

图 3-37　横向水平杆计算简图

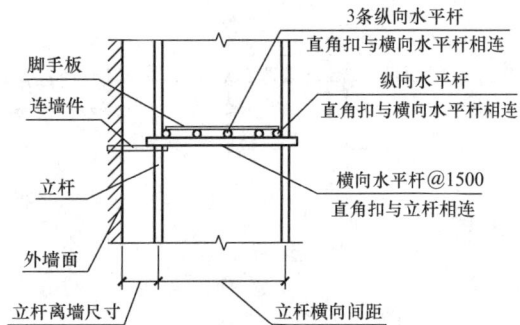

图 3-38　脚手架搭设示意图

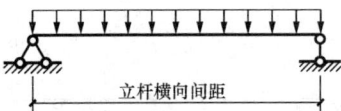

图 3-39　横向水平杆计算简图

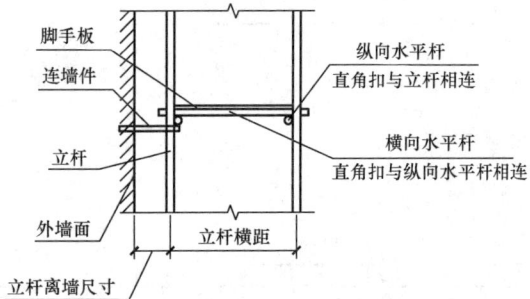

图 3-40　脚手架搭设示意图

纵向水平杆按钢管的长度，立杆纵向间距按多跨连续梁进行计算，荷载为均布荷载和集中荷载且按照最不利布置，q 为纵向水平杆的自重标准值，P_1 为横向水平杆自重标准值，P_2 为活荷载值，l 为立杆纵向间距，l_1 为横向水平杆间距。

计算纵向水平杆最大弯矩的计算简图见图 3-41～图 3-46。

三跨连续梁：

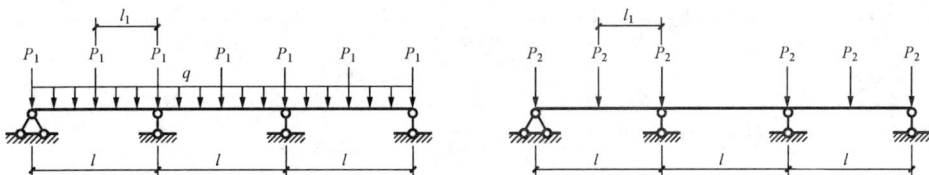

图 3-41　纵向水平杆计算简图

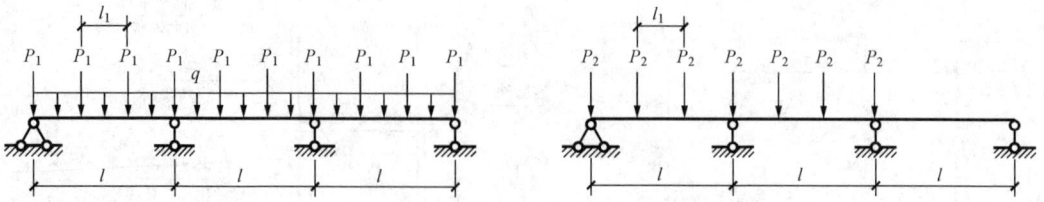

图 3-42　纵向水平杆计算简图

四跨连续梁：

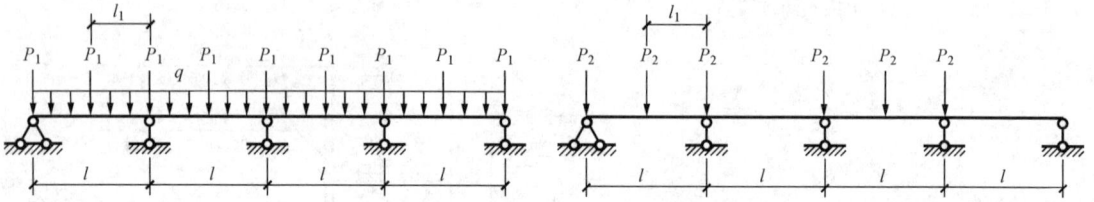

图 3-43　纵向水平杆计算简图

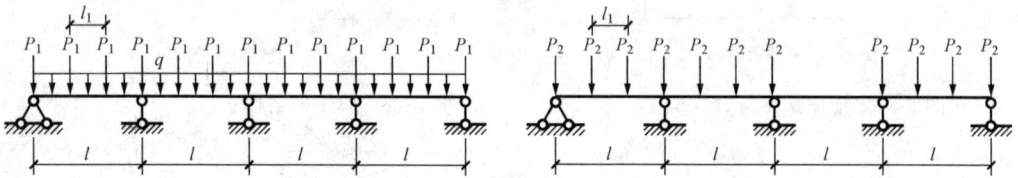

图 3-44　纵向水平杆计算简图

五跨连续梁：

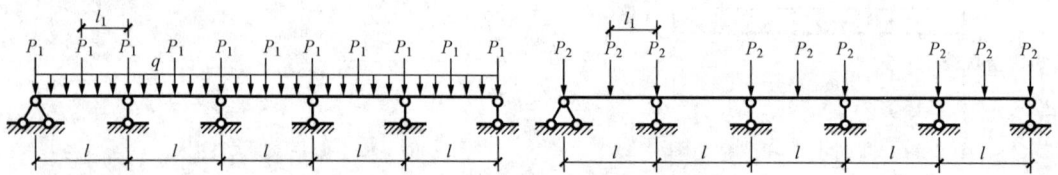

图 3-45　纵向水平杆计算简图

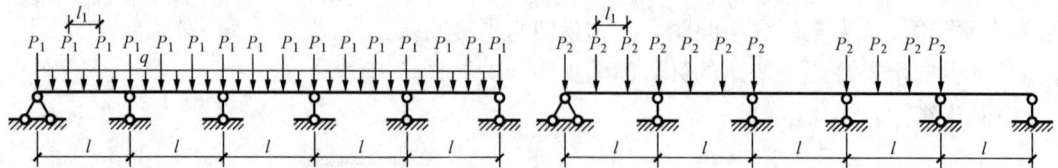

图 3-46　纵向水平杆计算简图

计算纵向水平杆最大变形值的计算简图见图 3-47～图 3-52。

三跨连续梁：

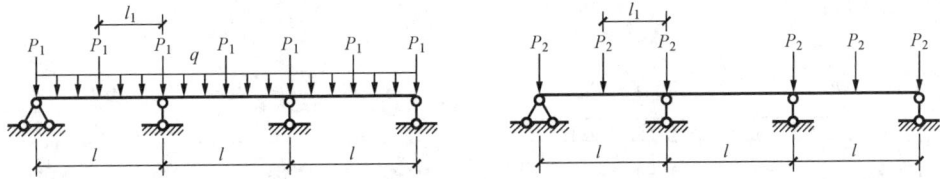

图 3-47　纵向水平杆计算简图

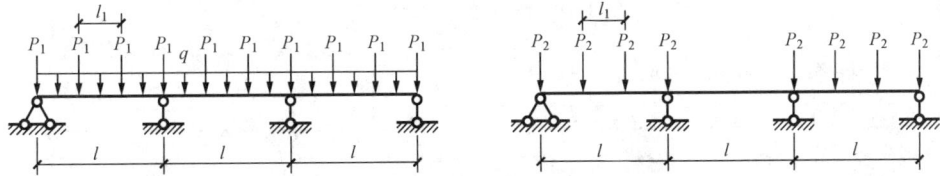

图 3-48　三跨纵向水平杆计算简图

四跨连续梁：

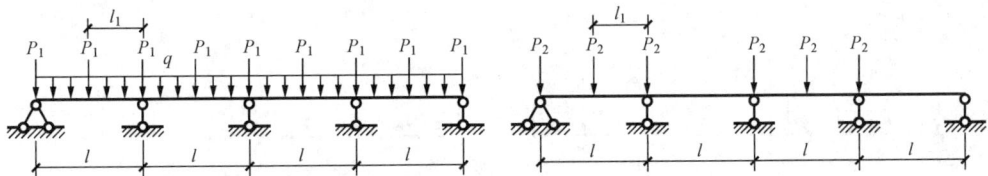

图 3-49　纵向水平杆计算简图

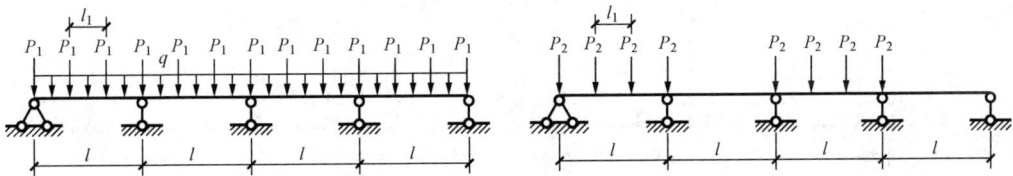

图 3-50　纵向水平杆计算简图

五跨连续梁：

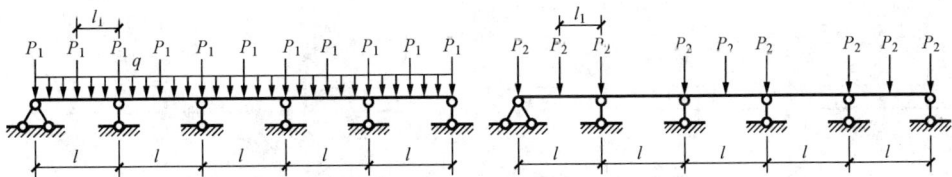

图 3-51　纵向水平杆计算简图

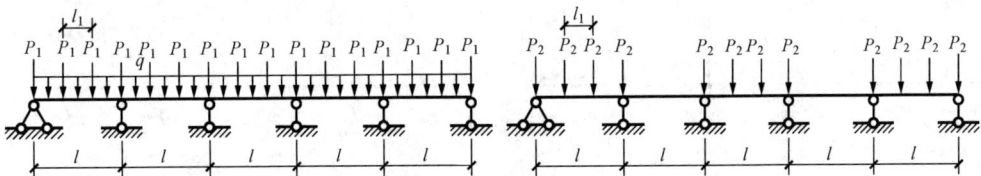

图 3-52　纵向水平杆计算简图

计算纵向水平杆最大支座反力的计算简图见图 3-53～图 3-59。

三跨连续梁：

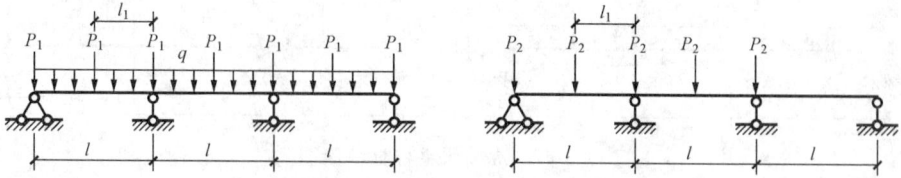

图 3-53　纵向水平杆计算简图

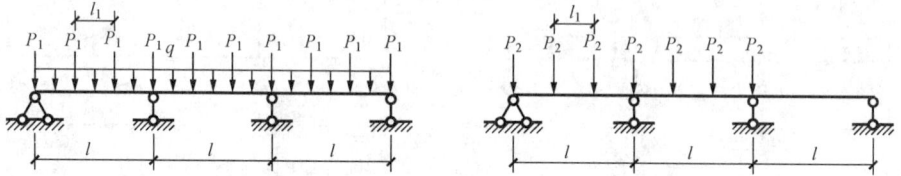

图 3-54　纵向水平杆计算简图

四跨连续梁：

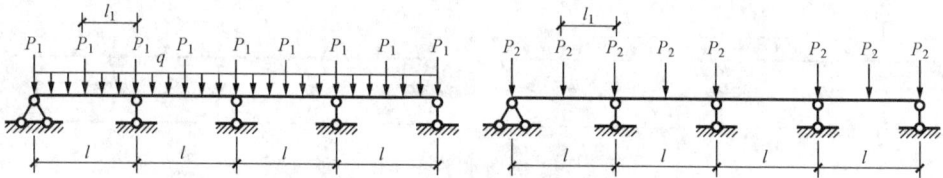

图 3-55　纵向水平杆计算简图

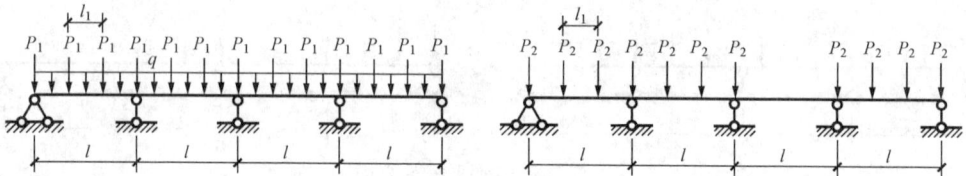

图 3-56　纵向水平杆计算简图

五跨连续梁：

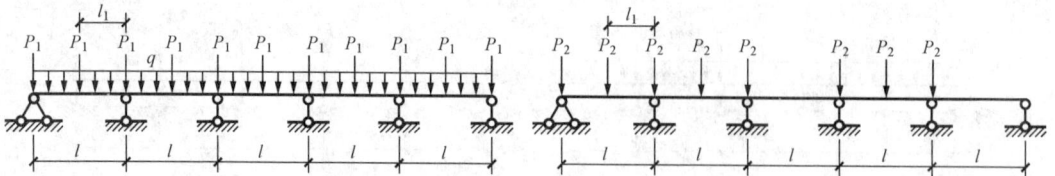

图 3-57　纵向水平杆计算简图

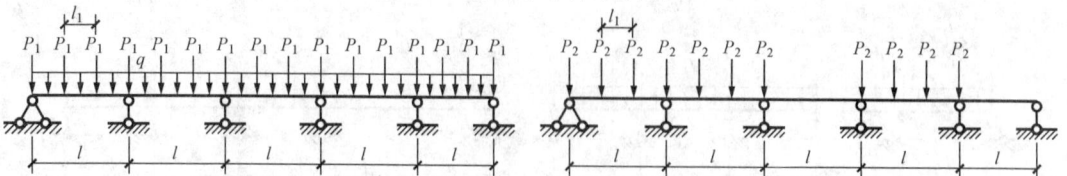

图 3-58　纵向水平杆计算简图

（4）抗弯强度验算。

$$\sigma = \frac{M_{max}}{W} \leqslant [f]$$

式中　M_{max}——按照荷载最不利布置的总弯矩值，N·mm；

　　　W——水平杆的截面模量，mm³；

　　　$[f]$——钢材强度值按表 3-13 取值为 205 N/mm²。

（5）挠度验算。

$$\upsilon_{max} \leqslant [\upsilon]$$

式中　υ_{max}——按照荷载最不利布置的总变形值，mm；

　　　$[\upsilon]$——容许挠度按表 3-15 取值为：$[\upsilon] = \frac{l}{150}$ 与 10mm。

3. 水平杆与立杆的连接扣件抗滑验算

$$R \leqslant R_C$$

式中　R——水平杆传递立杆的最大支座反力，kN；

　　　R_C——扣件抗滑承载力按表 3-14 取值为 8kN。

4. 立杆长细比验算

$$l_0 = k\mu h, \lambda = \frac{l_0}{i} \leqslant [\lambda]$$

式中　k——计算长度附加系数，其值取 1.00；

　　　μ——考虑脚手架整体稳定因素的单杆计算长度系数，可按表 3-17 取值；

　　　h——立杆步距，m；

　　　$[\lambda]$——按表 3-16 取值：210（双排架）或 230（单排架）。

5. 立杆稳定性验算

（1）荷载计算。

1）永久荷载（恒荷载）。

脚手架结构自重包括：立杆、纵向水平杆、横向水平杆、剪刀撑、横向斜撑和扣件等的自重，$N_{G1k} = g_k \times H$，其中 g_k 可按表 3-5 或按照实际进行计算取值，H 为脚手架的高度；

构配件自重包括：脚手板、栏杆、挡脚板、安全网等防护设施的自重 N_{G2k}，其中 N_{G2k} 可按表 3-6、表 3-7 或按照实际进行计算取值。

2）可变荷载（活荷载）。

施工荷载 N_{Qk} 计算：至少按照 2 层作业层计算（其中一层为结构施工，一层为装修施工），按表 3-8 取值；

风荷载计算：风荷载标准值

$$\omega_k = \mu_z \mu_s \omega_0$$

式中　μ_z——风压高度变化系数，按表 3-9 取值。立杆计算时，按脚手架底层立杆离地高度取值；连墙件计算时，按脚手架最大搭设高度取值；双钢管的单管立杆计算时，按照单双管交接处的离地高度取值；

　　　μ_s——脚手架风荷载体形系数，按表 3-10，并注意脚手架挡风系数的取值；

　　　ω_0——基本风压，kN/m²，按现行国家标准《建筑结构荷载规范》（GB 5009）的规定采用，取重现期 $n = 10$ 对应的风压值。

风荷载设计值产生的立杆段弯矩：

$$M_w = 0.9 \times 1.4 M_{wk} = 0.9 \times 1.4 \omega_k l_a h^2 / 10$$

式中　l_a——立杆纵距，m；

　　　h——立杆步距，m。

（2）立杆稳定性验算。

1）荷载效应组合。

① 永久荷载＋施工均布或荷载；

② 永久荷载＋0.9（施工均布活荷载＋风荷载）。

2）轴心受压稳定性系数。

$$l_0 = k\mu h, \lambda = \frac{l_0}{i}, 按表 3\text{-}11 查稳定系数 \varphi$$

式中　l_0——立杆计算长度，m；

　　　k——计算长度附加系数，其值取 1.155；

　　　μ——考虑脚手架整体稳定因素的单杆计算长度系数，可按表 3-15 取值；

　　　h——立杆步距，m；

　　　λ——立杆长细比；

　　　i——立杆截面回转半径，mm。

3）立杆的稳定性计算。

不组合风荷载时：$N = 1.2(N_{G1K} + N_{G2K}) + 1.4 \sum N_{QK}$

$$\frac{N}{\varphi A} \leqslant f$$

组合风荷载时：$N = 1.2(N_{G1K} + N_{G2K}) + 0.9 \times 1.4 \sum N_{QK}$

$$\frac{N}{\varphi A} + \frac{M_W}{W} \leqslant f$$

式中　A——立杆截面面积，mm²；

　　　W——立杆截面模量，mm³；

　　　f——钢材的抗压强度设计值，按表 3-13 取值为 205N/mm²。

6. 立杆支承面承载力验算

（1）当脚手架立杆基础为地基土时，应对地基承载力进行验算。

$$P = \frac{N}{A} < f_g$$

式中　N——上部结构传至基础顶面的轴向力设计值；计算时，应取不组合风荷载和组合风荷载的较大值，kN；

　　　A——基础底面面积，m²；

　　　f_g——地基承载力特征值（kPa），其取值应符合下列规定：

　　　　　① 当为天然地基时，应按地质勘察报告选用；当为回填土地基时，应对地质勘察报告提供的回填土地基承载力特征值乘以折减系数 0.4。

　　　　　② 由荷载试验或工程经验确定。

（2）对搭设在楼面上的脚手架，应对楼面混凝土受冲切和局部受压承载力进行验算。

1) 受冲切承载力验算。

$$F_l \leqslant (0.7\beta_h f_t + 0.15\sigma_{pc,m})\eta u_m h_0$$

式中　F_l——局部荷载设计值或集中反力设计值，kN；

　　　β_h——截面高度影响系数：当 $h \leqslant 800mm$ 时，取 $\beta_h = 1.0$，当 $h \geqslant 2000mm$ 时，取 $\beta_h = 0.9$，其间按线性内插法取用；

　　　f_t——混凝土轴心抗拉强度设计值，N/mm^2；

　　　$\sigma_{pc,m}$——临界截面周长上两个方向混凝土有效预压应力按长度的加权平均值，其值宜控制在 $1.0 \sim 3.5 N/mm^2$ 范围内；

　　　u_m——计算截面的周长，mm，取距离局部荷载或集中反力作用面积周长 $h_0/2$ 处板垂直截面的最不利周长；

　　　h_0——截面有效高度，mm，取两个配筋方向的截面有效高度的平均值；

　　　η——按 $\eta_1 = 0.4 + \dfrac{1.2}{\beta_s}$，$\eta_2 = 0.5 + \dfrac{a_s h_0}{4 u_m}$　两者计算取较小值；

　　　η_1——局部荷载或集中反力作用面积形状的影响系数；

　　　η_2——临界截面周长与板截面影响高度之比的影响系数；

　　　β_s——局部荷载或集中反力作用面积为矩形时的长边与短边尺寸的比值，β_s 不宜大于 4；当 β_s 小于 2 时取 2；对圆形冲切面，β_s 取 2；

　　　a_s——柱位置影响系数：中柱，a_s 取 40；边柱，a_s 取 30；角柱，a_s 取 20。

2) 局部受压承载力验算。

$$F_l \leqslant \omega\beta_l f_{cc} A_l$$

式中　F_l——局部受压面上作用的局部荷载或局部压力设计值，kN。

　　　ω——荷载分布的影响系数：当局部受压面上的荷载为均布时，取 $\omega = 1$；当局部荷载为非均匀分布时（如梁、过梁的端部支承面），取 $\omega = 0.75$；

　　　β_l——混凝土局部受压时的强度提高系数，$\beta_l = \sqrt{\dfrac{A_b}{A_l}}$；

　　　f_{cc}——素混凝土的轴心抗压强度设计值，按规范规定的混凝土轴心抗压强度设计值的 f_c 值乘以系数 0.85 取用；

　　　A_l——局部受压面积，mm^2，见图 3-59；

　　　A_b——局部受压的计算底面积，mm^2，见图 3-59。

7. 连墙件验算

(1) 连墙件轴向力。

$$N_l = N_{lw} + N_0$$

$$N_{lw} = 1.4\omega_k A_w$$

式中　N_l——连墙件轴向力设计值，kN；

　　　N_{lw}——风荷载产生的连墙件轴向力设计值；

　　　ω_k——风荷载标准值，风压高度变化系数 μ_z 的取值应为脚手架最高点的高度；

　　　A_w——单个连墙件所覆盖的脚手架外侧面的迎风面积，m^2；

　　　N_0——连墙件约束脚手架平面外变形产生的轴向力，单排架取 2kN，双排架取 3kN。

图 3-59　局部受压面积

（2）连墙件强度计算。

强度：
$$\sigma = \frac{N_l}{A_c} \leqslant 0.85f$$

稳定：
$$\frac{N_l}{\varphi A} \leqslant 0.85f$$

式中　σ——连墙件应力值，N/mm^2；

A_c——连墙件的净截面面积，mm^2；

A——连墙件的，毛截面面积，mm^2；

φ——连墙件的稳定系数，应根据连墙件长细比按表 3-19 取值；

f——连墙件钢材的强度设计值，N/mm^2。

（3）连墙件与脚手架、连墙件与建筑结构连接的承载力验算。
$$N_l \leqslant N_V$$

式中　N_l——连墙件与脚手架、连墙件与建筑结构连接的受拉（压）承载力设计值，kN，
应根据相应规范规定计算。

当采用钢管扣件做连墙件时，扣件抗滑承载力的验算：
$$N_l \leqslant R_c$$

式中　R_c——扣件抗滑承载力设计值，kN，1 个直角扣件应取 8kN，2 个直角扣件应取
12kN。

8. 型钢悬挑梁计算

（1）型钢悬挑梁类型：常用槽钢（［16a～［25a）和工字钢（I16～I25a）。

（2）计算简图（图 3-60）。

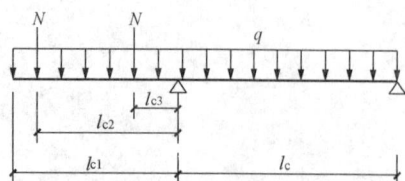

图 3-60　计算简图

图中：

N——悬挑脚手架立杆的轴向力设计值，N；

l_c——型钢悬挑梁锚固点中心至建筑楼层边支承
点的距离，mm；

l_{c1}——型钢悬挑梁悬挑端至建筑楼层边支承点的
距离，mm；

l_{c2}——脚手架外立杆至建筑楼层边支承点的距
离，mm；

l_{c3}——脚手架内立杆至建筑楼层边支承点的距离，mm；

q——型钢梁自重线荷载标准值，N/mm^2。

（3）抗弯强度验算。

$$\sigma = \frac{M_{max}}{W_n} \leqslant f$$

式中 σ——型钢悬挑梁应力值，N/mm^2；

M_{max}——型钢悬挑梁计算截面最大弯矩设计值，$N \cdot mm$；

W_n——型钢悬挑梁的净截面模量，mm^3；

f——钢材抗弯强度设计值，N/mm^2。

（4）整体稳定验算。

$$\frac{M_{max}}{\varphi_b W} \leqslant f$$

式中 W——型钢的截面模量，mm^3；

f——钢材抗弯强度设计值，N/mm^2；

φ_b——梁的整体稳定性系数：

1）当采用槽钢梁时：按下式计算。

$$\varphi_b = \frac{570bt}{l_1 h} \cdot \frac{235}{f_y}$$

式中 l_1——梁受压翼缘侧向支承点之间的距离；

b、t、h——分别为槽钢截面的高度、翼缘宽度和平均厚度。

2）当采用工字梁时：按《钢结构设计规范》（GB 50017）表 B.2 取值。

3）当查出、计算得出 $\varphi_b > 0.6$ 时，需用 $\varphi'_b = 1.07 - \frac{0.282}{\varphi_b}$ 代替 φ_b。

（5）挠度验算。

$$\upsilon_{max} \leqslant [\upsilon]$$

式中 υ_{max}——悬挑型钢的最大挠度值，mm；

$[\upsilon]$——允许挠度，mm，为构件计算跨度的 1/250。

（6）型钢悬挑梁锚固钢筋计算。

将型钢悬挑梁锚固在主体结构上的 U 形钢筋拉环或螺栓强度验算：

$$\sigma = \frac{N_m}{A_l} \leqslant f_l$$

式中 σ——U 形钢筋拉环或螺栓应力值，N/mm^2；

N_m 型钢悬挑梁锚固段压点 U 形钢筋拉环或螺栓拉力设计值，N；

A_l——U 形钢筋拉环净截面面积或螺栓的有效面积，mm^2，一个 U 形钢筋拉环或一对螺栓按两个截面计算；

f_l——U 形钢筋拉环或螺栓抗拉强度设计值，应按现行国家标准《混凝土结构设计规范》（GB 50010）的规定取 $f_l = 60N/mm^2$。当型钢悬挑梁锚固段压点处采用 2 个（对）及以上 U 形钢筋拉环或螺栓锚固连接时，其钢筋拉环或螺栓的承载力应乘以 0.85 的折减系数。

9. 拉吊卸荷脚手架的钢丝绳、吊环验算

（1）钢丝绳验算（计算简图见图 3-61）。

$$T_{oa} \leqslant [P], T_{ob} \leqslant [P]$$

式中　T_{oa}、T_{ob}——钢丝绳承受的拉力值；

　　　　$[P]$——钢丝绳允许拉力，按 $[P] = F_{破} \alpha / K$ 进行计算，N；

　　　　α——钢丝绳荷载不均匀系数，常用 $6 \times 19a$ 钢丝绳：$\alpha = 0.92$；$6 \times 19b$ 钢丝绳：$\alpha = 0.98$；$6 \times 37b$ 钢丝绳：$\alpha = 0.88$；

　　　　K——钢丝绳使用安全系数，常按作无绕曲吊索用，$K = 5 \sim 7$；

　　　　$F_{破}$——钢丝绳破断拉力，按 $F_{破} = K' D^2 R_o / 1000$ 进行计算；

　　　　K'——钢丝绳最小破断拉力系数，按 GB/T 20118 规范取值，常用 $6 \times 19a$、$6 \times 37a$ 钢丝绳：$K' = 0.356$；$6 \times 19b$ 钢丝绳：$K' = 0.332$；$6 \times 37b$ 钢丝绳：$K' = 0.319$；

　　　　D——钢丝绳公称直径，mm，常用 $14 \sim 18$mm；

　　　　R_o——钢丝绳公称抗拉强度，N/mm²，常用 1570N/mm²、1670N/mm²。

（2）吊环验算。

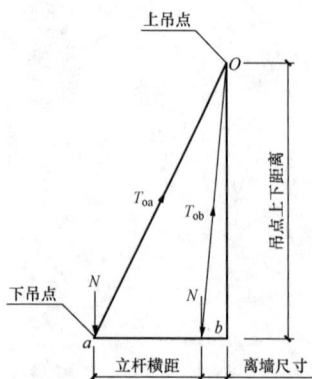

图 3-61　钢丝绳计算简图

$$\sigma = \frac{N_m}{A_l} \leqslant f_l$$

式中　σ——吊环钢筋应力值，N/mm²；

　　　　N_m——型钢悬挑梁锚固段压点 V 形钢筋拉环或螺栓拉力设计值，N；

　　　　A_l——U 形钢筋拉环净截面面积或螺栓的有效面积，mm²，一个 U 形钢筋拉环或一对螺栓按两个截面计算；

　　　　f_l——U 形钢筋拉环或螺栓抗拉强度设计值，应按现行国家标准《混凝土结构设计规范》（GB 50010）的规定取 $f_l = 50$N/mm²。

3.1.2.6　脚手架设计参数设定要点

1. 脚手架参数

（1）搭设高度：按拟建建筑物的高度加 1.5m 且满足步距的搭设要求。

（2）横向水平杆：按照不同地区、不同施工单位的习惯做法及不同施工条件，有在上或在下两种情况；而中南地区多选用纵向水平杆在上，当采用横向水平杆在下时，要明确横向水平杆上有多少根纵向水平杆。

（3）立杆横距：按照使用需要确定，一般取值为 0.6～0.80m。

（4）立杆纵距：按照使用需要确定，一般取值为 1.0～1.5m。

（5）立杆步距：按照使用需要确定，一般取值为 1.8m。

（6）立杆离墙尺寸：按照使用需要确定，一般取值在 0.15～0.2m，当取值大于 0.2m 应考虑增设防护措施以确保施工安全。

（7）立杆材料：考虑采用 $\phi 48 \times 3.0$、$\phi 48 \times 3.2$ 钢管。

（8）连墙件布置形式：主要有每层二跨、每层三跨。

（9）连墙件材料：主要有钢管扣件连接、钢管焊接连接等。

（10）顶层层高：脚手架搭设高度范围内最高楼层的层高。

（11）当采用双管落地式脚手架时，对于双钢管落地计算则要考虑单管和双管的高度。

2. 落地式脚手架基础参数

落地式脚手架基础类型：地面或混凝土楼面。

（1）脚手架基础为地面：地基承载力标准值按照脚手架搭设所在项目的地质勘察资料取值。

（2）脚手架基础为混凝土楼面：混凝土等级按项目工程施工图纸取值，楼板厚度按照项目工程施工图纸取值。

3. 当采用拉吊卸荷脚手架时，拉吊卸荷段参数

（1）根据脚手架分段卸荷的不同高度分别进行计算。

（2）拉吊段底标高（m）：按实际取值。

（3）拉吊段顶标高（m）：按实际取值。

（4）拉吊段高度（m）：考虑吊点混凝土达到设计强度后才能承力，故宜按拉吊段顶标高—拉吊段底标高＋2 或 3×步距计算。

（5）钢丝绳计算参数。

（6）钢丝绳直径按 GB/T 20118 规范取值，常用 $\phi14\sim\phi18$；绳芯材料有钢芯和纤维芯两种，常用钢芯；钢丝绳型号主要有 6×19、6×37、6×61。

（7）钢丝绳吊环直径主要采用 $\phi20$ 钢筋。

（8）钢丝绳上吊点与下吊点的距离，要根据结构楼层的位置，按照实际进行取值。

（9）对钢丝绳上吊点所在结构梁，应进行承载力和变形计算复核。

4. 单、双排脚手架立杆稳定性计算部位的确定

（1）当脚手架采用相同的步距、立杆纵距、立杆横距和连墙件间距时，应计算底层立杆段。

（2）当脚手架的步距、立杆纵距、立杆横距和连墙件间距有变化时，除计算底层立杆段外，还必须对出现最大步距或最大立杆纵距、立杆横距和连墙件间距等部位的立杆段进行验算。

5. 满堂脚手架立杆稳定性计算部位的确定

（1）当满堂脚手架采用相同的步距、立杆纵距、立杆横距和连墙件间距时，应计算底层立杆段。

（2）当架体的步距、立杆纵距、立杆横距和连墙件间距有变化时，除计算底层立杆段外，还必须对出现最大步距或最大立杆纵距、立杆横距和连墙件间距等部位的立杆段进行验算。

（3）当架体上有集中荷载作用时，尚应计算集中荷载作用范围内受力最大的立杆段。

6. 当采用悬挑型钢脚手架时的规定

（1）应根据悬挑脚手架分段搭设高度分别计算，并应取其较大值。

（2）当型钢悬挑梁与建筑结构锚固的压点处楼板未设置上层受力钢筋时，应经计算在楼板内配置用于承受型钢梁锚固作用引起负弯矩的受力钢筋。

（3）对型钢悬挑梁下建筑结构的混凝土梁（板）应按现行国家标准《混凝土结构设计规范》（GB 50010）的规定进行混凝土局部受压承载力、结构承载力验算，当不满足要求时，应采取可靠的加固措施。

★ 思考与练习

（1）常用外脚手架有哪些形式？
（2）简述落地式扣件式钢管脚手架设计计算要点。
（3）型钢悬挑钢管脚手架设计参数设定时有哪些注意问题？
（4）拉吊卸荷扣件式钢管脚手架设计时主要考虑有哪些荷载？

任务 3.2　超高层建筑脚手架施工安全

3.2.1　概述

3.2.1.1　超高层建筑脚手架

超高层建筑脚手架是指用于超高层建筑施工的外脚手架，包括用于结构工程施工和用于装饰装修工程施工的外脚手架。

3.2.1.2　超高层建筑外脚手架常用形式

脚手架搭设的结构安全度受人为因素影响较大，高度越高，不安全的隐患越大。落地式单管钢管脚手架的搭设高度受立杆纵距大小的影响，对于超高层建筑，其外脚手架可采用双管立杆、分段卸荷和分段搭设的形式。

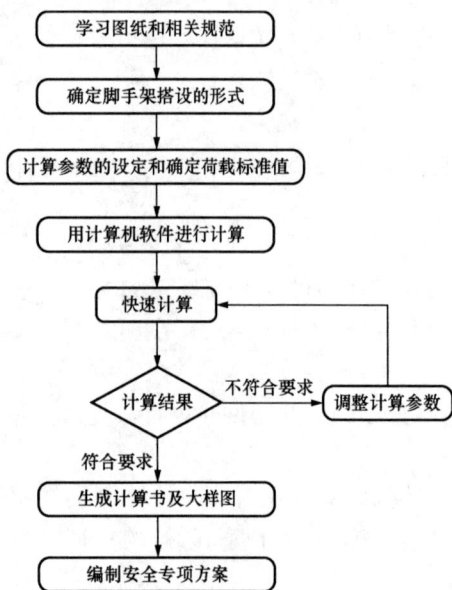

图 3-62　脚手架设计编制策划流程图

3.2.2　脚手架方案的确定

3.2.2.1　编制策划流程（图 3-62）

3.2.2.2　编制依据

（1）项目工程施工图纸；
（2）施工组织设计或施工方案；
（3）《钢结构设计标准》（GB 50017）；
（4）《建筑结构荷载规范》（GB 50009）；
（5）《建筑施工脚手架安全技术统一标准》（GB 51210）；
（6）《建筑施工扣件式钢管脚手架安全技术规范》（JGJ 130）；
（7）《建筑施工安全检查标准》（JGJ 59）；
（8）住房和城乡建设部、各省市有关施工技术、质量、安全和文明的规定。

3.2.2.3　编制原则

（1）技术先进、经济合理、可操作性强。
（2）根据工程所在地的脚手架搭设的习惯做法、材料品种、规格等来确定脚手架工程的搭设形式（可采用多种形式的组合），并要对各种受力构件进行抗弯、抗剪、刚度、稳定性的验算，以使其满足规范要求。

3.2.2.4　施工安全管理特点与要求

住房和城乡建设部办公厅关于实施《危险性较大的分部分项工程安全管理规定》有关问题的通知（建办质〔2018〕31 号）中将脚手架工程①搭设高度 24m 及以上的落地式钢管脚手架工程（包括采光井、电梯井脚手架）；②附着式升降脚手架工程；③悬挑式脚手架工程；④高处作业吊篮工程；⑤卸料平台、操作平台工程；⑥异型脚手架工程等列为危险性较大的分部分项工程，并要求施工前单独编制安全专项施工方案。将①搭设高度 50m 及以上的落地式钢管脚手架工程；②提升高度在 150m 及以上的附着式升降脚手架工程或附着式升降操作平台工程；③分段架体搭设高度 20m 及以上的悬挑式脚手架工程等列为超过一定规模的危险性较大的分部分项工程，除要求施工前单独编制安全专项施工方案，还要求施工单位组织召开专家论证会对专项施工方案进行论证。

3.2.3　施工安全管理

3.2.3.1　安全措施方案制订

1. 基本规定

（1）当采用双管立杆、分段卸荷和分段搭设的方法，对脚手架及其基础单独进行设计计算。

（2）分段卸荷和分段搭设时，脚手架分段高度应根据吊点离地高度不同，通过计算确定，一般在 12～18m。

（3）主节点处必须设置一根横向水平杆，用直角扣件扣接且严禁拆除。

（4）立杆接长除顶层顶步外，其余各层各步接头必须采用对接扣件连接。

（5）除按 JGJ 130 规范要求设置构造措施（连墙件、扫地杆、剪刀撑）外，还宜根据不同的工程特点，采用恰当的措施来保证脚手架的整体稳定。

（6）采用拉吊卸荷脚手架时：

1）钢丝绳吊点水平间距应与立杆纵距一致。

2）斜拉钢丝绳的水平夹角越大，其拉力与水平分力越小，故与建筑物连接点应尽量向高处选择（大于一个步距），使水平夹角 $\tan\alpha \geqslant 5$ 为宜。

3）吊点必须在立杆、横向水平杆、纵向水平杆的交汇点处，钢丝绳绕过节点的底部兜紧。

4）钢丝绳各吊点应同时受力，施工时用手动葫芦拉紧，避免脚手架受力后变形不一的情况发生。

5）脚手架上吊点处应对结构进行验算。

（7）采用悬挑型钢分段搭设钢管脚手架时，在型钢面焊制立杆底座（比立杆管直径小 1～1.5mm 管），将立杆插入底座中固定，其上部设置扫地杆，然后按常规脚手架方法搭设，同时设置连墙件与建筑物连接。

（8）架高超过 40m 且有风涡流作用时，应采取抗上升翻流作用的连墙措施。常用钢丝绳进行反拉。

2. 电梯井道、落地式操作平台、上落斜道、安全通道设计

（1）操作平台。

施工现场的操作平台，根据用途可分为只用于施工操作的作业平台和既进行施工作业也

进行施工材料转接用的接料平台（或称卸料平台、转料平台等）。

操作平台主要用于现场周转料由下层转到上层的平台，有落地式和悬挑形式，宜根据项目的需求和现场场地情况来确定采用的形式。

1）构造要求：

① 操作平台应通过设计计算，并应编制专项方案，架体构造与材质应满足国家现行相关标准的规定。

② 操作平台的架体结构应采用钢管、型钢及其他等效性能材料组装，并应符合现行国家标准《钢结构设计标准》（GB 50017）及国家现行有关脚手架标准的规定。平台面铺设的钢、木或竹胶合板等材质的脚手板，应符合材质和承载力要求，并应平整满铺及可靠固定。

③ 操作作业平台的临边应设置防护栏杆，单独设置的操作平台应设置供人上下、踏步间距不大于400mm的扶梯。

④ 应在操作平台明显位置设置标明允许负载值的限载牌及限定允许的作业人数，物料应及时转运，不得超重、超高堆放。

⑤ 操作平台使用中应每月不少于1次定期检查，应由专人进行日常维护工作，及时消除安全隐患。

2）落地式操作平台。

根据操作平台的荷载，可设定平台中立杆采用单或双立柱的形式，上部水平杆与中立杆的连接扣件，也可根据受力的大小设定单或双扣件的形式，见图3-63。

① 计算参数。

a. 操作平台的搭设高度：按拟建建筑物最高楼层的高度，操作平台高度不应大于15m，高宽比不应大于3∶1。

b. 纵、横向水平杆的布置：按照不同地区、不同施工单位的习惯做法及不同施工条件，有在上或在下两种情况，中南地区多选用纵向水平杆在上。

c. 立杆步距：一般取值在1.5m，但要考虑现场的实际需要。

d. 操作平台的施工荷载：不应大于$2.0kN/m^2$；当卸料平台的施工荷载大于$2.0kN/m^2$时，应进行专项设计。

e. 操作平台应按国家现行相关脚手架标准的规定计算受弯构件强度、连接扣件抗滑承载力、立杆稳定性、连墙插件强度与稳定性及连接强度、立杆地基承载力等。

② 构造与安全措施。

a. 操作平台其立杆间距和步距等结构要求应符合国家现行相关脚手架规范的规定；应在立杆下部设置底座或垫板、纵向与横向扫地杆，并应在外立面设置剪刀撑或斜撑。

b. 平台应与建筑物进行刚性连接或加设防倾措施，不得与脚手架连接；操作平台应从底层第一步水平杆起逐层设置连墙件，且连墙件间隔不应大于4m，并应设置水平剪刀撑。连墙件应为可承受拉力和压力的构件，并应与建筑结构可靠连接。

c. 落地式操作平台搭设材料及搭设技术要求、允许偏差应符合国家现行相关脚手架标准的规定。

d. 落地式操作平台一次搭设高度不应超过相邻连墙件以上两步。

e. 落地式操作平台拆除应由上而下逐层进行，严禁上下同时作业，连墙件应随施工进度逐层拆除。

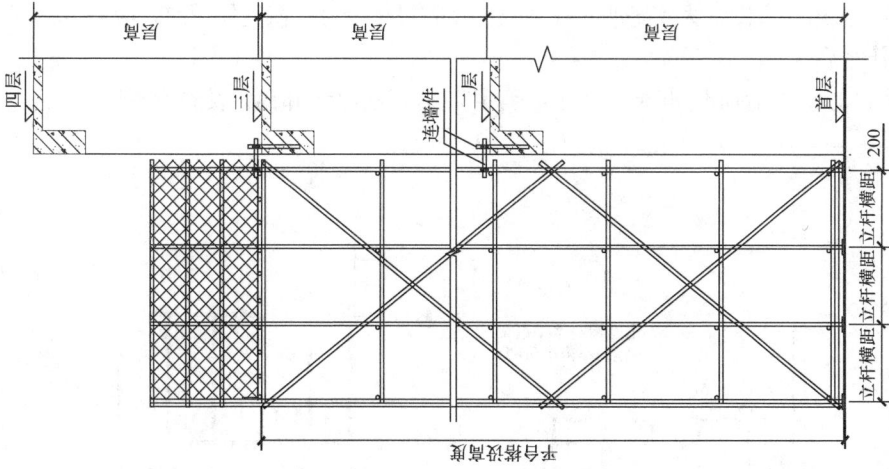

落地式操作平台剖面图

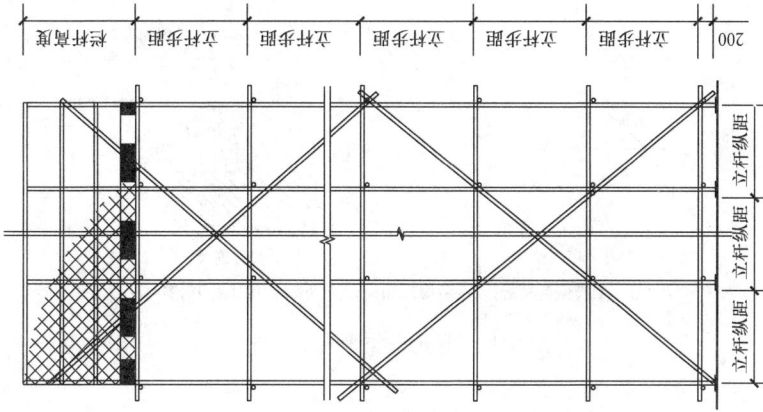

落地式操作平台立面图

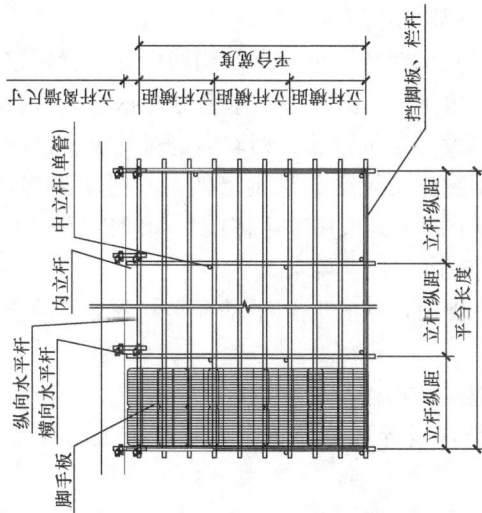

落地式操作平台平面图

图 3-63　落地式操作平台示意图

f. 遇 6 级以上大风、雷雨、大雪等恶劣天气及停用超过 1 个月，恢复使用前，应进行检查。

3）悬挑操作平台。

根据操作平台的施工活荷载和悬挑尺寸，确定采用双钢丝绳卸荷，见图 3-64。

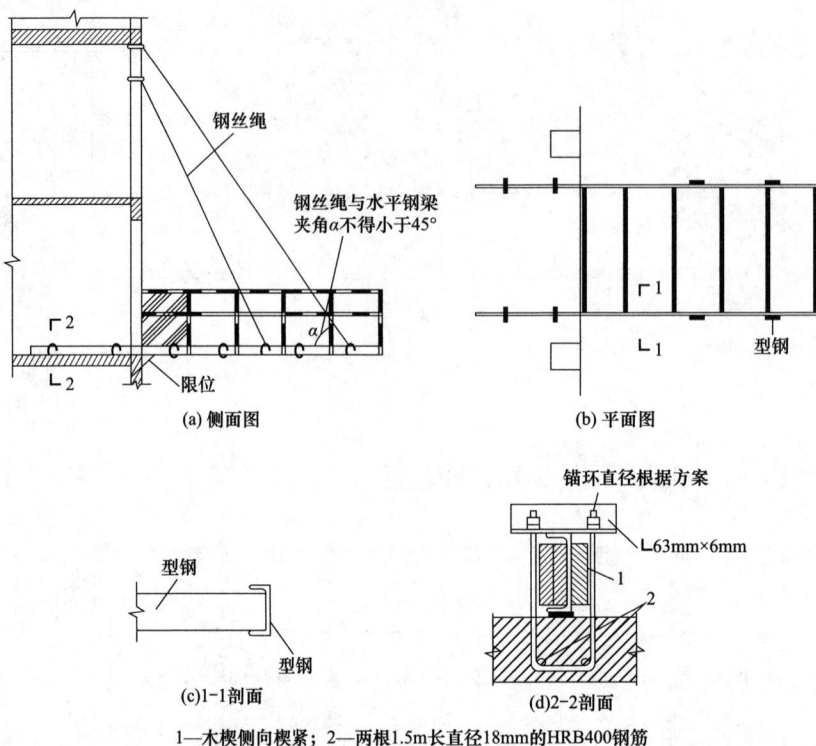

图 3-64　悬挑操作平台示意图

① 计算参数。

a. 悬挑式操作平台的悬挑长度不宜大于 5m，均布荷载不应大于 $5.5kN/m^2$，集中荷载不应大于 15kN，悬挑梁应锚固固定。

b. 钢丝绳上吊点与下吊点的距离，要根据结构楼层的位置，按照实际进行取值。

c. 斜拉钢丝绳的水平夹角越大，其拉力与水平分力越小，一般取水平夹角 $\tan\alpha \geqslant 5$。

d. 吊点必须在悬挑型钢设定定位钢筋，钢丝绳绕过悬挑型钢的底部兜紧。

e. 操作平台应采用型钢制作悬挑梁或悬挑桁架，不得使用钢管，其节点应采用螺栓或焊接的刚性节点。当平台板上的主梁采用与主体结构预埋件焊接时，预埋件、焊缝均应经设计计算，建筑主体结构应同时满足强度要求。

f. 钢丝绳各吊点应同时受力，施工时用手动葫芦拉紧，避免操作平台受力后变形不一的情况发生。

g. 操作平台上吊点处应对结构进行验算。

h. 悬挑式操作平台的结构设计计算应符合《建筑施工高处作业安全技术规范》（JGJ 80）规范附录 C 的规定。

② 构造与安全措施。

a. 严禁将操作平台设置在临时设施上；操作平台的结构应稳定可靠，承载力应符合设计要求。

b. 悬挑式操作平台必须与建筑物、构筑物结构可靠连接，平台在建筑物、构筑物上的搁置点、拉结点、支撑点可采用锚固环、螺栓等方式可靠连接，防止平台受外力冲击而发生移动。

c. 采用斜拉方式的悬挑式操作平台，平台两侧的连接吊环应与前后两道斜拉钢丝绳连接，每一道钢丝绳应能承载该侧所有荷载。

d. 采用支承方式的悬挑式操作平台，应在钢平台下方设置不少于两道斜撑，斜撑的一端应支承在钢平台主结构钢梁下，另一端应支承在建筑物主体结构。

e. 悬挑式操作平台应设置 4 个吊环，吊运时应使用卡环，不得使吊钩直接钩挂吊环。吊环应按通用吊环或起重吊环设计，并应满足强度要求。

f. 悬挑式操作平台安装时，钢丝绳应采用专用的钢丝绳夹连接，钢丝绳夹数量应与钢丝绳直径相匹配，且不得少于 4 个。建筑物锐角、利口周围系钢丝绳处应加衬软垫物。

g. 悬挑式操作平台的外侧应略高于内侧；外侧应安装防护栏杆并应设置防护挡板全封闭，防止人员、材料的滑落；并应在平台明显处设置荷载限定标牌。

h. 人员不得在悬挑式操作平台吊运、安装时上下。钢平台台面、钢平台与建筑结构间铺板应严密、牢固。

（2）安全通道。

安全通道的常用做法见图 3-65。

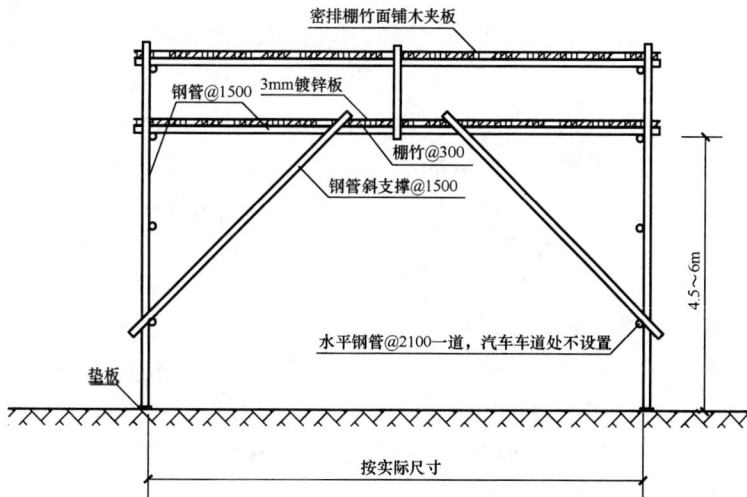

图 3-65　安全通道示意图

（3）电梯井道脚手架设计。

超高层建筑往往需要设置电梯作为使用人员上下楼的主要工具，在工程施工至电梯安装的过程中，电梯井道需要搭设相应脚手架作为安全防护和电梯安装用，脚手架的设计要根据工程的高度和井道的大小来决定，对于高度较大时，可考虑采用分段搭设或拉吊卸荷的方法，以确保井道脚手架的安全。

（4）上落斜道。

根据工程大小、拟建高度进行设计，同时要满足消防通道的要求，确保施工作业人员的疏散安全。

3.2.3.2 脚手架搭设安全措施

（1）脚手架必须配合施工进度进行搭设，一次搭设高度不应超过相邻连墙件以上两步。剪刀撑、横向斜撑应随立杆、水平杆同步搭设。

（2）钢管脚手架立杆应稳放在制作品底座上，底座应准确放置在定位线上，垫木必须铺放平稳，不得悬空。

（3）立杆间距、纵向水平杆间距、横向水平杆间距符合方案要求。

（4）钢管立杆纵向水平杆接头应错开，要用扣件连接拧紧螺栓，不准用铁丝绑扎。

（5）当吊环预留件所在框架梁混凝土强度满足设计要求后，方可安排棚工进行拉吊件的安装。

（6）脚手架两端、转角处每隔 6～7 根立杆应设剪刀撑和支杆，剪刀撑和支杆与地面角度不应大于 60 度。

（7）脚手架宜满铺脚手板。

（8）脚手架离墙面距离 30～35cm 时，不得有空隙和探头板，脚手板搭接时不得小于20cm，对接时应架设双排纵向水平杆，间距不大于 20cm，在脚手架拐弯处脚手板应交叉搭设，垫平脚手板应用木块，并且要钉牢，不得用砖垫。

（9）翻脚手板时两人由里往外按顺序进行，在铺第一块或翻到最外一块脚手板时必须挂安全带。

（10）人行斜道的铺设宽度不得小于 1.0m，坡度不得大于 1:3，防滑条间距不得大于30cm。

（11）脚手架外侧，斜道和平台要设 1.2m 高的防护栏和 18cm 高的挡脚板或防护立网。

（12）在门窗洞口搭设挑架（外伸脚手架），斜杆上墙面一般不大于 30 度，并应支撑在建筑物的牢固部分，不得支撑在窗台板、窗檐、线脚等地方，墙内纵向水平杆两端都必须伸过门窗洞口两侧不小于 25cm，挑架所有受力点都要设双扣件，同时要搭设防护栏杆。

（13）首层设置用双层木板铺钉安全通道。

（14）安全网必须内挂，并用专用尼龙绳或符合要求的其他材料绑扎严密、牢固。

（15）每隔四层必须搭设安全防护，并满铺木板、挂安全网和加双栏杆。

（16）脚手架及其地基基础应在基础完工及脚手架搭设前；作业层上施加荷载前；每搭设完 6～8m 高度后；达到设计高度后；遇到 6 级强风及以上风或大雨后，冻结地区解冻后及停用超过一个月等进行检查和验收。

（17）脚手架安装后的扣件螺栓拧紧力矩应采用扭力扳手检查，抽查方法应按随机分布原则进行。抽样检查数目与质量评定标准应符合《建筑施工扣件式钢管脚手架安全技术规范》（JGJ 130）规范的规定。

（18）搭设完毕后，必须经相关部门验收合格后，方可投入使用。

3.2.3.3 脚手架使用安全措施

（1）保证脚手架体的整体性，不得与井架、升降机一并拉结，不得截断架体，外脚手架使用期间不得拆除连墙紧固拉杆，主节点处的大小横杆及扫地杆。

（2）外脚手架取平桥施工荷载最大值为（3＋2）kN/m²，限 2 步平桥同时作业，各使用外脚手架的施工单位必须教育工人不得堆放过重的建材或杂物于平桥上。

（3）操作平台应悬挂限载标牌，严禁超载。

（4）不得将模板支撑，缆钢丝、混凝土的输送管道等固定在脚手架上，严禁任意悬挂起重设备。

（5）结构施工时严禁将外架做支模架，不得在外架上堆放钢筋、木方、电缆等材料。

（6）严禁直接在外脚手架上架设电线。

（7）遇六级以上大风要立即停止作业并将作业人员疏散到安全的地方。

（8）在六级大风与大雨后或停用超过一个月后复工前，必须经检查后方可上架操作。如发现变形、下沉、钢构件锈蚀严重、扣件松脱等情况，要及时加固维修后方可使用。做好脚手架搭拆过程的临边围护措施。

（9）主节点处杆件的安装，连墙件、支撑、门洞等的构造应符合施工组织设计要求，扣件螺栓不得松动，脚手架立柱的沉降与垂直度允许偏差应符合《建筑施工扣件式钢管脚手架安全技术规范》（JGJ 130）规范规定的要求。

（10）在脚手架使用期间，严禁任意拆除下列杆件：

1）主节点处的纵、横向水平杆；

2）连墙件；

3）支撑；

4）栏杆、踢脚板；

5）安全防护设施。

（11）脚手架使用中，应进行定期检查：

1）杆件设置和连接，连墙件、支撑、门洞桁架等的构造应符合《建筑施工扣件式钢管脚手架安全技术规范》（JGJ 130）规范和专项方案的要求；

2）地基应无积水，底座应无松动，立杆无悬空；

3）扣件螺栓应无松动；

4）安全防护措施符合《建筑施工扣件式钢管脚手架安全技术规范》（JGJ 130）规范的要求；

5）应无超载使用；

6）高度 24m 以上的双排脚手架其立杆沉降与垂直度符合《建筑施工扣件式钢管脚手架安全技术规范》（JGJ 130）规范的高度。

（12）除执行《建筑施工扣件式钢管脚手架安全技术规范》（JGJ 130）、《建筑施工安全检查标准》（JGJ 59）外，还须执行住房和城乡建设部、各省市建设主管部门的规定。

3.2.3.4 脚手架拆除安全措施

（1）拆除脚手架，周围应设围栏或警戒标志，并设专人看管，严禁入内，拆除应按顺序由上而下，一步一清，不准上下同时作业。

（2）拆除脚手架纵向水平杆、剪刀撑，应先拆中间扣，再拆两头扣，由中间操作人往下顺杆子。

（3）拆除的脚手架立柱、脚手板、钢管、扣件、钢丝绳等材料，应向下传递或用绳吊下，禁止往下乱扔。

3.2.3.5　脚手架防护措施

（1）严格按照专项施工方案和技术交底要求组织施工。

（2）重点加强满堂架与外架间隔的封闭。

（3）重点加强施工作业人员安全劳动意识。

（4）安全网必须用符合安全部门规定的防火安全网。

（5）在作业层下必须搭设水平网一道，水平网要求牢固、严密。

（6）外架上必须配备足够的灭火安全器材，成立义务消防队。

3.2.3.6　脚手架防雷雨、防台风措施

（1）外架用的预埋件必须用一根细钢筋与墙体中的主钢筋搭焊，以便于架体避雷。

（2）当采用拉吊时将预埋钢吊环与楼板钢筋焊接，利用主楼的地极连通形成外脚手架的防雷避雷系统。

（3）雷雨天气和六级以上大风应停止架上作业。

（4）大风过后要对架上的脚手板、安全网等认真检查一次。

3.2.3.7　脚手架防火措施

（1）建筑施工用脚手架大多为金属的，因此电线不能直接绑扎在脚手架上。如必须绑扎在脚手架上时，应有可靠的绝缘保护。

（2）防火以预防为主，及时清理脚手架上的易燃建材，在脚手架的适当位置设置灭火器材。

（3）限制在脚手架上动用明火。动用明火要审批，并有专人监护，禁止在脚手架上吸烟，杜绝火种来源。

3.2.4　应急救援预案

3.2.4.1　应急救援机构和职责

1. 应急救援机构

项目部应成立事故应急救援指挥领导小组，组长由项目经理担任，副组长由项目副经理担任，成员由项目部各部门主管领导及安全员等人员组成，公司本部设置相应的应急救援指挥部。

项目部应急救援小组成员名单和联系电话、报警救援及其他联络电话应明确。

2. 应急救援机构的职责

对应急救援机构中的成员制定相关的职责，将责任落实到人。

3.2.4.2　应急救援工作程序

（1）当事故发生时小组成员立即向组长汇报，由组长立即上报公司，必要时，汇报当地有关部门，以取得政府部门的帮助。

（2）由应急救援小组组织项目部全体员工投入事故应急救援抢险工作中，尽快控制险情蔓延，并配合、协助事故的处理调查工作。

（3）事故发生时，组长不在现场时，由在现场的其他组员作为临时负责人指挥安排。

（4）事故发生时，应急救援小组立即组织营救受害人员，组织撤离或者采取其他措施保护危害区域内的其他人员。抢救受害人是应急救援的首要任务，在应急救援行动中，快速、有序、有效地实施现场急救与安全转送伤员降低伤亡率，减少事故的损失。

（5）事故发生后迅速控制危险源，对事故造成的危害进行监测、测定事故危害区域、危害性质及危害程度。做好现场清洁，消除危害后果。查清事故原因，查明人员伤亡情况，协助上级部门对事故调查。

（6）项目部指定专人负责事故的收集、统计、审核和上报工作，并严格遵守事故报告的真实性和时效性。

3.2.4.3　应急救援装备和药物

1. 应急救援装备

应急救援装备包括值班电话、报警电话、无线对讲机、灭火器材、消防专用水管、消防水池、防毒面具、应急药箱、担架、抽水机及切割机、13 座面包车等。

2. 应急救援药物

（1）外用药品：双氧水、雷佛奴尔水、红药水、碘酒、消毒的棉签、药棉、纱布、胶布、绷带、创可贴、跌打万花油、眼水、眼膏、磺胺结晶、烫火膏、清凉油、三角巾、急救包等。

（2）服药品：人丹、十滴水、保济丸或藿香正气丸，一般退烧药品。

3.2.4.4　应急救援措施

1. 物体打击

当发生物体打击事故后，抢救的重点放在对颅脑损伤、胸部骨折和出血上进行处理。

（1）发生物体打击事故，应马上组织抢救伤者脱离危险现场，以免再发生损伤。

（2）在移动昏迷的颅脑损伤伤员时，应保持头、颈、胸在一直线上，不能任意旋曲。若伴有颈椎骨折，则更应避免头颈的摆动，以防引起颈部血管神经及脊髓的附加损伤。

（3）观察伤者的受伤情况、受伤部位、伤害性质，如伤员发生休克，应先处理休克。遇呼吸、心跳停止者，应立即进行人工呼吸，胸外心脏按压。处于休克状态的伤员要让其安静、保暖、平卧、少动，并将下肢抬高约 20°，尽快送医院进行抢救治疗。

（4）出现颅脑损伤，必须维持呼吸道通畅。昏迷者应平卧，面部转向一侧，以防舌根下坠或分泌物、呕吐物吸入，发生喉阻塞。有骨折者，应初步固定后再搬运。遇有凹陷骨折、严重的颅底骨折及严重的脑损伤症状出现，创伤处用消毒的纱布或清洁布等覆盖伤口，用绷带或布条包扎后，及时送就近有条件的医院治疗。

（5）防止伤口污染。在现场，相对清洁的伤口，可用浸有双氧水的敷料包扎。污染较重的伤口，可简单清除伤口表面异物，剪除伤口周围的毛发，但切勿拔出创口内的毛发及异物、凝血块或碎骨片等，再用浸有双氧水或抗生素的敷料覆盖包扎创口。

（6）在运送伤员到医院就医时，昏迷伤员应侧卧位或仰卧偏头，以防止呕吐后误吸。对烦躁不安者可因地制宜地予以手足约束，以防伤及开放伤口。脊柱有骨折者应用硬板担架运送，勿使脊柱扭曲，以防途中颠簸使脊柱骨折或脱位加重，造成或加重脊髓损伤。

2. 高处坠落

当发生高处坠落事故后，抢救的重点放在对休克、骨折和出血上进行处理。

（1）发生高处坠落事故，应马上组织抢救伤者，首先观察伤者的受伤情况、部位、伤害性质，如伤员发生休克，应先处理休克，去除伤员身上的用具和口袋中的硬物。遇呼吸、心跳停止者，应立即进行人工呼吸，胸外心脏按压。处于休克状态的伤员要让其安静、保暖、平卧、少动，并将下肢抬高约 20°，尽快送医院进行抢救治疗。在搬运和转送过程中，颈部和躯干不能前屈或扭转，而应使脊柱伸直，绝对禁止一个抬肩一个抬腿的搬法，以免发生或加重截瘫。

（2）出现颅脑损伤，必须维持呼吸道通畅。昏迷者应平卧，面部转向一侧，以防舌根下坠或分泌物、呕吐物吸入，发生喉阻塞。有骨折者，应初步固定后再搬运。遇有凹陷骨折、严重的颅底骨折及严重的脑损伤症状出现，创伤处用消毒的纱布或清洁布等覆盖伤口，用绷带或布条包扎后，及时送就近有条件的医院治疗。

（3）颌面部伤员首先应保持呼吸道畅通，摘除义齿，清除移位的组织碎片、血凝块、口腔分泌物等，同时松解伤员的颈、胸部纽扣。若舌已后坠或口腔内异物无法清除时，可用12号粗针穿刺环甲膜，维持呼吸，尽可能早做气管切开。

（4）发现脊椎受伤者，创伤处用消毒的纱布或清洁布等覆盖伤口，用绷带或布条包扎。搬运时，将伤者平卧放在帆布担架或硬板上，以免受伤的脊椎移位、断裂造成截瘫，招致死亡。抢救脊椎受伤者，搬运过程严禁只抬伤者的两肩与两腿或单肩背运。

（5）发现伤者手足骨折，不要盲目搬动伤者。应在骨折部位用夹板把受伤位置临时固定，使断端不再移位或刺伤肌肉、神经或血管。固定方法：以固定骨折处上下关节为原则，可就地取材，用木板、竹片等。

（6）复合伤要求平仰卧位，保持呼吸道畅通，解开衣领扣。

（7）周围血管伤，压迫伤部以上动脉干至骨骼。直接在伤口上放置厚敷料，绷带加压包扎以不出血和不影响肢体血循环为宜，常有效。当上述方法无效时可慎用止血带，原则上尽量缩短使用时间，一般以不超过 1h 为宜，做好标记，注明上止血带时间。

1）遇有创伤性出血的伤员，应迅速包扎止血，使伤员保持在头低脚高的卧位，并注意保暖。正确的现场止血处理措施是：创伤局部妥善包扎，但对疑颅底骨折和脑脊液漏患者切忌作填塞，以免导致颅内感染。

① 一般伤口小的止血法：先用生理盐水（0.9%NaCl 溶液）冲洗伤口，涂上红汞，然后盖上消毒纱布，用绷带较紧地包扎。

② 加压包扎止血法：用纱布、棉花等做成软垫，放在伤口上再加包扎，来增强压力而达到止血。

③ 止血带止血法：选择弹性好的橡皮管、橡皮带或三角巾、毛巾、带状布条等，上肢出血结扎在上臂以上 1/2 处（靠近心脏位置），下肢出血结扎在大腿上 1/3 处（靠近心脏位置）。结扎时，在止血带与皮肤之间垫上消毒纱布棉垫。每隔 25~40min 放松一次，每次放松 0.5~1min。

2）动用最快的交通工具或其他措施，及时把伤者送往邻近医院抢救，运送途中应尽量减少颠簸。同时，密切注意伤者的呼吸、脉搏、血压及伤口的情况。

（8）救援小组组长组织人员对出事地点的范围进行现场保护及安排人员作警戒。

3. 坍塌事故

（1）应急救援领导小组负责应急抢救工作的统一领导和组织实施，指挥现场抢险队伍，迅速组建、调集抢险及救护队伍。

（2）发现事故预兆后，立即停止作业，迅速组织人员撤离作业场所。应急救援组应根据情况迅速制定有效的抢救、抢险措施后，以最快的速度实施抢险。同时要密切监测事故周围建筑、道路、地下水等的发展情况，以便根据情况调整和实施新的抢救措施，并迅速疏散影响范围内的所有人员。

（3）分析事故坍塌的影响范围，迅速组织疏散无关人员撤离事故现场，并组织人员建立警戒区域，不让无关人员进入事故影响范围。

（4）当发生坍塌事故时，立即报告现场主要负责人，按规定程序上报有关各级主管部门请求救援，并在现场迅速确定该部位的作业人数和伤员人数及受伤情况，立即组织救援人力，需要机械立即调动机械，切断电源，设置危险区域警戒，避免出现二次伤害事故。

（5）当出现坍塌事故时，伤员被坍塌物压着，应立即组织人力，机械等进行抢救，将压着伤员的坍塌物用机械工具快速进行解体和清理，以最快速度抢救伤员。

（6）对伤员抢救的重点放在对休克、颅脑损伤、骨折和出血上进行处理，首先观察伤者的受伤情况、部位、伤害性质。

1）出现伤员发生休克，应先处理休克，遇呼吸、心跳停止者，应立即进行人工呼吸、胸外心脏按压，处于休克状态的伤员要让其安静、保暖、平卧、少动，并将下肢抬高 20°左右，尽快送医院进行抢救治疗。

2）出现颅脑损伤，必须维持呼吸道畅通。昏迷者应平卧，面部转向一侧，以防舌根下坠或分泌物、呕吐物吸入，发生喉阻塞。有骨折者，应初步固定后再搬运。遇有凹陷骨折及严重的脑损伤症状出现，创伤处用消毒的纱布或清洁布等覆盖伤口，用绷带或布条包扎后，及时送就近有条件的医院治疗。

3）发现脊椎受伤者，创伤处用消毒的纱布或清洁布等覆盖伤口，用绷带或布条包扎。搬运时，将伤者平卧放在帆布担架或硬板上，以免受伤的脊椎移位、断裂造成截瘫，招致死亡。抢救脊椎受伤者，搬运过程，严禁只抬伤者的两肩与两腿或单肩背运。

4）发现伤者手足骨折，不要盲目搬动伤者。应在骨折部位用夹板把受伤位置临时固定，使断端不再移位或刺伤肌肉，神经或血管。固定方法：以固定骨折处以上下关节为原则，可就地取材，用木板、竹头等，在无材料的情况下，上肢可固定在身侧，下肢与腿侧下肢缚在一起。

5）遇有创伤性出血的伤员，应迅速包扎止血，使伤员保持在头低脚高的卧位，并注意保暖。

6）动用最快的交通工具或其他措施，及时把伤者送往邻近医院抢救，运送途中应尽量减少颠簸。同时，密切注意伤者的呼吸、脉搏、血压及伤口的情况。

（7）在坍塌事故中抢救出所有伤员后，必须对该范围设置危险区域警示标志，设专人监护，保护事故现场，待事故调查小组及上级有关部门进行现场勘查鉴定同意解封后才能恢复施工，并应密切进行对相邻脚手架的加固和监控。

4. 触电事故

（1）当事故发生后现场有关人员首先要尽快使触电者脱离电源，并应防止触电者二次触电或抢救者触电。

（2）隔离电源方法。

1）断开电源接头。

2）使用绝缘物（如干燥的竹枝、木枝）隔离或挑开电源或带电体。

3）用导电体使电源接地或短路，迫使漏电保护器和短路保护器跳闸而断开电路。

（3）抢救方法：

1）口对口、口对鼻人工呼吸法（停止呼吸者）。

① 使触电者头部尽量后仰，鼻孔朝天。解开领口和衣服，仰卧在比较坚实（如木板、

干燥的泥地等）的地方。

② 一只手捏紧鼻孔，另一只手掰开嘴巴（如果掰不开嘴巴，可用口对鼻人工呼吸法贴鼻吹气）。

③ 深吸气后，紧贴嘴巴或鼻孔吹气，一般吹 2s，放松 3s。

④ 救护人换气时放松触电者的嘴和鼻，让其自然呼吸。

2）胸外心脏挤压法（心脏跳动停止者）。

① 解开触电者的衣服，让其仰卧在地上或硬板上。

② 救护人员骑跪在其腰部两侧，两手相送，手掌根部放在心口稍高一点的地方。

③ 掌根用力垂直向下挤压，压出心脏里面的血液。对成人应压陷 3～4cm，以每分钟挤压 60 次为宜。

④ 挤压后，掌根迅速全部放松，让其胸部自动复原，血又充满心脏，放松时掌根不必完全离开胸膛。

3）如果触电者心脏停止跳动和呼吸都停止了，人工呼吸法和胸外心脏挤压法要同时交替进行。

4）人工呼吸和胸外心脏挤压法要坚持不断，切不可轻率中止。如果触电者身上出现身体僵冷或尸斑，经医生作出无法救治的诊断后方可停止抢救。

5. 火灾事故

（1）当发生火灾事故时，通信联络组或发现事故人必须立即拨打"119"电话与消防指挥中心联系，报警时应沉着冷静，必须准确讲清起火单位、所在地区、道路、门牌号码、起火部位、着火物资、火势大小、报警人姓名，以及所使用报警的电话号码等，并派员到路口迎候和引导消防车进入火场，在使用无线移动电话报警时，还必须注意报警后不要关机，以便听取消防队的回唤问话，保持联系。

（2）事故发生后，最早发现者应迅速向事故现场负责人报告，并迅速切断事故现场的电源。

（3）事故现场负责人接到报告后，一边组织现场人员扑救，尽力控制火势蔓延，疏散人员，爆炸事故应迅速朝压力容器喷水，并转移临近的易燃易爆物品到安全地方；一边向当地公安消防部门报警，同时向公司应急救援指挥部报告。

（4）发生火灾时，如有人员被火围困，要立即组织力量抢救，应坚持救人第一，救人重于救火的原则，救人是火场上的首要任务。

1）火场寻人方法：主要有大声呼唤和深入内部寻找两种。进入火场救人，要选择最近、最安全的通道，如通道被堵塞可迅速破拆门窗或墙壁；遇有火场烟雾较浓、视线不清时，可以爬行前进，并采取呼喊、查看、细听、触摸等方法寻找被困人员。深入火场寻人，要注意在出入口通道、走廊、门窗边、床上床下、墙角、橱柜、桌下等容易掩蔽的地方发现人员。救人时应注意安全，进入火场要带手电和绳子。火场烟雾弥漫，如果没有防毒面具，可用湿毛巾捂嘴，防止中毒。可用棉被、毯子浸水后盖在身上，防止灼伤。

2）火场救人方法：应根据火势对人的威胁程度和被救者的状态来确定。对神志清醒的人员，可指定通道，引导他们自行脱离险区；对在烟雾中迷失方向的人员，可指派专人护送出险区；对伤残人员或不能行走的老人、儿童，要把他们背、抱或抬出火场。当抢救的正常通道被隔断时，应利用安全绳、梯等将人救出。

（5）火场疏散物资是减少火灾损失，控制火势，防止蔓延的有效方法。首先要及时疏散受火灾威胁的易燃易爆物品及压缩气体钢瓶等，对不能移动的上述物品，要集中一部分水枪均匀地冷却其外壁，降低其温度；其次要疏散重要文件、资料和贵重设备及物品等，并把疏散出来的物资集中存放到安全地点，指定专人看管，防止丢失，被窃或坏人乘机破坏。人员、物质疏散后应在指定地点集中清点，并查明有关情况，及时向指挥部报告。

思考与练习

（1）脚手架安全施工方案的制定注意哪些问题？
（2）脚手架防雷雨、防台风及防火措施有哪些？
（3）简述脚手架专项方向编制的依据和原则。
（4）简述脚手架坍塌事故的救援措施。

任务 3.3   高处作业吊篮使用安全

高处作业吊篮是悬挂装置架设于建筑物或构筑物上，起升机构通过钢丝绳驱动平台沿立面上下运行的一种非常设悬挂接近设备。吊篮通常由悬挂平台和工作前在现场组装的悬挂装置组成，为操作人员设置的作业平台（见图 3-66）。其特点是在工作完成后，吊篮被拆卸从现场撤离，并可在其他地方重新安装和使用。

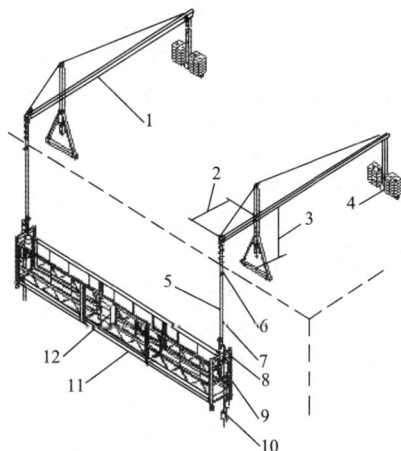
(a) 示意图

(b) 实物图

1—悬挂机构；2—前梁伸出长度；3—调节高度；4—配重；5—工作钢丝绳；6—上限位块；
7—安全钢丝绳；8—安全锁；9—提升机；10—重锤；11—悬吊平台；12—电器控制箱

图 3-66   高处作业吊篮

3.3.1   吊篮施工设计计算与构造

（1）高处作业吊篮应由悬挂机构、吊篮平台、提升机构、防坠落机构、电气控制系统、钢丝绳和配套附件、连接件组成。典型吊篮平台见图 3-67。

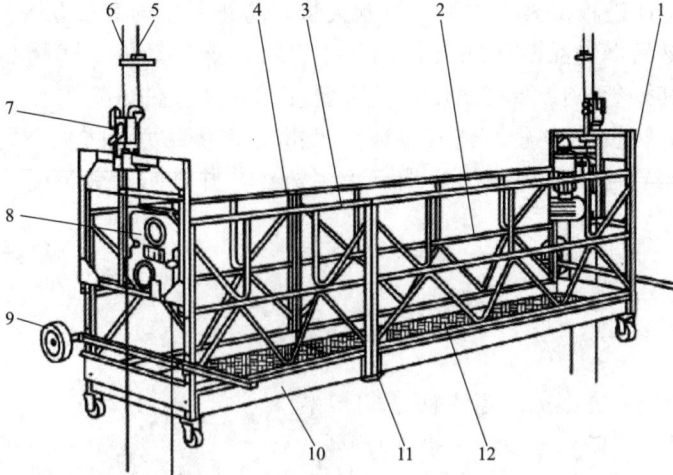

1—安装架；2—护栏横梁；3—前部护栏；4—后部护栏；5—工作钢丝绳；6—安全钢丝绳；7—防坠落装置；
8—爬升式起升机构；9—靠墙轮；10—踢脚板；11—垂直构件；12—底板

图 3-67　吊篮平台构造示意图

（2）吊篮应有产品合格证和使用说明书。

（3）配重悬挂支架外伸距离最大，起升机构极限工作载荷工况时，稳定力矩应大于或等于 3 倍的倾覆力矩，配重悬挂支架的受力分析见图 3-68。

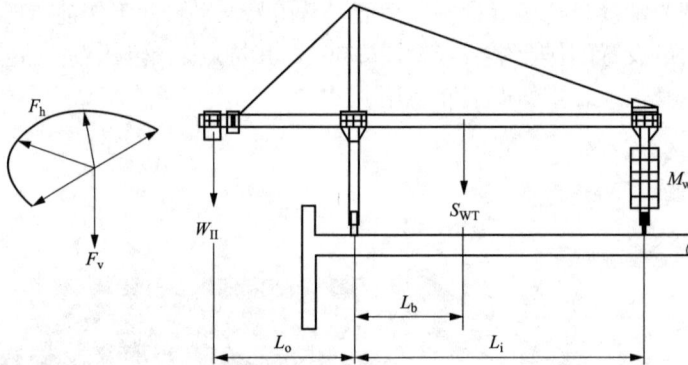

图 3-68　配重悬挂支架的受力分析图

稳定性按下式进行校核：

$$C_{wr} \times W_{\mathrm{II}} \times L_0 \leqslant M_w \times L_i + S_{wr} \times L_b$$

式中　C_{wr}——配重悬挂支架稳定系数，大于等于 3；

　　　W_{II}——起升机构极限工作荷载，kg；

　　　M_w——配重质量，kg；

　　　S_{wr}——配重悬挂支架质量，kg；

　　　L_0——配重悬挂支架外伸长度，m；

　　　L_b——支点到配重悬挂支架重心的距离，m；

　　　L_i——配重悬挂支架内侧长度，m。

（4）吊篮应根据施工现场的实际布置，计算悬挂装置的支反力，并验算建筑结构的承载能力。

（5）当支承或固定悬挂装置的建筑物局部承载力不能满足要求时，应采取补强等措施。

（6）当悬挂装置横梁的安装高度或外伸长度超出使用说明书的规定时，应对其进行专门验算，必要时进行加强，并经厂家确认安全可靠后方可实施。

（7）安全装置应包括防坠安全锁、安全绳、上限位装置。

1）吊篮应安装防坠安全锁、并应灵敏有效，防坠距离小于 100mm；

2）安全锁扣的配件应完整、齐全，规格和标识应清晰可辨；

3）防坠安全锁不应超过标定期限（有效标定周期为 1 年）；

4）吊篮应设置为作业人员挂设安全带专用的安全绳和安全锁扣，安全绳不得有松散、断股、打结现象，与建筑物固定位置应牢靠，不得与吊篮上任何部位连接；

5）吊篮应安装上限位装置，并应保证限位装置灵敏可靠，以防止吊篮在上升过程出现冒顶现象。

（8）钢丝绳的要求：

1）钢丝绳不应有断丝、松股、硬弯、锈蚀及有油污附着物；

2）安全钢丝绳应单独设置，型号规格应与工作钢丝绳一致；

3）吊篮运行时安全钢丝绳应张紧悬垂；

4）吊篮内施焊前，应采用石棉布将电焊火花迸溅范围进行遮挡，防止烧毁钢丝绳，同时防止发生触电事故。

3.3.2 吊篮安装

（1）吊篮安装作业应编制专项施工方案，专项施工方案应按规定进行审核、审批。

（2）吊篮安装前，应确认零件、部件、构件、电气控制系统及安全装置完好、齐全、匹配。

（3）用于安装的紧固件规格及强度等级应与原厂配套紧固件相同。

（4）应确认安全锁在有效标定期内，方可进行安装。

（5）安装作业应统一指挥，明确分工。

（6）悬挂装置的配重应放置在平整坚实的水平支承面上，且与支承面垂直，脚轮不得受力。

（7）当受施工条件限制，悬挂装置需要放置在女儿墙、建（构）筑物外挑檐等位置时，支承结构应符合承载要求，尚应采取防止其侧翻或移动的措施并通过复核计算。

（8）除产品使用说明书另有规定者外，配重悬挂装置的支撑立柱与前支架应安装在同一铅垂面上。

（9）用于预紧悬挂装置钢丝绳的索具螺旋扣，应使用 OO 形式。

（10）配重悬挂装置的中横梁不应前低后高，其水平度差值不应超过横梁长度的 4%。

（11）安装后，两组悬挂装置吊点水平间距与悬吊平台吊点水平间距的差值不应大于 50mm。

（12）相邻安装的吊篮，悬吊平台端部的水平间距应大于 0.5m。

（13）配重应稳定的固定在配重架上，且应设有防止配重被违章移除的构造措施。

（14）工作钢丝绳与安全钢丝绳应分别安装在各自独立的吊点上，且在悬吊平台下降至下极限位置时，各钢丝绳尾端应垂落至地面或建筑平台上。

（15）提升机、安全锁与悬吊平台之间应连接牢固、可靠；工作钢丝绳、安全钢丝绳与吊点的连接螺栓应有防松措施；销轴应有轴向锁止措施。

（16）钢丝绳上端的限位挡块应按照产品使用说明书的要求牢固安装，且与钢丝绳上吊点的安全距离应大于 0.5m。

（17）垂放钢丝绳时，作业人员应有防坠落安全措施。钢丝绳应沿建（构）筑结构立面缓慢放至地面，不得抛掷。在提升机和安全锁穿绳前，应检查并理清上部钢丝绳，避免存在相互缠绕的现象。

（18）安全钢丝绳应固定在建（构）筑物的可承载结构构件上，且应采取防松脱措施；遇转角处应设置保护措施。安全钢丝绳不得与吊篮任何部位连接，其尾部应垂放，下端应安装重量不小于 5kg 的重锤，底部应距地面 100~200mm。安全绳的质量应符合现行国家标准《坠落防护安全绳》（GB 24543）规定。

（19）当电源电缆的悬挂高度超过 100m 时，应采用辅助抗拉措施。

（20）在吊篮安装及运行范围 10m 内，如有高压输电线，则应采取有效隔离防护措施。

（21）在悬吊平台上设置的照明设施，应使用 36V 及以下安全电压。不得利用吊篮配电箱作为外接电器的电源。

（22）特殊悬挂装置、超长悬吊平台或异型平台等吊篮，均应由专业单位进行设计、提供定制构件，并应按安全专项施工方案安装与加载试验。

3.3.3　吊篮使用

（1）每班首次使用吊篮前，应检查悬挂装置、钢丝绳、重锤、制动器、手动滑降装置、安全钢丝绳、安全锁和限位装置等，并应固定可靠、工作有效。

（2）悬吊平台上的人员安全防护必须使用安全钢丝绳。每根安全钢丝绳悬挂人数不得超过 2 名。

（3）吊篮作业人员应符合下列规定：

1）进入吊篮人员的身体条件必须符合高处作业规定，并经过高空作业培训，具有合格的知识和实践经验，接受过必要的指导，有能力安全操作吊篮；

2）悬挂平台在人员进出前应停靠平稳，人员应从地面或建筑平台进出悬吊平台；进入悬吊平台时应先系好安全带，将自锁器扣牢在安全钢丝绳上；出悬吊平台在确认安全后，方可解除自锁器，脱离安全钢丝绳。

3）多吊点吊篮禁止单人操作；

4）当悬吊平台上的作业人数超过 2 人时，必须每人配备独立悬挂的安全钢丝绳；

5）不得将吊篮作为垂直运输设备；

6）不得在悬吊平台内用梯子或垫脚物增加作业高度；所载物体的重心不得超出护栏高度；

7）不得将易燃、易爆品及电焊机等机电设备放置在悬吊平台上；

8）电焊作业时，不得使用悬吊平台或钢丝绳作为接地线；应杜绝焊钳及焊条触碰吊篮结构，且应采取措施防止电弧灼伤钢丝绳；

9）不得歪拉斜拽悬吊平台；

10）不得固定安全锁开启手柄、摆臂或人为使安全锁失效。

（4）提升机发生卡绳故障时，应立即停机并由专业维修人员按照产品使用说明书规定的方法排除故障。不得反复按动升降按钮强行排险。

（5）在运行中发现异响、异味或过热等情况时，应立即停机检查；故障排除之前不得开机。

（6）当吊篮使用过程中发生故障时，应由专业维修人员排除；安全锁必须由制造商进行维修。

（7）当突遇大风或雨、雪等恶劣天气时，应及时将悬吊平台降至地面或建筑平台上固定稳妥，固定钢丝绳和电缆，切断电源，遮盖提升机、安全锁和电控箱。

（8）吊篮使用完毕，应做好下列工作：

1）将悬吊平台停放在地面或建筑平台上，必要时进行固定；

2）切断电源，锁好电控箱；

3）检查各部位安全技术状况；

4）妥善遮盖提升机、安全锁和电控箱。

（9）对出厂年限超过 5 年的提升机，每年应进行一次安全评估。评估合格后，可继续使用。使用时应提供安全评估报告。

（10）出厂年限超过 3 年的安全锁，应当报废。

3.3.4　吊篮拆除

（1）吊篮应在专职安全员监督下拆除。

（2）拆除前应将悬吊平台降落至地面或建筑平台上，并将钢丝绳从提升机、安全锁中退出，切断总电源，且拆除电源线。

（3）拆除悬挂装置时，作业人员和设备应采取安全措施。

（4）拆卸、分解后的零部件应妥善安放；零散物品应放置在容器中。不得将任何物体从高处抛下。

（5）拆卸后的结构件和配重等应分类码放稳妥，不得堆放过高或过于集中。

3.3.5　检查与验收

（1）吊篮检查与验收的内容应包括进场查验和安装（包括跨楼层移位）后检验和验收。

（2）吊篮进场查验应符合《建筑施工工具式脚手架安全技术规范》（JGJ 202）的规定。

（3）进场查验应按吊篮进场批次分别进行并记录。

吊篮每次移位和安装后，应按现行行业标准《建筑施工升降设备设施检验标准》（JGJ 305）进行检验，检验判定规则和检验结果处理方法应符合现行行业标准《建筑施工升降设备设施检验标准》（JGJ 305）中 3.0.5 和 3.0.6 的规定。

思考与练习

简述高处作业吊篮安全装置的主要内容。

任务 3.4　安 全 防 护 措 施

3.4.1　基本定义

《高处作业分级》（GB 3608）对高处作业定义为："凡在坠落高度基准面 2m 以上（含2m）有可能坠落高处进行的作业，均称为高处作业"。

1. 坠落高度基准面

从高处作业位置可能坠落到的最低点，称为该作业位置的最低着落点，如果把最低着落点视为一水平面，则该平面即为坠落基准面。

2. 可能坠落的范围半径

高处坠落的范围半径（R）是随高处作业的高度（h）而变化的，h 越高则 R 也越大：

当高度 h 为 2～5m 时，半径 R 为 3m；

当高度 $h>5$～15m 时，半径 R 为 4m；

当高度 $h>15$～30m 时，半径 R 为 5m；

当高度 $h>30$m 以上时，半径 R 为 6m 以上。

3. 高处作业的高度

作业区各作业位置至相应坠落高度基准面之间垂直距离中的最大值，称为该作业区的高处作业高度。

3.4.2　安全防护分类

按照建筑工程施工的特点，《建筑施工高处作业安全技术规范》将高处作业划分为：临边、洞口、攀登、悬空、操作平台及交叉作业。

3.4.2.1　临边作业

施工现场中，工作面周边无围护设施或围护设施高度低于 800mm 的，均属临边作业。

1. 以下临边作业必须设置防护措施

（1）作业面的周边。

阳台（尚未安装栏杆或栏板）的周边、料台及悬挑平台的周边、各楼层（尚未砌维护墙或无外脚手架）的周边、基坑的周边等，都必须设置防护栏杆。

（2）里脚手架施工时，应在建筑物墙的外侧搭设防护架及封挂密目式安全网。防护架距外墙 100mm，随墙体而升高，高出作业面 1.5m。

（3）分层施工的楼梯口及楼梯段边，应安装防护栏杆。顶层楼梯口应随工程结构进度安装正式防护栏杆。

（4）各种施工设施、临时设施，如物料提升机与建筑物通道两侧、临时搭设的各类型通道的两侧，均应设置防护栏杆。

2. 防护栏杆搭设要求

（1）防护栏杆由上、下两道水平杆组成，上杆离地高度 1.2m，下杆离地高度为 0.6m。

（2）水平杆长度大于 2m 时，必须加设栏杆柱。栏杆必须保证整体构造强度和稳定性，能经受任何方向的 1000N 外力。

（3）栏杆的底部应设置高度不低于 180mm 的挡脚板或采用密目式安全网封挂（封挂立网时必须在底部增设一道水平杆，便于绑牢网的底部）。

（4）当临边的外侧面临街道时，除按规定设置防护栏杆外，敞口立面必须采取密目网全封闭。

3.4.2.2　洞口作业

施工现场中，作业区域之内有孔、洞，人员在孔、洞旁作业或人员通道旁有孔、洞的作业，均属洞口作业。

1. 以下洞口作业必须设置防护措施

（1）因工程和工序需要，在楼板和墙板预留的洞口，应视洞口大小采取设置防护栏杆或盖板等防止坠落的措施。

（2）电梯井口、管道井口，在井口处设置高度1.5m以上的固定栅门，电梯（管道）井内每隔两层（不大于10m）设置一道水平安全网。水平网距井壁不大于100mm缝隙，网内无杂物，不允许采用脚手板替代水平网防护。

（3）各种孔，包括：钢管桩孔、钻孔桩孔、杯形基础上口、人孔，管道孔以及未填上的坑槽等，均应按洞口设置牢固的盖板。

（4）施工现场通道附近的各类洞口，除设置防护设施外，还应有安全标志及夜间设红灯示警。

2. 洞口防护措施应根据条件采取设防护栏杆、加盖板、挂安全网等措施

（1）平面孔尺寸一般指25～250mm范围，应采用坚实的盖板且固定牢靠，防止被砸坏挪动。

（2）平面洞口尺寸小于1m时，应预先设计定型盖板并设计固定方法，不能在现场随意选料和掩盖，防止被移动和破损。

（3）较大平面洞口可视情况采用以下措施：

1）混凝土板内钢筋贯通洞口处不切断，在钢筋网上铺脚手板并固定；

2）较大洞口可采用双层安全网（一层平网、一层密目网）挂牢，并沿洞口周围搭设防护栏杆。

（4）垃圾井道、烟道等洞口应跟随工程施工及时消除，并应有明显标志。

（5）位于车辆行驶道附近的洞口，应设置能承受不小于运载车辆后轮2倍承载力的盖板。

（6）墙板的竖向洞口，设置固定防护门，门的最底部应有180mm高的挡板，上部网格的间距不应大于150mm。防护门应有合理的固定方法或采取可开启式，防止因工序需要被移动或拆除。

（7）当竖向孔洞属于非落地孔洞，但孔洞的下边缘至楼板或地面低于800mm的围护高度时，仍应加设1.2m高的防护栏杆。

（8）地面通道口，包括施工工程的出入口、升降机地面出入口等，其上部应设置防护顶板，可采用50mm厚木板，其长度应按坠落半径要求，通道两侧按临边防护设置。

3.4.2.3　攀登作业

指借助登高用具或登高设施，在攀登条件下进行的高处作业。

1. 以下攀登作业可采用梯子等设施

（1）吊装工程时，柱、梁、屋架等构件吊装作业时，人员上下应设置专用梯子。当采用其他攀登设施时，应在施工组织设计中进行规定。供作业人员上下时的踏板其实际使用荷载不应大于1000N，荷载超过时应重新设计。

（2）工程施工时，作业人员应从规定的通道上下，不准在建筑阳台之间进行攀登。不准攀登起重机架体及脚手架，上下脚手架应走专门搭设的斜道。

（3）钢结构吊装可采用钢挂梯或采用设置在钢柱上的爬梯以及搭设脚手架。

2. 对梯子的设置要求

（1）梯子脚底部应防滑，不得垫高使用，梯子上部应固定，梯子斜度以75°为宜，踏板上下间距不大于300mm。

（2）梯子如需接长，必须连接可靠，接头不超过 1 处。

（3）折梯上部夹角以 $35°\sim45°$ 为宜，铰链可靠，必须有拉撑措施，使用时应下方有人监护。

（4）使用直爬梯攀登作业超过 2m 时，应加护圈，超过 8m 时，必须设梯间平台。

3.4.2.4　悬空作业

悬空作业是指作业人员在周边临空状态下进行的高处作业。悬空作业应有牢靠的立足处，并视作业条件设置栏杆、防护网等安全措施。

1. 构件吊装与结构安装

（1）构件就位安装时，作业人员应提前设置作业位置及安全设施。

（2）在行车梁就位安装时，为方便作业人员在梁上行走，可在行车梁一侧设置钢丝绳（与柱连接），人员行走时可将安全带扣挂在绳上滑行起防护作用。

（3）屋架吊装之前，用木杆绑扎加固，同时作为作业人员作业时立足和安全带拴挂处。吊装时应在两榀屋架之间的下弦处张挂平网，平网可按节间宽度架设，当下一榀屋架吊装时再将安全网滑移到下一节间。

（4）安装管道时严禁在管道上站立和行走，必须有已完成的结构或已搭设的操作平台为立足点。

2. 支模板、绑钢筋、浇筑混凝土

（1）作业人员上下不得攀登模板及支撑，支拆模板人员作业应站在操作平台或脚手架上作业，不准站在模板支撑和梁的侧模上作业。

（2）绑扎梁的钢筋时应搭设作业平台，绑扎柱钢筋时不得站在骨架上作业或攀登骨架上下。

（3）浇筑混凝土作业，高度在 2m 以上的框架、过梁、雨篷等应搭设作业平台，不准直接站在模板或支撑上操作。

3. 悬空进行门窗作业时的规定

（1）严禁人员站在门窗扇或阳台栏杆上操作及攀登。

（2）高处作业安装门窗无外脚手架时，应张挂安全网和系牢安全带，作业人员重心应尽量在室内。

3.4.2.5　操作平台

作业人员的作业位置在操作平台上。操作平台有固定式平台和移动式平台，还有伸向建筑物外的悬挑平台等。操作平台上应标明允许荷载数值、人员及物料总重量，并注明操作注意事项。

1. 移动式操作平台（见图 3-69）

（1）移动式操作平台面积不宜大于 $10m^2$，高度不宜大于 5m，高宽比不应大于 2∶1，施工荷载不应大于 $1.5kN/m^2$。

（2）移动式操作平台的轮子与平台架体连接应牢固，立柱底端离地面不得大于 80mm，行走轮和导向轮应配有制动器或刹车闸等制动措施。

（3）移动式行走轮承载力不应小于 5kN，制动力矩不应小于 $2.5N\cdot m$。移动式操作平台架体应保持垂直，不得弯曲变形，制动器除在移动情况外，均应保持制动状态。

（4）平台高度一般不应超过 5m。四周应设防护栏杆，并设人员上下扶梯。平台移动时，人员禁止在平台上站立。

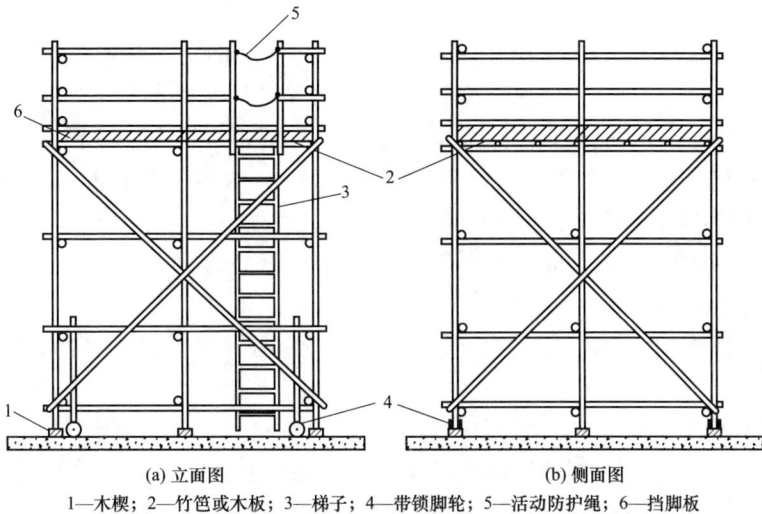

(a) 立面图　　　　　　　　　(b) 侧面图

1—木楔；2—竹笆或木板；3—梯子；4—带锁脚轮；5—活动防护绳；6—挡脚板

图 3-69　移动式操作平台示意图

（5）移动式操作平台移动时，操作平台上不得站人。

（6）移动式升降工作平台应符合现行国家标准《移动式升降工作平台设计计算、安全要求和测试方法》（GB 25849）和《移动式升降工作平台安全规则、检查、维护和操作》（GB/T 27548）的要求。

（7）移动式操作平台的结构设计计算应符合《建筑施工高处作业安全技术规范》（JGJ 80）规范附录 B 的规定。

2. 悬挑式操作平台

（1）悬挑平台必须采用型钢制作，有设计计算书及图纸。

（2）可采用钢丝绳吊拉或采用下撑方式，其受力应自成系统，应直接与主体结构连接，不得与脚手架连接。

（3）平台应设置防护栏杆，台面板应采用 50mm 厚木脚手板，应可靠固定并铺设平整。

（4）平台可设计成定型构件，到工地进行组装，禁止采用钢管扣件进行搭设。

3.4.2.6　交叉作业

在施工现场的上下不同层次，于空间贯通状态下同时进行的高处作业，称为交叉作业。

（1）各层上下立体交叉作业时，不得在同一垂直方向上操作。下层作业的位置，必须在上层高度可能坠落范围半径之外。当不能达到要求时，应设置隔离层。

（2）隔离层可采用木脚手板，按照防护棚的搭设要求进行。

（3）模板拆除、脚手架拆除等作业时，应对危险作业范围进行围圈，其他人员不得入内并设置现场监护人员。

3.4.3　防护用具

高处作业一般常用的防护用具有三种：安全帽、安全带、安全网，俗称"三宝"。

3.4.3.1　安全帽

（1）在发生物体打击的事故分析中，由于不戴安全帽而造成伤害者占事故总数的 90%，无论工地有多少人员，只要有一人不戴安全帽，就存在着被落物打击而造成伤亡的隐患。

（2）关于安全帽的标准。

1）安全帽是防护冲击的主要用品，采用具有一定强度的帽壳和帽衬缓冲结构组成。可以承受和分散落物的冲击力，并保护和减轻由于高处坠落时头部的撞击伤害。

2）人体颈椎冲击承受能力是有一定限度的，国标规定：用5kg钢锤自1m高度落下进行冲击试验，头模所受冲击力的最大值不应超过500kg；耐穿透性能采用了3kg钢锥自1m高度落下进行试验，钢锥不应与头模型接触。

3）帽壳采用半球形，表面光滑，易于滑走落物。前部的帽舌尺寸为10～55mm，其余部分帽檐尺寸为10～35mm。

4）帽衬顶端至帽壳顶内面的垂直间距为20～25mm，帽衬至帽壳内侧面的水平间距为5～20mm。

5）安全帽在保证承受冲击力的前提下，要求越轻越好，重量不应超过400g。

6）每顶安全帽上应有：制造厂名称、商标、型号；制造年、月；许可证号。每顶安全帽出厂时，必须有检验部门批量验证和工厂检验合格证。

（3）佩戴安全帽时，必须系紧下颚系带，防止安全帽坠落失去防护作用。不同头型或冬季佩戴在防寒帽外时，应随头型大小调节紧牢帽箍，保留帽衬与帽壳之间缓冲作用的空间。

3.4.3.2　安全带

（1）安全带是主要用于防止人体坠落的防护用品，它同安全帽一样是适用于个人的防护用品。无论工地内独立悬空作业的人员有多少，只要有一人不按规定佩戴安全带，即存在着坠落的隐患。

（2）使用安全带应正确悬挂。

1）架子工使用的安全带绳长限定在1.5～2m。

2）应做垂直悬挂，高挂低用较为安全；当做水平位置悬挂使用时，要注意避免摆动碰撞；不宜低挂高用；不应将绳打结使用，以免绳结受力后剪断；不应将安全带的挂钩直接挂在不牢固物体和直接挂在非金属绳上，防止绳被割断。

（3）关于安全带标准。

1）冲击力的大小主要由人体体重和坠落距离而定，坠落距离与安全挂绳长度有关。使用3m以上长绳应加缓冲器，单腰带式安全带冲击试验荷载不超过9kN。

2）做冲击负荷试验。对架子工安全带，抬高1m试验，以100kg重量拴挂，自由坠落不破断为合格。

3）腰带和吊绳破断力不应低于1.5kN。

4）安全带的带体上应缝有永久字样的商标、合格证和检验证。合格证上应注明：产品名称、生产年月、拉力试验、冲击试验、制造厂名、检验员姓名。

5）安全带一般使用5年应报废。使用2年后，按批量抽检，以80kg重量进行自由坠落试验，不破断为合格。

（4）关于速差式自控器（可卷式安全带）。

1）速差式自控器是装有一定绳长的盒子，作业时可随意拉出绳索使用，坠落时凭速度的变化引起自控。

2）速差式自控器固定悬挂在作业点上方，操作者可将自控器内的绳索系在安全带上，自由拉出绳索使用，在一定位置上作业，工作完毕向上移动，绳索自行缩入自控器内。发生坠落时自控器受速度影响自控对坠落者进行保护。

3）速差式自控器在 1.5m 距离以内自控为合格。

3.4.3.3　安全网

安全网是用来防止人、物坠落及物体打击伤害的用具。安全网有安全平网、安全立网，安全立网有一般网目的立网及密目式立网。

1. 平网

（1）平网由边绳、网绳、筋绳、系绳组成。平网一般的尺寸为：3m×6m，网目边长不大于 10cm（防止人体落入网内时脚部穿过网孔）。筋绳用于加强网体的承载能力，系绳把安全网固定在支撑物上。每张网重量一般不超过重 5kg。

（2）平网冲击试验：采用重量 100kg、底面积 2800cm² 的模拟人形沙包，于 10m 高度处自由落下，冲击事先用刚性架支撑的平网中心处后，网绳、边绳、系绳都不允许断裂（允许筋绳断裂，缓冲吸收冲击能量减轻伤害）。

（3）平网用于防止坠落。

1）脚手架与墙体空隙大于 150mm 时，应采用平网封闭，沿高度不大于 10m 挂一道平网。最后一层脚手板下部无防护层时，应紧贴脚手板下部架设一道平网做防护层；

2）用于洞口防护，较大的洞口可采用双层网（一层平网、一层密目网）防护，并沿洞口周围搭设防护栏杆；电梯井道内每隔 2 层（不超过 10m）架设一道平网；

3）结构吊装工程，为防止坠落事故，除要求高处作业人员佩戴安全带外，还应该采用防护栏杆及架设平网等措施。

2. 密目式安全网

（1）密目式安全网用于立网，一般尺寸为 1.8m×6m，网目密度为 2000 目/100cm²（800 目/100cm²）。

（2）冲击试验。将重量 100kg，底面积 2800cm² 的人形砂包，于 1.5m 高度处自由落下，冲击绷紧在水平刚架密目网的中心时，网绳不断裂为合格。

（3）耐贯穿试验。将重量 5kg 的脚手管，距网中心 3m 高度处自由落下，冲击绷紧在与地面倾斜 30°的框架密目网时，钢管不贯穿为合格。

（4）密目式安全网主要使用于在建施工工程的外围，将工程用密目网封闭，一是防止物料或钢管等贯穿立网发生物体打击事故，二是减少施工过程中的灰尘对环境的污染。

（5）外脚手架施工时，将密目网沿脚手架外排立杆的里侧封挂。里脚手施工时，外面专门搭设单排防护架封挂密目网，防护架随建筑升高而升高，高出作业面 1.5m。

思考与练习

（1）简述高处作业的定义及临边作业的防护措施。

（2）安全防护如何分类？

（3）什么是"三宝"。

（4）请指出图 3-70～图 3-72 中有哪些地方违规？

| 图 3-70 | 图 3-71 | 图 3-72 |

任务 3.5　规范、规程与标准

3.5.1　《建筑施工高处作业安全技术规范》（JGJ 80）中强制性条文

《建筑施工高处作业安全技术规范》（JGJ 80）中强制性条文见表 3-20。

表 3-20　　　　　《建筑施工高处作业安全技术规范》（JGJ 80）中强制性条文

条文编号	内容
4.1.1	坠落高度基准面 2m 及以上进行临边作业时，应在临空一侧设置防护栏杆，并应采用密目式安全立网或工具式栏板封闭。
4.2.1	洞口作业时，应采取防坠落措施，并应符合下列规定： 1 当竖向洞口短边边长小于 500mm 时，应采取封堵措施；当垂直洞口短边边长大于或等于 500mm 时，应在临空一侧设置高度不小于 1.2m 的防护栏杆，并应采用密目式安全立网或工具式栏板封闭，设置挡脚板； 2 当非竖向洞口短边边长为 25～500mm 时，应采用承载力满足使用要求的盖板覆盖，盖板四周搁置应均衡，且应防止盖板移位； 3 当非竖向洞口短边边长为 500～1500mm 时，应采用盖板覆盖或防护栏杆等措施，并应固定牢固； 4 当非竖向洞口短边边长大于或等于 1500mm 时，应在洞口作业侧设置高度不小于 1.2m 的防护栏杆，洞口应采用安全平网封闭。
5.2.3	严禁在未固定、无防护设施的构件及管道上进行作业或通行。
6.4.1	悬挑式操作平台设置应符合下列规定： 1 操作平台的搁置点、拉结点、支撑点应设置在稳定的主体结构上，且应可靠连接； 2 严禁将操作平台设置在临时设施上； 3 操作平台的结构应稳定可靠，承载力应符合设计要求。
8.1.2	采用平网防护时，严禁使用密目式安全立网代替平网使用。

3.5.2　《施工脚手架通用规范》（GB 55023）

本规范为强制性工程建设规范，全部条文必须严格执行（详见本项目相关拓展阅读资源）。

职业活动训练

活动 1. 脚手架验收

（1）活动分组：全班分为 6～8 个组，每组 5～7 人。

（2）活动资料：某在建工程基础、主体结构、装饰装修阶段脚手架施工方案。

（3）活动要求：学生在教师指导下阅读脚手架施工方案，熟悉各类脚手架检查项目、检查内容及检查方法，并进行模拟检查验收。

（4）成果：检查验收表。

活动 2. 脚手架工程安全检查评分

（1）活动分组：全班分为 6～8 个组，每组 5～7 人。

（2）活动资料：某在建项目脚手架工程或实训基地模拟脚手架工程施工。

（3）活动要求：根据《建筑施工安全检查标准》（JGJ 59）的脚手架安全检查评分表进行检查和评分。

（4）活动总结：检查评分表。

项目4 模板工程施工安全

【知识目标】

(1) 了解模板工程施工的基本理论和相关知识；

(2) 熟悉模板工程及高大模板体系施工的一般安全要求；

(3) 掌握模板工程及高大模板体系设计的计算方法和步骤；

(4) 掌握模板工程及高大模板体系施工的基本安全措施和规范强制性规定及要求。

【技能目标】

(1) 能够了解模板工程及高大模板体系常用形式和选定方法；

(2) 能够对照模板工程及高大模板体系施工安全的基本规定阅读某工程模板施工方案；

(3) 能够根据《建筑施工安全检查标准》(JGJ 59) 进行模板工程安全检查和评分；

(4) 能够参与编写模板工程及高大模板体系的专项施工方案。

【相关案例】

详细内容请用微信扫描本页二维码阅览。

项目4 相关拓展阅读资源

任务4.1 模板工程简介

4.1.1 模板工程的分类

4.1.1.1 模板工程的定义

模板是钢筋混凝土结构构件成型用的模具，它在混凝土浇筑中，能起到保证结构构件的形状和尺寸的准确、表面平整光洁的作用。模板体系是由模板和支撑系统两部分组成。

4.1.1.2 模板工程的分类

模板的种类很多，可按材料、结构类型、施工方法等分类。随着新结构、新技术、新工艺的采用，模板工程逐步向定型化、装配化、工具化发展。为节约模板材料，提高模板的周转率，降低工程成本，加快工程进度，形成了组合式、工具式、永久式三大系列工业模板体系。在工程施工中应根据工程结构形式、荷载大小、地基土类别、施工设备和材料供应条件等选用。

1. 组合式模板

组合式模板通用性强、装拆方便、周转次数多，可按设计要求组拼成梁、柱、墙、楼板的大型模板，整体吊装就位；也可采用散装散拆的方法。组合式模板有定型小钢模（55 型组合钢模板）、中型组台钢模板、钢框木（竹）胶合板模板和胶合板模板等。

组合式定型小钢模是目前使用较广泛的一种通用性组合模板，主要由钢模板、连接件和支承件三部分组成。钢模板采用 Q235 钢材制成，钢板厚度一般为 2mm，主要有平面模板、阴角模板、阳角模板、连接角模，如图 4-1 所示。

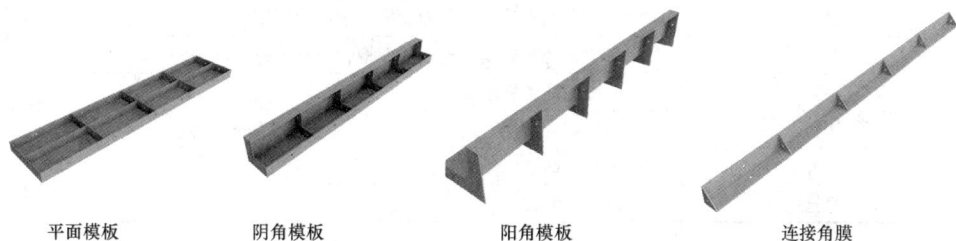

平面模板　　　　阴角模板　　　　　　阳角模板　　　　　　　连接角膜

图 4-1　组合式钢模板示意图

2. 铝合金模板

铝合金模板由铝合金材料制作而成的模板，包括平面模板和转角模板等。平面模板是用于混凝土结构平面处的模板，包括楼板模板、墙柱模板、梁模板、承接模板等。转角模板是用于混凝土结构转角处的模板，包括楼板阴角模板、梁底阴角模板、梁侧阴角模板、阴角转角模板、墙柱阴角模板及连接角模等。模板应采用模数制设计，其模数应符合现行国家标准《建筑模数协调标准》（GB/T 50002）的有关规定；模板构配件应根据用途按表 4-1 的规定进行分类。

3. 永久式模板

永久式模板又称为一次性消耗模板，即在现浇混凝土结构浇筑后模板不再拆除，其中有的模板与现浇结构叠合后组成共同受力构件，多用于现浇钢筋混凝土楼板工程。永久式模板可以节约模板支拆用工，加快施工进度。

表 4-1　　　　　　　　　　　　　　　　铝合金模板构配件分类

类别	名称		用途
平面模板	楼板模板		用于楼板
	墙柱模板	外墙柱模板	外墙、柱外侧模板，与承接模板连接
		内墙柱模板	墙、柱内侧模板，底部连有 40mm 高的底脚
		墙端模板	墙端部封口模板，两长边方向连有 65mm 宽的翼缘，底部连有 40mm 高的底脚
	梁模板	梁侧模板	用于梁侧
		梁底模板	用于梁底，两长边方向连有 65mm 宽的翼缘
	承接模板		承接上层外墙、柱外侧及电梯井道内侧模板
转角模板	楼板阴角模板		连接楼板模板与梁侧或墙柱模板
	梁底阴角模板		连接梁底模板与墙柱模板
	梁侧阴角模板		连接梁侧模板与墙柱模板
	楼板阴角转角模板		连接阴角转角处的楼板模板与梁侧、墙、柱模板
	墙柱阴角模板		连接阴角转角处相邻墙柱模板
	连接角模		连接阳角转角处的相邻模板

续表

类别	名称	用途
早拆装置	梁底早拆头	连接梁底模板，支撑早拆梁
	板底早拆头	连接早拆铝梁，支撑早拆板
	单斜早拆铝梁	连接楼板端部的板底早拆头与楼板模板
	双斜早拆铝梁	连接楼板跨中的板底早拆头与楼板模板
	快拆锁条	连接板底早拆头与早拆铝梁
支撑	可调钢支撑	支撑早拆头
	斜撑	用于竖向侧模板调直或增加模板刚度或稳定性
	背楞	用于增加竖向侧模板刚度的方钢管或其他形式的构件
	柱箍	用于增加柱模板刚度
配件	销钉	与销片配合使用
	对拉螺栓	用于拉结两竖向侧模板及背楞
	对拉螺栓垫片	对拉螺栓配件

　　永久性模板有压型钢模板、钢筋桁架模板（楼承板）和各种配筋的混凝土薄板。各种配筋的混凝土薄板有预应力混凝土薄板、双钢筋混凝土薄板、冷轧扭钢筋混凝土薄板等。常用的有压型钢模板（见图 4-2）、钢筋桁架模板（见图 4-3），其压型钢模板采用镀锌或经过防腐处理薄钢板，经冷轧成具有梯波形截面的槽型钢板。

　　钢筋桁架模板是将楼板中的钢筋在工厂加工成钢筋桁架，并将钢筋桁架与底模连接成一体的组合模板。钢筋形成桁架，承受施工期间的荷载，底模托住新浇筑混凝土，故可免去支

图 4-2　常用压型钢模板示意图

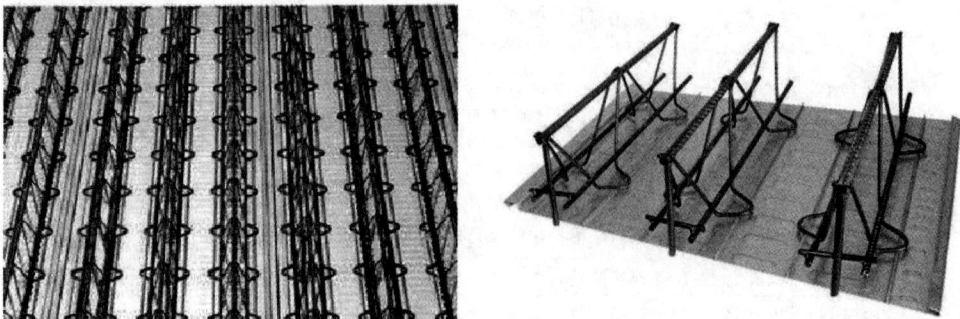

图 4-3　钢筋桁架模板（楼承板）示意图

模的工作及费用。

4. 工具式模板

工具式模板有整体性好，抗震性强的大模板，能随结构混凝土的浇筑自行向上滑升、爬升和顶升。还有兼具大模板和滑动工艺特点的一种适用于现浇钢筋混凝土竖直或倾斜结构施工的爬升模板和主要用于大开间、大柱网、大进深的现浇钢筋混凝土楼盖施工的飞模（又称台模）等。目前应用较多的主要有滑动模板、爬模、提模等。

4.1.1.3 模板工程的基本构造

模板体系是由模板和支撑系统两部分组成。

1. 基础模板

常采用组合钢模板、脚手架支撑体系，也可采用永久性胎模，利用基坑进行支撑。基坑土质较好，底层可不设侧模，原槽浇筑，基础模板支设应确保侧模板的安装位置准确和稳定性。

2. 柱模板

常用胶合板模板、组合钢模板，构造上除考虑保证混凝土浇筑前后均能保持构件设计要求的几何尺寸，还应考虑混凝土浇筑方便，及易于清理。柱模支设时应考虑能可靠承受新浇混凝土侧压力，保证其垂直度和侧向稳定，并且其顶部应注意与梁的连接构造。

3. 墙模板

采用胶合板模板、组合钢模板拼装，所受荷载与柱模相同主要承受新浇混凝土的侧压力，但纵向长度较大，一般设对拉螺栓用于保持两片侧模间的距离。

4. 楼面梁、板模板

支设时应控制好梁的轴线位置和标高，当梁、楼板的跨度大于或等于 4m 时其底模应起拱，起拱高度设计无要求时，应为全跨长度的（1～3）/1000。

4.1.2 模板工程的要求

（1）要保证工程结构和构件各部位形状尺寸和相互位置的正确；

（2）具有足够的承载能力、刚度和稳定性，能可靠地承受新浇混凝土的自重、侧压力施工荷载；

（3）构造简单、装拆方便，并便于钢筋的绑扎、安装和混凝土的浇筑、养护等工艺；

（4）模板的接缝严密，不得漏浆；

（5）能多次周转使用，并尽量提高模板周转率；

（6）清水混凝土工程及装饰混凝土工程所用的模板应满足设计要求的效果。

思考与练习

简述模板工程的要求。

任务 4.2 墙、柱模板施工安全

4.2.1 墙、柱模板的构造

4.2.1.1 墙模板

墙模板主要应用于现浇混凝土墙，常见墙模板如图 4-4～图 4-6 所示。

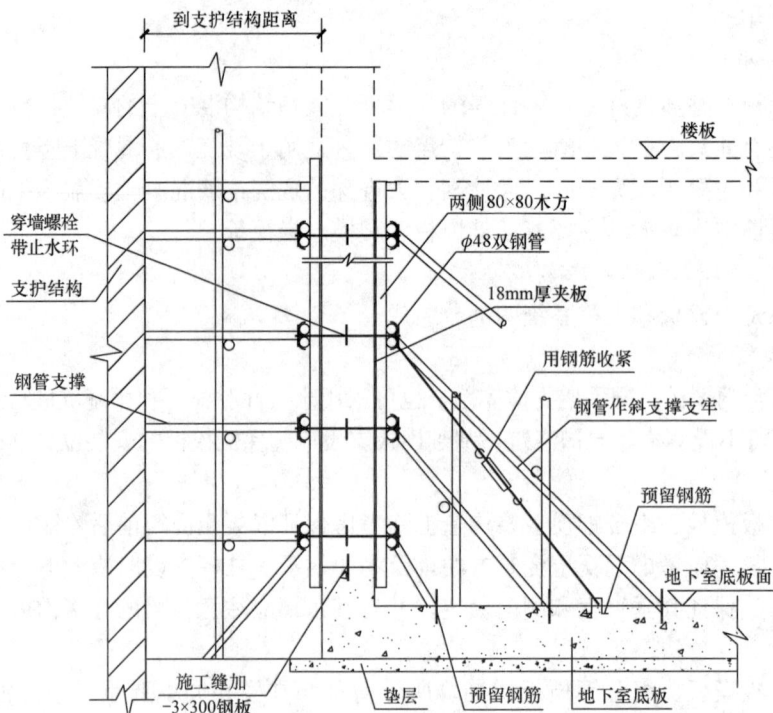

图 4-4　地下结构外壁混凝土墙支模示意图 1

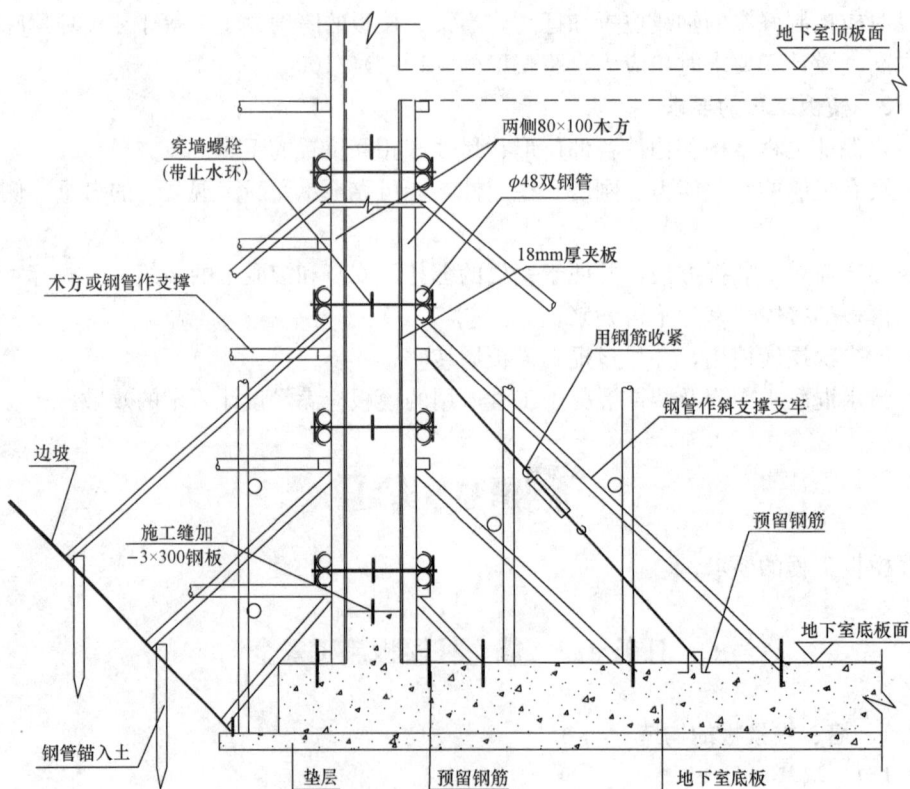

图 4-5　地下结构外壁混凝土墙支模示意图 2

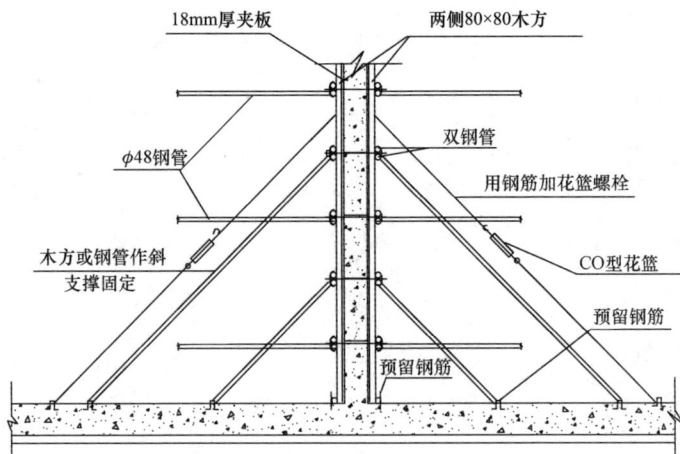

图 4-6　混凝土内墙支模示意图 3

4.2.1.2　柱模板

柱模板主要应用于现浇混凝土柱，混凝土柱有方柱、矩形柱及圆柱，常见柱模板如图 4-7～图 4-12。

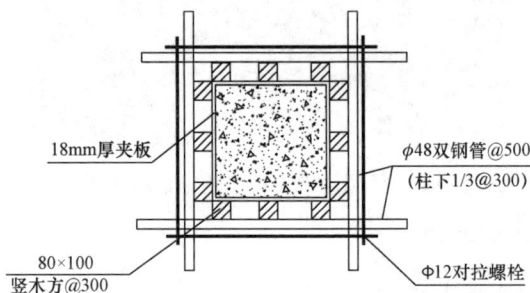

图 4-7　边长不大于 600mm 柱木模板平面示意图

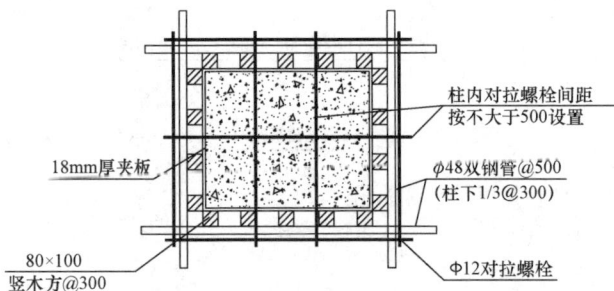

图 4-8　边长大于 600mm 柱木模板平面示意图

图 4-9　矩形柱木模板安装三维示意图

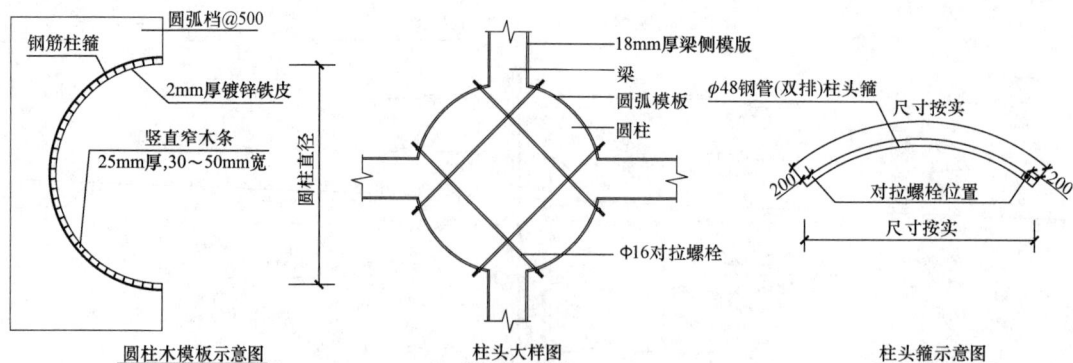

图 4-10　圆柱木模板大样示意图

图 4-11　圆柱木模板安装三维示意图

图 4-12　圆柱钢模板示意图

4.2.2　施工安全控制要点

4.2.2.1　模板设计

（1）模板工程施工前，应进行模板设计。

（2）模板设计主要包括模板面、支撑系统及连接配件等的设计。

4.2.2.2　模板工程施工前的安全审查验证

模板工程施工前，要对模板的设计资料进行审查验证。

4.2.2.3　保证模板安装施工安全的基本要求

(1) 模板工程作业高度在 2m 及 2m 以上时，要有安全可靠的操作架子或操作平台，并按要求进行防护。

(2) 操作架子上、平台上不宜堆放模板。

(3) 五级以上大风天气，不宜进行大块模板拼装和吊装作业。

(4) 在架空输电线路下方进行模板施工，如果不能停电作业，应采取隔离防护措施。

(5) 夜间施工，必须有足够的照明。

(6) 现浇混凝土结构承重模板，应在与结构同条件养护的试块强度达到规定要求时，方可拆除。

4.2.3　施工注意事项

1. 柱模板安装

(1) 按柱模板设计图的模板位置由下而上安装模板，模板之间用楔形插销插紧，转角位置用联结角模将两块模板连接。

(2) 柱箍应根据柱模尺寸、侧压力大小等因素进行设计选择，柱箍可用钢管、型钢等制成，必要时可增加对拉螺栓。

(3) 安装柱模的拉杆或斜撑，应固定于事先预埋在楼板内的钢筋环上，用花篮螺栓或可调螺杆调节校正模板的垂直度，其支承点要牢固可靠，与楼地面夹角宜不大于 45°。

2. 混凝土墙模板安装

(1) 按放线位置固定好压脚板，然后进行模板的拼装，边安装边插入对拉螺栓和套筒。对拉螺栓的规格和间距在模板设计时应明确规定。

(2) 由门窗洞口的墙体，宜先安装好一侧模板，待弹好门窗洞口位置线后再安装另一侧模板，且在安装另一侧模板之前，应清扫墙内杂物。

(3) 根据模板设计要求安装墙模板的拉杆和斜撑。对于内墙可以在两侧加斜撑，当为外墙时，应在内侧同时安装拉杆和斜撑，且边安装边校正其平整度和垂直度。

(4) 模板安装完毕，应检查一遍扣件、螺栓、拉顶撑是否牢固，模板拼缝以及底边是否严密，特别是门窗洞口边的模板支撑是否牢固。

3. 梁模板安装

(1) 在柱子上弹出轴线、梁位置线和水平线。

(2) 梁支撑的排列、间距要符合模板设计和施工方案的规定。

(3) 按设计标高调整支柱的标高，然后安装木方或钢龙骨，铺上梁底板，并拉线找平。当梁底板跨度等于及大于 4m 时，梁底应按设计要求起拱，如设计无要求时，起拱高度为梁跨的 0.1%～0.3%。

(4) 支撑之间应设水平拉杆和剪刀撑，其垂直间距不大于 2m，如采用门架支撑，门架之间应用交叉杆及 $\phi 48$ 钢管水平杆联结。如楼层高度超过 4.5m 及以上时，要另行设计。

(5) 支撑如支承在地基土上时，应对地基土平整夯实，以满足承载力要求，并加木垫板或混凝土垫块等有效措施，确保在浇筑混凝土过程中不会发生支撑下沉。

(6) 梁的两侧模板通过联结模用 U 形或插销与底板连接。

（7）当梁高超过 750mm 时，侧模宜增加对拉螺栓。

（8）梁柱接头的模板构造应根据工程特点进行设计和加工。

4. 楼板模板安装

（1）底层地面应夯实，并铺垫脚板。采用多层支架支模时，支撑垂直度容许偏差应满足相应规范要求，上下层支撑应在同一竖向中心线上，而且要确保多层支撑间在竖向与水平向的稳定。

（2）支撑与纵、横楞梁的排列和间距，应根据楼板的混凝土重量和施工荷载大小在模板设计中确定，支撑排列要考虑设置施工通道。

（3）通线调节支撑高度，将纵楞找平。

（4）铺模板时可从一侧开始铺，每两块板间的边肋上用 U 形卡连接，清理口板位置可用插销连接，U 形卡间距不宜大于 300mm。卡紧方向应正反相间，不要同一方向。对拼缝不足 50mm 时，可用木板代替。如采用小钢模板系列，除沿梁周边铺设的模板边肋上用楔形插销连接外，中间铺设的模板不用插销连接。与梁模板交接处可通过固定角模用插销连接，收口拼缝处可用木模板或用特制尺寸的模板代替，但拼缝要严密。

（5）楼面模板铺完后，应检查支撑是否牢固，模板之间连接的 U 形卡或插销有否脱落、漏插，然后将楼面清扫干净。

5. 模板拆除

（1）柱子模板拆除。

先拆掉斜拉杆或斜支撑，然后拆掉柱箍及对拉螺栓，接着拆连接模板的 U 形卡或插销，然后用撬棍轻轻撬动模板，使模板与混凝土脱离。

（2）墙模板拆除。

先拆除斜拉杆或斜支撑，再拆除对拉螺栓及纵、横楞或钢管卡，接着将 U 形卡或插销等附件拆下，然后用撬棍轻轻撬动模板，使模板离开墙体，将模板逐块传下堆放。

（3）楼板、梁模板拆除。

1）底模及其支撑拆除时的混凝土强度应符合设计要求；当设计无具体要求时应符合表 4-2 的规定。

表 4-2   底模及其支撑拆除时的混凝土强度

构件类型	构件跨度（m）	达到设计的混凝土立方体抗压强度标准值的百分率（%）
板	≤2	≥50
	>2, ≤8	≥75
	>8	≥100
梁、拱、壳	≤8	≥75
	>8	≥100
悬臂构件	—	≥100

2）后张法预应力混凝土结构构件侧模宜在预应力张拉前拆除；底模支架的拆除应符合设计方案，不得在结构构件施加预应力前拆除。

3）后浇带模板的拆除和支撑安装应按施工技术方案执行，对照技术方案观察检查。

4）梁侧模拆除时的混凝土强度应能保证其表面及棱角不受损伤。

5）模板拆除时，不应对楼层形成冲击荷载。拆除的模板和支架应分散堆放并及时清运，且按拆模方案观察检查。

6）先将支撑上的可调托座松下，使龙骨与模板分离，并让龙骨降至水平拉杆上，接着拆下全部 U 形卡或插销及连接模板的附件，再用钢钎撬动模板，使模板块降下由龙骨支承，拿下模板和龙骨，然后拆除水平拉杆及剪刀撑和支柱。

7）拆除模板时，操作人员应站在安全的地方。

8）拆除跨度较大的梁下支撑时，应先从跨中开始，分别向两端拆除。楼层较高，支模采用双层支撑时，先拆上层支撑，使龙骨和模板落在底层支撑上，待上层模板全部运出后再拆下层支撑。

9）若采用早拆型模板支撑系统时，支撑应在混凝土强度等级达到规范要求时方可拆除。

10）拆下的模板及时清理黏结物，涂刷脱模剂，并分类堆放整齐，拆下的扣件及时集中统一管理。

4.2.4 施工安全管理

（1）支模过程中应遵守安全操作规程，如遇中途停歇，应将就位的支撑、模板联结稳固，不得空架浮搁。拆模间歇时应将松开的部件和模板运走，防止坠下伤人。

（2）拆模时应搭设脚手板。

（3）材料应按编号分类堆放。

（4）采用定型组合钢模板时的施工安全措施如下：

1）登高作业时，连接件必须放在箱盒或工具袋中，严禁放在模板或脚手板上，扳手等各类工具必须系挂在身上或置于工具袋内，不得掉落。

2）钢模板用于高层建筑施工时，应有防雷击措施。

3）在组合钢模板上架设电线和使用电动工具，应采用 36V 的低压电源或采取其他有效的安全措施。

4）高处作业人员严禁攀登组合钢模板或脚手架等上下，也不得在高处的墙顶上面行走。

5）组合钢模板装拆时，上下应有人接应，钢模板应随装拆随运走，不得堆放在脚手架上，严禁抛掷踩踏，如中途停歇，必须把活动部件固定好。

6）装拆钢模板时，应有稳固的登高工具或脚手架，高度超过 3.5m 时，必须搭设脚手架。装拆过程中，除操作人员外，下面不得站人，高处作业时，操作人员应挂上安全带。

7）安装墙、柱模板时，应随时支撑固定，防止倾覆。

8）模板的预留孔洞、电梯井口等位置，应加盖防护板或设置防护栏杆，必要时应在端口处设置安全网。

（5）采用组合钢大模板时的施工安全措施如下：

1）起吊大模板前应先检查模板与混凝土结构之间所有对拉螺栓、连接件是否全部拆除，必须在确认模板和混凝土结构之间无任何连接后方可进行起吊作业，移动模板时不得碰撞墙体。

2）大模板堆放还应符合下列要求：

① 大模板现场堆放区应在起重机的有效工作范围内，堆放场地必须坚实平整，不得堆放在松土、冻土或凹凸不平的场地上。

② 大模板堆放时，有支撑架的大模板必须满足自稳角要求，当不能满足要求时，应另外采取措施，以确保模板放置的稳定。对没有支撑架的大模板应存放在专用的插放支架上，不得依靠在其他物体上，防止模板下脚滑移倾倒。

③ 大模板在地面堆放时，应采用两块大模板板面对模面相对放置的方法，且应在模板中间留置不小于 600mm 的操作间距；当需要长时间堆放时，应将模板连成整体。

思考与练习

简述采用定型组合钢模板时应采取的施工安全措施。

任务 4.3　高大支模支撑系统施工安全

4.3.1　概述

4.3.1.1　高大支模支撑系统的定义

（1）下列危险性较大的分部分项工程，施工前应单独编制安全专项施工方案：

1）搭设高度 5m 及以上的混凝土模板支撑工程。

2）搭设跨度 10m 及以上的混凝土模板支撑工程。

3）施工总荷载（荷载效应基本组合的设计值，以下简称设计值）10kN/m² 及以上的混凝土模板支撑工程。

4）集中线荷载（设计值）15kN/m 及以上的混凝土模板支撑工程。

5）高度大于支撑水平投影宽度且相对独立无联系构件的混凝土模板支撑工程。

（2）下列超过一定规模的危险性较大的分部分项工程，除要求施工前单独编制安全专项施工方案，还要求施工单位组织召开专家论证会对专项施工方案进行论证：

1）搭设高度 8m 及以上的混凝土模板支撑工程。

2）搭设跨度 18m 及以上的混凝土模板支撑工程。

3）施工总荷载（设计值）15kN/m² 及以上的混凝土模板支撑工程。

4）集中线荷载（设计值）20kN/m 及以上的混凝土模板支撑工程等。

高大支模支撑系统就是超过一定规模的危大工程中的混凝土模板支撑工程，其专项技术方案应包括模板及其支撑系统的设计、搭设与拆除、混凝土浇筑方法和浇筑过程观测及安全控制要求等方面的内容。

4.3.1.2　高大支模支撑系统设计的作用

按照高大支模专项方案编制的原则，其专项方案应有计算书。计算书应包括模板、模板支撑系统的主要结构强度和截面特征及各项荷载设计值及荷载组合，梁、板模板支撑系统的强度和刚度计算，梁板下立杆稳定性计算，立杆基础承载力验算，支撑系统支撑层承载力验算，转换层下支撑层承载力验算等。通过对高支模设计计算，再进行相应模板支撑的设计，其模板支撑系统的安全度大大提高，同时也可作为高支撑模板系统专项方案编制的依据，具有比较重要的作用。

4.3.2　高大支模施工方案的设计和编制

4.3.2.1　策划流程（图 4-13）

4.3.2.2　搭设形式的确定

模板搭设形式根据拟建建筑物需要搭设模板支撑系统的楼层高度、结构构件的截面尺寸、各地区模板支撑系统的材料和习惯做法等因素来决定。

图 4-13　策划流程

1. 梁模板支撑

（1）两支撑两层龙骨。

该类型是最常用、最简单的搭设方式，主要应用在梁截面较小的情况，支撑横向间距和纵向间距可根据计算参数取各种数值，扣件式钢管支撑应采用 50mm 的倍数，承插式钢管支撑应采用定型模数化横杆的尺寸。第一层龙骨（次楞）采用木方或型钢，第二层龙骨（主楞）可采用双钢管或型钢。

1）钢管支撑排列平面图（图 4-14）。

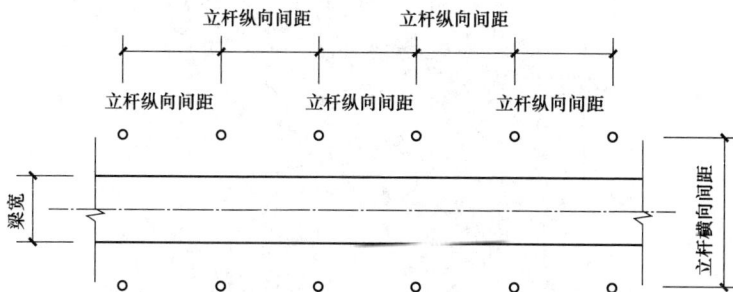

图 4-14　钢管支撑排列示意图

2）第二层龙骨（主楞）采用双钢管（$\phi48\times3.0$、$\phi48\times3.5$）（见图 4-15 和图 4-16）。

（2）三支撑两层龙骨。

该类型也是最常用、最简单的搭设方式，但其支撑受力不均匀（中间支撑较大）。主要应用在梁截面不大的情况，支撑横向间距和纵向间距可根据计算参数取各种数值，扣件式钢管支撑应采用 50mm 的倍数，承插式钢管支撑应采用定型模数化横杆的尺寸。第一层龙骨（次楞）采用木方或型钢，第二层龙骨（主楞）可采用双钢管或型钢。

1）钢管支撑排列平面（图 4-17）。

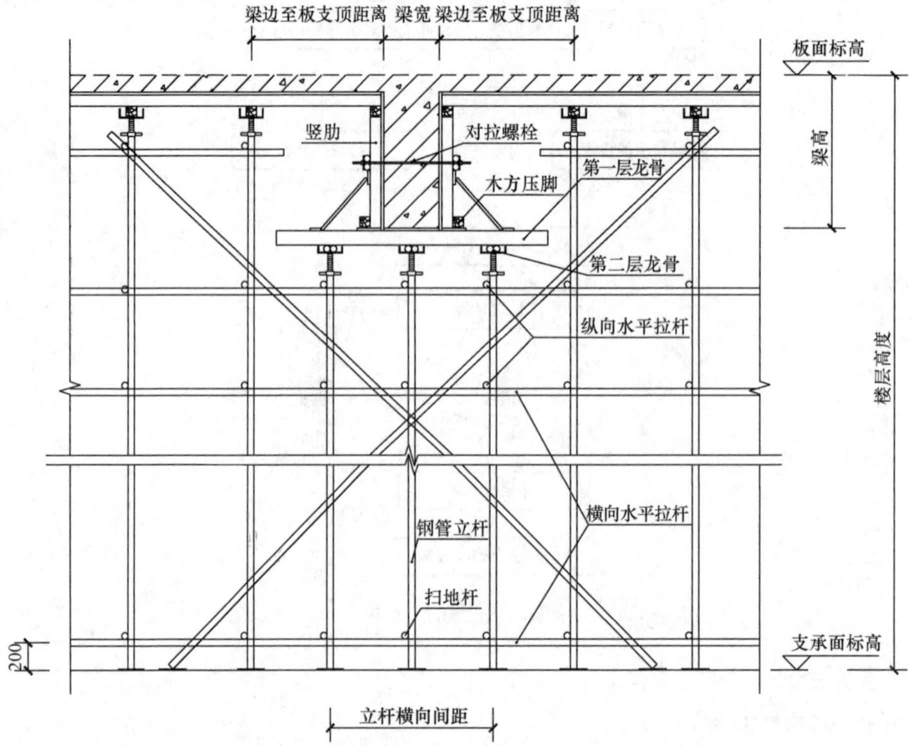

图 4-15　模板支撑系统示意图（双钢管）

图 4-16　模板支撑系统三维图（双钢管）

图 4-17　钢管支撑系统排列图

2）第二层龙骨（主楞）采用双钢管（$\phi48\times3.0$、$\phi48\times3.5$）（见图 4-18 和图 4-19）。

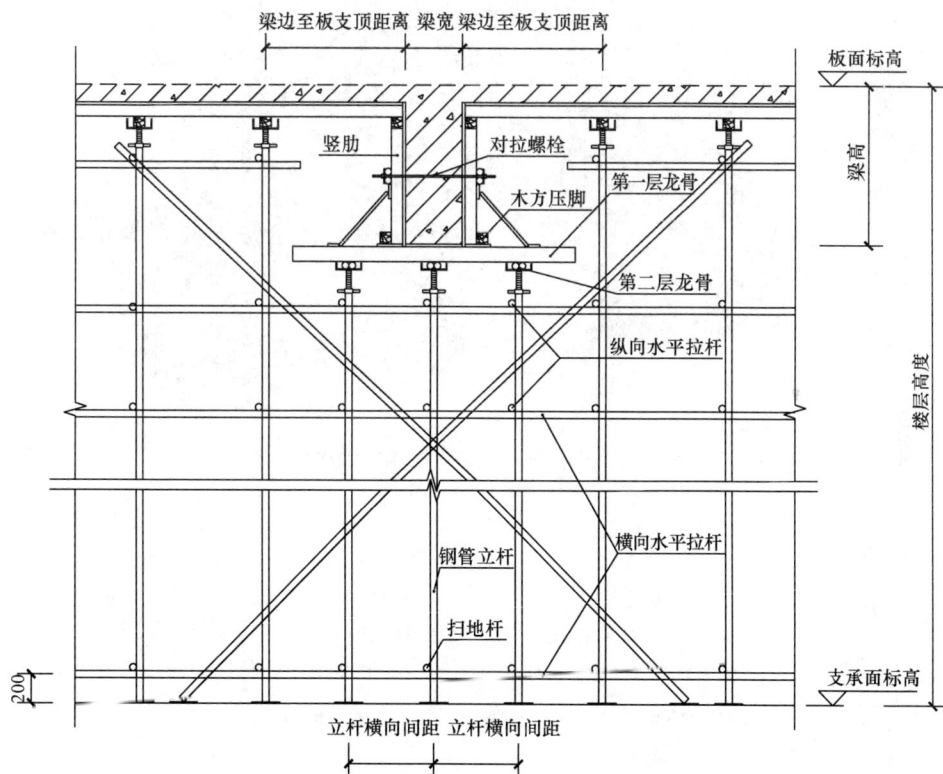

图 4-18　模板支撑系统示意图（双钢管）

（3）两支撑二层龙骨（图 4-20～图 4-24）。

该种搭设形式主要针对梁截面尺寸较大的情况。支撑横向间距和纵向间距可根据计算参数取各种数值，扣件式钢管支撑应采用 50mm 的倍数，承插式钢管支撑应采用定型模数化横杆的尺寸。第一、二层龙骨采用木方或型钢，第二层龙骨可取 3～4 根，第三层龙骨常采用双木方、双钢管或型钢。

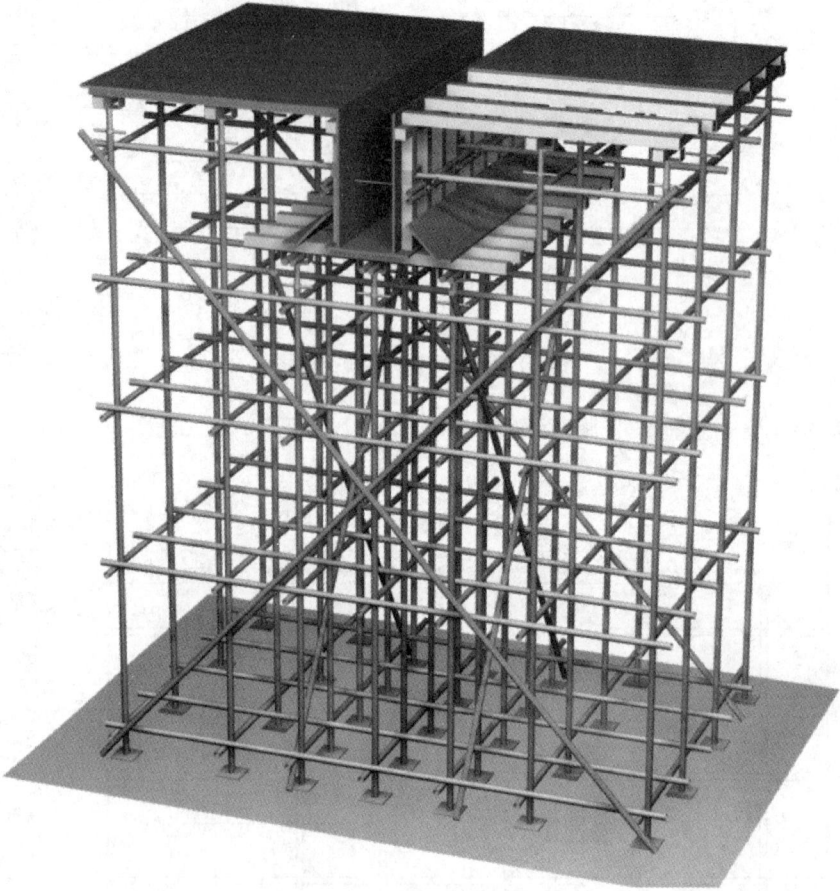

图 4-19　模板支撑系统三维图（双钢管）

图 4-20　钢管支撑排列平面示意图

图 4-21 模板支撑系统示意图（3 根第二层龙骨）

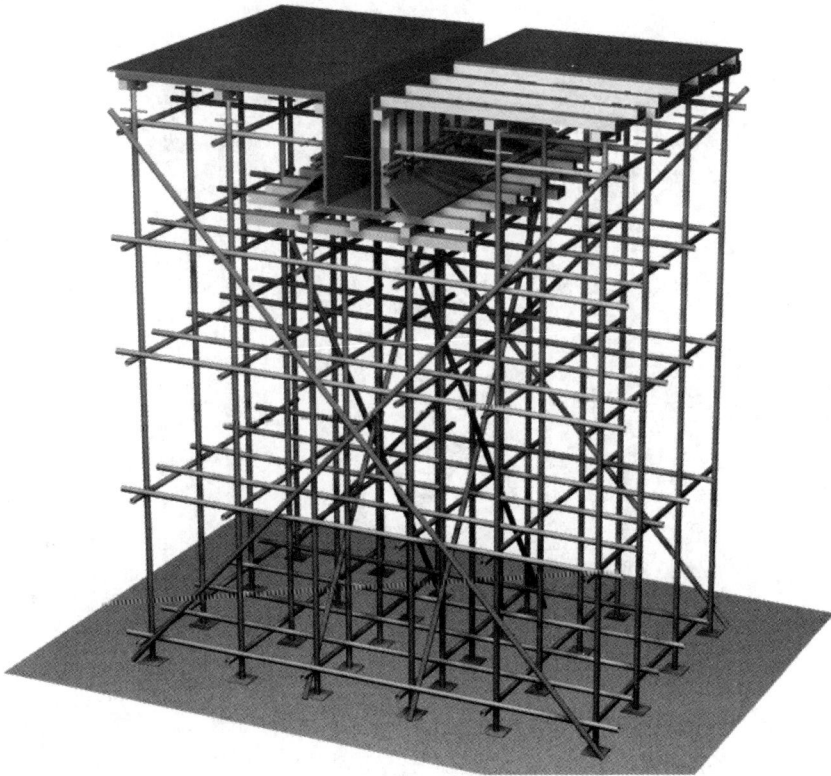

图 4-22 模板支撑系统三维图（3 根第二层龙骨）

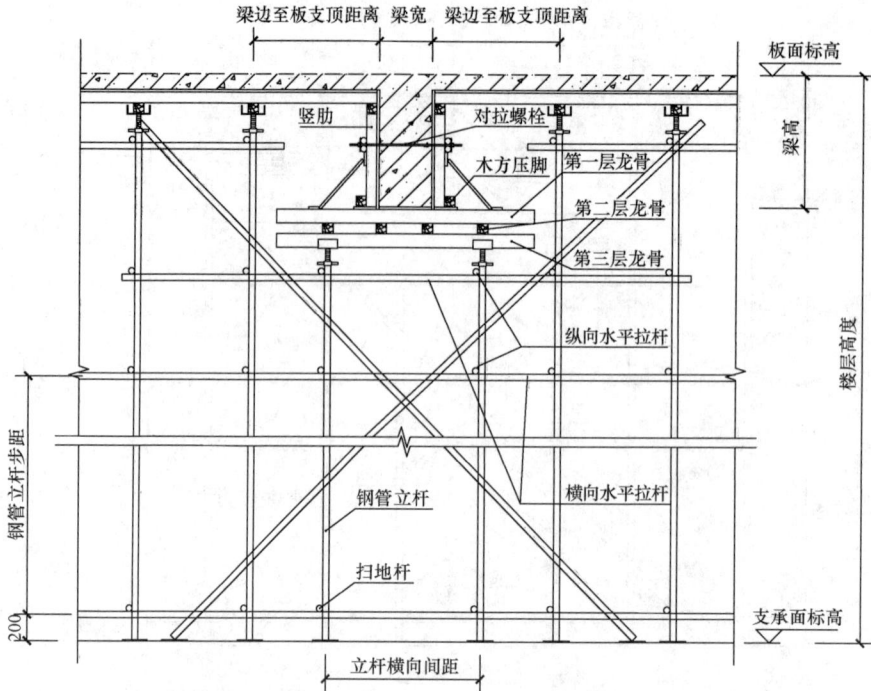

图 4-23　模板支撑系统示意图（4 根第二层龙骨）

图 4-24　模板支撑系统三维图（4 根第二层龙骨）

（4）四支撑两层龙骨。

该种搭设形式主要针对梁截面尺寸较大的情况。支撑横向间距和纵向间距可根据计算参数取各种数值，扣件式钢管支撑应采用 50mm 的倍数，承插式钢管支撑应采用定型模数化横杆的尺寸。第二层龙骨常要用双钢管或型钢才能满足强度要求。

1）支撑排列平面图（图 4-25）。

图 4-25　钢管支撑排列平面示意图

2）第二层龙骨采用双钢管（$\phi 48 \times 3.0$、$\phi 48 \times 3.5$）（见图 4-26 和图 4-27）：

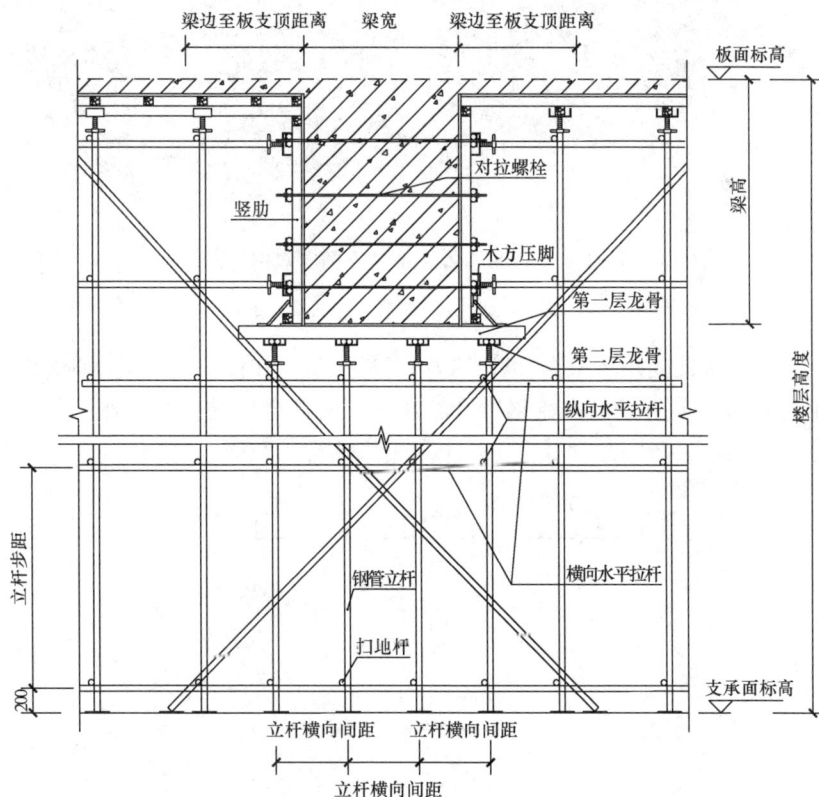

图 4-26　模板支撑系统示意图（双钢管）

图 4-27　模板支撑系统三维图（双钢管）

2. 楼板模板支撑

支撑横向间距和纵向间距可根据计算参数取各种数值，扣件式钢管支撑应采用 50mm 的倍数，承插式钢管支撑应采用定型模数化横杆的尺寸。根据楼板的荷载大小，第一层龙骨（次楞）采用木方或型钢，第二层龙骨（主楞）可采用双钢管或型钢。（图 4-28～图 4-30）

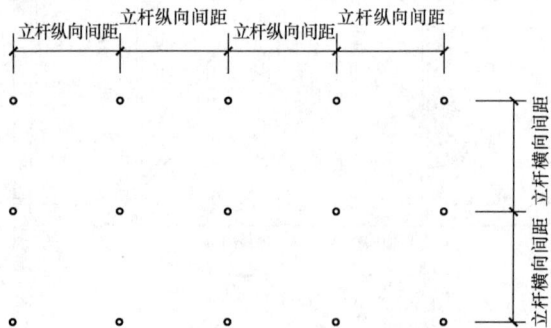

图 4-28　钢管支撑平面图

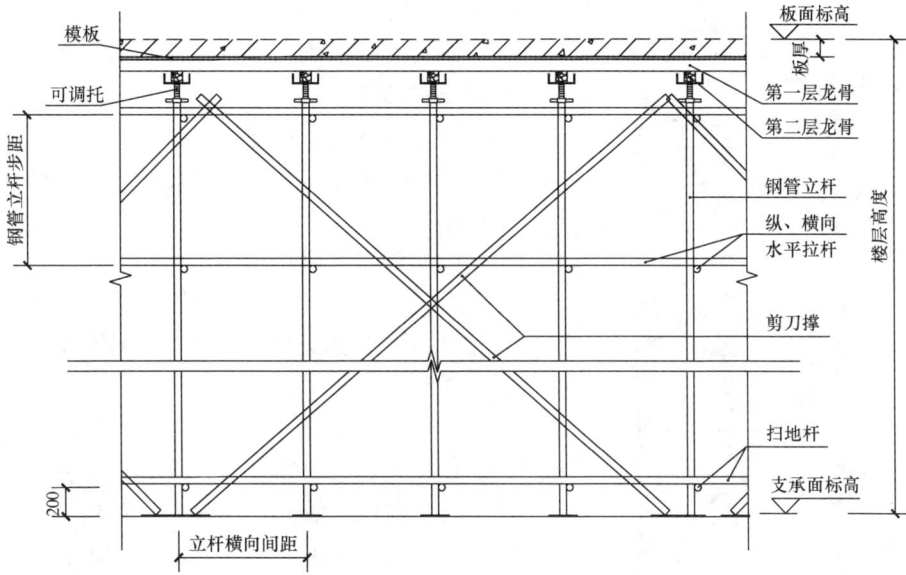

图 4-29　模板支撑搭设立面图

图 4-30　模板支撑搭设三维图

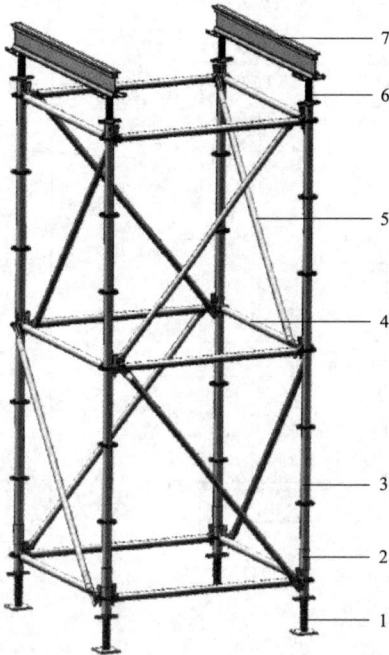

1—可调底座；2—标准基座；3—立杆；4—水平横杆；
5—竖向斜杆；6—可调U形顶托；7—主梁

图 4-31 盘扣式钢管支撑系统各构件图

3. 钢管支撑系统主要类型

钢管支撑系统主要有扣件式钢管支撑、盘扣式钢管支撑和套扣式钢管支撑等。

（1）扣件式钢管支撑。

扣件式钢管支撑系统主要构配件及材料、构造要求详见第 3.1.1.4 内容。

（2）盘扣式钢管支撑。

盘扣式钢管支撑系统各构件见图 4-31。

盘扣式钢管支撑系统主要构配件及材料、构造要求详见第 3.1.1.5 内容。

（3）套扣式钢管支撑。

套扣式节点由焊接于立杆上的十字套扣和水平杆端接头组成（图 4-32）；十字套扣应由钢材冲压而成，其高度 h 不应小于 32mm，厚度 t 不应小于 5mm（图 4-33）；水平杆端接头应焊接于水平杆的两端，其厚度 t 不应小于 10mm，下伸的长度 l 不应小于 40mm，其楔形内斜面的自锁斜度宜为 0.12（图 4-34）。

水平杆端接头应与套扣匹配，水平杆端接头插入套扣内，其外表面应与套扣内表面相吻合，且端接头与套扣的对位孔宜对中。

立杆和水平杆宜采用截面 $\phi48.3\times3.2$ 或以上规格的钢管。立杆的长度宜为 600mm、900mm、1200mm、1800mm、2100mm、2400mm、3000mm、3600mm 和 4200mm 等规格。套扣在立杆上的间距宜按 600mm 的模数设置。水平杆的长度应与搭设的架体立杆纵距和横距相匹配，立杆纵向、横向间距可取 600mm、750mm、900mm、1000mm、1200mm 和 1500mm 等。

承插型套扣式钢管脚手架的构配件除有特殊要求外，其材质应符合现行国家标准《碳素结构钢》（GB/T 700）的规定。立杆、立杆连接套管、可调底座、可调托座、调位螺母、套扣和水平杆端接头宜采用 Q235B 钢材，水平杆可采用 Q235A 钢材。钢管应采用《直缝电焊钢管》（GB/T 13793）或《低压流体输送用焊接钢管》（GB/T 3091）中规定的 Q235 普通钢管。

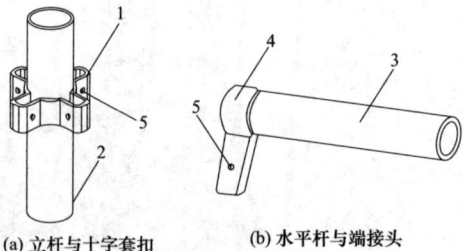

(a) 立杆与十字套扣　　(b) 水平杆与端接头

1—十字套扣；2—立杆；3—水平杆；4—水平杆端接头；5—对位孔

图 4-32 套扣式节点

十字套扣与立杆的连接、水平杆与端接头的连接、水平斜撑杆与专用端接头的连接均应采用焊接，连接焊缝应满焊，焊脚尺寸不应小于 4mm。

4.3.2.3 梁模板支撑设计计算流程

（1）梁底模板支撑计算流程（图 4-35）。

（2）梁侧模板计算流程（图4-36）。

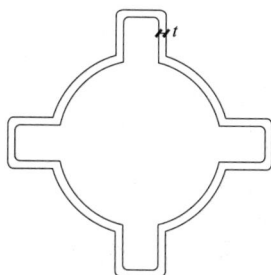

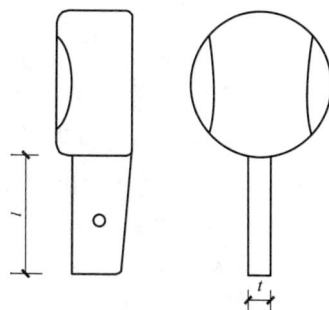

图4-33　十字套扣大样　　　　　　　　　图4-34　水平杆端接头大样

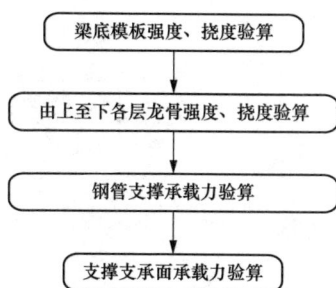

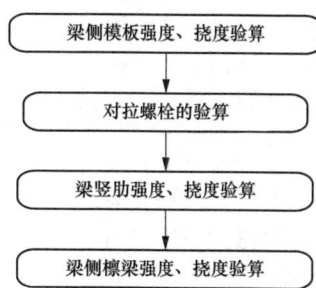

图4-35　梁底模板支撑计算流程　　　　图4-36　梁侧模板计算流程

4.3.2.4　梁底模板支撑计算

1. 梁底模板强度验算

（1）计算简图的设定。

按多跨连续梁进行计算，由夹板长度（常用915mm×1830mm）和第一层龙骨（次楞）的间距确定连续梁的跨数，当超过五跨时按五跨计算（图4-37）。

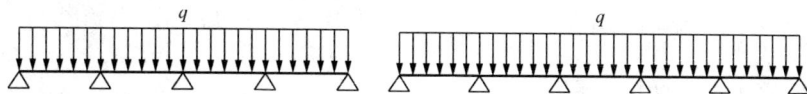

图4-37　计算简图

（2）抗弯、抗剪强度验算。

荷载按照"模板自重＋混凝土自重＋钢筋荷载＋振捣混凝土荷载（2.0kN/m²）"的荷载组合，计算时应采用荷载标准值乘以相应的荷载分项系数（永久荷载分项系数取1.3，可变荷载分项系数取1.5）求得荷载设计值。计算弯矩和剪力，取最大值进行抗弯、抗剪强度验算。

抗弯强度
$$\sigma = \frac{M_{max}}{W} \leqslant f_m$$

抗剪强度
$$\tau = \frac{3V_{max}}{2bh} \leqslant f_v$$

式中　M_{max}——最大弯矩值，N·m；

V_{max}——最大剪力值，N；

   b——模板宽度，常取值为 1000mm；

   h——模板厚度，mm；

   W——模板截面模量，mm^3，$W = bh^2/6$；

   f_m——木材抗弯强度设计值，N/mm^2；

   f_v——木材顺纹抗剪强度设计值，N/mm^2。

（3）梁底模板挠度验算。

按照"模板自重＋混凝土自重＋钢筋荷载"的荷载标准值进行组合，计算最大挠度值和进行挠度验算。

挠度 $v_{max} \leqslant [v]$；对结构表面外露的模板，$[v]$ 为模板计算跨度的 1/400；对结构表面隐蔽的模板，$[v]$ 为模板计算跨度的 1/250。

2. 第一层龙骨（次楞）验算

（1）计算简图的设定。

按照龙骨材料的长度、钢管支撑横向间距，确定采用单跨或多跨连续梁进行计算（图 4-38～图 4-40）。

1）两根钢管支撑、两层龙骨。

2）两根钢管支撑、三层龙骨。

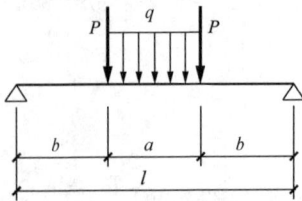

l—钢管支撑横向间距；a—梁宽；P—板传荷载

图 4-38　第一层龙骨计算简图 1

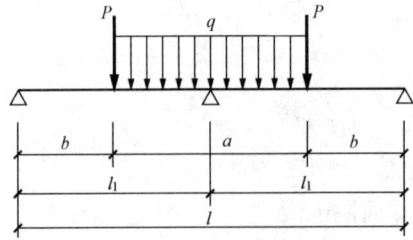

l—钢管支撑横向间距；l_1—第二层龙骨（主楞）间距；
a—梁宽；P—板传荷载

图 4-39　第一层龙骨计算简图 2

3）四根钢管支撑、两层龙骨。

（2）抗弯、抗剪强度验算。

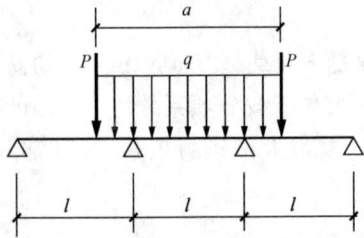

l—钢管支撑横向间距；a—梁宽；P—板传荷载

图 4-40　第一层龙骨计算简图 3

荷载为按照底模抗弯强度验算的荷载组合＝〔模板自重＋混凝土自重＋钢筋荷载＋振捣混凝土荷载（2.0kN/m^2）〕而传递的均布荷载，板传荷载为集中荷载。

抗弯强度　　　$\sigma = \dfrac{M_{max}}{W} \leqslant f_m$

抗剪强度　　　$\tau = \dfrac{3V_{max}}{2bh} \leqslant f_v$

式中　M_{max}——最大弯矩值；

     V_{max}——最大剪力值；

b——第一层龙骨（次楞）截面宽度；

h——第一层龙骨（次楞）截面高度；

W——第一层龙骨（次楞）截面模量，$W=bh^2/6$；

f_m——木材抗弯强度设计值；

f_v——木材顺纹抗剪强度设计值。

（3）挠度验算。

荷载为按照底模挠度验算的荷载组合＝〔模板自重＋混凝土自重＋钢筋荷载〕而传递的均布荷载，板传荷载为集中荷载。

挠度 $v_{max} \leqslant [v]$；对结构表面外露的模板，$[v]$ 为第一层龙骨（次楞）计算跨度的 1/400；对结构表面隐蔽的模板，$[v]$ 为第一层龙骨（次楞）计算跨度的 1/250。

3. 第二层龙骨（主楞）验算

（1）计算简图的设定。

按照龙骨材料的长度（通常为 1.8～2.0m，注意考虑搭接）、钢管支撑的纵向间距，确定采用两跨或多跨连续梁进行计算（图 4-41）。

（2）抗弯、抗剪强度验算。

荷载为按第一层龙骨（次楞）抗弯、抗剪强度验算的荷载组合而产生的最大支座反力。

龙骨采用木方时：

抗弯强度 $\qquad \sigma = \dfrac{M_{max}}{W} \leqslant f_m$

抗剪强度 $\qquad \tau = \dfrac{3V_{max}}{2bh} \leqslant f_v$

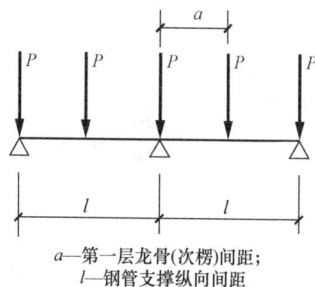

a——第一层龙骨(次楞)间距；
l——钢管支撑纵向间距

图 4-41　第二层龙骨计算简图

式中　M_{max}——最大弯矩值；

$\quad V_{max}$——最大剪力值；

$\qquad b$——第二层龙骨（主楞）截面宽度；

$\qquad h$——第二层龙骨（主楞）截面高度；

$\qquad W$——第二层龙骨（主楞）截面模量，$W=bh^2/6$；

$\quad f_m$——木材抗弯强度设计值；

$\quad f_v$——木材顺纹抗剪强度设计值。

龙骨采用单或双钢管时：

抗弯强度 $\qquad\qquad\qquad\qquad \sigma = \dfrac{M_{max}}{W} \leqslant f$

抗剪强度 $\qquad\qquad\qquad\qquad \tau = \dfrac{3V_{max}}{2A} \leqslant f_v$

式中　W——钢管截面模量（mm³）（注意双钢管要乘以 2）；

$\qquad A$——钢管截面积（mm²）（注意双钢管要乘以 2）；

$\qquad f$——钢材抗弯强度设计值；

$\quad f_v$——钢材抗剪强度设计值。

（3）挠度验算。

荷载为按照第一层龙骨（次楞）挠度验算的荷载组合而产生的最大支座反力。

龙骨采用木方时：

挠度 $v_{max} \leqslant [v]$；对结构表面外露的模板，$[v]$ 为第二层龙骨（主楞）计算跨度的 1/400；

对结构表面隐蔽的模板，$[v]$ 为第二层龙骨（主楞）计算跨度的 1/250。

龙骨采用单或双钢管时：

挠度 $v_{max} \leqslant [v]$；$[v]$ 为第二层龙骨（主楞）计算跨度的 1/400。

4. 第三层龙骨验算

（1）计算简图的设定。

按照单跨梁进行计算（见图 4-42）：

（2）抗弯、抗剪强度验算。

荷载为按照第二层龙骨（主楞）抗弯强度验算的荷载组合而产生的最大支座反力。

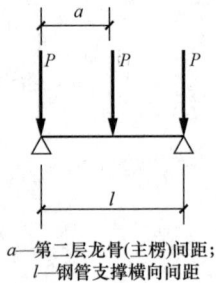

a—第二层龙骨(主楞)间距；
l—钢管支撑横向间距

图 4-42　第三层龙骨
计算简图

抗弯强度　　　　$\sigma = \dfrac{M_{max}}{W} \leqslant f_m$

抗剪强度　　　　$\tau = \dfrac{3V_{max}}{2bh} \leqslant f_v$

式中　M_{max}——最大弯矩值；

V_{max}——最大剪力值；

b——第三层龙骨截面宽度；

h——第三层龙骨截面高度；

W——第三层龙骨截面模量，$W = bh^2/6$；

f_m——木材抗弯强度设计值；

f_v——木材顺纹抗剪强度设计值。

（3）挠度验算。

荷载为第二层龙骨（主楞）挠度验算的荷载组合而产生的最大支座反力。

挠度 $v_{max} \leqslant [v]$；对结构表面外露的模板，$[v]$ 为第三层龙骨计算跨度的 1/400；

对结构表面隐蔽的模板，$[v]$ 为第三层龙骨计算跨度的 1/250。

4.3.2.5　钢管支撑承载力验算

1. 荷载计算

不组合风荷载时：　　　　$N = \gamma_G \sum N_{GK} + \gamma_Q \sum N_{QK}$

组合风荷载时：　　　　$N = \gamma_G \sum N_{GK} + 0.9 \times \gamma_Q \sum N_{QK}$

式中　γ_G——永久荷载分项系数；

γ_Q——可变荷载分项系数；

N——立杆轴向力设计值，kN；

$\sum N_{GK}$——永久荷载标准值产生的立杆轴向力总和，kN；

$\sum N_{QK}$——可变荷载标准值产生的立杆轴向力总和，kN。

2. 钢管支撑长细比验算

钢管支撑应按照扣件式钢管支撑、碗扣式钢管支撑、盘扣式钢管支撑以及套扣式钢管支撑进行计算，扣件式钢管支撑应根据采用的不同规范（JGJ 162、JGJ 130、JGJ 300）来确定相关计算方法。

（1）扣件式钢管立杆（依据《建筑施工模板安全技术规范》JGJ 162）。

1）支撑计算长度按下式计算。

$$l_0 = h$$

式中　l_0——钢管立杆的计算长度，mm。

2）长细比验算。

长细比
$$\lambda = \frac{l_0}{i} \leqslant 150$$

式中　i——钢管立杆的回转半径。

（2）满堂支撑架立杆（依据《建筑施工扣件式钢管脚手架安全技术规范》JGJ 130）。

1）满堂支撑架立杆计算长度按下式计算，取整体稳定计算结果最不利值。

顶部立杆段：
$$l_0 = k\mu_1(h + 2a)$$

非顶部立杆段：
$$l_0 = k\mu_2 h$$

式中　k——满堂脚手架立杆计算长度附加系数，应按表 4-3 采用。

表 4-3　　　　　　　　　　满堂支撑架计算长度附加系数取值

高度 H(m)	$H \leqslant 8$	$8 < H \leqslant 10$	$10 < H \leqslant 20$	$20 < H \leqslant 30$
k	1.155	1.185	1.217	1.291

注　1. 当验算立杆允许长细比时，取 $k=1$。

　　2. a 为立杆伸出顶层水平杆中心线至支撑点的长度；应不大于 0.5m，当 $0.2m < a < 0.5m$ 时，承载力可按线性插入值。μ_1、μ_2 为考虑满堂支撑架整体稳定因素的单杆计算长度系数，普通型构造应按表 4-4 采用；加强型构造应按表 4-4～表 4-7 采用。

表 4-4　　　　　　　　满堂支撑架（剪刀撑设置普通型）立杆计算长度系数 μ_1

步距 (m)	立杆间距 (m)											
	1.2×1.2		1.0×1.0		0.9×0.9		0.75×0.75		0.6×0.6		0.4×0.4	
	高宽比不大于 2		高宽比不大于 2		高宽比不大于 2		高宽比不大于 2		高宽比不大于 2.5		高宽比不大于 2.5	
	最少跨数 4		最少跨数 4		最少跨数 5		最少跨数 5		最少跨数 5		最少跨数 8	
	$a=0.5$ (m)	$a=0.2$ (m)	$a=0.5$ (m)	$a=0.2$ (m)	$a=0.5$ (m)	$a=0.2$ (m)	$a=0.5$ (m)	$a=0.2$ (m)	$a=0.5$ (m)	$a=0.2$ (m)	$a=0.5$ (m)	$a=0.2$ (m)
1.8	—	—	1.165	1.432	1.131	1.388	—	—	—	—	—	—
1.5	1.298	1.649	1.241	1.574	1.215	1.540	—	—	—	—	—	—
1.2	1.403	1.869	1.352	1.799	1.301	1.719	1.257	1.669	—	—	—	—
0.9	—	—	1.532	2.153	1.473	2.066	1.422	2.005	1.599	2.251	—	—
0.6	—	—	—	—	1.699	2.622	1.629	2.526	1.839	2.846	1.839	2.846

注　1. 步距两级之间计算长度系数按线性插入值。

　　2. 立杆间距两级之间，纵向间距与横向间距不同时，计算长度系数按较大间距对应的计算长度系数取值。立杆间距两级之间值，计算长度系数取两级对应的较大的 μ 值。要求高宽比相同。

　　3. 立杆间距 0.9×0.6m 计算长度系数，同立杆间距 0.75×0.75m 计算长度系数，高宽比不变，最小宽度 4.2m。

　　4. 高宽比超过表中规定时，应按 JGJ 130 规范 6.9.7 条执行。

表 4-5　　　　　满堂支撑架（剪刀撑设置加强型）立杆计算长度系数 μ_1

步距 (m)	立杆间距（m）											
	1.2×1.2		1.0×1.0		0.9×0.9		0.75×0.75		0.6×0.6		0.4×0.4	
	高宽比不大于 2		高宽比不大于 2		高宽比不大于 2		高宽比不大于 2		高宽比不大于 2.5		高宽比不大于 2.5	
	最少跨数 4		最少跨数 4		最少跨数 5		最少跨数 5		最少跨数 5		最少跨数 8	
	$a=0.5$ (m)	$a=0.2$ (m)	$a=0.5$ (m)	$a=0.2$ (m)	$a=0.5$ (m)	$a=0.2$ (m)	$a=0.5$ (m)	$a=0.2$ (m)	$a=0.5$ (m)	$a=0.2$ (m)	$a=0.5$ (m)	$a=0.2$ (m)
1.8	1.099	1.355	1.059	1.305	1.031	1.269	—	—	—	—	—	—
1.5	1.174	1.494	1.123	1.427	1.091	1.386	—	—	—	—	—	—
1.2	1.269	1.685	1.233	1.636	1.204	1.596	1.168	1.546	—	—	—	—
0.9	—	—	1.377	1.940	1.352	1.903	1.285	1.806	1.294	1.818	—	—
0.6	—	—	—	—	1.556	2.395	1.477	2.284	1.497	2.300	1.497	2.300

注　同表 4-4 注。

表 4-6　　　　　满堂支撑架（剪刀撑设置普通型）立杆计算长度系数 μ_2

步距 (m)	立杆间距					
	1.2×1.2	1.0×1.0	0.9×0.9	0.75×0.75	0.6×0.6	0.4×0.4
	高宽比不大于 2	高宽比不大于 2	高宽比不大于 2	高宽比不大于 2	高宽比不大于 2.5	高宽比不大于 2.5
	最少跨数 4	最少跨数 4	最少跨数 5	最少跨数 5	最少跨数 5	最少跨数 8
1.8	—	1.750	1.697	—	—	—
1.5	2.089	1.993	1.951	—	—	—
1.2	2.492	2.399	2.292	2.225	—	—
0.9	—	3.109	2.985	2.896	3.251	—
0.6	—	—	4.371	4.211	4.744	4.744

注　同表 4-4 注。

表 4-7　　　　　满堂支撑架（剪刀撑设置加强型）立杆计算长度系数 μ_2

步距 (m)	立杆间距					
	1.2×1.2	1.0×1.0	0.9×0.9	0.75×0.75	0.6×0.6	0.4×0.4
	高宽比不大于 2	高宽比不大于 2	高宽比不大于 2	高宽比不大于 2	高宽比不大于 2.5	高宽比不大于 2.5
	最少跨数 4	最少跨数 4	最少跨数 5	最少跨数 5	最少跨数 5	最少跨数 8
1.8	1.656	1.595	1.551	—	—	—
1.5	1.893	1.808	1.755	—	—	—
1.2	2.247	2.181	2.128	2.062	—	—
0.9	—	2.802	2.749	2.608	2.626	—
0.6	—	—	3.991	3.806	3.833	3.833

注　同表 4-4 注。

2）长细比验算。

长细比

$$\lambda=\frac{l_0}{i}\leqslant 210$$

式中　i——钢管立杆的回转半径，mm。

（3）无剪刀撑扣件式钢管支撑立杆（依据《建筑施工临时支撑结构技术规范》JGJ 300）。

1）计算长度。

$$l_0=\mu h$$

式中　μ——立杆计算长度系数，应按表 4-8 取值。

表 4-8   无剪刀撑扣件式钢管支撑的计算长度系数 μ

n_z	K	α							
		0.1	0.2	0.3	0.4	0.5	0.6	0.7	0.8
1	0.4	1.89	1.94	2.0	2.07	2.17	2.29	2.42	2.57
	0.6	2.17	2.24	2.32	2.41	2.52	2.63	2.77	2.91
	0.8	2.43	2.51	2.60	2.70	2.82	2.94	3.07	3.22
	1.0	2.65	2.75	2.85	2.96	3.09	3.21	3.35	3.49
	2.0	3.57	3.72	3.86	4.01	4.16	4.32	4.47	4.63
	3.0	4.30	4.48	4.65	4.82	5.01	5.18	5.36	5.53
	4.0	4.89	5.09	5.30	5.52	5.70	5.90	6.11	6.32
2	0.4	2.09	2.12	2.15	2.19	2.26	2.34	2.45	2.59
	0.6	2.42	2.46	2.50	2.56	2.63	2.71	2.82	2.94
	0.8	2.71	2.76	2.81	2.87	2.95	3.04	3.14	3.26
	1.0	2.97	3.02	3.08	3.15	3.23	3.32	3.42	3.55
	2.0	4.01	4.09	4.18	4.27	4.37	4.48	4.59	4.71
	3.0	4.83	4.93	5.03	5.15	5.26	5.38	5.50	5.64
	4.0	5.51	5.63	5.76	5.87	6.00	6.14	6.29	6.41
3	0.4	2.18	2.20	2.22	2.25	2.29	2.36	2.46	2.59
	0.6	2.53	2.56	2.59	2.62	2.68	2.74	2.84	2.95
	0.8	2.84	2.87	2.90	2.95	3.01	3.08	3.16	3.27
	1.0	3.11	3.15	3.19	3.24	3.30	3.37	3.46	3.57
	2.0	4.21	4.27	4.33	4.40	4.47	4.55	4.64	4.74
	3.0	5.07	5.14	5.21	5.30	5.38	5.47	5.57	5.68
	4.0	5.79	5.87	5.97	6.05	6.15	6.25	6.37	6.47
4	0.4	2.23	2.24	2.25	2.27	2.31	2.37	2.47	2.59
	0.6	2.60	2.61	2.63	2.66	2.70	2.76	2.85	2.95
	0.8	2.91	2.93	2.96	2.99	3.04	3.10	3.18	3.28
	1.0	3.19	3.22	3.25	3.29	3.34	3.40	3.47	3.57
	2.0	4.33	4.37	4.41	4.47	4.53	4.60	4.67	4.76
	3.0	5.21	5.26	5.32	5.38	5.45	5.53	5.61	5.70
	4.0	5.95	6.02	6.09	6.16	6.24	6.32	6.41	6.50
5	0.4	2.26	2.27	2.28	2.29	2.32	2.38	2.47	2.59
	0.6	2.63	2.64	2.66	2.68	2.72	2.77	2.85	2.95
	0.8	2.96	2.97	2.99	3.02	3.06	3.11	3.18	3.28
	1.0	3.25	3.26	3.29	3.32	3.36	3.41	3.48	3.58
	2.0	4.40	4.43	4.47	4.51	4.57	4.62	4.69	4.77
	3.0	5.30	5.34	5.39	5.44	5.50	5.56	5.63	5.72
	4.0	6.06	6.11	6.17	6.22	6.29	6.36	6.44	6.52

注 1. n_z 为立杆步数；K 为无剪刀撑扣件式钢管支撑的刚度比，按 $K=\dfrac{EI}{hk}+\dfrac{l_{max}}{6h}$ 计算；E 为弹性模量，N/mm² ；I 为杆件的截面惯性矩，mm⁴ ；α 为 α_1、α_2 中的较大值；α_1 为扫地杆高度 h_1 与步距 h 之比；α_2 为悬臂长度 h_2 与步距 h 之比；l_{max} 为立杆纵向间距 l_a、横向间距 l_b 中的较大值，mm；k 为节点转动刚度，取 35kN·m/rad。

2. 当水平杆与立杆截面尺寸不同时，$K=\dfrac{EI}{hk}+\dfrac{l_{max}}{6h}\dfrac{I}{I_1}$，其中，$I$ 为立杆的截面惯性矩，mm⁴ ；I_1 为水平杆的截面惯性矩，mm⁴ 。

2）长细比验算。

长细比
$$\lambda = \frac{l_0}{i} \leqslant 180$$

式中　i——钢管立杆的回转半径，mm。

（4）有剪刀撑扣件式钢管支撑立杆（依据《建筑施工临时支撑结构技术规范》JGJ 300）。

1）计算长度。

$$l_0 = \beta_{\mathrm{H}}\beta_{\mathrm{a}}\mu h$$

式中　μ——立杆计算长度系数，应按表 4-9 取值；

　　　β_{a}——扫地杆与悬臂长度修正系数应按表 4-10 取值；

　　　β_{H}——高度修正系数，应按表 4-11 取值。

表 4-9　　　　　　　　　有剪刀撑扣件式钢管支撑的计算长度系数 μ

n_x	K	α_x						
		0.4	0.6	0.8	1.0	1.2	1.4	1.6
3	0.4	0.89	1.11	1.29	1.42	1.54	1.62	1.67
	0.6	0.94	1.17	1.38	1.53	1.68	1.78	1.85
	0.8	0.98	1.22	1.45	1.62	1.78	1.91	2.00
	1.0	1.01	1.25	1.50	1.68	1.86	2.00	2.11
	2.0	1.11	1.34	1.62	1.83	2.04	2.24	2.38
	3.0	1.18	1.39	1.67	1.90	2.11	2.33	2.50
	4.0	1.25	1.44	1.72	1.95	2.16	2.38	2.57
4	0.4	1.11	1.36	1.54	1.69	1.76	1.79	1.81
	0.6	1.17	1.46	1.67	1.86	1.97	2.02	2.04
	0.8	1.22	1.54	1.77	1.99	2.12	2.19	2.23
	1.0	1.25	1.59	1.84	2.09	2.24	2.33	2.38
	2.0	1.34	1.72	2.01	2.33	2.56	2.70	2.79
	3.0	1.39	1.78	2.08	2.43	2.70	2.88	3.00
	4.0	1.45	1.84	2.14	2.49	2.79	3.00	3.15
5	0.4	1.30	1.53	1.73	1.82	1.85	1.85	1.86
	0.6	1.39	1.66	1.92	2.04	2.09	2.11	2.12
	0.8	1.45	1.75	2.05	2.21	2.28	2.31	2.32
	1.0	1.5	1.83	2.16	2.34	2.43	2.47	2.49
	2.0	1.61	2.01	2.42	2.70	2.86	2.95	3.00
	3.0	1.67	2.09	2.53	2.87	3.08	3.20	3.28
	4.0	1.73	2.16	2.61	2.99	3.24	3.39	3.49
6	0.4	1.44	1.69	1.83	1.87	1.88	1.88	1.88
	0.6	1.56	1.86	2.05	2.12	2.14	2.15	2.15
	0.8	1.64	1.99	2.22	2.31	2.35	2.36	2.37
	1.0	1.70	2.08	2.35	2.47	2.52	2.54	2.54

n_x	K	α_x						
		0.4	0.6	0.8	1.0	1.2	1.4	1.6
6	2.0	1.86	2.32	2.72	2.92	3.03	3.08	3.11
	3.0	1.94	2.42	2.90	3.17	3.31	3.39	3.44
	4.0	2.00	2.50	3.03	3.34	3.52	3.62	3.69

注 1. x 向定义：①当纵向、横向立杆间距相同时，x 向为单元框架立杆跨数大的方向；②当纵向、横向立杆间距不相同时，x 向应分别取纵向、横向进行计算，μ 值取计算结果的较大值。

2. n_x 为表中 x 向跨数；K 为无剪刀撑扣件式钢管支撑的刚度比，按 $K=\dfrac{EI}{hk}+\dfrac{l_y}{6h}$ 计算，E 为弹性模量，N/mm²；I 为杆件的截面惯性矩，mm⁴；α_x 为 x 向跨距与步距之比，按 $\alpha_x=\dfrac{l_x}{h}$ 计算；l_x 为距 x 向间距，mm；l_y 为距 y 向间距，mm；k 为节点转动刚度，取 35kN·m/rad。

3. 当水平杆与立杆截面尺寸不同时，$K=\dfrac{EI}{hk}+\dfrac{l_y}{6h}\dfrac{I}{I_1}$，$\alpha_x=\dfrac{l_x}{h}\dfrac{I}{I_1}$

式中 I——立杆的截面惯性矩，mm⁴；
I_1——水平杆的截面惯性矩，mm⁴。

表 4-10   有剪刀撑扣件式钢管支撑的扫地杆高度与悬臂长度修正系数 β_a

n_x	α	α_x				
		0.4	0.6	0.8	1.0	≥1.2
3	≤0.2	1.000	1.000	1.000	1.000	1.000
	0.4	1.280	1.188	1.105	1.077	1.065
	0.6	1.602	1.438	1.279	1.210	1.171
4	≤0.2	1.000	1.000	1.000	1.000	1.000
	0.4	1.193	1.087	1.075	1.048	1.036
	0.6	1.441	1.250	1.187	1.124	1.097
5	≤0.2	1.000	1.000	1.000	1.000	1.000
	0.4	1.121	1.074	1.046	1.037	1.031
	0.6	1.306	1.190	1.119	1.087	1.077
6	≤0.2	1.000	1.000	1.000	1.000	1.000
	0.4	1.085	1.056	1.033	1.033	1.031
	0.6	1.225	1.144	1.088	1.078	1.074

注 α 为 α_1、α_2 中的较大值；α_1 为扫地杆高度 h_1 与步距 h 之比；α_2 为悬臂长度 h_2 与步距 h 之比；其余字母含义与表 4-9 相同。

表 4-11   有剪刀撑扣件式钢管支撑的高度修正系数 β_H

H	5	10	20	30	40
β_H	1.00	1.11	1.16	1.19	1.22

注 H 为支架结构高度，m。

2）长细比验算。

长细比 $\lambda=\dfrac{l_0}{i}\leqslant 180$

式中 i——钢管立杆的回转半径，mm。

（5）盘扣式钢管支架立杆。

1）模板支架立杆计算长度按下式计算，并应取其中的较大值：

$$l_0 = \beta_H \eta h$$
$$l_0 = \beta_H \gamma h' + 2ka$$

式中　l_0——支架立杆计算长度，m；

　　　a——可调托座支撑点至顶层水平杆中心线的距离，m；

　　　h——架体步距，m，取最大值；

　　　h'——架体立杆顶层步距，m；

　　　η——立杆计算长度修正系数，$h＝0.5$m 或 1.0m 时，取值 1.50；$h＝1.5$m 时，取值 1.05；

　　　γ——架体顶层步距修正系数，$h'＝1.0$m 或 1.5m 时，取值 0.9；$h'＝0.5$m 时，取值 1.5；

　　　β_H——支撑架搭设高度调整系数，按表 4-12 采用；

　　　k——支撑架悬臂端计算长度折减系数，取值 0.6。

表 4-12　　　　　　　　　　　支撑架搭设高度调整系数 β_H

搭设高度 H(m)	$H \leqslant 8$	$8 < H \leqslant 16$	$16 < H \leqslant 24$	$H > 24$
β_H	1.00	1.05	1.10	1.20

2）长细比验算。

长细比　　　　　　　　　　$\lambda = \dfrac{l_0}{i} \leqslant 150$

式中　i——钢管立杆的回转半径，mm。

（6）承插型套扣式钢管支架立杆（依据《建筑施工承插型套扣式钢管脚手架安全技术规程》DBJ 15）。

1）模板支架单立杆计算长度应按下列公式计算，并取其较大值：

$$l_0 = \eta h$$
$$l_0 = h' + 2a$$

式中　l_0——支架立杆计算长度，m；

　　　a——模板支架可调托座支撑点至顶层水平杆顶的距离，m，其值不应大于 0.65m；

　　　h——模板支架立杆中间层水平杆最大竖向步距，m；

　　　h'——模板支架立杆顶层，或者底层水平杆竖向步距，m，宜比最大步距减少一个套扣的距离；

　　　η——模板支架立杆计算长度修正系数，水平杆步距为 1.2m 时，可取 1.40，当步距为 1.80m 时，取 1.1。

2）长细比验算。

长细比　　　　　　　　　　$\lambda = \dfrac{l_0}{i} \leqslant 150$

式中　i——钢管立杆的回转半径，mm。

3. 钢管支撑稳定性验算

（1）立杆稳定性计算公式。

不组合风荷载时

$$\frac{N}{\varphi A} \leqslant f$$

组合风荷载时

$$\frac{N_{w}}{\varphi A} + \frac{M_{w}}{W} \leqslant f$$

式中　N——钢管支撑轴向力，N；

　　　φ——钢管轴心受压稳定系数，根据采用钢管的材质和长细比 λ 由表 4-13 查出；

　　　M_{w}——计算立杆段由风荷载设计值产生的弯矩，N·mm，可按本书 4.3.2.6-1 进行计算；

　　　A——钢管立杆的截面积，mm^2；

　　　W——钢管立杆的截面模量，mm^3；

　　　f——钢材抗弯强度设计值，N/mm^2。

（2）满堂支撑架立杆稳定性计算部位：

1）当满堂脚手架采用相同的步距、立杆纵距、立杆横距和连墙件间距时，应计算底层与顶层立杆段。

2）当架体的步距、立杆纵距、立杆横距和连墙件间距有变化时，除计算底层立杆段外，还必须对出现最大步距或最大立杆纵距、立杆横距等部位的立杆段进行验算。

3）当架体上有集中荷载作用时，尚应计算集中荷载作用范围内受力最大的立杆段。

（3）采用钢管和扣件搭设的支架设计时，应符合下列规定：

单根立杆的轴力标准值不宜大于 12kN，高大模板支架单根立杆的轴力标准值不宜大于 10kN。

4. 立杆承载力验算

立杆顶部承受水平杆扣件传递的竖向荷载时，立杆应按不小于 50mm 的偏心距进行承载力验算，高大模板支架的立杆应按不小于 100mm 的偏心距进行承载力验算。

4.3.2.6　支撑支承面承载力验算

1. 支承面为回填土、土面

$$P = \frac{N}{A} < m_{f} f_{ak}$$

式中　P——立柱底垫木的底面平均压应力，N/mm^2；

　　　N——上部结构传至垫木顶面的轴向力设计值，N；

　　　A——垫木底面面积，mm^2；

　　　f_{ak}——地基承载力设计值，N/mm^2；

　　　m_{f}——地基承载力设计值折减系数，按表 4-13 采用。

表 4-13　　　　　　　　　　　地基土承载力折减系数（m_{f}）

地基土类别	折减系数	
	支承在原土上时	支承在回填土上时
碎石土、砂土、多年堆积土	0.8	0.4

地基土类别	折减系数	
	支承在原土上时	支承在回填土上时
粉土、黏土	0.9	0.5
岩石、混凝土	1.0	—

2. 支承面为混凝土板

当支承面为混凝土板时，要对混凝土受冲切和局部受压承载力进行验算。

（1）受冲切承载力验算。

$$F_l \leqslant (0.7\beta_h f_t + 0.15\sigma_{pc,m})\eta\mu_m h_0$$

式中　　F_l——局部荷载设计值或集中反力设计值，N；

β_h——截面高度影响系数：当 $h \leqslant 800$mm 时，取 $\beta_h = 1.0$；当 $h \geqslant 2000$mm 时，取 $\beta_h = 0.9$，其间按线性内插法取用；

f_t——混凝土轴心抗拉强度设计值，N/mm²；

$\sigma_{pc,m}$——临界截面周长上两个方向混凝土有效高度内压应力平均值，其值宜控制在 1.0～3.5N/mm² 范围内；

u_m——计算截面的周长，mm，取距离局部荷载或集中反力作用面积周长 $h_0/2$ 处板垂直截面的最不利周长；

h_0——截面有效高度，mm，取两个配筋方向的截面有效高度的平均值；

η——按 $\eta_1 = 0.4 + \dfrac{1.2}{\beta_s}$，$\eta_2 = 0.5 + \dfrac{a_s h_0}{4u_m}$ 两者计算取较小值；

η_1——局部荷载或集中反力作用面积形状的影响系数；

η_2——临界截面周长与板截面影响高度之比的影响系数；

β_s——局部荷载或集中反力作用面积为矩形时的长边与短边尺寸的比值，β_s 不宜大于 4；当 β_s 小于 2 时取 2；对圆形冲切面，β_s 取 2；

a_s——柱位置影响系数：中柱，a_s 取 40；边柱，a_s 取 30；角柱，a_s 取 20。

（2）局部受压承载力验算。

$$F_l \leqslant \omega\beta_l f_{cc} A_l$$

式中　　F_l——局部受压面上作用的局部荷载或局部压力设计值，N；

ω——荷载分布的影响系数：当局部受压面上的荷载为均布时，取 $\omega = 1$；当局部荷载为非均匀分布时（如梁、过梁的端部支承面），取 $\omega = 0.75$；

β_l——混凝土局部受压时的强度提高系数，$\beta_l = \sqrt{\dfrac{A_b}{A_l}}$；

f_{cc}——素混凝土的轴心抗压强度设计值，N/mm²，按规范规定的混凝土轴心抗压强度设计值的 f_c 值乘以系数 0.85 取用；

A_l——局部受压面积，mm²，见图 4-43；

A_b——局部受压的计算底面积，mm²，见图 4-43。

3. 梁侧模强度验算

（1）荷载计算。

1）新浇混凝土的侧压力。

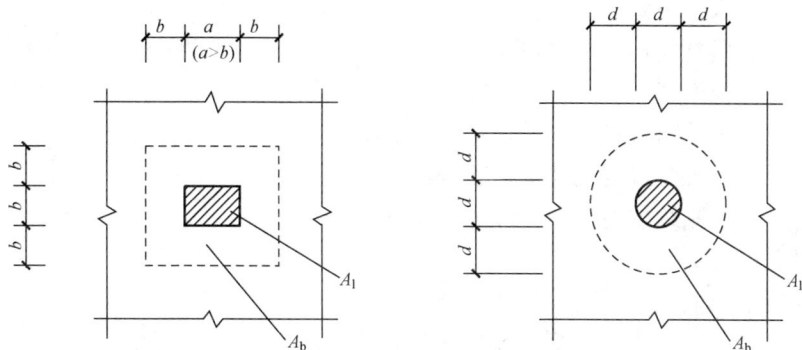

图 4-43　局部受压面积

$$F = 0.22\gamma t_0 \beta_1 \beta_2 V^{1/2}$$
$$F = \gamma H$$
} 两者对比取小值

式中　F——新浇筑混凝土对模板的侧压力，N/mm^2；

　　　γ——混凝土的重力密度，N/mm^3；

　　　t_0——新浇混凝土的初凝时间，h，可按实测确定。当缺乏实验资料时，可采用 $t_0 = 200/(t+15)$ 计算（t 为混凝土的温度，单位：℃）；

　　　V——混凝土的浇筑速度，m/h；

　　　H——混凝土侧压力计算位置处至新浇筑混凝土顶面的总高度（见图 4-44），m；

　　　β_1——外加剂影响系数，不掺外加剂时取 1.0，掺具有缓凝作用的外加剂时取 1.2；

　　　β_2——混凝土坍落度影响系数，当坍落度小于 30mm 时取 0.85；50～90mm 时取 1.0；110～150mm 时取 1.15。

计算时注意混凝土入模温度与浇筑速度的取值。

2）振捣混凝土产生的荷载：取 4kN/m^2。

3）倾倒混凝土产生的荷载：取 4kN/m^2。

（2）侧模强度验算。

1）抗弯、抗剪强度验算。

按多跨连续梁进行计算，荷载按照（新浇混凝土的侧压力＋振捣混凝土产生的荷载或倾倒混凝土产生的荷载 2.0kN/m^2）的荷载组合，计算时采用荷载标准值乘以相应的荷载分项系数（新浇混凝土的侧压力分项系数取 1.3，振捣混凝土产生的荷载和倾倒混凝土产生的荷载分项系数取 1.5）求得荷载设计值。计算弯矩和剪力，取最大值进行抗弯、抗剪强度验算。

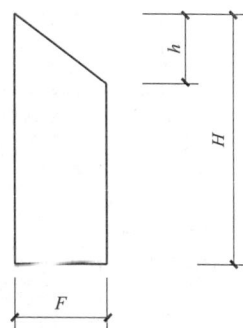

图 4-44　混凝土侧压力
计算分布图
其中：h 为有效压头高度 $h = F/\gamma$

抗弯强度　　　　　　　$\sigma = \dfrac{M_{\max}}{W} \leqslant f_{\text{m}}$

抗剪强度　　　　　　　$\tau = \dfrac{3V_{\max}}{2bh} \leqslant f_{\text{v}}$

式中　$M_{\max}$——最大弯矩值，N·mm；

V_{max}——最大剪力值，N；

　b——侧模宽度，mm，常取（梁宽一板厚）；

　h——侧模厚度，mm；

　W——侧模截面模量，mm^3，$W = bh^2/6$；

　f_m——木材抗弯强度设计值，N/mm^2；

　f_v——木材顺纹抗剪强度设计值，N/mm^2。

2）挠度验算。

按照新浇混凝土侧压力的荷载标准值验算最大挠度值。

挠度 $v_{max} \leqslant [v]$；对结构表面外露的模板，$[v]$ 为侧模计算跨度的 1/400；

　　　　　　　对结构表面隐蔽的模板，$[v]$ 为侧模计算跨度的 1/250。

（3）对拉螺栓验算。

对拉螺栓强度按下式进行计算：

$$N = abF_s < N_t^b$$

式中　N——对拉螺栓最大轴力设计值，N；

　N_t^b——对拉螺栓轴向拉力设计值，N，按表 4-14 采用；

　a——对拉螺栓横向间距，mm

　b——对拉螺栓竖向间距，mm

　F_s——新浇混凝土作用于模板上的侧压力。

振捣混凝土对垂直模板产生的水平荷载 Q_{2k} 或倾倒混凝土时作用于模板上的侧压力 Q_{3k} 设计值（N）：

$$F_s = 0.95 \times (\gamma_G F + \gamma_Q Q_{2k}) \text{ 或 } F_s = 0.95 \times (\gamma_G F + \gamma_Q Q_{3k})$$

式中　γ_G——永久荷载分项系数，取值 1.3；

　γ_Q——可变荷载分项系数，取值 1.5。

表 4-14　　　　　　　　　　　对拉螺栓轴向拉力设计值（N_t^b）

螺栓直径（mm）	螺栓内径（mm）	净截面面积（mm）	重量（N/m）	轴向拉力设计值 N_t^b（kN）
M12	9.85	76	8.9	12.9
M14	11.55	105	12.1	17.8
M16	13.55	144	15.8	24.5
M18	14.93	174	20.0	29.6
M20	16.93	225	24.6	38.2
M22	18.93	282	29.6	47.9

（4）侧肋验算。

按两跨或多跨连续梁进行计算，跨数由对拉螺栓设置的排数计算确定，跨度可为等跨或不等跨。

1）抗弯、抗剪强度验算。

荷载为按照梁侧模抗弯强度荷载组合（新浇混凝土的侧压力＋振捣混凝土产生的荷载或倾倒混凝土产生的荷载 $2.0kN/m^2$）传递的均布荷载。

抗弯强度　　　　　　　　　　　$\sigma = \dfrac{M_{max}}{W} \leqslant f_m$

抗剪强度
$$\tau = \frac{3V_{max}}{2bh} \leqslant f_v$$

式中　M_{max}——最大弯矩值，N·mm；

　　　V_{max}——最大剪力值，N；

　　　　b——侧肋截面宽度，mm；

　　　　h——侧肋截面高度，mm；

　　　　W——侧肋截面模量，mm^3，$W = bh^2/6$；

　　　　f_m——木材抗弯强度设计值，N/mm^2；

　　　　f_v——木材顺纹抗剪强度设计值，N/mm^2。

2）挠度验算。

荷载为按照梁侧模挠度验算荷载组合（新浇混凝土的侧压力＋钢筋荷载）传递的均布荷载。

挠度 $v_{max} \leqslant [v]$；对结构表面外露的模板，$[v]$ 为模板构件计算跨度的 1/400；对结构表面隐蔽的模板，$[v]$ 为模板构件计算跨度的 1/250。

（5）梁侧檩梁验算。

梁侧檩梁常采用钢管或型钢，按多跨连续梁进行计算，跨数由檩梁材料长度与对拉螺栓水平间距确定，跨数大于等于 5 跨按 5 跨进行计算（见图 4-45）。

1）抗弯强度验算。

荷载为侧肋抗弯强度验算荷载组合下的最大支座反力值。

$$\sigma = \frac{M_{max}}{\gamma W} \leqslant f$$

式中　M_{max}——檩梁的最大弯矩值，N·mm。

　　　　γ——截面塑性发展系数，钢管 $\gamma = 1.15$；工字形 $\gamma = 1.05$；槽钢 $\gamma = 1.05$。

　　　　W——檩梁的截面模量，mm^3。

　　　　f——钢材抗弯强度设计值，N/mm^2。

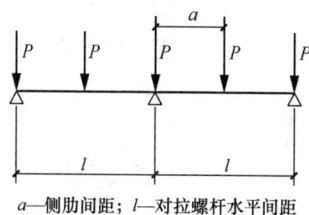

a—侧肋间距；l—对拉螺杆水平间距

图 4-45　计算简图

2）整体稳定验算。

当檩梁采用型钢时，需对其稳定性进行验算。荷载为侧肋抗弯强度验算荷载组合下的最大支座反力值。

$$\frac{M_{max}}{\varphi_b W} \leqslant f$$

式中　φ_b——梁的整体稳定性系数：

①当采用槽钢时：按下式计算。

$$\varphi_b = \frac{570bt}{l_1 h} \cdot \frac{235}{f_y}$$

式中　b、t、h——分别为槽钢截面的高度、翼缘宽度和平均厚度。

②当采用工字梁时：按《钢结构设计规范》表 B.2 取值。

③当查出或计算得出 $\varphi_b > 0.6$ 时，需用 $\varphi_b' = 1.07 - \dfrac{0.282}{\varphi_b}$ 代替 φ_b。

3）挠度验算。

荷载为按照梁侧模挠度验算荷载组合下的最大支座反力值。

挠度 $v_{max} \leqslant [v]$；对结构表面外露的模板，$[v]$ 为模板构件计算跨度的 1/400。

4.3.2.7　高支模设计主要计算参数

1. 梁底模板参数

（1）梁底模板：模板有 18mm 夹板和 20～25mm 厚木板，夹板规格常使用 915mm×1830mm。

（2）第一层主要为木方，第二、三层可以是木方、单或双钢管（$\phi48\times3.0$、$\phi48\times3.5$ 钢管），宜根据工程需要选择不同搭设形式、材料和间距的相应参数。

2. 梁侧模板参数

（1）梁侧模板：宜与梁底模材料相同。

（2）对拉螺栓。

1）螺栓横向间距宜按照侧肋间距的倍数进行取值。

2）螺栓设置排数可参考：700mm＜梁高 h≤1000mm，设 1 排；1000mm＜梁高 h≤1400mm，设 2 排；1500mm＜梁高 h≤1800mm，设 3 排；1800mm＜梁高 h≤2200mm，设 4 排。

3）螺栓规格常用Φ12、Φ14、Φ16。

3. 支撑参数

（1）扣件式钢管支撑常用 $\phi48.3\times3.0$、$\phi48\times3.5$ 钢管。

（2）盘扣式钢管支撑常用 $\phi48.3\times3.2$、$\phi60.3\times3.2$ 钢管。

（3）套扣式钢管支撑常用 $\phi48.3\times3.2$ 钢管。

（4）钢管截面特性（表 4-15）。

表 4-15　　　　　　　　　　　　　钢 管 截 面 特 性

外径 ϕ, d (mm)	壁厚 t (mm)	截面积 (cm²)	惯性矩 I (cm⁴)	截面模量 W (cm³)	回转半径 i (cm)	每米长质量 (kg/m)
60.3	3.2	5.74	23.47	7.78	2.02	—
48.3	3.2	4.53	11.59	4.80	1.60	—
48.3	3.0	4.24	10.78	4.49	1.59	3.33
48.3	3.5	4.89	12.19	5.08	1.58	3.84

4. 梁底模板支撑计算荷载

（1）模板自重：按照选择的模板材料计算其自重，包括梁底模、侧模、龙骨等自重。

（2）混凝土自重：常采用 24kN/m³。

（3）钢筋荷载：一般梁取 1.5kN/m³；当梁钢筋量较大时，应按照设计图纸计算后取值。

（4）振捣混凝土荷载：按规范进行取值，常采用 2kN/m²。

（5）施工均布活荷载：施工人员、机械等的活荷载，常采用 2.5kN/m²。

5. 梁侧模板计算荷载

（1）新浇混凝土的侧压力：与混凝土入模温度、混凝土浇筑速度有关。注意：混凝土入模温度要小于 30℃。

（2）当梁是大体积构件时，应选用倾倒混凝土荷载进行计算。

6. 木材力学性能

弹性模量 $E=9000\text{N/mm}^2$、抗弯强度 $f_m=13.0\text{N/mm}^2$、顺纹抗剪强度 $f_v=1.4\text{N/mm}^2$；

视重复使用次数的多少对其设计值进行调整。

7. 钢材力学性能

（1）钢材的强度设计值与弹性模量（表 4-16）。

表 4-16　　　　　　　钢材的强度设计值与弹性模量（N/mm²）

Q355 钢抗拉、抗压和抗弯强度设计值 f	300
Q235 钢抗拉、抗压和抗弯强度设计值 f	205
Q195 钢抗拉、抗压和抗弯强度设计值 f	175
弹性模量	$2.06×10^5$

（2）轴心受压构件稳定系数。

1）Q235 级钢轴心受压构件稳定系数 φ 见表 3-19。

2）Q355 级钢轴心受压构件稳定系数 φ 见表 4-17

表 4-17　　　　　　　Q355 级钢轴心受压构件的稳定系数 φ

λ	0	1	2	3	4	5	6	7	8	9
0	1.000	0.997	0.994	0.991	0.988	0.985	0.982	0.979	0.976	0.973
10	0.971	0.968	0.965	0.962	0.959	0.956	0.952	0.949	0.946	0.943
20	0.940	0.937	0.934	0.930	0.927	0.924	0.920	0.917	0.913	0.909
30	0.906	0.902	0.898	0.894	0.890	0.886	0.882	0.878	0.874	0.870
40	0.867	0.864	0.860	0.857	0.853	0.849	0.845	0.841	0.837	0.833
50	0.829	0.824	0.819	0.815	0.810	0.805	0.800	0.794	0.789	0.783
60	0.777	0.771	0.765	0.759	0.752	0.746	0.739	0.732	0.725	0.718
70	0.710	0.703	0.695	0.688	0.680	0.672	0.664	0.656	0.648	0.64
80	0.632	0.623	0.615	0.607	0.599	0.591	0.583	0.574	0.566	0.558
90	0.550	0.542	0.535	0.527	0.519	0.512	0.504	0.497	0.489	0.482
100	0.475	0.467	0.46	0.452	0.445	0.438	0.431	0.424	0.418	0.411
110	0.405	0.398	0.392	0.386	0.380	0.375	0.369	0.363	0.358	0.352
120	0.347	0.342	0.337	0.332	0.327	0.322	0.318	0.313	0.309	0.304
130	0.300	0.296	0.292	0.288	0.284	0.280	0.276	0.272	0.269	0.265
140	0.261	0.258	0.255	0.251	0.248	0.245	0.242	0.238	0.235	0.232
150	0.229	0.227	0.224	0.221	0.218	0.216	0.213	0.210	0.208	0.205
160	0.203	0.201	0.198	0.196	0.194	0.191	0.189	0.187	0.185	0.183
170	0.181	0.179	0.177	0.175	0.173	0.171	0.169	0.167	0.165	0.163
180	0.162	0.16	0.158	0.157	0.155	0.153	0.152	0.150	0.149	0.147
190	0.146	0.144	0.143	0.141	0.140	0.138	0.137	0.136	0.134	0.133
200	0.132	0.130	0.129	0.128	0.127	0.126	0.124	0.123	0.122	0.121
210	0.120	0.119	0.118	0.116	0.115	0.114	0.113	0.112	0.111	0.110
220	0.109	0.108	0.107	0.106	0.106	0.105	0.104	0.103	0.101	0.101
230	0.100	0.099	0.098	0.098	0.097	0.096	0.095	0.094	0.094	0.093
240	0.092	0.091	0.091	0.090	0.089	0.088	0.088	0.087	0.086	0.086
250	0.085	—	—	—	—	—	—	—	—	—

当实际选用的材料不是全新时，要根据钢管抽件检验结果对其设计值进行调整。

8. 支撑支承面参数

支撑支承面的形式主要有结构楼面和回填土两种情况。

4.3.2.8　高支模设计计算参数设定要点

（1）应根据支撑平面布置来确定梁边至板支撑的距离和计算板传荷载。

（2）结构表面的要求可选择"外露"或是"隐藏"，外露是指结构表面不需做粉刷，隐蔽是指结构表面需要做粉刷。

（3）注意实际采用周转料的木方截面尺寸和钢管的壁厚。

（4）注意梁侧竖肋与对拉螺栓间距，对拉螺栓横向间距宜按照侧肋间距的倍数进行取值。

（5）注意楼板模板下第一层龙骨（次楞）的间距不能过大，建议间距不大于 350mm。

（6）第二层龙骨（主楞）长度接驳位置应设置在支托上。

4.3.2.9　施工方案编制注意事项

（1）按不同梁截面进行模板支撑的设计。

（2）同一个高支模体系宜采用相同的支撑形式，尽量避免门式钢管脚手架和钢管支撑混搭的形式。若不可避免时，则应采取有效措施，确保门式钢管脚手架和钢管支撑两个系统的稳定。

（3）要根据实际采用的材料如：木方、钢管和门架重复使用次数的多少，对规范的强度设计值进行调整，或通过抽件试验结果对其强度设计值进行取值，以确保模板支撑系统的安全。

（4）编制支模区域立杆、纵横水平杆平面布置图，支撑系统立面图、剖面图，水平剪刀撑布置平面图及竖向剪刀撑布置投影图，梁板支模大样图，支撑体系监测平面布置图及连墙件布设位置及节点大样图等。

（5）注重边梁的设计，注意梁和楼板之间的构造措施，避免侧向失稳。

（6）除按规范要求设置构造措施（扫地杆、竖直剪刀撑、水平剪刀撑）外，宜根据不同的工程特点，采用恰当的措施来保证支撑体系整体的稳定。

（7）对高大的模板支撑体系应设置密闭的操作平台、上下楼梯，宜设置安全检查通道、照明等安全措施。

（8）工程概况应有包括高大模板工程特点、施工平面及立面布置、施工要求和技术保证条件，具体明确支模区域、支模标高、高度、支模范围内的梁截面尺寸、跨度、板厚、支撑的地基情况等内容。

（9）施工工艺技术应有高大模板支撑系统的基础处理、主要搭设方法、工艺要求、材料的力学性能指标、构造设置以及检查、验收要求等内容。

（10）施工安全保证措施应包括模板支撑体系搭设及混凝土浇筑区域管理人员组织机构、施工技术措施、模板安装和拆除的安全技术措施、施工应急救援预案，模板支撑系统在搭设、钢筋安装、混凝土浇捣过程中及混凝土终凝前后模板支撑体系位移的监测监控措施等内容。

（11）高支模应编制模板支撑拆除方案，遵循"先搭后拆、后搭先拆"的原则，并明确组织合理的材料运输路线。

(12) 注重混凝土的浇筑方式，组织合理的浇筑路线。

(13) 对高支模搭设的支承面下的支撑系统进行复核，明确其拆除的时间。

(14) 制定相应的监测方案和应急救援预案。

4.3.3 施工安全管理

4.3.3.1 模板安装前的安全技术准备工作

(1) 应审查模板结构设计与施工说明书中的荷载、计算方法、节点构造和安全措施，设计审批手续应齐全。

(2) 应进行全面的安全技术交底，操作班组应熟悉设计与施工说明书，并应做好模板安装作业的分工准备。

(3) 应对模板和配件进行挑选、检测，不合格者应剔除，并应运至工地指定地点堆放。

(4) 备齐操作所需的一切安全防护设施和器具。

4.3.3.2 支架立柱构造与安装要求

1. 模板构造与安装应符合下列规定

(1) 模板安装应按设计与施工说明书顺序拼装，钢管、门架等支架立柱不得混用。

(2) 竖向模板和支架立柱支承部分安装在地基土上时，应加设垫板，垫板应有足够强度和支承面积，且应中心承载。地基土应坚实，并应有排水措施。对湿陷性黄土应有防水措施；对特别重要的结构工程可采用混凝土、打桩等措施防止支架柱下沉；对冻胀性土应有防冻融措施。

(3) 当满堂或共享空间模板支架立柱高度超过 8m 时，若地基土达不到承载要求，无法防止立柱下沉，则应先施工地面下的工程，再分层回填夯实地基土，浇筑地面混凝土垫层，达到强度后方可支模。

(4) 安装模板时，应进行测量放线，并应采取保证模板位置准确的定位措施。对竖向构件的模板及支架，应根据混凝土一次浇筑高度和浇筑速度，采取竖向模板抗侧移、抗浮和抗倾覆措施。对水平构件的模板及支架，应结合不同的支架和模板面板形式，采取支架间、模板间及模板与支架间的有效拉结措施。对可能承受较大风荷载的模板，应采取防风措施。

(5) 对跨度不小于 4m 的梁、板，其施工起拱高度宜为梁、板跨度的 1/1000～3/1000。起拱不得减少构件的截面高度。

(6) 现浇多层或高层房屋和构筑物，安装上层模板及其支架应符合下列规定：

1) 下层楼板应具有承受上层施工荷载的承载能力，否则应加设支撑支架；

2) 上层支架立柱应对准下层支架立柱，并应在立柱底铺设垫板；

3) 当采用悬臂吊模板、桁架支模方法时，其支撑结构的承载能力和刚度必须符合设计构造要求。

(7) 支架的竖向斜撑和水平斜撑应与支架同步搭设，支架应与成型的混凝土结构拉结。钢管支架的竖向斜撑和水平斜撑的搭设，应符合国家现行有关钢管脚手架标准的规定。

(8) 对现浇多层、高层混凝土结构，上、下楼层模板支架的立杆宜对准。模板及支架杆件等应分散堆放。

(9) 模板安装应保证混凝土结构构件各部分形状、尺寸和相对位置准确，并应防止漏浆。

(10) 模板安装应与钢筋安装配合进行，梁柱节点的模板宜在钢筋安装后安装。

（11）模板与混凝土接触面应清理干净并涂刷脱模剂，脱模剂不得污染钢筋和混凝土接槎处。

（12）后浇带的模板及支架应独立设置。

（13）固定在模板上的预埋件、预留孔和预留洞，均不得遗漏，且应安装牢固、位置准确。

2. 采用扣件式钢管作模板支架时的相关规定

（1）模板支架搭设所采用的钢管、扣件规格，应符合设计要求；立杆纵距、立杆横距、支架步距以及构造要求，应符合专项施工方案的要求。

（2）立杆纵距、立杆横距不应大于1.5m，支架步距不应大于2.0m；立杆纵向和横向宜设置扫地杆，纵向扫地杆距立杆底部不宜大于200mm，横向扫地杆宜设置在纵向扫地杆的下方；立杆底部宜设置底座或垫板。

（3）立杆步距的上下两端应设置双向水平杆，水平杆与立杆的交错点应采用扣件连接，双向水平杆与立杆的连接扣件之间的距离不应大于150mm。

（4）支架周边应连续设置竖向剪刀撑。支架长度或宽度大于6m时，应设置中部纵向或横向的竖向剪刀撑，剪刀撑的间距和单幅剪刀撑的宽度均不宜大于8m，剪刀撑与水平杆的夹角宜为45°～60°；支架高度大于3倍步距时，支架顶部宜设置一道水平剪刀撑，剪刀撑应延伸至周边。

（5）立杆、水平杆、剪刀撑的搭接长度，不应小于0.8m，且不应少于2个扣件连接，扣件盖板边缘至杆端不应小于1.0mm。

（6）扣件螺栓的拧紧力矩不应小于40N·m，且不应大于65N·m。

（7）支架立杆搭设的垂直偏差不宜大于1/200。

3. 采用扣件式钢管作高大模板支架时支架搭设的规定

（1）宜在支架立杆顶端插入可调托座，可调托座螺杆外径不应小于36mm，螺杆插入钢管的长度不应小于150mm，螺杆伸出钢管的长度不应大于300mm，可调托座伸出顶层水平杆的悬臂长度不应大于500mm，见图4-46。

（2）立杆纵距、横距不应大于1.2m，支架步距不应大于1.8m。

（3）立杆顶层步距内采用搭接时，搭接长度不应小于1m，且不应少于3个扣件连接。

（4）立杆纵向和横向应设置扫地杆，纵向扫地杆距立杆底部不宜大于200mm。

（5）宜设置中部纵向或横向的竖向剪刀撑，剪刀撑的间距不宜大于5m；沿支架高度方向搭设的水平剪刀撑的间距不宜大于6m。

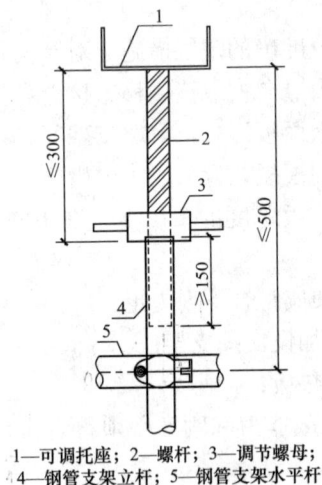

1—可调托座；2—螺杆；3—调节螺母；4—钢管支架立杆；5—钢管支架水平杆

图4-46　扣件式钢管支架

（6）立杆的搭设垂直偏差不宜大于1/200，且不宜大于100mm。

（7）应根据周边结构的情况，采取有效的连接措施加强支架整体稳固性。

4. 采用扣件式钢管满堂支撑架的注意事项

（1）满堂支撑架顶部施工层荷载应通过可调托撑传递给立杆。

（2）满堂支撑架根据剪刀撑的设置不同分为普通型构造与加强型构造。

（3）普通型（见图4-47）。

1）在架体外侧周边及内部纵、横向每5～8m，应由底至顶设置连续竖向剪刀撑，剪刀撑宽度应为5～8m。

2）在竖向剪刀撑顶部交点平面应设置连续水平剪刀撑。当支撑高度超过8m，或施工总荷载大于15kN/m²，或集中线荷载大于20kN/m的支撑架，扫地杆的设置层应设置水平剪刀撑。水平剪刀撑至架体底平面距离与水平剪刀撑间距不宜超过8m。

（4）加强型（见图4-48）。

1）当立杆纵、横向间距为0.9m×0.9m～

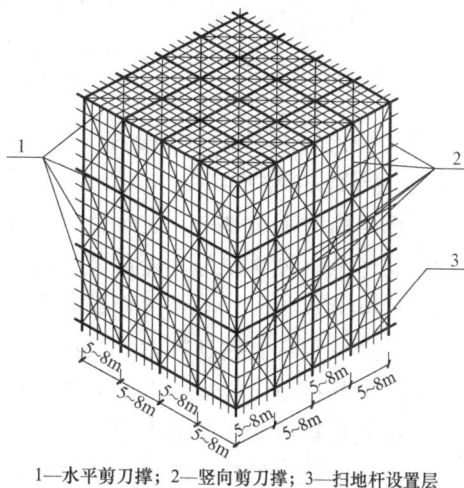

1—水平剪刀撑；2—竖向剪刀撑；3—扫地杆设置层

图4-47 普通型水平、剪刀撑布置图

1.2m×1.2m时，在架体外侧周边及内部纵、横向每4跨（且不大于5m）应由底至顶设置连续竖向剪刀撑，剪刀撑宽度应为4跨。

2）当立杆纵、横向间距为0.6m×0.6m～0.9m×0.9m（含0.6m×0.6m，0.9m×0.9m）时，在架体外侧周边及内部纵、横向每5跨（且不大于3m）应由底至顶设置连续竖向剪刀撑，剪刀撑宽度应为5跨。

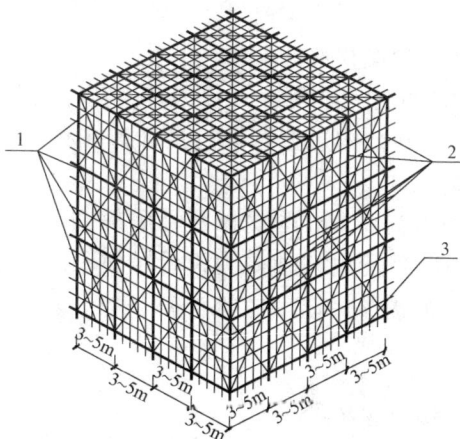

1—水平剪刀撑；2—竖向剪刀撑；3—扫地杆设置层

图4-48 加强型水平、剪刀撑布置图

3）当立杆纵、横向间距为0.4m×0.4m～0.6m×0.6m（含0.4m×0.4m）时，在架体外侧周边及内部纵、横向每3～3.2m应由底至顶设置连续竖向剪刀撑，剪刀撑宽度应为3m～3.2m。

4）在竖向剪刀撑顶部交点平面应设置连续水平剪刀撑。扫地杆的设置层应设置水平剪刀撑，水平剪刀撑至架体底平面距离与水平剪刀撑间距不宜超过6m，剪刀撑宽度应为3～5m。

（5）满堂支撑架步距与立杆间距不宜超过表4-4～表4-7规定的上限值，立杆伸出顶层水平杆中心线至支撑点的长度a不应超过0.5m。满堂支撑架搭设高度不宜超过30m。

（6）竖向剪刀撑斜杆与地面的倾角应为45°～60°，水平剪刀撑与支架纵（或横）向夹角45°～60°，剪刀撑斜杆的搭接长度不应小于1m，并应采用不少于2个旋转扣件固定。端部扣件盖板的边缘距离不应小于100mm。

（7）剪刀撑应用旋转扣件固定在与之相交的横向水平杆的伸出端或立杆上，旋转扣件中心线至主节点的距离不宜大于150mm。

（8）满堂支撑架高宽比不满足表4-4～表4-7规定（高宽比大于2或2.5）时，满堂支撑架应在支架的四周和中部与结构柱进行刚性连接，连墙件水平间距为6～9m，竖向间距应为2～3m。在无结构柱部位应采取预埋钢管等措施与建筑结构进行刚性连接，在有空间部分，满堂支撑架宜超出顶部加载区投影范围向外延伸布置（2～3）跨。支撑架高宽比不应大于3。

（9）当满堂支撑架小于4跨时，宜设置连墙件将架体与建筑结构刚性连接。当架体为设置连墙件与建筑结构刚性连接，立杆计算长度系数 μ 按表4-4～表4-7采用时，应符合下列规定：

1）撑架高度不超过一个建筑楼层高度，且不应超过5.2m。

2）架体上永久荷载与可变荷载（含风荷载）总和标准值不应大于 $7.5kN/m^2$。

3）架体上永久荷载与可变荷载（不含风荷载）总和标准值不应大于7kN/m。

（10）悬挑结构立柱支撑的安装应符合的要求：

1）多层悬挑结构模板的上下立柱应保持在同一条直线上。

2）多层悬挑结构模板的上下立柱应连续支撑，并不得少于3层。

5. 采用盘扣式或盘销式钢管架作模板支架时支架搭设应符合的规定

（1）盘扣架或盘销架的水平杆与立柱的扣接应牢靠，不应滑脱。

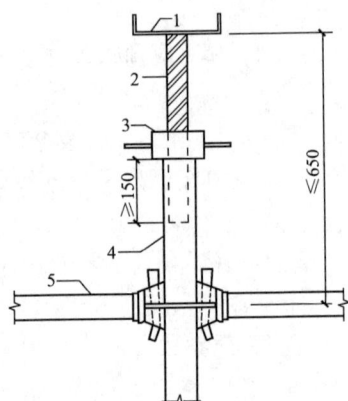

（2）插入立杆顶端可调托座伸出顶层水平杆的悬臂长度不应大于650mm，螺杆插入钢管的长度不应小于150mm，其直径应满足与钢管内径间隙不大于6mm的要求。架体最顶层的水平杆步距应比标准步距缩小一个节点间距，见图4-49。

（3）立柱间应设置专用斜杆或扣件钢管斜杆加强模板支架。

6. 采用盘扣式钢管支撑架时的注意事项

（1）支撑架的高宽比宜控制在3以内，高宽比大于3的支撑架应采取与既有结构进行刚性连接（抱柱和顶墙、梁）等抗倾覆措施。

（2）对标准步距为1.5m的支撑架，应根据支撑架搭设高度、支撑架序号及立杆轴向力设计值进行竖向斜杆布置，竖向斜杆布置形式选用应符合表4-18、表4-19的要求。

1—可调托座；2—螺杆；3—调节螺母；
4—钢管支架立杆；5—钢管支架水平杆

图4-49　盘扣式、套扣式钢管
支架顶部的可调托座

表4-18　　　　　　　　　　**标准型（B型）支撑架竖向斜杆布置形式**

立杆轴力设计值 N(kN)	搭设高度 H(m)			
	$H\leq8$	$8<H\leq16$	$16<H\leq24$	$H>24$
$N\leq25$	间隔3跨	间隔3跨	间隔2跨	间隔1跨
$25<N\leq40$	间隔2跨	间隔1跨	间隔1跨	间隔1跨
$N>40$	间隔1跨	间隔1跨	间隔1跨	每跨

表4-19　　　　　　　　　　**重型（Z型）支撑架竖向斜杆布置形式**

立杆轴力设计值 N(kN)	搭设高度 H(m)			
	$H\leq8$	$8<H\leq16$	$16<H\leq24$	$H>24$
$N\leq40$	间隔3跨	间隔3跨	间隔2跨	间隔1跨

立杆轴力设计值	搭设高度 H(m)			
N(kN)	$H \leqslant 8$	$8 < H \leqslant 16$	$16 < H \leqslant 24$	$H > 24$
$40 < N \leqslant 65$	间隔 2 跨	间隔 1 跨	间隔 1 跨	间隔 1 跨
$N > 65$	间隔 1 跨	间隔 1 跨	间隔 1 跨	每跨

注 1. 立杆轴力设计值和脚手架搭设高度为同一独立架体内的最大值。

2. 每跨表示竖向斜杆沿纵横向每跨搭设（图 4-50）；间隔 1 跨表示竖向斜杆沿纵横向每间隔 1 跨搭设（图 4-51）；间隔 2 跨表示竖向斜杆沿纵横向每间隔 2 跨搭设（图 4-52）；间隔 3 跨表示竖向斜杆沿纵横向每间隔 3 跨搭设（图 4-53）。

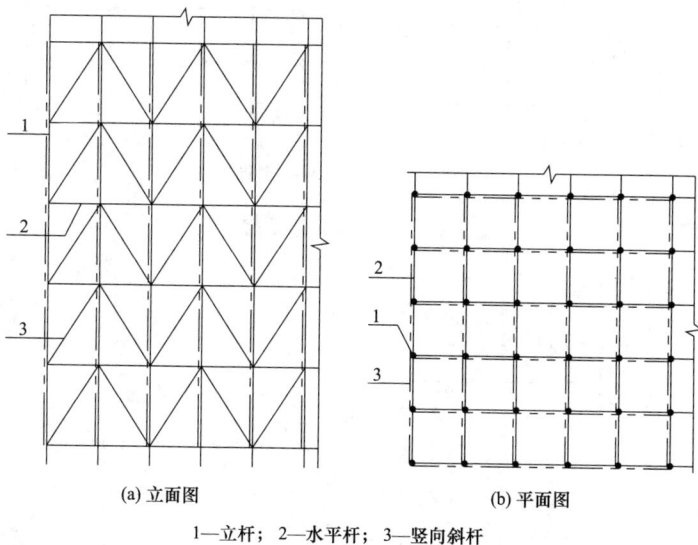

(a) 立面图　　　　　　(b) 平面图

1—立杆；2—水平杆；3—竖向斜杆

图 4-50 每跨形式支撑架斜杆设置图

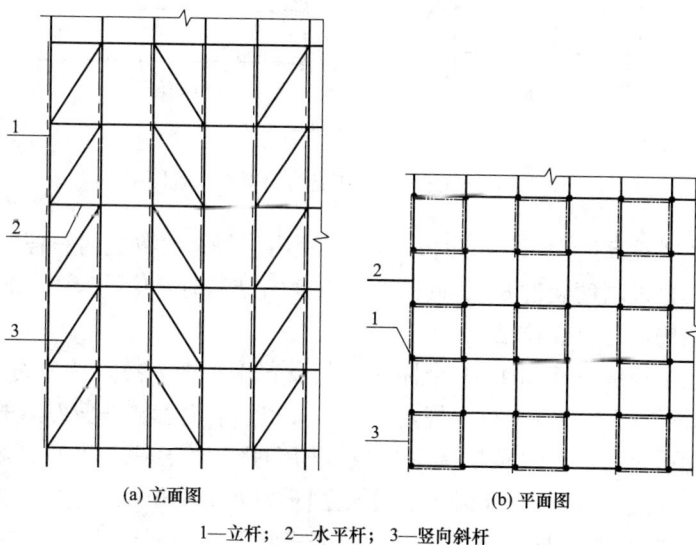

(a) 立面图　　　　　　(b) 平面图

1—立杆；2—水平杆；3—竖向斜杆

图 4-51 间隔 1 跨形式支撑架斜杆设置图

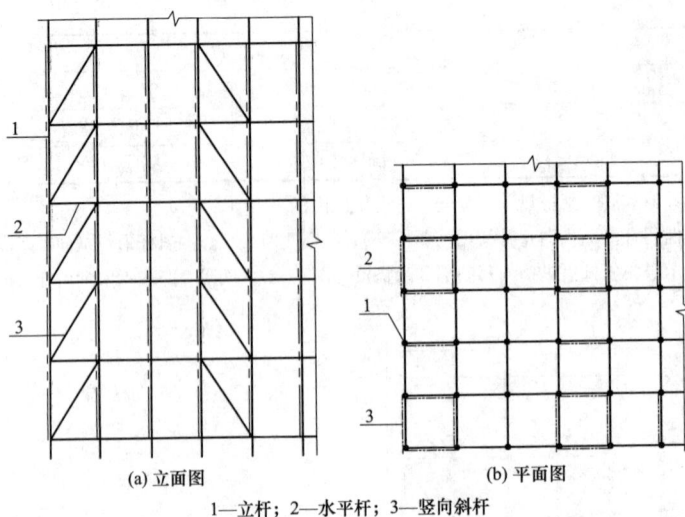

1—立杆；2—水平杆；3—竖向斜杆

图 4-52　间隔 2 跨形式支撑架斜杆设置图

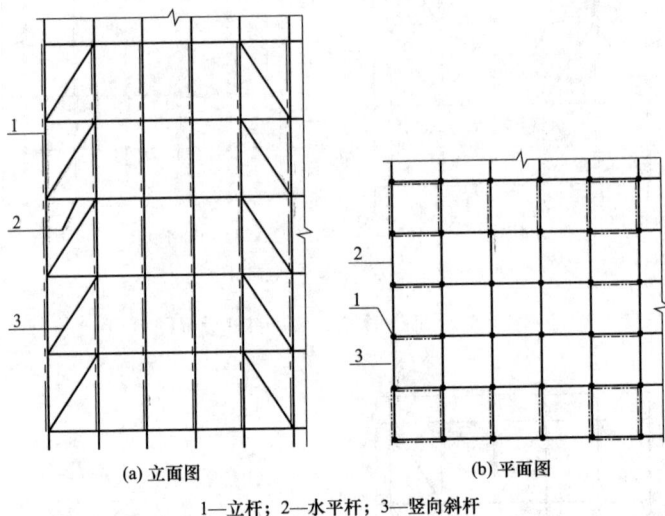

1—立杆；2—水平杆；3—竖向斜杆

图 4-53　间隔 3 跨形式支撑架斜杆设置图

（3）当支撑架搭设高度大于 16m 时，顶层步距内应每跨设置竖向斜杆。

（4）当支撑架搭设高度超过 8m、周围有既有建筑结构时，应沿高度每间隔 4～6 个步距与周围已建成的结构进行可靠拉结。

（5）支撑架应沿高度每间隔 4～6 个标准步距设置水平剪刀撑，并应符合现行行业标准《建筑施工扣件式钢管脚手架安全技术规范》（JGJ 130）中钢管水平剪刀撑的有关规定。

（6）模板支架可调托座伸出顶层水平杆或双槽钢托梁的悬挑长度严禁超过 650mm，且丝杆外露长度严禁超过 400mm，可调托座插入立杆或双槽钢托梁长度不得小于 150mm。

（7）支撑架可调底座丝杆插入立杆长度不得小于 150mm，丝杆外露长度不宜大于 300mm，作为扫地杆的最底层水平杆离地高度不应大于 550mm。

（8）当以独立塔架形式搭设支撑时，应沿高度每间隔 2～4 个步距与相邻的独立塔架水平拉结。

（9）当支撑架架体设置与单支水平杆同宽的人行通道时，可间隔抽除第一层水平杆和斜杆形成施工人员进出通道，与通道正交的两侧立杆间应设置竖向斜杆；当支撑架架体内设置与单支水平杆不同宽人行道时，应在通道上部架设支撑横梁（图 4-54），横梁的型号及间距应依据荷载确定。通道相邻跨支撑横梁的立杆间距应根据计算设置，通道周围的支撑架应连成整体。

7. 采用套扣式钢管模板支架时的注意事项

（1）模板支撑架的立杆纵距、横距和步距应根据施工方案按计算确定，并根据支撑架的搭设高度选配立杆及可调托座或可调螺杆。

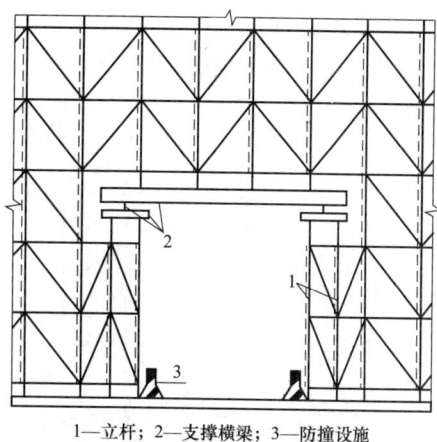

1—立杆；2—支撑横梁；3—防撞设施

图 4-54　支撑架人行通道设置

（2）对于同一个满堂模板支撑架的搭设单元，其立杆的纵距、横距应与水平杆的长度相匹配，在个别立杆间距与水平杆长度不匹配的跨间，宜采用可调水平杆搭设，或采用水平钢管和扣件将该跨间的立杆以及其两侧各不少于一个跨距的立杆连接成整体。

（3）立杆的构造应符合下列规定：

1）每根立杆底部宜设置可调底座或垫板；

2）立杆应采用连接套管连接，在同一水平高度内相邻立杆连接位置宜错开，错开高度不宜小于 600mm；

3）当立杆基础不在同一高度上时，应综合考虑配架组合或采用分区搭设。

（4）搭设高度不大于 5m 的模板支撑架，当高宽比大于 2 小于 3 且与周边建筑结构无可靠拉结时，应在架体外周由底至顶设置连续竖向剪刀撑（图 4-55），剪刀撑的宽度为 3～5m，在架体上部设置一道连续水平剪刀撑。

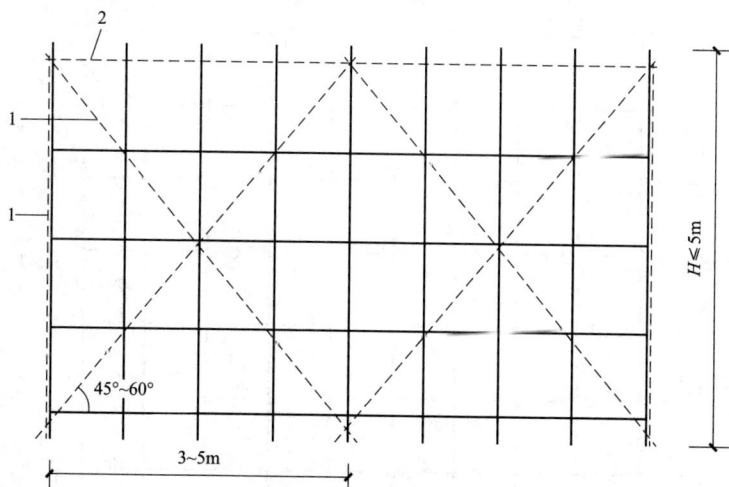

1—竖向剪刀撑；2—水平剪刀撑

图 4-55　剪刀撑设置立面示意图

（5）搭设高度大于 5m 且小于 8m 的模板支撑架，应在架体外周及内部纵、横向每 4～6m 由底至顶设置连续竖向剪刀撑，在架体上部和下部各设置一道连续水平剪刀撑，剪刀撑宽度为 4～6m（图 4-56）。

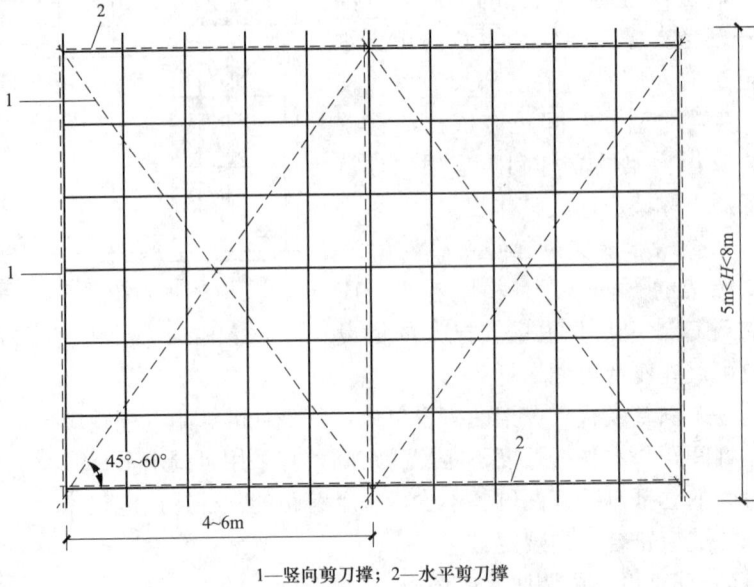

1—竖向剪刀撑；2—水平剪刀撑

图 4-56　剪刀撑设置立面示意图

（6）搭设高度 8m 及以上的模板支撑架以及施工总荷载大于 $15kN/m^2$，或集中线荷载大于 $20kN/m$，或集中力大于 $7kN/$点的模板支撑架步距不应大于 1.2m，并应在架体外周及内部纵、横向每 3～5m，由底至顶设置连续竖向剪刀撑；在架体上部、下部和中间每隔 3～4m 设置一道连续水平剪刀撑，剪刀撑的宽度为 3～5m（图 4-57）。

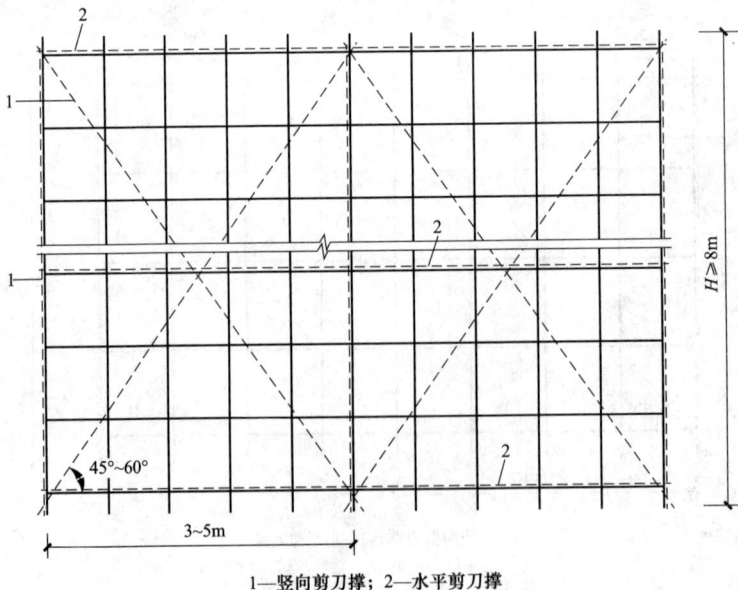

1—竖向剪刀撑；2—水平剪刀撑

图 4-57　剪刀撑设置立面示意图

（7）架体的高宽比大于 3 和高度 8m 及以上的模板支撑架，除应符合以上相关各条规定外，还应在架体的四周和内部与建筑结构进行刚性连接，连接构件的水平间距宜为 6~9m，竖向间距宜为 3~4m。在无建筑结构构件进行连接时，应在架体四周采用钢丝绳张拉固定等措施。

（8）支撑架的竖向剪刀撑和水平剪刀撑应与支撑架同步搭设，竖向剪刀撑的斜杆与地面的倾角应为 45°~60°，水平剪刀撑与支撑架纵向或横向夹角应为 45°~60°。

（9）剪刀撑可采用扣件式钢管剪刀撑或套扣式撑杆剪刀撑，并应符合下列规定：

1）采用扣件式钢管剪刀撑时，钢管接长的搭接长度不应小于 1m，并应采用不少于 2 个旋转扣件固定，端部扣件盖板的边缘至杆端距离不应小于 100mm。扣件螺栓的拧紧力矩不应小于 40N·m，且不应大于 65N·m。支撑架上部的水平剪刀撑应设置在支撑架顶层水平杆平面位置，支撑架下部的水平剪刀撑应设置在支撑架扫地杆平面位置。

2）采用套扣式撑杆剪刀撑时，竖向斜撑杆和水平直撑杆的两端通过套扣连接件固定在立杆的套扣节点上，套扣连接件螺栓的拧紧力矩不应小于 100N·m，且不应大于 120N·m。水平斜撑杆通过其两端的专用端接头固定在立杆的套扣节点上。支撑架上部的水平剪刀撑应设置在支撑架顶层水平杆以下第一层套扣平面位置，支撑架下部的水平剪刀撑应设置在支撑架扫地杆以上第一层套扣平面位置（图 4-58、图 4-59）。搭设高度大于 8m 的模板支撑架以及施工总荷载大于 15kN/m²，或集中线荷载大于 20kN/m，或集中力大于 7kN/点的模板支撑架，竖向斜撑杆最上端和最下端的套扣连接件的插头宜插入插销，插销直径不小于 5mm，长度宜大于 30mm。

（10）可调螺杆或可调托座的螺杆插入立杆顶端的长度不应小于 150mm，顶层水平杆中心线至模板支撑点的高度不应大于 650mm（图 4-60、图 4-61）。

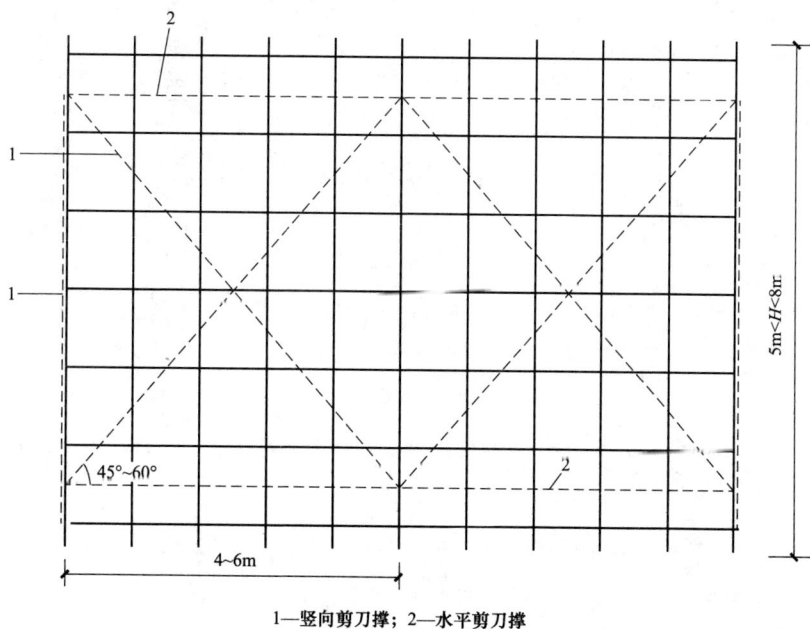

1—竖向剪刀撑；2—水平剪刀撑

图 4-58　套扣式撑杆剪刀撑设置立面示意图

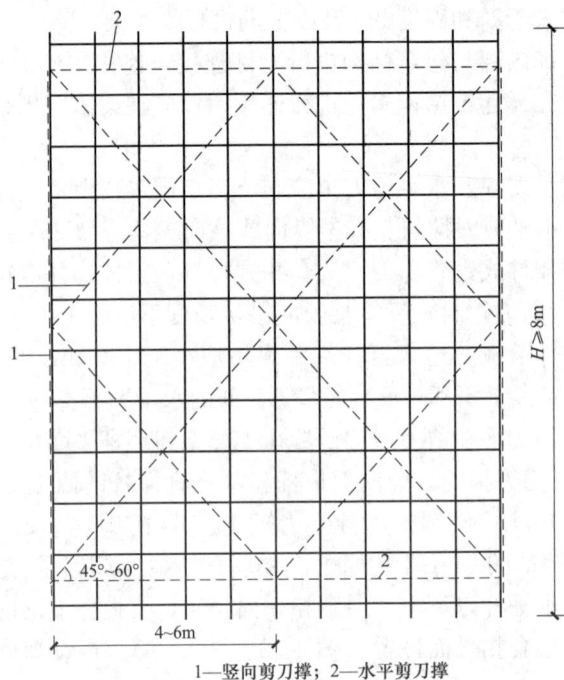

1—竖向剪刀撑；2—水平剪刀撑

图 4-59　套扣式撑杆剪刀撑设置立面示意图

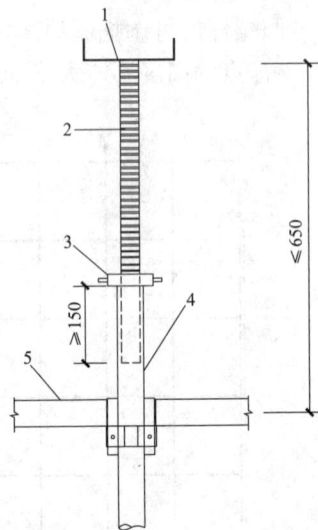

1—螺杆；2—螺杆调位螺母；3—套扣调位螺母；
4—活动套扣；5—套扣托座；6—立杆；
7—水平杆；8—水平钢龙骨

图 4-60　可调螺杆伸出顶层水平杆的长度

1—可调托座；2—螺杆；3—调位螺母；
4—立杆；5—顶层水平杆

图 4-61　可调托座伸出顶层水平杆的长度

（11）模板支撑架可调底座调节螺杆外露长度不宜大于 250mm，最底层水平杆离地高度不应大于 550mm。

（12）同一区域的立杆纵向间距应成倍数关系，并按照先主梁、再次梁、后楼板的顺序排列，使梁板架体通过水平杆纵横拉结形成整体，模数不匹配位置应确保水平杆两端延伸至少扣接两根套扣立杆（图 4-62）。

（13）高大模板支撑系统的水平拉杆应按水平间距 6～9m，竖向每隔 2～3m 与周边结构墙柱、梁采取抱箍、顶紧等措施，加强抗倾覆能力（图 4-63）。

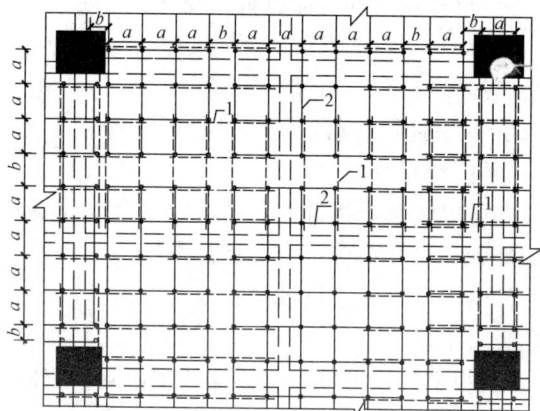

1—扣件水平杆；2—套扣横杆；a—模数间距；b—不合模数间距

图 4-62　立杆平面布置

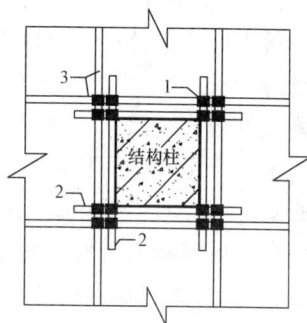

1—扣件；2—水平短杆；3—套扣横杆（或扣件横杆）

图 4-63　水平杆抱箍示意图

4.3.3.3　模板工程拆除与维护

支撑架拆除前应由项目部技术负责人进行拆除安全技术交底，并应在统一指挥下进行，按后装先拆、先装后拆的顺序及下列安全作业的要求进行：

（1）模板支撑应经单位工程负责人检查验证并确认不再需要，且混凝土强度报告已出，并经有关负责人审批同意后才能拆除。

（2）模板拆除时，可采取先支的后拆、后支的先拆，先拆非承重模板、后拆承重模板的顺序，并应从上而下进行拆除。

（3）底模及支架应在混凝土强度达到设计要求后再拆除；当设计无具体要求时，同条件养护的混凝土立方体试件抗压强度应符合表 4-20 的规定。

表 4-20　　　　　　　　　底模拆除时的混凝土强度要求表

构件类型	构件跨度（m）	达到设计混凝土强度等级值的百分率（%）
板	≤2	≥50
	>2，≤8	≥75
	>8	≥100
梁、拱、壳	≤8	≥75
	>8	≥100
悬臂结构	—	≥100

（4）当混凝土强度能保证其表面及棱角不受损伤时，方可拆除侧模。

（5）多个楼层间连续支模的底层支架拆除时间，应根据连续支模的楼层间荷载分配和混凝土强度的增长情况确定。

（6）快拆支架体系的支架立杆间距不应大于 2m。拆模时，应保留立杆并顶托支承楼板，拆模时的混凝土强度可按相关规范表中构件跨度为 2m 的规定确定。

（7）后张预应力混凝土结构构件，侧模宜在预应力筋张拉前拆除；底模及支架不应在结构构件建立预应力前拆除。

（8）拆下的模板及支架杆件不得抛掷，应分散堆放在指定地点，并应及时清运。

（9）模板拆除后应将其表面清理干净，对变形和损伤部位应进行修复。

4.3.3.4　模板工程质量检查

（1）模板、支架杆件和连接件的进场检查时，应符合以下相关规定：

1）模板表面应平整；胶合板模板的胶合层不应脱胶翘角；支架杆件应平直，应无严重变形和锈蚀；连接件应无严重变形和锈蚀，并不应有裂纹；

2）模板的规格和尺寸，支架杆件的直径和壁厚，及连接件的质量，应符合设计要求；

3）施工现场组装的模板，其组成部分的外观和尺寸，应符合设计要求；

4）必要时，应对模板、支架杆件和连接件的力学性能进行抽样检查；

5）应在进场时和周转使用前全数检查外观质量。

（2）模板安装后应检查尺寸偏差。固定在模板上的预埋件、预留孔和预留洞，应检查其数量和尺寸。

（3）采用扣件式钢管作模板支架时质量检查应符合的相关规定：

1）梁下支架立杆间距的偏差不宜大于 50mm，板下支架立杆间距的偏差不宜大于100mm；水平杆间距的偏差不宜大于 50mm。

2）应检查支架顶部承受模板荷载的水平杆与支架立杆连接的扣件数量，采用双扣件构造设置的抗滑移扣件，其上下应顶紧，间隙不应大于 2mm。

3）支架顶部承受模板荷载的水平杆与支架立杆连接的扣件拧紧力矩，不应小于 40N·m，且不应大于 65N·m；支架每步双向水平杆应与立杆扣接，不得缺失。

（4）采用盘扣式或盘销式钢管架作模板支架时的质量检查应符合相关规定：

1）插入立杆顶端可调托座伸出顶层水平杆的悬臂长度，不应超过 650mm；

2）水平杆杆端与立杆连接的碗扣、插接和盘销的连接状况，不应松脱；

3）按规定设置竖向和水平斜撑。

4.3.4　应急救援预案

在高支模区域内施工极可能发生高空坠落、模板坍塌、物体打击等重大伤亡事故。故应针对梁板高支模施工可能发生的高空坠落、模板坍塌、物体打击、触电、火灾等紧急情况的应急准备和响应。

4.3.4.1　应急救援机构和职责（详见 3.2.4.1）

1. 应急救援机构

2. 应急救援机构的职责

4.3.4.2　应急救援工作程序（详见 3.2.4.2）

4.3.4.3　应急救援装备和药物（详见 3.2.4.3）

1. 应急救援装备

2. 应急救援药物

4.3.4.4　应急救援措施（详见 3.2.4.4）

1. 物体打击

2. 高空坠落

3. 坍塌事故

4. 触电事故

5. 火灾事故

思考与练习

(1) 高大支模的定义如何？如何确定高大模板支撑系统？

(2) 简述楼面梁板模板支撑设计计算的要点。

(3) 高支模设计计算参数确定有哪些要点？

(4) 高支模施工的应急措施有哪些？

(5) 请指出图 4-64～图 4-66 中有哪些地方违规？

| 图 4-64 如此拆模 | 图 4-65 先拆斜杆 | 图 4-66 接头同一断面 |

任务 4.4 规范、规程与标准

4.4.1 《建筑施工模板安全技术规范》（JGJ 162）中强制性条文

《建筑施工模板安全技术规范》（JGJ 162）中强制性条文见表 4-21。

表 4-21 《建筑施工模板安全技术规范》（JGJ162）中强制性条文

条文编号	条文内容
5.1.6	模板结构构件的长细比应符合下列规定： 1. 受压构件长细比：支架立柱及桁架，不应大于 150；拉条、缀条、斜撑等连系构件，不应大于 200； 2. 受拉构件长细比：钢杆件，不应大于 350；木杆件，不应大于 250。
6.1.9	支撑梁、板的支架立柱构造与安装应符合下列规定： 1. 梁和板的立柱，其纵横向间距应相等或成倍数。 2. 木立柱底部应设垫木，顶部应设支撑头。钢管立柱底部应设垫木和底座，顶部应设可调支托，U形支托与楞梁两侧如有间隙，必须楔紧。其螺杆伸出钢管顶部不得大于 200mm，螺杆外径与立柱钢管内径的间隙不得大于 3mm，安装时应保证上下同心。

条文编号	条文内容
6.1.9	3. 在立柱底距地面200mm高处，沿纵横水平方向应按纵下横上的程序设扫地杆。可调支托底部的立柱顶端应沿纵横向设置一道水平拉杆。扫地杆与顶部水平拉杆之间在满足模板设计所确定的水平拉杆步距要求条件下，进行平均分配确定步距后，在每一步距处纵横向应各设一道水平拉杆。当层高在8～20m时，在最顶步距两水平拉杆中间应加设一道水平拉杆；当层高大于20m时，在最顶两步水平拉杆中间应分别增加一道水平拉杆。所有水平拉杆的端部均应与四周建筑物顶紧顶牢。无处可顶时，应在水平拉杆端部和中部沿竖向设置连续式剪刀撑。 4. 木立柱的扫地杆、水平拉杆、剪刀撑应采用40mm×50mm木条或25mm×80mm的木板条与木立柱钉牢。钢管立柱的扫地杆，水平拉杆，剪刀撑应采用φ48mm×3.5mm钢管，用扣件与钢管立柱扣牢。木扫地杆、水平拉杆、剪刀撑应采用搭接，并应采用铁钉钉牢。钢管扫地杆，水平拉杆应采用对接，剪刀撑应采用搭接，搭接长度不得小于500mm，并应采用2个旋转扣件分别在离杆端不小于100mm处进行固定。
6.2.4	当采用扣件式钢管作立柱支撑时，其构造与安装应符合下列规定： 1. 钢管规格、间距、扣件应符合设计要求。每根立柱底部应设置底座及垫板，垫板厚度不得小于50mm。 2. 钢管支架立柱间距、扫地杆、水平拉杆、剪刀撑的设置应符合本规范第6.1.9条的规定。当立柱底部不在同一高度时，高处的纵向扫地杆应向低处延长不少于2跨，高低差不得大于1m，立柱距边坡上方边缘不得小于0.5m。见图4-67。 3. 立柱接长严禁搭接，必须采用对接扣件连接，相邻两立柱的对接接头不得在同步内，且对接接头沿竖向错开的距离不宜小于500mm，各接头中心距主节点不宜大于步距的1/3。见图4-68。 4. 严禁将上段的钢管立柱与下段钢管立柱错开固定在水平拉杆上。 5. 满堂模板和共享空间模板支架立柱，在外侧周圈应设由下至上的竖向连续式剪刀撑；中间在纵横向应每隔10m左右设由下至上的竖向连续式剪刀撑，其宽度宜为4～6m，并在剪刀撑部位的顶部、扫地杆处设置水平剪刀撑（图4-69）。剪刀撑杆件的底端应与地面顶紧，夹角宜为45°～60°。当建筑层高在8～20m时，除应满足上述规定外，还应在纵横向相邻的两竖向连续式剪刀撑之间增加之字斜撑，在有水平剪刀撑的部位，应在每个剪刀撑中间处增加一道水平剪刀撑（图4-70）。当建筑层高超过20m时，在满足以上规定的基础上，应将所有之字斜撑全部改为连续式剪刀撑（图4-71）。 6. 当支架立柱高度超过5m时，应在立柱周圈外侧和中间有结构柱的部位，按水平间距6～9m、竖向间距2～3m与建筑结构设置一个固结点。

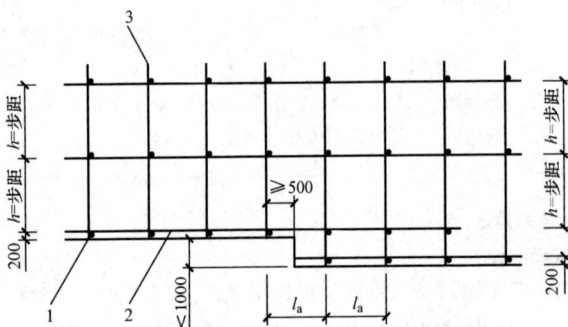

1—横向扫地杆；2—纵向扫地杆；3—立柱

图4-67 纵横向扫地杆构造

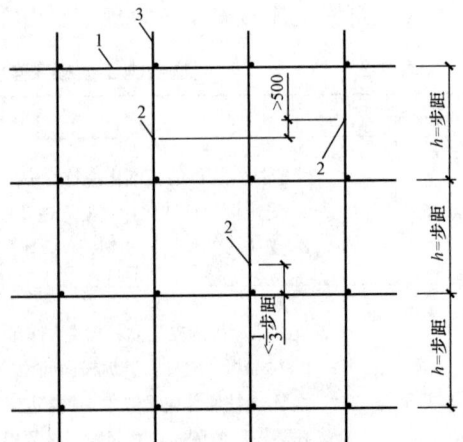

1—纵横向扫地杆；2—立柱对接接头；3—立柱

图4-68 立柱接长构造

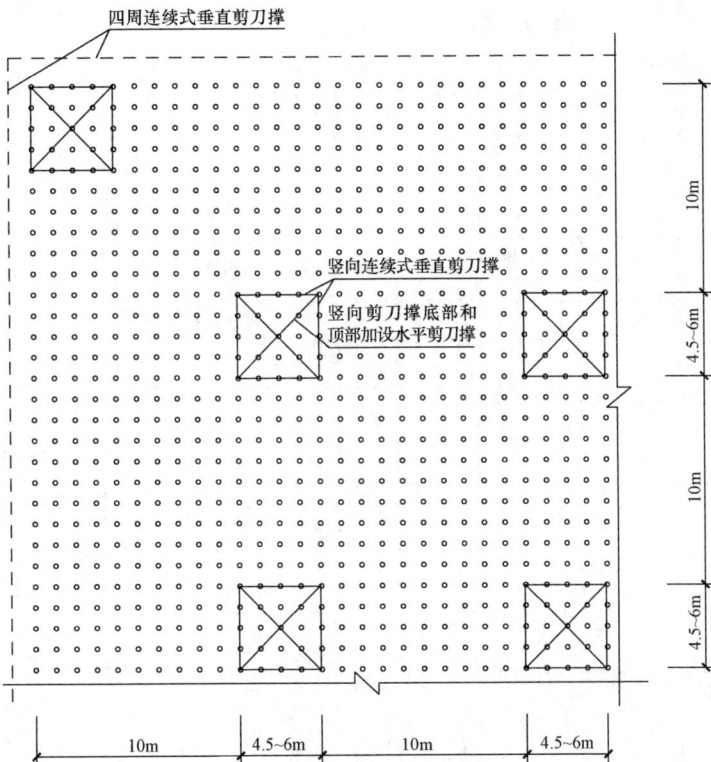

图 4-69　剪刀撑布置图

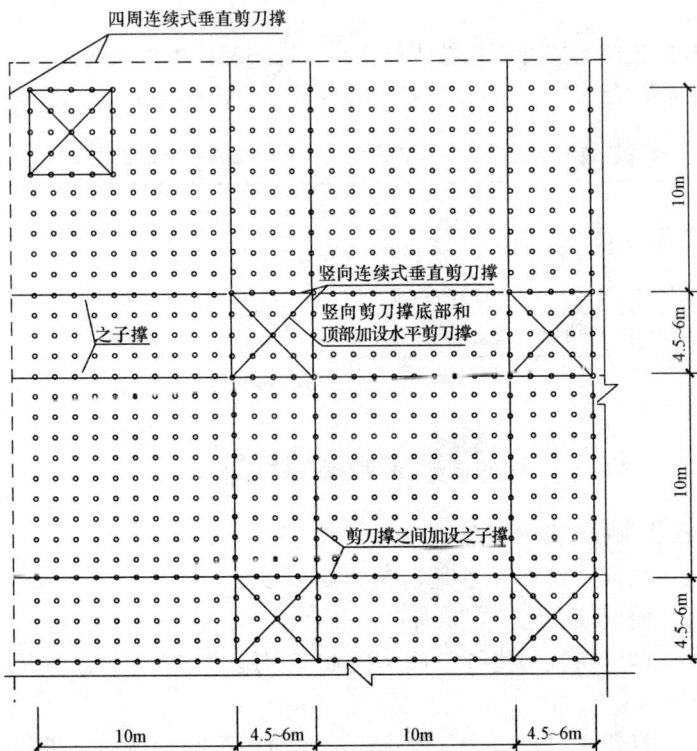

图 4-70　剪刀撑布置图

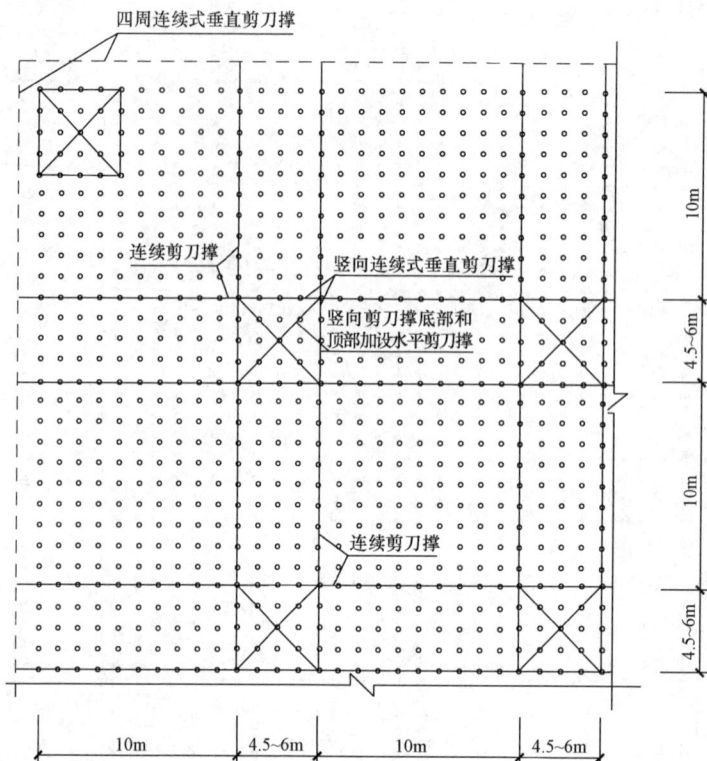

图 4-71　剪刀撑布置图

4.4.2 《建筑施工临时支撑结构技术规范》（JGJ 300）中强制性条文

《建筑施工临时支撑结构技术规范》（JGJ 300）中强制性条文见表 4-22。

表 4-22　　　《建筑施工临时支撑结构技术规范》（JGJ 300）中强制性条文

条文编号	条文内容
7.1.1	支撑结构严禁与起重机械设备、施工脚手架等连接。
7.1.3	支撑结构使用过程中，严禁拆除构配件。
7.7.2	支撑结构作业层上的施工荷载不得超过设计允许荷载。

职业活动训练

活动 1. 阅读模板工程专项施工方案

（1）活动分组：全班分为 6～8 个组，每组 5～7 人。

（2）活动资料：模板工程施工方案若干套。

（3）活动要求：学生在教师指导下阅读模板工程施工方案，了解模板工程施工方案的内容。

（4）活动总结：召开成果汇报会，以小组为单位汇报活动情况，进行成果交流和活动总结。

活动 2. 模板工程验收

（1）活动分组：全班分为 6～8 个组，每组 5～7 人。

（2）活动资料：某模板工程影像及图文验收资料。

（3）活动要求：学生在教师指导下阅读和观看相关验收资料及模板检查项目、检查内容及检查方法等。

（4）活动总结：检查验收表。

活动 3. 模板工程安全检查评分

（1）活动分组：全班分为 6～8 个组，每组 5～7 人。

（2）活动资料：某在建项目模板工程或实训基地模拟模板工程施工。

（3）活动要求：根据《建筑施工安全检查标准》（JGJ 59）的模板支护安全检查评分表进行检查和评分。

（4）活动总结：检查评分表。

项目 5　建筑施工机械设备使用安全

【知识目标】

（1）了解垂直运输施工的基本理论和相关知识；

（2）熟悉垂直运输施工的一般安全要求；

（3）掌握垂直运输基础设计的计算方法和步骤；

（4）掌握垂直运输施工的基本安全措施和规范强制性规定及要求。

【技能目标】

（1）能够根据《建筑施工安全检查标准》（JGJ 59）进行某工程塔吊的安全检查和评分；

（2）能够参与编制、参与审查塔吊安装与拆除专项施工方案，并提出自己的意见和建议；

（3）能够根据《建筑施工安全检查标准》（JGJ 59）进行物料提升机（龙门架、井字架）、外用电梯的安全检查和评分；

（4）能够参与编写查物料提升机（龙门架、井字架）、外用电梯的专项施工方案。

【相关案例】

详细内容请用微信扫描本页二维码阅览。

项目 5　相关拓展阅读资源

任务 5.1　塔式起重机使用安全

5.1.1　概述

5.1.1.1　塔式起重机的作用

塔式起重机（塔机）主要用于建筑工程施工中钢筋、模板及大型钢构件吊装的垂直和水平运输。

5.1.1.2　塔式起重机的类型

（1）按吊臂形式：划分为平臂式和动臂式塔机，如图 5-1 所示。

（2）按附着方式：划分为固定（附着）式塔机、爬升式塔机（内爬和外爬）和轨道式塔机，如图 5-1 所示。

固定(附着)式塔吊

动臂式塔吊　　　　　　　　内爬升式塔吊　　　　　　　外爬升式塔吊

图 5-1　塔机常用的类型

5.1.2　施工安全控制要点

1. 基本规定

（1）塔式起重机安装、拆卸单位必须具有从事塔式起重机安装、拆卸业务的资质。并应具备安全管理保证体系，有健全的安全管理制度。

（2）塔式起重机安装、拆卸作业应配备下列人员：

1）持有安全生产考核合格证书的项目负责人和安全负责人、机械管理人员。

2）具有建筑施工特种作业操作资格证书的建筑起重机械安装拆卸工、起重司机、起重信号工、司索工等特种作业操作人员。

（3）塔式起重机应具有特种设备制造许可证、产品合格证、制造监督检验证明，并已在县级以上地方建设主管部门备案登记。

（4）塔式起重机应符合现行国家标准《塔式起重机安全规程》（GB 5144）及《塔式起重机》（GB/T 50311）的相关规定。

（5）塔机启用前应检查塔式起重机的析案登记证明等文件、建筑施工特种作业人员的操作资格证书、专项施工方案、辅助起重机械的合格证及操作人员资格证书是否齐全。

（6）对塔式起重机应建立技术档案，其技术档案应包括下列内容：

1）购销合同、制造许可证、产品合格证、制造监督检验证书、使用说明书、备案证明等原始资料；

2）定期检验报告、定期自行检查记录、定期维护保养记录、维修和技术改造记录，运行故障和生产安全事故记录、累计运转记录等运行资料；

3）历次安装验收资料。

（7）塔式起重机的选型和布置应满足工程施工要求，便于安装和拆卸，并不得损害周边其他建筑物或构筑物。

（8）塔式起重机安装、拆卸前，应编制专项施工方案，指导作业人员实施安装、拆卸作业。专项施工方案应根据塔式起重机使用说明书和作业场地的实际情况编制，并应符合国家现行相关标准的规定。专项施工方案应让由本单位技术、安全、设备等部门审核、技术负责人审批后，经监理单位批准实施。

（9）塔式起重机与架空输电线的安全距离应符合现行国家标准《塔式起重机安全规程》（GB 5144）的规定。

（10）当多台塔式起重机在同一施工现场交叉作业时，应编制专项方案，并应采取防碰撞的安全措施。任意两台塔式起重机之间的最小架设距离应符合下列规定：

1）低位塔式起重机的起重臂端部与另一台塔式起重机的塔身之间的距离不得小于2m；

2）高位塔式起重机的最低位置的部件（或吊钩升至最高点或平衡重的最低部位）与低位塔式起重机中处于最高位置部件之间的垂直距离不得小于2m。

（11）在塔式起重机的安装、使用及拆卸阶段，进入现场的作业人员必须佩戴安全帽、防滑鞋、安全带等防护用品，无关人员严禁进入作业区域内。在安装、拆卸作业期间应设警戒区。

（12）塔式起重机在安装前和使用过程中，发现有下列情况之一的，不得安装和使用：

1）结构构件上有可见裂纹和严重锈蚀的；

2）主要受力构件存在塑性变形的；

3）连接件存在严重磨损和塑性变形的；

4）钢丝绳达到报废标准的；

5）安全装置不齐全或失效的。

（13）塔式起重机使用时，起重臂和吊物下方严禁有人员停留；物件吊运时，严禁从人员上方通过；严禁用塔式起重机载运人员。

2. 塔式起重机吊索具的使用要求

（1）塔式起重机安装、使用，拆卸时，起重吊具、索具应符合下列要求：

1）吊具与索具产品应符合现行行业标准《起重机械吊具与索具安全规程》（LD 48）的规定；

2）吊具与索具应与吊重种类，吊运具体要求以及环境条件相适应；

3）作业前应对吊具与索具进行检查，当确认完好时方可投入使用；

4）吊具承载时不得超过额定起重量，吊索（含各分肢）不得超过安全工作载荷；

5）塔式起重机吊钩的吊点，应与吊重重心在同一条铅垂线上，使吊重处于稳定平衡状态。

（2）新购置或修复的吊具、索具，应进行检查，确认合格后，方可使用。

（3）吊具、索具在每次使用前应进行检查，经检查确认符合要求后，方可继续使用。当发现缺陷时，应停止使用。

（4）吊具与索具每6个月应进行一次检查，并应作好记录。检验记录应作为继续使用、维修或报废的依据。

（5）钢丝绳作吊索时。其安全系数不得小于 6 倍。钢丝绳的报废应符合现行国家标准《起重机用钢丝绳检验和报废实用规范》（GB/T 5972）的规定。

（6）当钢丝绳的端部采用编结固接时，编结部分的长度不得小于钢丝绳直径的 20 倍，并不应小于 300mm，插接绳股应拉紧，凸出部分应光滑平整，且应在插接末尾留出适当长度，用金属丝扎牢，钢丝绳插接方法宜符合现行行业标准《起重机械吊具与索具安全规程》（LD 48）的要求。用其他方法插接的应保证其插接连接强度不小于该绳最小破断拉力的 75%。当采用绳夹固接时，钢丝绳索绳夹最少数量应满足表 5-1 的要求。

表 5-1　　　　　　　　　　　　　钢丝绳吊索绳夹最少数量

绳夹规格（钢丝绳公称直径）d_t（mm）	钢丝绳夹的最少数量（组）
≤18	3
18～26	4
26～36	5
36～44	6
44～60	7

（7）钢丝绳夹板应在钢丝绳受力绳一边，绳夹间距 A（图 5-2）不应小于钢丝绳直径的6倍。

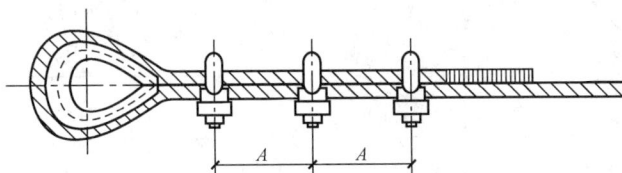

图 5-2　钢丝绳夹压板布置图

（8）吊索必须由整根钢丝绳制成，中间不得有接头。环形吊索应只允许有一处接头。且钢丝绳严禁采用打结方式系结吊物。

（9）当吊索弯折曲率半径小于钢丝绳公称直径的 2 倍时，应采用卸扣将吊索与吊点拴接。且卸扣应无明显变形、可见裂纹和弧焊痕迹。销轴螺纹应无损伤现象。

（10）当采用两点或多点起吊时，吊索数宜与吊点数相符，且各根吊索的材质、结构尺寸、索眼端部固定连接、端部配件等性能应相同。

（11）起重机的吊钩应符合现行行业标准《起重机械吊具与索具安全规程》（LD 48）中的相关规定。且严禁补焊，当出现下列情况之一时应予以报废：

1）表面有裂纹；

2）挂绳处断面磨损超过原高度的 10%；

3）钩尾和螺纹部分等危险截面及钩筋有永久性变形；

4）丌口度比原尺寸增加 15%；

5）钩身的扭转角超过 10°。

（12）滑轮的最小绕卷直径应符合现行国家标准《塔式起重机设计规范》（GB/T 13752）的相关规定。滑轮有下列情况之一的应予以报废：

1）裂纹或轮缘破损；

2）轮槽不均匀磨损达 3mm；

3）滑轮绳槽壁厚磨损量达原壁厚的 20％；

4）铸造滑轮槽底磨损达钢丝绳原直径的 30％；焊接滑轮槽底磨损达钢丝绳原直径的 15％；

5）滑轮、卷筒均应设有钢丝绳防脱装置；吊钩应设有钢丝绳防脱钩装置。

5.1.3 塔机基础工程专项方案编制的注意事项

（1）根据建筑物长宽的尺寸、拟建的高度、周边建筑物布置等情况来确定塔机的型号、臂长和布置位置。

（2）塔机吊臂的回旋半径应尽量考虑覆盖整个建筑物。

（3）塔机布置除要考虑塔身离外墙的尺寸需满足安装和拆除的工作空间要求外，还要满足塔机附墙件的安装尺寸。

（4）塔机基础可考虑采用天然地基基础、桩基础，桩基础宜考虑采用单桩、四桩和五桩，尽量不采用两桩和三桩的形式，见图 5-3～图 5-6。

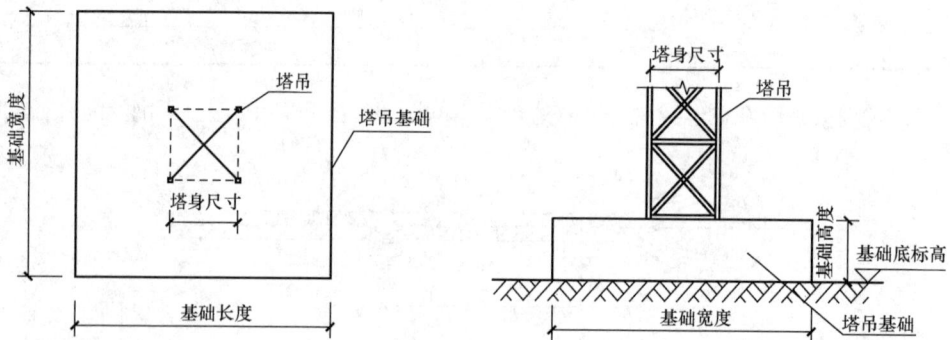

图 5-3 塔机天然地基基础示意图

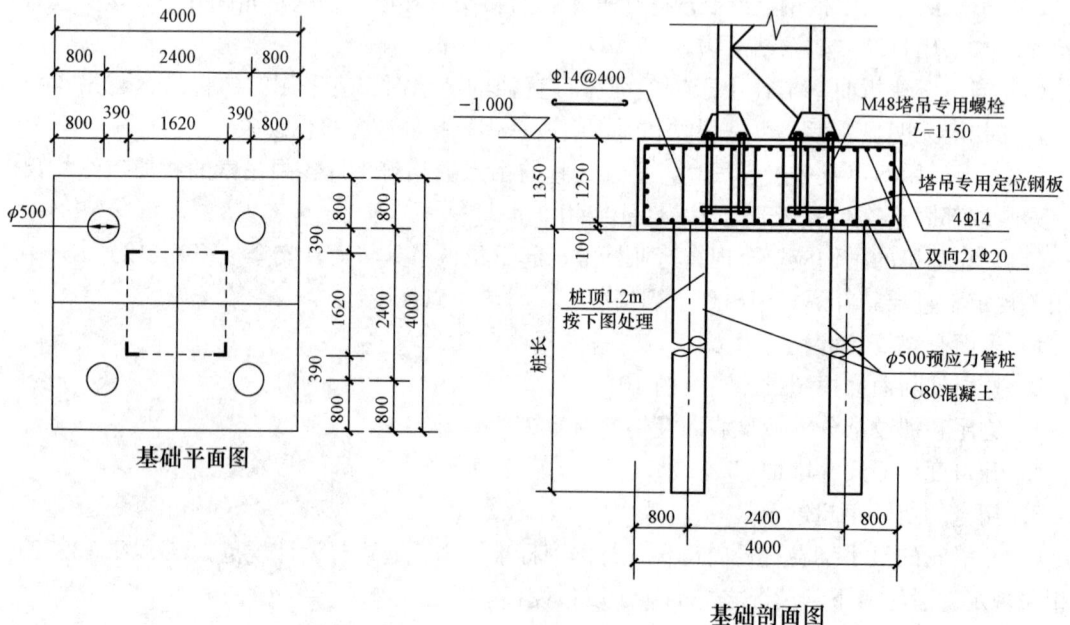

图 5-4 塔机四桩（预应力管桩）基础示意图（一）

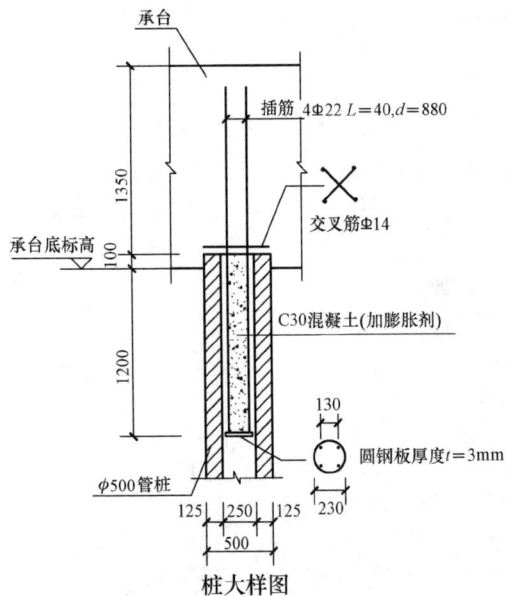

图 5-4 塔机四桩（预应力管桩）基础示意图（二）

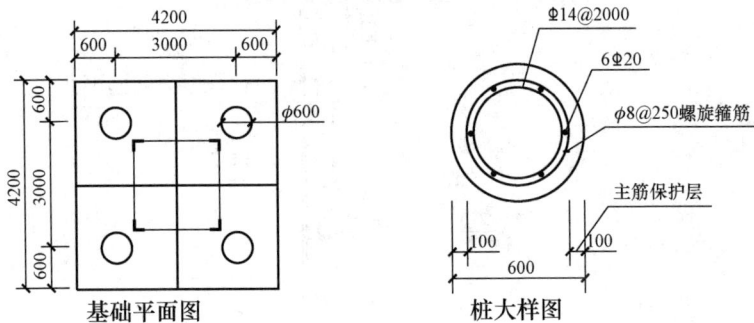

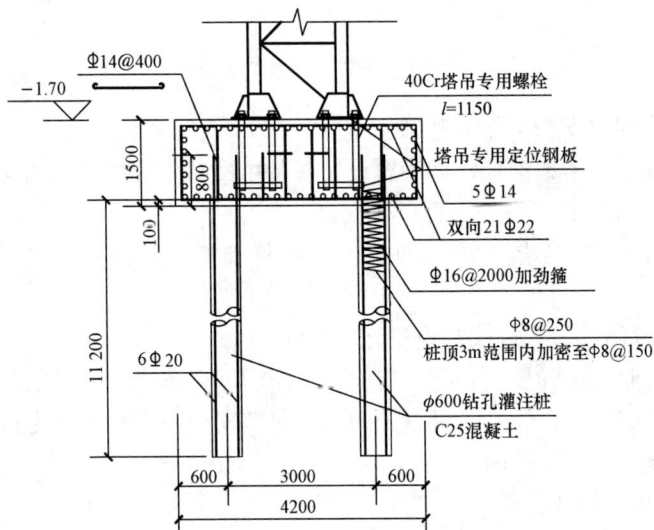

说明：桩身钢筋锚入承台40D=800mm,钢筋保护层为100mm

基础剖面图

图 5-5 塔机四桩（灌注桩）基础示意图

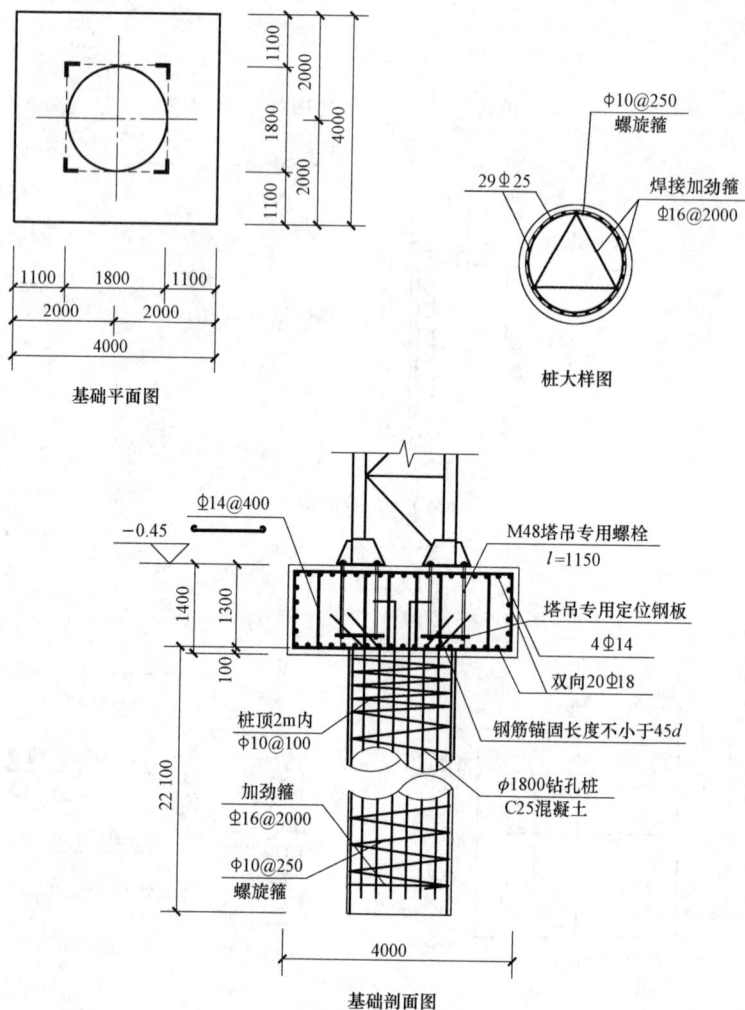

基础平面图

桩大样图

基础剖面图

图 5-6　塔机单桩基础示意图

（5）塔机不能利用支护桩作为基础。

（6）塔机基础尽量考虑深埋，如确要设置在基坑面时，应尽量远离支护桩，确保其变形不会影响支护结构的稳定。

（7）塔机基础的类型选择要考虑主体工程基础形式，这样可避免施工机械的重复设置。

5.1.4　固定（附着）式塔式起重机基础设计

随着我国建筑业的蓬勃发展，超高层建筑不断涌现，塔式起重机已作为超高层建筑施工的水平和垂直运输的主要手段，塔机基础的设计对其安全使用起着较为重要的作用。

5.1.4.1　设计流程（图 5-7）

5.1.4.2　塔机基础计算要点

塔式起重机基础计算要点见表 5-2。

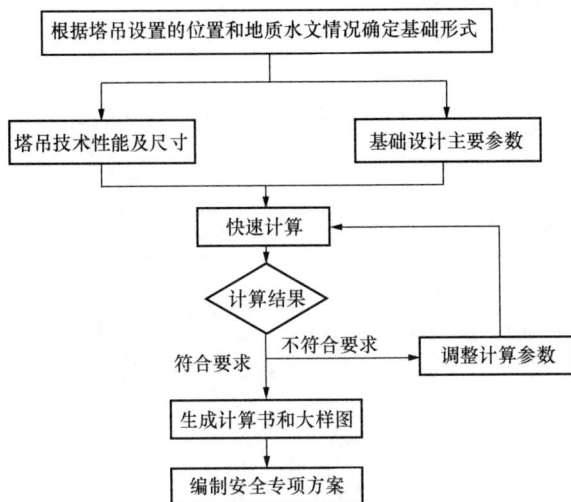

图 5-7　塔机基础设计流程图

表 5-2		塔 机 基 础 计 算 要 点
塔机基础	塔机天然地基	1. 基础底面尺寸验算； 2. 地基承载力验算； 3. 抗倾覆验算； 4. 基础受冲切、受剪切承载力验算； 5. 基础配筋计算。
	塔机桩基础	1. 单桩允许承载力特征值计算； 2. 单桩桩顶作用力计算和承载力验算； 3. 抗倾覆验算； 4. 桩配筋计算； 5. 承台受冲切、受剪切承载力验算； 6. 承台配筋计算。

5.1.4.3　编制依据

(1)《塔式起重机混凝土基础工程技术规程》（JGJ/T 187）。

(2)《建筑地基基础设计设计规范》（GB 50007）。

(3)《建筑地基基础设计设计规范》（DBJ 15-31　广东省标准）。

(4)《建筑桩基技术规范》（JGJ 94）。

(5)《建筑结构荷载规范》（GB 5009）。

(6)《混凝土结构设计规范》（GB 50010）。

(7)《建筑机械使用安全技术规程》（JGJ 33）。

(8)《简明钢筋混凝土结构计算手册》。

(9) 建筑、结构设计图纸。

(10) 塔式起重机使用说明书。

(11) 塔式起重机安全规程（GB 5144）。

(12) 岩土工程勘察报告。

5.1.4.4　塔机天然地基基础计算

1. 计算流程（图 5-8）

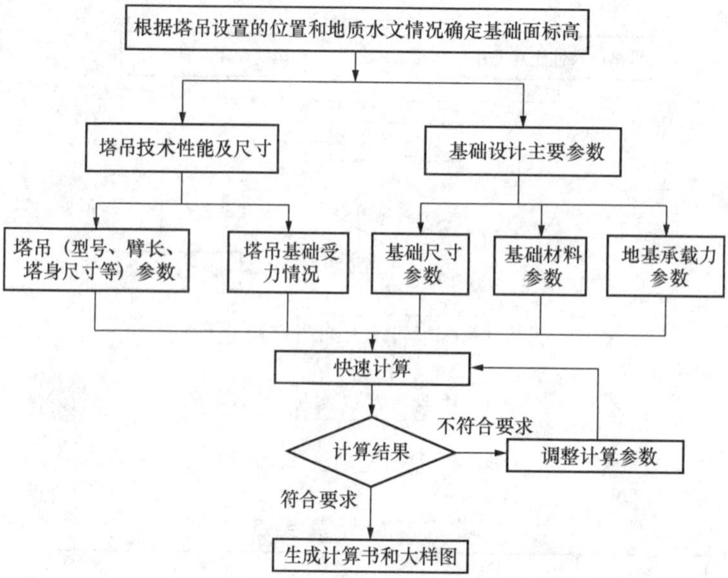

图 5-8　塔机天然地基基础计算流程图

2. 基础底面尺寸验算

$$p_k \geqslant \frac{M_k}{W} \quad P_k = \frac{F_k + G_k}{A}$$

式中　p_k——在荷载效应标准组合下基础底面的平均压应力值，N/mm²；

F_k——传至基础顶面的竖向力值，N/mm²；

G_k——基础自重和基础上的土重标准值，N；

M_k——在荷载效应标准组合下作用于基础底面的力矩值，N·mm；

W——基础底面的抵抗矩，mm³；

A——基础底面面积，mm²。

当 $p_k < \dfrac{M_k}{W}$，出现基础底面与地基局部脱离接触的情况，即相应于荷载偏心矩 $e > \dfrac{b}{6}$，属于大偏心的情况。而塔机承受动荷载，应避免出现此种情况，若出现这种情况应考虑增大基底面积，以满足 $p_k > \dfrac{M_k}{W}$。

3. 地基承载力验算

（1）修正后的地基承载力特征值计算。

当基础宽度大于 3m 或埋置深度大于 0.5m 时，从载荷试验或其他原位试验、经验值等方法确定地基承载力特征值，应按下式修正：

$$f_a = f_{ak} + \eta_b \gamma (b - 3) + \eta_d \gamma_m (d - 0.5)$$

式中　f_a——修正后的地基承载力特征值，kN/m²；

f_{ak}——地基承载力特征值，kN/m²；

η_b——基础宽度地基承载力修正系数，按表 5-3 取值；

η_{d}——基础埋深地基承载力修正系数，按表 5-3 取值；

　γ——基础底面以下土的重度，$\mathrm{kN/m^3}$；

　γ_{m}——基础底面以上土的加权平均重度，地下水位以下取有效重度，$\mathrm{kN/m^3}$；对于塔机基础面不覆盖土层，$\gamma_{\mathrm{m}}=0$；

　b——基础底面宽度，m，当小于 3m 时按 3m 考虑，当大于 6m 时按 6m 考虑；

　d——基础埋置深度，m。

表 5-3　　　　　　　　　　　承载力特征值修正系数 η_{b}、η_{d} 值

土的类别	土的特性指标	η_{b}	η_{d}
淤泥和淤泥质土	—	0	1.0
人工填土 黏性土	$e\geqslant0.85$ 或 $I_{\mathrm{L}}\geqslant0.85$	0	1.0
红黏土	含水率比 $\alpha_{\mathrm{w}}>0.8$	0	1.2
	含水率比 $\alpha_{\mathrm{w}}\leqslant0.8$	0.15	1.4
大面积压实填土	压实系数大于 0.95，黏粒含量 ρ_{c} $\geqslant10\%$ 的粉土最大干密度	0	1.5
	大于 $2.1t/m^3$ 的级配砂石	0	2.0
粉土	黏粒含量 $\rho_{\mathrm{c}}\geqslant10\%$ 的粉土	0.3	1.5
	黏粒含量 $\rho_{\mathrm{c}}<10\%$ 的粉土	0.5	2.0
花岗岩残积土	砾质黏性土	1.2	2.0
	砂质黏性土	1.0	1.5
	黏性土	0.5	1.3
黏性土 粉砂、细砂 中砂、粗砂、砾砂和碎石土	$e<0.85$ 且 $I_{\mathrm{L}}\leqslant0.85$ 不包括很湿与饱和时的稍密状态	0.3 2.0 3.0	1.6 3.0 4.4

注 1. 强风化和全风化岩石，可参照所风化成的相应土类取值，其他状态下的岩石不修正；

　　2. 地基承载力特征值按《建筑地基基础设计规范》（GB 50007）附录 D 深层平板载荷试验确定时 η_{d} 取 0。

（2）地基承载力验算。

1）当轴心荷载作用时：

$$p_{\mathrm{k}}=\frac{F_{\mathrm{k}}+G_{\mathrm{k}}}{A}<f_{\mathrm{a}}$$

2）当偏心荷载作用时：

$$p_{\mathrm{kmax}}=\frac{F_{\mathrm{k}}+G_{\mathrm{k}}}{A}+\frac{M_{\mathrm{k}}}{W}<1.2f_{\mathrm{a}}$$

4. 抗倾覆验算

塔机基础的抗倾覆按下式进行验算，由于目前规范并未对天然地基基础的抗倾覆计算作明确的规定，故参考挡土墙的抗倾覆验算，取安全系数为 1.6。

$$\frac{M_{抗}}{M_{倾}}>1.6$$

式中　$M_{倾}$——倾覆力矩，$\mathrm{N\cdot mm}$，由塔式起重机对基础产生的力矩和水平力对基础底部产生的力矩两部分组成（其中，塔式起重机对基础产生的力矩及水平力的数值可参考塔机使用说明书）；

$M_{抗}$——抗倾覆力矩，N·mm，由相应于荷载效应标准组合上部结构传至基础顶面的竖向力值产生的力矩及基础自重和基础上的土重标准值产生的力矩两部分组成（其中，相应于荷载效应标准组合上部结构传至基础顶面的竖向力值可参考塔机使用说明书）。

5. 基础受冲切、受剪切承载力验算

（1）基础受冲切承载力验算。

根据规范（DBJ 15-31）9.2.8规定，对矩形截面柱的矩形基础应验算柱与基础交接处及基础变阶处的受冲切承载力；受冲切承载力应按下列公式验算：

$$F_l \leqslant 0.7\beta_{hp}f_t a_m h_0$$

式中　F_l——相应于荷载效应基本组合时作用在 A_l 上的基底净反力设计值，N。

β_{hp}——受冲切承载力截面高度影响系数，h_0 不大于800mm 时，β_{hp} 取1.0；当 h_0 大于等于2000mm 时，β_{hp} 取0.9，期间按线性内插取值。

f_t——混凝土轴心抗拉强度设计值，N/mm²。

a_m——冲切破坏锥体最不利一侧计算长度，mm。

h_0——基础冲切破坏锥体的有效高度，mm，按规范规定，当有垫层时钢筋保护层的厚度不宜小于40mm，无垫层时不宜小于70mm。

$$a_m = (a_t + a_b)/2$$

式中　a_t——冲切破坏锥体最不利一侧斜截面的上边长，mm，当计算塔身与基础交接处的受冲切承载力时，a_t 取塔身宽度尺寸。

a_b——冲切破坏锥体最不利一侧斜截面在基础底面积范围内的下边长，mm，当冲切破坏锥体的底面落在基础底面以内，计算塔身与基础交接处的受冲切承载力时，取塔身宽度加两倍基础有效高度。

$$F_l = p_j A_l$$

式中　p_j——相应于荷载效应基本组合时基底单位面积净反力（扣除地基自重及其上覆土重），对偏心受压基础可取基础边缘处的基底最大净反力，N/mm²。

A_l——冲切破坏面外侧的部分基底面积，mm²，如图5-9所示。

（2）基础受剪切承载力验算。

按照DBJ 15-31 第9.2.9内的说明，当基础底面短边尺寸小于或等于塔身宽加2倍基础有效高度时，应按下式验算距塔身边 $h_0/2$ 截面的受剪承载力：

$$V_s \leqslant 0.7\beta_{hs}f_t A_0$$

式中　V_s——验算截面处的剪力设计值，N。

A_0——基础验算截面的面积，mm²，$A_0 = h_0 l$。

β_{hs}——受剪切承载力截面高度影响系数，$\beta_{hs} = (800/h_0)^{1/4}$，$h_0 < 800$mm 时，取 $h_0 = 800$mm；当 $h_0 > 2000$mm 时，取 $h_0 = 2000$mm。

l——基础底面长度，mm。

6. 基础配筋计算

（1）基础弯矩计算。

基础底板的配筋，应按正截面受弯承载力计算确定。矩形基础偏心距不大于1/6弯矩作

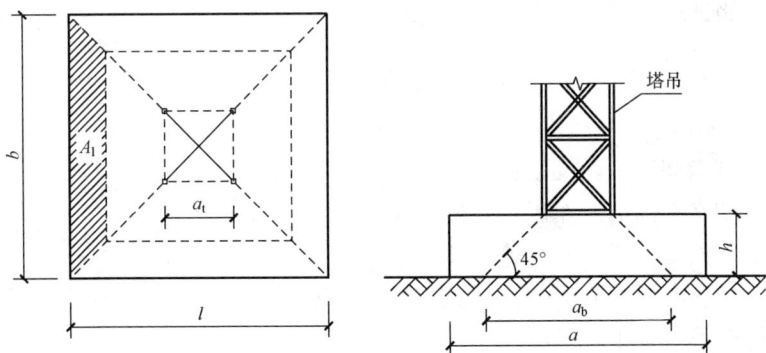

图 5-9　A_l 示意图

用方向的基础边长时，任意截面的弯矩设计值可按下列简化方法计算，控制截面可取塔身与基础交接处（图 5-10）。

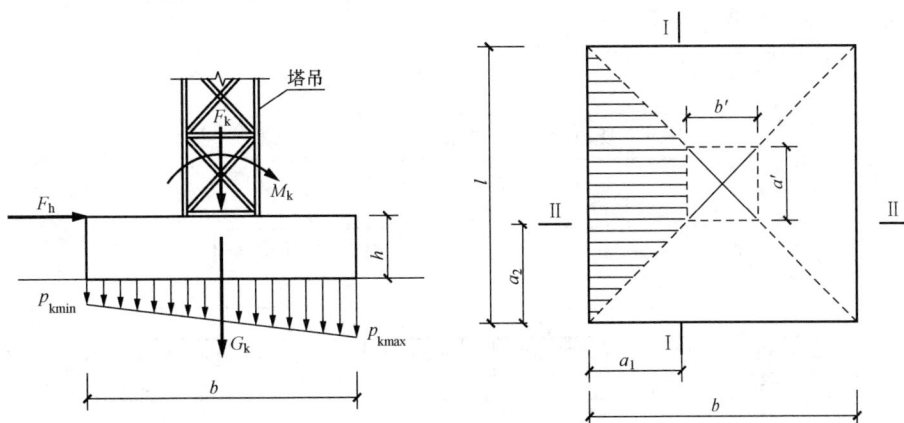

图 5-10　基础底板配筋计算

$$M_I = \frac{1}{12}a_1^2[p_{jmax}(3l + a') + p_{jI}(l + a')]$$

$$M_{II} = \frac{1}{12}a_2^2(2b + b')(p_{jmax} + p_{jmin})$$

式中　M_I、M_{II}——任意截面 I-I、II-II 相应于荷载效应基本组合时的弯矩设计值，N·mm；

　　　a_1、a_2——任意截面 I-I、II-II 至基底边缘处的距离，mm；

　　　a'、b'——任意截面 I-I、II-II 在基底的投影被基础四棱台棱线在基底的投影所截的距离，mm；

　　　l、b——基础底面的边长，mm；

　　p_j、p_{jmax}、p_{jmin}——相应于荷载效应基本组合时的基底平均净反力（不计基础自重及其上土重），N/mm²；

　　　p_{jI}——偏心荷载作用时，截面 I-I 处的基底净反力，N/mm²。

当上部的力矩作用时，应有 $M_I > M_{II}$，考虑到塔机荷载为动荷载，故计算中只求 M_I 的值，基础底板双向按此弯矩配筋。

（2）基础配筋计算。

$$A_{s1} = \frac{M}{0.9 f_y h_0}$$

$$A_{s2} = 0.15\% b h_0, \rho = 0.15\%$$

式中　A_s——基础钢筋面积，mm^2；

　　　M——基础在上部荷载作用下是最大弯矩值，N·mm；

　　　f_y——钢筋的抗弯强度设计值，N/mm^2；

　　　h_0——基础的有效高度，mm，当有垫层时钢筋保护层的厚度不宜小于 40mm，无垫层时不宜小于 70mm；

　　　b——基础宽度，mm；

　　　ρ——基础受力钢筋的最小配筋率，取 0.15%。

比较 A_{s1}、A_{s2}，取大值进行配筋。

注意：钢筋直径大于 10mm，间距 100～200mm。

5.1.4.5　塔机桩基础计算

1. 计算流程（图 5-11）

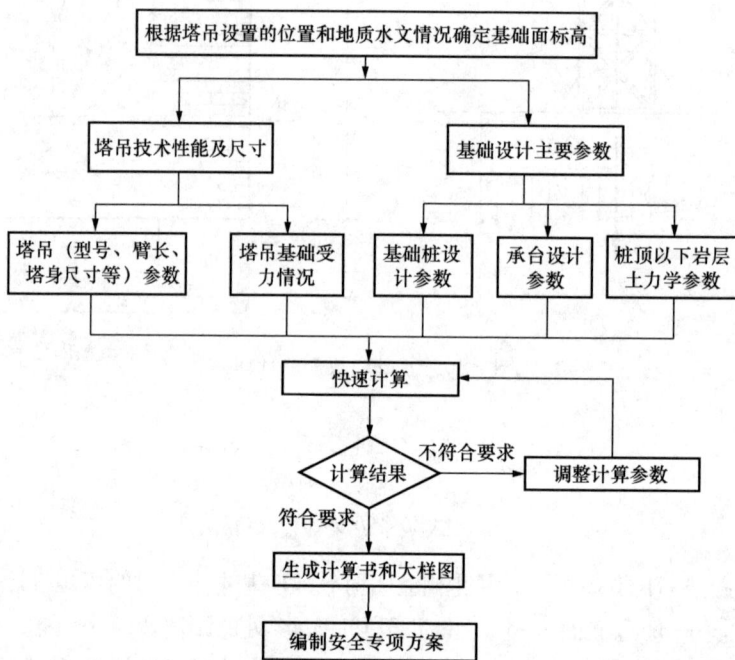

图 5-11　塔机桩基础计算流程图

2. 塔机桩基础形式

按照塔机基础的受力情况，其基础形式主要为：单桩灌注桩、四桩灌注桩、四桩预应力管桩。

3. 塔机桩基础设计主要参数

（1）桩的极限侧阻力标准值 q_{sik}（表 5-4）。

表 5-4   桩的极限侧阻力标准值 q_{sik} (kPa)

土的名称	土的状态		混凝土预制桩	泥浆护壁钻（冲）孔桩	干作业钻孔桩
填土	—		22～30	20～28	20～28
淤泥	—		14～20	12～18	12～18
淤泥质土	—		22～30	20～28	20～28
黏性土	流塑	$I_L>1$	24～40	21～38	21～38
	软塑	$0.75<I_L\leqslant1$	40～55	38～53	38～53
	可塑	$0.5<I_L\leqslant0.75$	55～70	53～68	53～66
	硬可塑	$0.25<I_L\leqslant0.5$	70～86	68～84	66～82
	硬塑	$0<I_L\leqslant0.25$	86～98	84～96	82～94
	坚硬	$I_L\leqslant0$	98～105	96～102	94～104
红黏土	$0.7<\alpha_w\leqslant1$		13～32	12～30	12～30
	$0.5<\alpha_w\leqslant0.7$		32～74	30～70	30～70
粉土	稍密	$e>0.9$	26～46	24～42	24～42
	中密	$0.75<e\leqslant0.9$	46～66	42～62	42～62
	密实	$e<0.75$	66～88	62～82	62～82
粉细砂	稍密	$10<N\leqslant15$	24～48	22～46	22～46
	中密	$15<N\leqslant30$	48～66	46～64	46～64
	密实	$N>30$	66～88	64～86	64～86
中砂	中密	$15<N\leqslant30$	54～74	53～72	53～72
	密实	$N>30$	74～95	72～94	72～94
粗砂	中密	$15<N\leqslant30$	74～95	74～95	76～98
	密实	$N>30$	95～116	95～116	98～120
砾砂	稍密	$5<N_{63.5}\leqslant15$	70～110	50～90	60～100
	中密（密实）	$N_{63.5}>15$	116～138	116～130	112～130
圆砾、角砾	中密、密实	$N_{63.5}>10$	160～200	135～150	135～150
碎石、卵石	中密、密实	$N_{63.5}>10$	200～300	140～170	150～170
全风化软质岩	—	$30<N\leqslant50$	100～200	80～100	80～100
全风化硬质岩	—	$30<N\leqslant50$	140～160	120～140	120～150
强风化软质岩	—	$N_{63.5}>10$	160～240	140～200	140～220
强风化硬质岩	—	$N_{63.5}>10$	220～300	160～240	160～260

注 1. 对于尚未完成自重固结的填土和以生活垃圾为主的杂填土，不计算其侧阻力；

2. α_w 为含水比，$\alpha_w=\omega/\omega_L$，ω 为土的天然含水量，ω_L 为土的液限；

3. N 为标准贯入击数；$N_{63.5}$ 为重型圆锥动力触探击数；

4. 全风化、强风化软质岩和全风化、强风化硬质岩系指其母岩分别为 $f_{rk}\leqslant15MPa$、$f_{rk}>30MPa$ 的岩石。

（2）桩的极限端阻力标准值 q_{pk}（表 5-5）。

表 5-5　　　　　　　　　　　桩的极限端阻力标准值 q_{pk}(kPa)

土名称	土的状态		混凝土预制桩桩长 L(m)				泥浆护壁钻（冲）孔桩桩长 L(m)				干作业钻孔桩桩长 L(m)		
			$L\leqslant 9$	$9<L\leqslant 16$	$16<L\leqslant 30$	$L>30$	$5\leqslant L<10$	$10\leqslant L<15$	$15\leqslant L<30$	$30\leqslant L$	$5\leqslant L<10$	$10\leqslant L<15$	$15\leqslant L$
黏性土	软塑	$0.75<I_L\leqslant 1$	210~850	650~1400	1200~1800	1300~1900	150~250	250~300	300~450	300~450	200~400	400~700	700~950
	可塑	$0.50<I_L\leqslant 0.75$	850~1700	1400~2200	1900~2800	2300~3600	350~450	450~600	600~750	750~800	500~700	800~1100	1000~1600
	硬可塑	$0.25<I_L\leqslant 0.50$	1500~2300	2300~3300	2700~3600	3600~4400	800~900	900~1000	1000~1200	1200~1400	850~1100	1500~1700	1700~1900
	硬塑	$0<I_L\leqslant 0.25$	2500~3800	3800~5500	5500~6000	6000~6800	1100~1200	1200~1400	1400~1600	1600~1800	1600~1800	2200~2400	2600~2800
粉土	中密	$0.75<e\leqslant 0.9$	950~1700	1400~2100	1900~2700	2500~3400	300~500	500~650	650~750	750~850	800~1200	1200~1400	1400~1600
	密实	$e<0.75$	1500~2600	2100~3000	2700~3600	3600~4400	650~900	750~950	900~1100	1100~1200	1200~1700	1400~1900	1600~2100
粉砂	稍密	$10<N\leqslant 15$	1000~1600	1500~2300	1900~2700	2100~3000	350~500	450~600	600~700	650~750	500~950	1300~1600	1500~1700
	中密、密实	$N>15$	1400~2200	2100~3000	3000~4500	3800~5500	600~750	750~900	900~1100	1100~1200	900~1000	1700~1900	1700~1900
细砂	中密、密实	$N>15$	2500~4000	3600~5000	4400~6000	5300~7000	650~850	900~1200	1200~1500	1500~1800	1200~1600	2000~2400	2400~2700
中砂	中密、密实	$N>15$	4000~6000	5500~7000	6500~8000	7500~9000	850~1050	1100~1500	1500~1900	1900~2100	1800~2400	2800~3800	3600~4400
粗砂	中密、密实	$N>15$	5700~7500	7500~8500	8500~10000	9500~11000	1500~1800	2100~2400	2400~2600	2600~2800	2900~3600	4000~4600	4600~5200
砾砂	中密、密实	$N>15$	6000~9500		9000~10500		1400~2000		2000~3200		3500~5000		
角砾、圆砾	中密、密实	$N_{63.5}>10$	7000~10000		9000~11500		1800~2200		2200~3600		4000~5500		
碎石	中密、密实	$N_{63.5}>10$	8000~11000		10500~13000		2000~3000		3000~4000		4500~6500		
全风化软质岩	—	$30<N\leqslant 50$	4000~6000				1000~1600				1200~2000		
全风化硬质岩	—	$30<N\leqslant 60$	5000~8000				1200~2000				1400~2400		
强风化软质岩	—	$N_{63.5}>10$	6000~9000				1400~2200				1600~2600		
强风化硬质岩	—	$N_{63.5}>10$	7000~11000				1800~2800				2000~3000		

注　1. 砂土和碎石类土中桩的极限端阻力取值，宜综合考虑土的密实度，桩端进入持力层的深径比 h_b/d，土越密实，h_b/d 越大，取值越高；

　　2. 预制桩的岩石极限端阻力指桩端支承于中、微风化基岩表面或进入强风化岩、软质岩一定深度条件下极限端阻力；

　　3. 全风化、强风化软质岩和全风化、强风化硬质岩指其母岩分别为 $f_{rk}\leqslant 15MPa$、$f_{rk}>30MPa$ 的岩石。

（3）干作业挖孔桩（清底干净，$D=800$mm）极限端阻力标准值 q_{pk}（表 5-6）。

表 5-6　　　　干作业挖孔桩（清底干净，$D=800$mm）极限端阻力标准值 q_{pk}(kPa)

土名称		状态		
黏性土		$0.25 < I_L \leqslant 0.75$	$0 < I_L \leqslant 0.25$	$I \leqslant 0$
		800~1800	1800~2400	2400~3000
粉土		—	$0.75 \leqslant e \leqslant 0.9$	$e < 0.75$
		—	1000~1500	1500~2000
砂土、碎石类土		稍密	中密	密实
	粉砂	500~700	800~1100	1200~2000
	细砂	700~1100	1200~1800	2000~2500
	中砂	1000~2000	2200~3200	3500~5000
	粗砂	1200~2200	2500~3500	4000~5500
	砾砂	1400~2400	2600~4000	5000~7000
	圆砾、角砾	1600~3000	3200~5000	6000~9000
	卵石、碎石	2000~3000	3300~5000	7000~11000

注　1. 当桩进入持力层的深度 h_b 分别为：$h_b \leqslant D$，$D < h_b \leqslant 4D$，$h_b > 4D$ 时，q_{pk} 可相应取低、中、高值。

2. 砂土密实度可根据标贯击数判定，$N \leqslant 10$ 为松散，$10 < N \leqslant 15$ 为稍密，$15 < N \leqslant 30$ 为中密，$N > 30$ 为密实。

3. 当桩的长径比 $L/d \leqslant 8$ 时，q_{pk} 宜取较低值。

4. 当对沉降要求不严时，q_{pk} 可取高值。

（4）大直径灌注桩侧阻力尺寸效应系数 ψ_{si}、端阻力尺寸效应系数 ψ_p（表 5-7）。

表 5-7　　　　大直径灌注桩侧阻力尺寸效应系数 ψ_{si}、端阻力尺寸效应系数 ψ_p

土类型	黏性土、粉土	砂土、碎石类土
ψ_{si}	$(0.8/d)^{1/5}$	$(0.8/d)^{1/3}$
ψ_p	$(0.8/D)^{1/4}$	$(0.8/D)^{1/3}$

注　当为等直径桩时，表中 $D=d$。

（5）桩嵌岩段侧阻和端阻综合系数 ζ_r（表 5-8）。

表 5-8　　　　　　　　　桩嵌岩段侧阻和端阻综合系数 ζ_r

嵌岩深径比 h_r/d	0	0.5	1.0	2.0	3.0	4.0	5.0	6.0	7.0	8.0
极软岩、软岩	0.60	0.80	0.95	1.18	1.35	1.48	1.57	1.63	1.66	1.70
较硬岩、坚硬岩	0.45	0.65	0.81	0.90	1.00	1.04	—	—	—	—

注　1. 极软岩、软岩指 $f_{rk} \leqslant 15$MPa，较硬岩、坚硬岩指 $f_{rk} > 30$MPa，介于二者之间可内插取值。

2. h_r 为桩身嵌岩深度，当岩面倾斜时，以坡下方嵌岩深度为准；当 h_r/d 为非表列值时，ζ_r 可内插取值。

（6）扩底桩破坏表面周长取值 u_i（表 5-9）。

表 5-9　　　　　　　　　扩底桩破坏表面周长取值 u_i(mm)

自桩底起算的长度 L_i	$\leqslant (4 \sim 10)d$	$> (4 \sim 10)d$
u_i	πD	πd

注　L_i 对于软土取低值，对于卵石、砾石取高值；L_i 取值按内摩擦角大而增加。

（7）抗拔系数 λ（表 5-10）。

表 5-10　　　　　　　　　　　　　　　　　　　抗拔系数 λ

土类	λ 值
砂土	0.50～0.70
黏性土、粉土	0.70～0.80

注　桩长 L 与桩径 d 之比小于 20 时，λ 取小值。

（8）桩顶（身）最大弯矩系数 v_m 和桩顶水平位移系数 v_x（表 5-11）。

表 5-11　　　　　桩顶（身）最大弯矩系数 v_m 和桩顶水平位移系数 v_x

桩顶约束情况	桩的换算深度（αh）	v_m	v_x
铰接、自由	4.0	0.768	2.441
	3.5	0.750	2.502
	3.0	0.703	2.727
	2.8	0.675	2.905
	2.6	0.639	3.163
	2.4	0.601	3.526
固接	4.0	0.926	0.940
	3.5	0.934	0.970
	3.0	0.967	1.028
	2.8	0.990	1.055
	2.6	1.018	1.079
	2.4	1.045	1.095

注　1. 铰接（自由）的 v_m 系桩身的最大弯矩系数；固接的 v_m 系桩顶的最大弯矩系数；

2. 当 $\alpha h>4$ 时取 $\alpha h=4.0$。

（9）地基土水平抗力系数的比例系数 m 值（表 5-12）。

表 5-12　　　　　　　　　地基土水平抗力系数的比例系数 m 值

序号	地基土类别	预制桩、钢桩		灌注桩	
		m (MN/m⁴)	相应桩顶面处水平位移 (mm)	m (MN/m⁴)	相应桩顶面处水平位移 (mm)
1	淤泥；淤泥质土；饱和湿陷性黄土	2～4.5	10	2.5～6	6～12
2	流塑（$I_L>1$）、软塑（$0.75<I_L\leqslant1$）状黏性土；$e>0.9$ 粉土，松散粉细砂，松散、稍密填土	4.5～6.0	10	6～14	4～8
3	可塑（$0.25<I_L\leqslant0.75$）状黏性土；$e=075～0.9$ 粉土；中密填土；稍密细砂	6.0～10	10	14～35	3～6
4	硬塑（$0<I_L<0.25$）坚硬（$I_L\leqslant0$）状黏性土、湿陷性黄土；$e<0.75$ 粉土；中密的中粗砂；密实老填土	10～22	10	35～100	2～5
5	中密、密实的砾砂、碎石类土			100～300	1.5～3

注　1. 当桩顶位移大于表列数值或灌注桩的纵筋配筋率较高（$\geqslant0.65\%$）时，m 值宜适当降低；当预制桩的桩顶水平位移<10mm 时，m 值可适当提高；

2. 当水平荷载为长期荷载或经常出现的荷载时，应将表列数值乘以 0.4 后降低采用。

4. 桩顶作用效应计算

（1）竖向力作用下。

1）单桩基础。

考虑到桩中心与承台中心重合，$y_i = 0$，$x_i = 0$，承台偏心竖向力$= 0$，故轴心竖向力：

$$N_k = F_k + G_k$$

式中　F_k——荷载效应标准组合下，作用于承台顶面的竖向力，N；

　　　G_k——桩基承台和承台上土自重标准值，对稳定的地下水位以下部分应扣除水的浮力，N/mm²；

　　　N_k——荷载效应标准组合轴心竖向力作用下，基桩的竖向力，N。

2）四桩基础。

$$N_{ik} = \frac{F_k + G_k}{n} \pm \frac{M_{yk} x_i}{\sum x_j^2}$$

式中　N_{ik}——荷载效应标准组合偏心竖向力作用下，第 i 基桩的竖向力（当出现负值时，桩基承受拉力），N；

　　　n——桩基中的桩数；

　　　M_{yk}——荷载效应标准组合下，作用于承台底面，绕通过桩群形心的 y 主轴的力矩，N·mm；

　　　X_i——第 i 基桩至 y 轴的距离。

注：① 考虑到塔机荷载是动荷载，承台平面取正方形，故只计算 M_{yk}；

② 考虑到塔机荷载在承台对角线的位置的偏心竖向力最大，故 $X_i = \sqrt{2} \times$（桩中心与承台中心距离）。

（2）水平力作用下。

1）单桩基础

$$H_{ik} = H_k$$

2）四桩基础

$$H_{ik} = H_k / n$$

式中　H_k——荷载效应标准组合下，作用于承台底面的水平力，N；

　　　H_{ik}——荷载效应标准组合下，作用于第 i 根桩的水平力，N/mm²；

　　　n——桩基中的桩数。

5. 桩基竖向承载力验算

（1）桩基竖向承载力计算。

考虑塔机基础桩为端承桩，故不考虑承台效应，基桩竖向承载力特征值 R 与单桩竖向承载力特征值 R_a 值相同。

1）单桩基础。

$$N_k \leqslant R_a$$

式中　R_a——基桩的竖向承载力特征值，N。

$$R_a = 1/K Q_{uk}$$

式中　Q_{uk}——单桩竖向极限承载力标准值，N；

　　　K——安全系数，取 $K = 2$。

2）四桩基础。

$$N_{\text{kmax}} \leqslant 1.2R_{\text{a}}$$

式中　N_{kmax}——荷载效应标准组合偏心竖向力作用下，N，桩顶最大竖向力。

（2）单桩竖向极限承载力标准值计算。

考虑到塔机基础的受力情况，当采用单桩基础时，基桩不宜采用预应力管桩，宜考虑采用大直径灌注桩。

1）当根据土的物理指标与承载力参数之间的经验关系确定单桩竖向极限承载力标准值时，可按下式估算：

$$Q_{\text{uk}} = Q_{\text{sk}} + Q_{\text{pk}} = u\sum q_{sik}l_i + q_{\text{pk}}A_{\text{p}}$$

式中　q_{sik}——桩侧第 i 层土的极限侧阻力标准值，N/mm²，如无当地经验时，可按表 5-4 取值；

　　　q_{pk}——极限端阻力标准值，如无当地经验时，N/mm²，可按表 5-5 取值；

　　　u——桩身周长，mm；

　　　l_i——桩周第 i 层土的厚度，mm；

　　　A_{p}——桩端面积，mm²。

2）根据土的物理指标与承载力参数之间的经验关系，确定大直径桩单桩竖向极限承载力标准值时，可按下式计算：

$$Q_{\text{uk}} = Q_{\text{sk}} + Q_{\text{pk}} = u\sum \psi_{si}q_{sik}l_i + \psi_{\text{p}}q_{\text{pk}}A_{\text{p}}$$

式中　q_{sik}——桩侧第 i 层土的极限侧阻力标准值，N/mm²，如无当地经验时，可按表 5-4 取值，对于扩底桩变截面以上 $2d$ 长度范围不计侧阻力；

　　　q_{pk}——桩径为 800mm 的极限端阻力标准值，N/mm²，对于干作业挖孔（清底干净）可采用深层载荷试验确定；当不能进行深层载荷试验时，可按表 5-6 取值；

　　　u——桩身周长，mm，当人工挖孔桩桩周护壁为振捣密实的混凝土时，桩身周长可按护壁外直径计算；

　　ψ_{si}、ψ_{p}——大直径桩侧阻力、端阻力尺寸效应系数，按表 5-7 取值；

　　　l_i——桩周第 i 层土的厚度，mm；

　　　A_{p}——桩端面积，mm²。

3）桩端置于完整、较完整基岩的嵌岩桩单桩竖向极限承载力，由桩周土总极限侧阻力和嵌岩段总极限阻力组成。当根据单轴抗压强度确定单桩竖向极限承载力标准值时，可按下式计算：

$$Q_{\text{uk}} = Q_{\text{sk}} + Q_{\text{rk}}, \quad Q_{\text{sk}} = u\sum q_{sik}l_i, \quad Q_{\text{rk}} = \zeta_{\text{r}}f_{\text{rk}}A_{\text{p}}$$

式中　Q_{sk}、Q_{rk}——分别为桩周土的总极限侧阻力标准值、嵌岩段总极限阻力标准值，N/mm²；

　　　q_{sik}——桩侧第 i 层土的极限侧阻力标准值，N/mm²，如无当地经验时，可根据成桩工艺按表 5-4 取值；

　　　f_{rk}——岩石饱和单轴抗压强度标准值，N/mm²，黏土岩取天然湿度单轴抗压强度标准值；

　　　ζ_{r}——桩嵌岩段侧阻和端阻综合系数，与嵌岩深径比 h_{r}/d、岩石软硬程度和成桩工艺有关，按表 5-8 采用；表中数值适用于泥浆护壁成桩，对于干作业成桩（清底干净）和泥浆护壁成桩后注浆，ζ_r 应取表列数值的 1.2 倍。

4）当根据土的物理指标与承载力参数之间的经验关系，确定敞口预应力混凝土空心桩单桩竖向极限承载力标准值时，可按下式计算：

$$Q_{uk} = Q_{sk} + Q_{pk} = u\Sigma q_{sik} l_i + q_{pk}(A_j + \lambda_p A_{p1})$$

式中　q_{sik}、q_{pk}——分别按表 5-4、表 5-5 取与混凝土预制桩相同值，N/mm^2。

　　　　A_j——空心桩桩端净面积，mm^2；管桩：$A_j = \pi/4(d^2 - d_1^2)$；空心方桩：$A_j = b^2 - \pi/4d_1^2$。

　　　　A_{p1}——空心桩敞口面积，mm^2；$A_{p1} = \pi/4d_1^2$。

　　　　λ_p——桩端土塞效应系数；当 $h_b/d < 5$ 时，$\lambda_p = 0.16h_b/d$，当 $h_b/d \geqslant 5$ 时，$\lambda_p = 0.8$。

　　　　h_b——桩端进入持力层的深度，mm。

　　　d、b——空心桩外径、边长，mm。

　　　　d_1——空心桩内径，mm。

6. 桩基水平承载力验算

单桩基础和群桩中基桩应满足：

$$H_{ik} \leqslant R_h$$

式中　H_{ik}——在荷载效应标准组合下，作用于基桩 i 桩的桩顶处的水平力，N；

　　　　R_h——单桩基础或群桩中基桩的水平承载力特征值，N^2，对于单桩基础，可取单桩的水平承载力特征值 R_{ha}。

根据塔机基础的受力特点，单桩的水平承载力特征值确定应符合下列规定：

（1）对于钢筋混凝土预制桩、桩身配筋率不小于 0.65% 的灌注桩，可根据静载试验结果取地面处水平位移为 10mm 所对应的荷载的 75% 为单桩水平承载力特征值。

（2）对于桩身配筋率小于 0.65% 的灌注桩，可取单桩水平静载试验的临界荷载的 75% 为单桩水平承载力特征值。

（3）当缺少单桩水平静载试验资料时，可按下式估算配筋率少于 0.65% 的灌注桩的水平承载力特征值：

$$R_{ha} = \frac{0.75\alpha\gamma_m f_t W_0}{\nu_m}(1.25 + 22\rho_g)\left(1 \pm \frac{\zeta_N N_k}{\gamma_m f_t A_n}\right)$$

式中　R_{ha}——单桩水平承载力特征值，N，$\pm$ 号根据桩顶竖向力性质确定，压力取 "$+$"，拉力取 "$-$"。

　　　　γ_m——桩截面模量塑性系数，圆形截面 $\gamma_m = 2$，矩形截面 $\gamma_m = 1.75$。

　　　　f_t——桩身混凝土抗拉强度设计值，N/mm^2。

　　　　υ_m——桩身最大弯矩系数，按表 5-11 取值，当单桩基础和单排桩基纵向轴线与水平力方向垂直时，按桩顶铰接考虑。

　　　　N_k——在荷载效应标准组合下桩顶的竖向力，N。

　　　　ρ_g——桩身纵筋配筋率。

　　　　ζ_N——桩顶竖向力影响系数，竖向压力取 $\zeta_N = 0.5$，竖向拉力取 $\zeta_N = 1.0$。

　　　　W_0——桩身换算截面受拉边缘的截面抗弯模量，mm^3。

圆形截面为：　　　　$$W_0 = \pi d^2/32[d^2 + 2(\alpha_E - 1)\rho_g]$$

方形截面为：
$$W_0 = b/6[b^2 + 2(\alpha_E - 1)\rho_g b_0^2]$$

式中　d——桩身直径。

　　　d_0——扣除保护层厚度的桩直径。

　　　b——方形截面边长。

　　　b_0——扣除保护层厚度的桩截面宽度。

　　　α_E——钢筋弹性模量与混凝土弹性模量的比值。

　　　A_n——桩换算截面积，mm^2。圆形截面为：$A_n = \pi d^2/4[1 + (\alpha_E - 1)\rho_g]$，方形截面为：$A_n = b^2[1 + (\alpha_E - 1)\rho_g]$。

　　　α——桩的水平变形系数。

$$\alpha = \sqrt[5]{\frac{mb_0}{EI}}$$

式中　m——桩侧土水平抗力系数的比例系数，宜通过单桩水平静载试验确定，当无静载试验资料时，可按表 5-12 取值。

　　　b_0——桩身计算宽度，mm；圆形桩：当直径 $d \leqslant 1m$：圆桩 $b_0 = 0.9(1.5d + 0.5)$；当直径 $d > 1m$：$b_0 = 0.9(d+1)$；方形桩：当边长 $b \leqslant 1m$：圆桩 $b_0 = 0.9(1.5d + 0.5)$；当边长 $b > 1m$：$b_0 = 0.9(d+1)$。

　　　EI——桩身抗弯刚度，对于钢筋混凝土桩，$EI = 0.85E_c I_0$；其中 E_c 为混凝土弹性模量，I_0 为桩身换算截面惯性矩：圆形截面为 $I_0 = W_0 d_0/2$；矩形截面为 $I_0 = W_0 b_0/2$。

（4）对于混凝土护壁的挖孔桩，计算单桩水平承载力时，其设计桩径取护壁内直径。

（5）当桩的水平承载力有水平位移控制，且缺少单桩水平静载试验资料时，可按下式估算预制桩、桩身配筋率不少于 0.65% 的灌注桩单桩水平承载力特征值：

$$R_{ha} = 0.75\frac{\alpha^3 EI}{v_x}\chi_{oa}$$

式中　χ_{0a}——桩顶容许水平位移，mm；

　　　v_x——桩顶水平位移系数，按表 5-11 取值，取值方法同 v_m。

7. 抗拔桩基承载力验算

当 N_{iK} 出现负值时，基桩承受拉力作用，则基桩需按承受拔力的桩基按下式计算同时验算群桩基础呈整体破坏和呈非整体破坏时基桩的抗拔承载力：

$$N_k \leqslant T_{gk}/2 + G_{gp}, N_k \leqslant T_{uk}/2 + G_p$$

式中　N_k——按荷载效应标准组合计算的基桩拔力，N；

　　　T_{gk}——群桩呈整体破坏时基桩的抗拔极限承载力标准值，N/mm^2，可按 $T_{gk} = \frac{1}{n}u_1\Sigma\lambda_i q_{sik} l_i$ 计算；

　　　T_{uk}——群桩呈非整体破坏时基桩的抗拔极限承载力标准值，N/mm^2，可按 $T_{uk} = \Sigma\lambda_i q_{sik} u_i l_i$ 计算；

　　　G_{gp}——群桩基础所包围体积的桩土总自重除以总桩数，N，地下水位以下取浮重度；

　　　G_p——基桩自重，地下水位以下取浮重度，N；

　　　n——桩基中的桩数量；

　　　u_1——群桩外围周长，mm；

u_i——桩身周长，mm，对于等直径桩取 $u=\pi d$；对于扩底桩按表 5-9 计算；

λ_i——抗拔系数，按表 5-10 取值；

q_{sik}——桩侧表面第 i 层土的抗压极限侧阻力标准值，N/mm²，可按表 5-4 取值。

8. 抗倾覆验算

塔机基础的抗倾覆按下式进行验算，由于目前规范并未对天然地基基础的抗倾覆计算作明确的规定，故暂参考挡土墙的抗倾覆验算，取安全系数为 1.6。

$$\frac{M_{抗}}{M_{倾}} > 1.6$$

式中　$M_{倾}$——倾覆力矩，N·mm，由塔式起重机对基础产生的力矩和水平力对基础底部产生的力矩两部分组成（其中，塔式起重机对基础产生的力矩及水平力的数值可参考塔机使用说明书；当塔基位于基坑支护边缘时，其水平力产生的力矩要考虑基坑的深度）；

　　$M_{抗}$——抗倾覆力矩，N·mm，由相应于荷载效应标准组合上部结构传至基础顶面的竖向力值产生的力矩及基础自重和基础上的土重标准值产生的力矩两部分组成（其中，相应于荷载效应标准组合上部结构传至基础顶面的竖向力值可参考塔机使用说明书）。

9. 桩身承载力验算

（1）正截面受压承载力计算。

$$N \leqslant \psi_c f_c A_{ps}$$

式中　N——荷载效应基本组合下的桩顶轴向压力设计值，N。

　　ψ_c——基桩成桩工艺系数，混凝土预制桩、预应力混凝土空心桩取 0.85；干作业非挤土灌注桩取 0.90；泥浆护壁和套管护壁非挤土灌注桩、部分挤土灌注桩、挤土灌注桩取 0.7～0.8；软土地区挤土灌注桩取 0.6。

　　f_c——混凝土轴心抗压强度设计值，N/mm²。

　　A_{ps}——桩身截面面积，mm²。

（2）桩身配筋计算。

当 $N \leqslant \psi_c f_c A_{ps}$，桩身可按最小配筋率进行配筋〔当桩身直径为 300～2000mm 时，截面配筋率通常可取 0.65%～0.2%（小直径桩取高值）〕。

1）基桩宜沿桩身等截面通长配筋。

2）桩主筋不应少于 8Φ12，纵向主筋应沿桩身周边均匀布置，其净距不应小于 60mm。

3）箍筋应采用螺旋式，直径不应小于 6mm，间距宜为 200～300mm，桩顶以下 5d 范围内的箍筋应加密，间距不应大于 100mm；当钢筋笼长度超过 4m 时，应每隔 2m 设置直径不少于 12mm 的焊接加径箍。

（3）止截面受拉承载力计算。

1）单桩基础。

当作用在基础的力矩较大时，对桩身产生向上拔的作用，须对桩身钢筋进行受拉验算。

$$\frac{2M_{倾}}{(n-2)dA_s} \leqslant f_y$$

式中　$M_{倾}$——倾覆力矩，N·mm；

A_s——灌注桩钢筋面积，mm^2；

d——桩直径，mm；

n——灌注桩钢筋数量；

f_y——灌注桩钢筋设计强度，N/mm^2。

2）桩身正截面受拉承载力。

$$N \leqslant f_y A_s + f_{py} A_{py}$$

式中　N——荷载效应基本组合下的桩顶轴向拉力设计值，N；

f_y、f_{py}——普通钢筋、预应力钢筋的抗拉强度设计值，N/mm^2；

A_s、A_{py}——普通钢筋、预应力钢筋的截面面积，mm^2。

3）当作用在四桩基础的力矩较大时，对桩身产生向上拔的作用，须对桩身钢筋进行受拉验算。

$$\frac{M_{倾}}{4X_i A_s} \leqslant f_y$$

式中　$M_{倾}$——倾覆力矩，$N \cdot mm$；

A_s——灌注桩钢筋面积，mm^2；

X_i——桩中心与承台中心的尺寸，mm；

n——灌注桩钢筋数量；

f_y——灌注桩钢筋设计强度，N/mm^2。

4）预应力管桩桩顶插筋强度验算。

$$\frac{-N_{ik}}{A_s} \leqslant f_y, \frac{M_{倾}}{4X_i A_s} \leqslant f_y$$

式中　N_{ik}——荷载效应标准组合偏心竖向力作用下，第 i 基桩的竖向拉力，N；

A_s——预应力管桩桩顶插筋钢筋面积，mm^2；

X_i——桩中心与承台中心的尺寸，mm；

f_y——预应力管桩桩顶插筋钢筋设计强度，N/mm^2。

10. 承台受冲切承载力验算

（1）单桩基础（图 5-12）。

考虑塔机承台采用单桩基础，冲切破坏锥体应采用自塔机塔身边至承台边缘连线所构成的锥体，锥体斜面与承台底面之间之夹角不应小于 45°。受冲切承载力计算公式：

$$F_1 \leqslant \beta_{hp} \beta_0 u_m f_t h_0$$
$$F_L = F - \sum Q_i$$
$$\beta_0 = 0.84/(\lambda + 0.2)$$

式中　F_1——不计承台及其上土重，在荷载效应基本组合下作用于冲切破坏锥体上的冲切力设计值，N。

F——不计承台及其上土重，在荷载效应基本组合下作用于塔身底部的竖向荷载设计值，N。

$\sum Q_i$——不计承台及其上土重，在荷载效应基本组合下冲切破坏锥体内各基桩的反力设计值之和，N。

β_{hp}——承台受冲切承载力截面高度影响系数，当 $h \leqslant 800mm$ 时，β_{hp} 取 1.0，$h \geqslant 2000mm$

时，β_{hp} 取 0.9，其间按线性内插法取值。

　　β_0——冲切系数。

　　λ——冲跨比，$\lambda = a_0/h_0$，a_0 为塔身边到承台边的水平距离；当 $\lambda < 0.25$ 时，取 $\lambda = 0.25$；当 $\lambda > 1.0$ 时，取 $\lambda = 1.0$。

　　u_m——承台冲切破坏锥体一半有效高度处的周长。

　　f_t——承台混凝土抗拉强度设计值，N/mm^2。

　　h_0——承台冲切破坏的有效高度，mm。

　　（2）对位于塔身冲切破坏锥体以外的基桩，可按下列公式计算承台受基桩冲切的承载力：

$$N_l \leqslant [\beta_{1x}(c_2 + a_{1y}/2) + \beta_{1y}(c_1 + a_{1x}/2)]\beta_{hp}f_t h_0$$

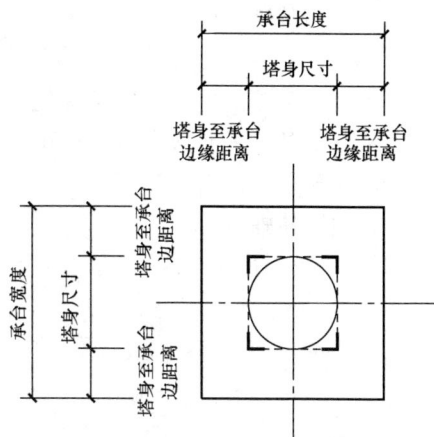

图 5-12　计算参数示意图

式中　N_l——不计承台及其上土重，在荷载效应基本组合下角桩反力设计值，N。

　　β_{1x}、β_{1y}——角桩冲切系数，$\beta_{1x} = 0.56/(\lambda_{1x} + 0.2)$，$\beta_{1y} = 0.56/(\lambda_{1y} + 0.2)$。

　　λ_{1x}、λ_{1y}——角桩冲跨比，$\lambda_{1x} = a_{1x}/h_0$，$\lambda_{1y} = a_{1y}/h_0$，其值均应满足 0.25～1.0 的要求；

　　a_{1x}、a_{1y}——从承台角桩顶内边缘引 45°冲切线与承台顶面相交点至角桩内边缘的水平距离；当塔身位于该 45°线以内时，则取有塔身边与桩内边缘连线为冲切锥体的锥线。

　　h_0——承台外边缘的有效高度，mm。

　　11. 承台受剪切承载力验算

$$V \leqslant \beta_{hs}\alpha f_t b_0 h_0$$

式中　V——不计承台及其上土重，在荷载效应基本组合下，斜截面的最大剪力设计值，N。

　　β_{hs}——受剪切承载力截面高度影响系数，$\beta_{hs} = (800/h_0)^{1/4}$；当 $h_0 < 800mm$ 时，取 $h_0 = 800mm$；当 $h_0 > 2000mm$ 时，取 $h_0 = 2000mm$；其间按线性内插法取值。

　　α——承台剪切系数，$\alpha = 1.75/(\lambda + 1)$。

　　λ——计算截面的剪跨比，$\lambda = a/h_0$，此处 a 为塔身边至承台外边的水平距离；当 $\lambda < 0.25$ 时，取 $\lambda = 0.25$；当 $\lambda > 3$ 时，取 $\lambda = 3$。

　　f_t——混凝土轴心抗拉强度设计值，N/mm^2。

　　b_0——承台计算截面处的计算宽度，mm。

　　h_0——承台计算截面处的有效高度，mm。

　　12. 承台抗弯验算

　　（1）单桩基础。

　　1）承台抗弯计算。

$$M = N_k x_i$$

式中　N_k——在荷载效应标准组合下桩顶的竖向力，N；

　　x_i——塔身边至承台边缘的距离，mm。

　　2）承台配筋计算。

$$A_s = \frac{M}{0.9 f_y h_0}$$

式中　A_s——基础钢筋面积，mm^2；

　　　M——基础在上部荷载作用下是最大弯矩值，$N \cdot mm$；

　　　f_y——钢筋的抗弯强度设计值，N/mm^2；

　　　h_0——基础的有效高度，mm。

注：承台受力钢筋直径不应少于 $12mm$，间距不应大于 $200mm$。

（2）四桩基础。

1）承台抗弯计算（图 5-13）。

$$M_x = \sum N_i y_i ; \qquad M_y = \sum N_i x_i$$

式中　N_i——不计承台及其上土重，在荷载效应基本组合下的第 i 基桩的竖向反力设计
　　　　　　值，N；

M_x、M_y——分别绕 x 轴和绕 y 轴方向计算截面处的弯矩设计值，$N \cdot mm$；

　x_i、y_i——垂直 y 轴和 x 轴方向自桩轴线到相应计算截面的距离，mm。

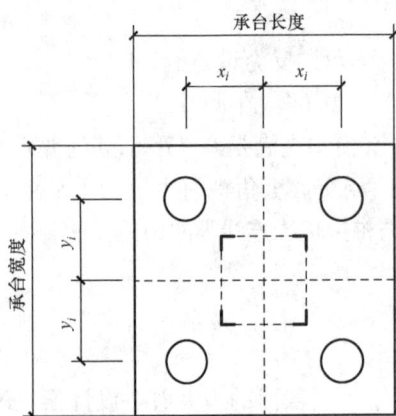

图 5-13　计算参数示意图

注：1. 考虑到塔机荷载是动荷载，承台平面取正方形，故 $M_x = M_y = M$；

2. 考虑塔身不能作为一条柱，故 x_i、y_i 则取桩轴线至承台中心的距离进行计算弯矩。

2）承台配筋计算。

$$A_s = \frac{M}{0.9 f_y h_0}$$

式中　A_s——基础钢筋面积，mm^2；

　　　M——基础在上部荷载作用下是最大弯矩值，$N \cdot mm$；

　　　f_y——钢筋的抗弯强度设计值，N/mm^2；

　　　h_0——承台的有效高度，mm。

注：承台受力钢筋直径不应少于 $12mm$，间距不应大于 $200mm$。

5.1.4.6　塔机基础计算参数的设定

1. 塔机参数

（1）塔机臂长：根据选择的塔机型号确定其臂长。

（2）塔机安装高度：根据选择的塔机型号和建筑物的高度确定。

（3）塔身尺寸 B：根据选择的塔机型号确定。

2. 塔机基础受力情况

（1）塔机基础的受力情况应由塔机生产厂提供，具体应按塔机使用说明书提供的在工作状态和非工作状态塔机对基础的作用力。

（2）基础荷载是否需要乘以荷载分项系数宜由用户根据厂家提供的资料来选择。

3. 天然地基基础设计主要参数

（1）基础尺寸。

1）基础宽度 a：按塔机使用说明书提供的数据取值，但要满足基础底面尺寸的要求；

2）基础长度 b：按塔机使用说明书提供的数据，但要满足基础底面尺寸的要求；

3）基础厚度 h：除满足承台抗冲切、抗剪切要求外，还要考虑塔机专用螺栓的长度

要求。

（2）基础材料。

1）混凝土强度等级宜不低于 C35；

2）钢筋宜选用 HRB335 或 HRB400 级钢筋，且要考虑与工程所用钢筋级别一样。

（3）地基承载力：按工程地质资料中塔机所在位置的钻孔资料得出。

4．桩基础设计主要参数

（1）基础桩。

1）直径：单桩桩身直径要考虑在 1.4m 以上，人工挖孔桩桩身直径要考虑在 0.8m 以上。

2）桩形式：主要有预应力管桩、钻（冲）孔或人工挖孔灌注桩。当选择扩孔时，扩底端直径与桩身直径之比 D/d，应根据承载力要求及扩底端侧面和桩端持力层土性特征以及扩底施工方法确定；挖孔桩的 D/d 不应大于 3，钻孔桩的 D/d 不应大于 2.5。扩底端的斜率应根据实际成孔及土体自立条件确定，b/h 可取 $1/4 \sim 1/2$，砂土可取 $1/4$，粉土、黏性土可取 $1/3 \sim 1/2$。

3）混凝土强度等级：注意当选用钻（冲）孔灌注桩时，考虑要采用水下混凝土浇筑，混凝土要采用 C25 以上。

4）钢筋级别：宜选用 HRB400 级钢筋，且要考虑与工程所用钢筋级别一样。

（2）承台。

1）宽度应要满足规范对承台设计的构造要求，承台边缘至边桩中心的距离不宜小于桩的直径，且边缘挑出部分不应小于 150mm。

2）长度应满足规范对承台设计的构造要求，承台边缘至边桩中心的距离不宜小于桩的直径，且边缘挑出部分不应小于 150mm。

3）厚度除满足承台抗冲切、抗剪切要求外，还要考虑塔机专用螺栓的长度要求。

4）混凝土强度等级宜不低于 C25。

5）钢筋宜选用 HRB400 级，且要考虑与工程所用钢筋级别一致。

5.1.5　施工安全管理措施

5.1.5.1　塔式起重机安装安全措施

（1）塔机安装方案审批完成，塔机基础验收合格后才能进行塔机的安装作业。

（2）塔机的安装人员应经培训并持证上岗，由专业技术人员指导进行。

（3）塔机安装由专业负责人统一指挥，操作人员不得自行违规操作。

（4）操作人员不得酒后进行安装操作。

（5）进行塔机安装前，应进行班前安全教育，并检查作业人员的安全装备是否齐全及佩戴正确。

（6）安装时塔式起重机最大高度处的风速应符合使用说明书的要求，且风速不得超过 12m/s（六级风力）。雨雪、浓雾天气严禁进行安装作业。

（7）塔式起重机不宜在夜间进行安装作业；当需在夜间进行塔式起重机安装和拆卸作业时，应保证提供足够的照明。

（8）当遇特殊情况安装作业不能连续进行时，必须将已安装的部位固定牢靠并达到安全状态，经检查确认无隐患后，方可停止作业。

（9）安装单位应按《建筑施工塔式起重机安装、使用、拆卸安全技术规范》（JGJ 196）规程要求对安装质量进行自检，自检合格后，委托有相应资质的检验检测机构进行检测，经自检、检测合格后，再由总承包单位组织出租、安装、使用、监理等单位进行验收，验收合格后方可使用。并做好自检报告书和检测报告书及验收表存档工作。

（10）塔式起重机停用 6 个月以上的，在复工前，应按《建筑施工塔式起重机安装、使用、拆卸安全技术规范》（JGJ 196）规程附录 B 重新进行验收，合格后方可使用。

5.1.5.2　塔式起重机使用安全措施

（1）塔式起重机起重司机、起重信号工、司索工等操作人员应取得特种作业人员资格证书，严禁无证上岗。且塔机的操作人员必须经过培训，了解机械的构造和使用，熟知安全操作规程和按时保养，非安装、维修人员未经许可不得攀登塔机。

（2）塔式起重机使用前，应对起重司机、起重信号工、司索工等作业人员进行安全技术交底。

（3）塔式起重机回转、变幅、行走、起吊动作前应示意警示。起吊前，当吊物与地面或其他物件之间存在吸附力或摩擦力而未采取处理措施时，不得起吊。并应按 JGJ 196 规程的要求对吊具与索具进行检查，确认合格后方可起吊；当吊具索具不符合相关规定的，不得用于起吊作业。起吊时应统一指挥明确指挥信号；当指挥信号不清楚时，不得起吊。

（4）遇有风速在 12m/s（六级风力）及以上的大风或大雨、大雪、大雾等恶劣天气时，应停止作业。雨雪过后，应先经过试吊，确认制动器灵敏可靠后方可进行作业。夜间施工应有足够照明，照明的安装应符合现行行业标准《施下现场临时用电安全技术规范》（JGJ 46）的要求。

（5）塔式起重机不得起吊重量超过额定载荷的吊物，且不得起吊重量不明的吊物。作业中遇突发故障，应采取措施将吊物降落到安全地点，严禁吊物长时间悬挂在空中。

（6）在吊物载荷达到额定载荷的 90% 时，应先将吊物吊离地面 200～500mm 后，检查机械状况、制动性能、物件绑扎情况等，确认无误后方可起吊。对有晃动的物件，必须拴拉溜绳使之稳固。

（7）物件起吊时应绑扎牢固，不得在吊物上堆放悬挂其他物件；零星材料起吊时，必须用吊笼或钢丝绳绑扎牢固。当吊物上站人时不得起吊。

（8）标有绑扎位置或记号的物件，应按标明位置绑扎。钢丝绳与物件的夹角宜为 45°～60°，且不得小于 30°。吊索与吊物棱角之间应有防护措施；未采取防护措施的，不得起吊。

（9）每班作业应做好例行保养，并应作好记录。记录的主要内容包括结构件外观、安全装置、传动机构、连接件、制动器、索具、夹具、吊钩、滑轮、钢丝绳、液位、油位、油压、电源、电压等。作业完毕后，应松开回转制动器，各部件置于非工作状态，控制开关应置于零位，并应切断总电源。而行走式塔式起重机停止作业时，应锁紧夹轨器。

（10）当塔式起重机使用高度超过 30m 时，应配备障碍灯，起重臂根部铰点高度超过 50m 时应配备风速仪。严禁在塔式起重机身上附加广告牌或其他标语牌。

5.1.5.3　塔式起重机顶升安全措施

在进行塔机顶升作业过程中，必须有专人指挥，专人照管电源，专人操作液压系统和专人紧固螺栓，非操作人员不得登上爬升套架的操作平台，更不得启动泵阀开关或其他电气设备。

自升式塔式起重机的顶升加节应符合下列规定：

（1）顶升系统必须完好。

（2）结构件必须完好。

（3）顶升前，塔式起重机下支座与顶升套架应可靠连接。

（4）顶升前，应确保顶升横梁搁置正确。

（5）顶升前，应将塔式起重机配平；顶升过程中，应确保塔式起重机的平衡。

（6）顶升加节的顺序，应符合使用说明书的规定。

（7）顶升过程中，不应进行起升，回转、变幅等操作。

（8）顶升结束后，应将标准节与回转下支座可靠连接。

（9）塔式起重机加节后需进行附着的，应按照先装附着装置、后顶升加节的顺序进行，附着装置的位置和支撑点的强度应符合要求。

（10）顶升作业应在白天进行，若遇特殊情况，需在夜间作业，必须具备充分的照明设备。

（11）只允许在四级风以下进行顶升作业，如在作业过程中，突然遇到风力加大，必须立即停止作业，并紧固连接螺栓，使上下塔身连成一体。

（12）顶升前必须预先放松电缆，使电缆放松长度略大于爬升高度，并做好电缆卷筒的紧固工作。

（13）在顶升过程中，把回转部分紧紧刹住，严禁旋转塔架及其他作业。

（14）在顶升过程中，如发生故障，必须立即停车检查，非经查明真相或故障排除，不得继续进行爬升动作。

（15）每次顶升前后，必须认真做好准备工作和收尾检查工作，特别是在顶升以后，必须检查连接螺栓是否按规定的预紧力矩扭紧固，有否松动，爬升套架滚轮与塔身标准节间的间隙是否调整好，操作杆是否已回到中间位置，液压系统的电源是否切断等工作。

（16）塔式起重机的独立高度、悬臂高度应符合使用说明书的要求。

5.1.5.4　塔机操作注意事项

（1）司机必须在得到指挥信号后，方可进行操作，操作前必须鸣笛，操作时要精神集中。

（2）司机必须按起重机技术参数的规定进行工作，不允许超载使用。

（3）塔机不得斜拉或斜吊物品，并禁止用于拔桩及类似作业。

（4）工作中塔机上严禁有人，并不得在工作台中调整或维修机械等作业。

（5）工作时严禁闲人走近臂架活动范围以内。

（6）液压系统安全阀数值，电气系统保护装置的调整数值及其他机构、结构部件的调整值均不允许随意更动。

（7）塔机在工作时，避免两台塔机的臂架、平衡臂相互碰撞以及与建筑物碰撞。

（8）塔机吊重作业时，严禁负载变挡。

（9）塔机作业完毕，吊钩升起，小车停在距塔身中心 5m 处。

（10）操作前必须对所使用的钢丝绳、卡环、吊钩、板钩等各种吊具进行检查，凡不合格者不得使用。

（11）起重同一个重物时，不得将钢丝绳和链条等混合同时使用于捆扎或吊重物。

（12）防止高空坠物打击的防护措施。

1）规范塔司的操作行为，并设专人指挥起吊工作；每次塔吊工作之前均对钢丝绳及吊钩进行检查，并对绑扎牢固与否进行检查。

2）建筑物外架张挂密目安全网进行全封闭防护。

3）在各种材料加工场搭设防护棚，高压线位置设置专用的防护棚。

4）在塔吊覆盖范围内的临建，均用钢管搭设防砸棚，其上覆盖双层木模板。

5）规定塔吊作业时间，严禁在工人收工、上工时间段，吊运材料。

6）建筑物出入口处搭设长 3～6m，宽于出入通道两侧各 1m 的防护棚，棚顶应满铺不小于 5cm 厚的脚手板，非出入口和通道两侧必须封闭严密。

7）吊装机械在台风来前停止作业，塔吊要收起吊钩，并将回转刹车松开，高空作业人员应及时撤到安全地带。

（13）实行多班作业的设备，应执行交接班制度，认真填写交接班记录，接班司机经检查确认无误后，方可开机作业。

（14）塔式起重机的主要部件和安全装置等应进行经常性检查，每月不得少于一次，并应有记录；当发现有安全隐患时，应及时进行整改。当塔式起重机使用周期超过一年时，应按本规程附录 C 进行一次全面检查，合格后方可继续使用。

（15）塔式起重机应实施各级保养。转场时，应作转场保养，并应有记录。当使用过程中塔式起重机发生故障时，应及时维修，维修期间应停止作业。

5.1.5.5　塔式起重机拆除安全措施

（1）在塔机拆除方案审批完成并做好相关准备工作才能进行塔机的拆除作业。且对附着式塔式起重机应明确附着装置的拆卸顺序和方法。

（2）塔机拆除人员必须熟知被拆塔吊的结构、性能和工艺规定。必须懂得起重知识，对所拆部件应选择合适的吊点和吊挂部位，严禁由于吊挂不当造成零部件损坏或造成钢丝绳的断裂。

（3）拆卸前应检查主要结构件、连接件、电气系统、起升机构、回转机构、变幅机构、顶升机构等项目。发现隐患应采取措施，解决后方可进行拆卸作业。

（4）当用于拆卸作业的辅助起重设备设置在建筑物上时，应明确设置位置、锚固方法，并应对辅助起重设备的安全性及建筑物的承载能力等进行验算。

（5）塔式起重机拆卸作业宜连续进行；当遇特殊情况拆卸作业不能继续时，应采取保证塔式起重机处于安全状态。

（6）自升式塔式起重机每次降节前，应检查顶升系统和附着装置的连接等，确认完好后方可进行作业。拆卸时应先降节、后拆除附着装置。

（7）拆卸完毕后，为塔式起重机拆卸作业而设置的所有设施应拆除，清理场地上作业时所用的吊索具、工具等各种零配件和杂物。

（8）拆除过程中的任何一部分发生故障及时报告，必须由专业人员进行检修，严禁自行动手修理。

（9）拆除高处作业时必须穿防滑鞋、系好安全带。

5.1.5.6　群塔运行管理措施

在实际工程施工中，为满足现场垂直及水平运输需要，项目工程需要设置两台或以上的塔吊（如某工程设置了六台塔吊，见图 5-14），为确保塔机运行安全、合理使用、提高效率、发挥最大效能，满足生产进度的要求，必须制订相应的管理措施，以强化塔机作业的指挥、管理和协调。

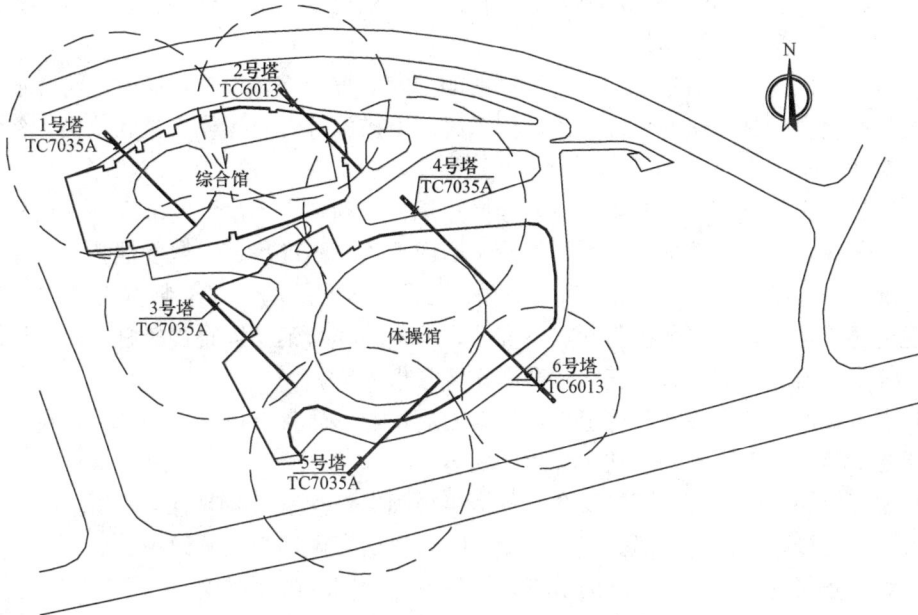

图 5-14　某工程塔机布置示意图

1. 塔吊方案的制定

根据工程的特点和工程量及工期原因，决定了群体塔机在施工中存在的必然性，就要制定塔吊安装及运行管理方案，在方案中对每个塔吊进行编号，并明确其塔吊的首次和最终安装高度，如前述工程的塔吊安装高度表，见表 5-13。

表 5-13　　　　　　　　　　　某工程塔吊安装高度表

| 序号 | 自编号 | 型号 | 安装高度（±0.00～臂底） | | 备注 |
			首次	最终	
1	1 号塔吊	TC7035	30m	35m	1. TC6013 塔吊臂长 60m，末端最大起重量为 1.3t； 2. TC7035 塔吊臂长 70m，末端最大起重量为 3.5t； 3. 首次安装高度满足主体结构阶段使用，待结构封顶收到指令后，再提升至最终高度，满足其他专业单位施工的需要。
2	2 号塔吊	TC6013	25m	30m	
3	3 号塔吊	TC7035	35m	40m	
4	4 号塔吊	TC7035	40m	45m	
5	5 号塔吊	TC7035	45m	50m	
6	6 号塔吊	TC6013	30m	35m	

2. 成立指挥调度中心

（1）成立由项目部塔机管理负责人为主的塔机作业指挥调度中心，负责对施工现场各塔机之间的指挥与协调工作。

（2）塔机指挥中心负责指挥、协调施工现场的塔机使用、维修、顶升和运行工作。

（3）各塔吊管理负责人，负责本塔机的日常管理、故障排除、紧急抢修、日常维护及保养、检查评比等项工作，负责向塔机指挥中心汇报情况，服从塔机指挥中心的整体部署、统一指挥和统一协调。

3. 塔机管理

（1）要严把人员关，选派责任心强、有较长驾龄、技术较全面的司机担任现场塔机驾驶任务。进入施工作业现场的塔机司机，要严格遵守各项规章制度和现场管理规定，做到严谨自律，一丝不苟，禁止各行其是。

（2）对塔吊操作工、信号工除了进行一般的"安全技术交底"外，同时应将《群塔作业管理方案》所规定的具体作业环境、危险因素、应急措施等，对操作人员和信号工及有关人员进行针对性安全技术交底。

（3）塔吊操作人员必须严格遵守"安全操作规程"和"十不吊"的准则（①信号指挥不明不准吊；②斜牵斜挂不准吊；③吊物重量不明或超负荷不准吊；④散物捆扎不牢或物料装放过满不准吊；⑤吊物上有人不准吊；⑥埋在地下物不准吊；⑦安全装置失灵或带病不准吊；⑧现场光线阴暗看不清吊物起落点不准吊；⑨棱刃物与钢丝绳直接接触无保护措施不准吊；⑩六级以上强风不准吊。），遵守《群塔作业管理方案》。

（4）塔吊操作人员应遵守环境卫生，严禁酒后作业，严禁塔机上乱扔烟头、垃圾，在塔吊上小便要用容器收集后统一处理严禁污染环境。

（5）为了确保工程进度与塔机安全，各塔机须确保驾驶室内24h有司机值班。交班、替班人员未当面交接，不得离开驾驶室，交接班时，要认真做好交接班记录。

（6）对严格限制塔臂回转角度的塔机，要采取塔臂回转限制措施。

（7）统一在塔机起重臂、平衡臂端部、塔机最高处安装安全反光警示器（灯）。

（8）施工现场应设能够满足塔机夜间施工的照明灯塔，亮度以塔机司机能够看清起重绳为准。

（9）将《群塔作业管理方案》发给每个塔吊操作工、信号工，并就技术要求对相应人员进行教育培训，确保其充分理解并实施《群塔作业方案》。

4. 群塔运行原则

（1）低塔让高塔：低塔在转臂之前应先观察高塔的运行情况，再运行作业。

（2）后塔让前塔：在两塔臂的工作交叉区域内运行时，后进入该区域的塔要避让先进入该区域的塔。

（3）动塔让静塔：在塔臂交叉区域内作业时，在一塔臂无回转，小车无行走，吊钩无运动，另一塔臂有回转或小车行走时，动塔应避让静塔。

（4）轻塔让重塔：在两塔同时运行时，无荷载塔机应避让有荷载塔机。

（5）客塔让主塔：以各施工单位实际工作区域划分塔机工作区域，若塔臂进入非本单位工作区域时，客区域的塔机要避让主区域塔机。

（6）各塔在运行中，各条件同时存在时，必须按以上排序原则进行。

（7）塔机长时间暂停工作时，吊钩应起到最高处，小车拉到最近点，大臂按顺风向停置。

5. 信号指挥

（1）群塔水平交叉、立体多层次作业是一个特殊现场，塔机司机视野有限，因此，信号指挥人员至关重要，应选派有实际工作经验、责任心强、能够照顾全面的信号指挥人员担任现场的信号指挥工作。

（2）进入施工现场操作的信号指挥人员，必须经相关认定部门统一培训，考试合格并取得操作证书方可上岗指挥。

（3）信号指挥人员与塔机组人员应相对固定，无特殊原因不得随意更换信号指挥人员，信号指挥人员未经主管负责人同意，不得私自换岗。换班时，采用当面交接制。

（4）塔机与信号指挥人员应配备对讲机，对讲机经统一确定频率后必须锁频，使用人员无权调改频率，要专机专用，不得转借。

（5）现场所用指挥语言要统一。

（6）指挥过程中，严格执行信号指挥人员与塔机司机的应答制度。即：信号指挥人员发出动作指令时，先呼叫被指挥的塔机编号，司机应答后，信号指挥人员方可发出塔机动作指令。

（7）塔臂旋转时，发出指示方向的指挥语言，应按国标执行，防止发生方向指挥错误。

（8）指挥过程中，信号指挥人员应时刻目视塔机吊钩与被吊物，塔机转臂过程中，信号指挥人员还须环顾相邻塔机的工作状态，并发出安全提示语言，安全提示语言须：明确、简短、完整、清晰。

6. 起重工（司索工）

（1）起重工要严格执行"十不吊"操作规定。清楚被吊物重量，掌握被吊物重心，按规定对被吊物进行绑扎，绑扎必须牢靠。

（2）起重工作业前、作业中、交班时，必须对钢丝绳进行检查与鉴定，不合格的钢丝绳严禁使用。

7. 塔机顶升

（1）与相邻无影响的塔机，可根据实际需要，确定该塔机的顶升高度和顶升时间。但必须书面上报塔机指挥中心，经审核签字批准后，方可进行顶升。

（2）塔机指挥中心在保证安全生产的前提下，本着就快不就慢的原则，根据工程进度，统一确定塔机顶升高度和到位时间。各塔机必须按塔机指挥中心确定的高度、时间，如期完成顶升，不得提前或延时。

（3）顶升作业应遵循从高至低的原则，先顶升安装高度最高的塔吊，然后再逐步将安装高度较低的塔吊顶升，安装高度最低的塔吊在最后再顶升，此做法可有效避免顶升过程中对邻塔的干扰，确保安全施工。

（4）在进行塔机顶升作业过程中，必须有专人指挥，专人照管电源，专人操作液压系统和专人紧固螺栓，非有关操作人员不得登上爬升套架的操作平台，更不得启动泵阀开关或其他电气设备。

（5）顶升作业应在白天进行，若遇特殊情况，需在夜间作业，必须具备充分的照明设备。

（6）只允许在四级风以下进行顶升作业，如在顶升作业过程中，突然遇到风力加大，必须立即停止作业，并紧固连接螺栓，使上下塔身连成一体。

（7）顶升前必须预先放松电缆，使电缆放松长度略大于爬升高度，并做好电缆卷筒的紧固工作。

（8）在顶升过程中，把回转部分紧紧刹住，严禁旋转塔架及其他作业。

（9）在顶升过程中，如发生故障，必须立即停车检查，非经查明真相或故障排除，不得继续进行爬升动作。

（10）每次顶升前后，必须认真做好准备工作和收尾检查工作，特别是在顶升以后，连接螺栓是否按规定的预紧力矩扭紧固，有否松动，爬升套架滚轮与塔身标准节间的间隙是否调整好，操作杆是否已回到中间位置，液压系统的电源是否切断等，顶升前也认真做好检查工作。

8. 塔吊的使用

（1）两台塔机应尽量避免在起重臂、平衡臂相互覆盖的区域交叉作业，任何一台塔机确实因工作需要将起重臂回转到相互覆盖区域前必须先知会相邻塔机，得到相邻塔机答复后才能作业，并且应保持两塔机之间任何接近部位（包括起吊的重物）距离不得小于 5m。

（2）塔机不使用时应把起重臂回转到非相互覆盖区域，将吊钩提升到最高点并把起重小车收回靠近塔身位置。

思考与练习

（1）简述塔式起重机的作用和类型。

（2）塔机基础方案编制的主要注意事项有哪些？

（3）固定（附着）式塔机基础形式有哪些？简述选用时应注意的问题。

（4）简述塔机基础设计要点及编制依据。

（5）简述塔机操作注意事项。

任务 5.2　施工升降机、物料提升机使用安全

5.2.1　概述

5.2.1.1　施工升降机

施工升降机又称人货两用梯，主要用于材料和施工操作人员上下的垂直运输。常用有单笼和双笼施工升降机的形式，见图 5-15 和图 5-16。单笼施工升降机主要用于超高层建筑施

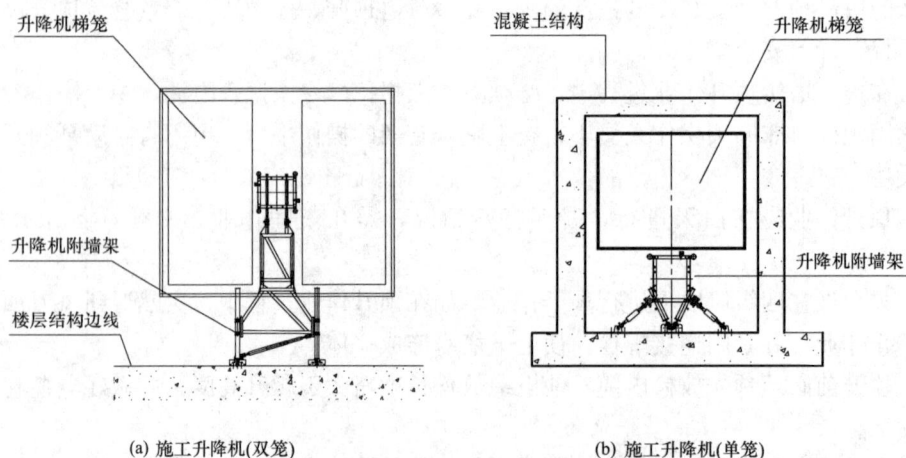

(a) 施工升降机(双笼)　　　　　　　　(b) 施工升降机(单笼)

图 5-15　施工升降机常用形式示意图

工，设置在核心筒电梯井内，其梯笼尺寸宜根据电梯井的尺寸来定。双笼升降机主要设置于建筑物外，梯笼尺寸根据厂家和现场实际需要来确定。

5.2.1.2　物料提升机

物料提升机是以地面卷扬机为动力，由型钢组成井字形架体的提升机，吊篮（吊笼）在井孔内沿轨道作垂直运动。可组成单孔（见图 5-17）或多孔井架并连在一起使用。

其功能主要为施工现场散体物料、小型构件、周转料等的垂直运输。

图 5-16　施工升降机实物图　　　　　图 5-17　物料提升机实物图

5.2.2　施工安全控制要点

5.2.2.1　施工升降机

1. 基本规定

（1）施工升降机安装单位应具备建设行政主管部门颁发的起重设备安装工程专业承包资质和建筑施工企业安全生产许可证。

（2）施工升降机安装、拆卸项目应配备与承担项目相适应的专业安装作业人员以及专业安装技术人员。施工升降机的安装拆卸工、电工、司机等应具有建筑施工特种作业操作资格证书。

（3）施工升降机使用单位应与安装单位签订施工升降机安装、拆卸合同，明确双方的安全生产责任。实行施工总承包的，施工总承包单位应与安装单位签订施工升降机安装、拆卸工程安全协议书。

（4）施工升降机应具有特种设备制造许可证、产品合格证、使用说明书、起重机械制造监督检验证书，并已在产权单位工商注册所在地县级以上建设行政主管部门备案登记。

（5）施工升降机安装作业前，安装单位应编制施工升降机安装、拆卸工程专项施工方案，由安装单位技术负责人批准后，报送施工总承包单位或使用单位、监理单位审核，并告知工程所在地县级以上建设行政主管部门。

（6）施工升降机的类型、型号和数量应能满足施工现场货物尺寸、运载重量、运载频率和使用高度等方面的要求。

（7）当利用辅助起重设备安装、拆卸施工升降机时，应对辅助设备设置位置、锚固方法和基础承载能力等进行设计和验算。

（8）施工升降机安装、拆卸工程专项施工方案应根据使用说明书的要求、作业场地及周边环境的实际情况、施工升降机使用要求等编制。当安装、拆卸过程中专项施工方案发生变更时，应按程序重新对方案进行审批，未经审批不得继续进行安装、拆卸作业。

（9）施工总承包单位进行的工作应包括下列内容：

1）向安装单位提供拟安装设备位置的基础施工资料，确保施工升降机进场安装所需的施工条件；

2）审核施工升降机的特种设备制造许可证、产品合格证、起重机械制造监督检验证书、备案证明等文件；

3）审核施工升降机安装单位、使用单位的资质证书、安全生产许可证和特种作业人员的特种作业操作资格证书；

4）审核安装单位制定的施工升降机安装、拆卸工程专项施工方案；

5）审核使用单位制定的施工升降机安全应急预案；

6）指定专职安全生产管理人员监督检查施工升降机安装、使用、拆卸情况。

（10）监理单位进行的工作应包括下列内容：

1）审核施工升降机特种设备制造许可证、产品合格证、起重机械制造监督检验证书、备案证明等文件；

2）审核施工升降机安装单位、使用单位的资质证书、安全生产许可证和特种作业人员的特种作业操作资格证书；

3）审核施工升降机安装、拆卸工程专项施工方案；

4）监督安装单位对施工升降机安装、拆卸工程专项施工方案的执行情况；

5）监督检查施工升降机的使用情况；

6）发现存在生产安全事故隐患的，应要求安装单位、使用单位限期整改；对安装单位、使用单位拒不整改的，应及时向建设单位报告。

2. 安全管理控制要点

（1）施工升降机地基、基础应满足使用说明书的要求。对基础设置在地下室顶板、楼面或其他下部悬空结构上的施工升降机，应对基础支撑结构进行承载力验算。

（2）安装单位应在安装作业前根据施工升降机基础验收表、隐蔽工程验收单和混凝土强度报告等相关资料，确认所安装的施工升降机和辅助起重设备的基础、地基承载力、预埋件、基础排水措施等符合施工升降机安装、拆卸工程专项施工方案的要求。

（3）施工升降机安装前应对各部件进行检查。对辅助起重设备和其他安装辅助用具的机械性能和安全性能进行检查，合格后方能投入作业，并对安装作业人员进行安全技术交底。

（4）施工升降机必须安装防坠安全器。防坠安全器应在一年有效标定期内使用。

（5）施工升降机应安装超载保护装置。超载保护装置在载荷达到额定载重量的110％前应能中止吊笼启动，在齿轮齿条式载人施工升降机载荷达到额定载重量的 90％时应能给出报警信号。

（6）施工升降机的附墙架形式、附着高度、垂直间距、附着点水平距离、附墙架与水平面之间的夹角、导轨架自由端高度和导轨架与主体结构间水平距离等均应符合使用说明书的要求。当附墙架不能满足施工现场要求时，应对附墙架另行设计。附墙架附着点处的建筑结构承载力应满足施工升降机使用说明书的要求。

（7）施工升降机的制动器、限位器、门连锁装置，上下限位装置、断绳保护装置、缓冲装置等安全装置必须齐全、灵敏、可靠。

（8）施工升降机底笼周围 2.5m 范围内必须设置牢固的安全防护栏杆，进出口处的上部应根据电梯高度搭设足够尺寸和强度的防护棚。

（9）施工升降机与各层站过桥和运输通道，除应在两侧设置安全防护栏杆、挡脚板并用安全立网封闭外，进出口处尚应设置常闭型防护门。

（10）施工升降机司机必须要身体健康，持证上岗。

（11）严禁使用未经验收或验收不合格的施工升降机。

（12）施工升降机的使用，应遵照有关安全技术标准、规范、规程和使用说明书中的有关规定进行。

1）施工升降机每班首次运行时，电梯司机应分别作空载及满载试运行，检查电动机的制动效果，确认正常后，方可投入使用。

2）施工升降机在每班首次载重运行时，必须从最低层上升，严禁自上而下运行。

3）施工升降机梯笼乘人、载物时，应使载荷均匀分布，防止偏重，严禁超载使用。

4）施工升降机运行至最上层和最下层时，严禁以行程限位开关自动停车来代替正常操纵按钮的使用。

5）多层施工、交叉作业使用电梯时，要明确联络信号。

6）施工升降机在大雨、大雾和六级以上大风天气时，应停止使用，并将梯笼降到底层，切断电源。暴风雨过后，应对电梯各有关安全装置进行一次安全检查。

7）施工升降机工作时，严禁任何人进入围栏内，严禁攀登电梯井架。

8）在施工升降机未切断总电源开关前，司机不能离开操作岗位，作业结束后，应将梯笼降到底层，各控制开关回复到零位，切断电源，锁好闸箱和梯门。

5.2.2.2　物料提升机

1. 基本规定

（1）物料提升机在下列条件下应能正常作业。

1）环境温度为 -20～+40℃；

2）导轨架顶部风速不大于 20m/s；

3）电源电压值与额定电压值偏差为 ±5％，供电总功率不小于产品使用说明书的规定值。

（2）物料提升机的可靠性指标应符合现行国家标准《施工升降机》（GB/T 10054）的规定。

（3）用于物料提升机的材料、钢丝绳及配套零部件产品应有出厂合格证。起重量限制器、防坠安全器应经型式检验合格。

（4）传动系统应设常闭式制动器，其额定制动力矩不应低于作业时额定力矩的 1.5 倍。不得采用带式制动器。

（5）具有自升（降）功能的物料提升机应安装自升平台，并应符合下列规定：

1）兼做天梁的自升平台在物料提升机正常工作状态时，应与导轨架刚性连接；

2）自升平台的导向滚轮应有足够的刚度，并应有防止脱轨的防护装置；

3）自升平台的传动系统应具有自锁功能，并应有刚性的停靠装置；

4）平台四周应设置防护栏杆，上栏杆高度宜为 1.0～1.2m，下栏杆高度宜为 0.5～0.6m，在栏杆任一点作用 1kN 的水平力时，不应产生永久变形；挡脚板高度不应小于 180mm，且宜采用厚度不小于 1.5mm 的冷轧钢板；

5）自升平台应安装渐进式防坠安全器。

（6）当物料提升机采用对重时，对重应设置滑动导靴或滚轮导向装置，并应设有防脱轨保护装置，对重应标明质量并涂成警告色，吊笼不应作对重使用。

（7）在各停层平台处，应设置显示楼层的标志。

（8）物料提升机的制造商应具有特种设备制造许可资格。

（9）制造商应在说明书中对物料提升机附墙架间距、自由端高度及缆风绳的设置作出明确规定。

（10）物料提升机额定起重量不宜超过 160kN；安装高度不宜超过 30m。当安装高度超过 30m 时，物料提升机除应具有起重量限制、防坠保护、停层及限位功能外，尚应符合下列规定：

1）吊笼应有自动停层功能，停层后吊笼底板与停层平台的垂直高度偏差不应超过 30mm；

2）防坠安全器应为渐进式；

3）应具有自升降安拆功能；

4）应具有语音及影像信号。

（11）物料提升机的标志应齐全，其附属设备、备件及专用工具、技术文件均应与制造商的装箱单相符。

（12）物料提升机应设置标牌，且应标明产品名称和型号、主要性能参数、出厂编号、制造商名称和产品制造日期。

2. 安全管理控制要点

（1）物料提升机在安装与拆除作业前，必须针对其类型特点，说明书的技术要求，结合施工现场的实际情况编制专项安装、拆除方案，且应经安装、拆除定位技术负责人审批后才能实施。

（2）施工现场划定安全警戒区域并设监护人员，排除作业障碍，安装合格后方准使用。

（3）物料提升机的架体制作必须严格按照《龙门架及井架物料提升机安全技术规范》（JGJ 88）的要求。

（4）物料提升机的基础应按照图纸要求进行施工，30m 以上物料提升机的基础应进行设计计算，对 30m 以下的物料提升机基础，当设计无要求时，基础土层承载力不应小于 80kPa，基础混凝土等级不应低于 C20，厚度不应少于 300mm。基础表面水平度不应大于 10mm。

（5）物料提升机的吊篮安全停靠装置、断绳保护装置、超高限位装置、过路保护装置、拖地保护装置、信号联络装置、警报装置、进料门及高架提升机的超载限制器、下极限限位器、缓冲器等安全装置必须齐全、灵敏、可靠。

（6）当导轨架的安装高度超过设计的最大独立高度时，必须安装附墙架。附墙架宜采用制造商提供的标准附墙架，当标准附墙架不满足使用要求时，可经设计计算采用非标附墙架，但应符合以下规定：

1）附墙架的材质应与导轨架相一致。

2）附墙架与导轨架及建筑物结构采用刚性连接，不得与脚手架连接。

3）附墙架间距、自由端高度不应大于使用说明书的规定值。

4）附墙架的结构形式可按《龙门架及井架物料提升机安全技术规范》（JGJ 88）规范附录 A 选用。

（7）当物料提升机安装条件受到限制不能使用附墙架而安装高度小于 30m 时，可选择采用缆风绳，但其设置应符合以下规定：

1）每一组四根缆风绳与导轨架的连接点应在同一水平高度，且应对称设置；缆风绳与导轨架的连接处应采取防止钢丝绳受剪破坏的措施。

2）缆风绳宜设在导轨架的顶部；当中间设置缆风绳时，应采取增加导轨架刚度的措施。

3）缆风绳与地面夹角宜在 $45°\sim60°$ 之间，并应采用与缆风绳等强度的花篮螺栓与地锚连接。

4）地锚并排设置，采用不少于 2 根钢管（48mm×3.5mm）或角钢（75mm×6mm）时，间距大于 0.5m，打入深度大于 1.7m，且地锚顶部设有防止缆风绳滑脱的装置。

（8）物料提升机安装前应确认其结构、零部件和安全装置经出厂检验并符合要求；物料提升机基础已验收并符合要求；辅助安装起重设备及工具经检验检测并符合要求，并对安装人员进行安全技术交底后才能进行安装。

（9）物料提升机安装时应明确作业警戒区，并设专人监护。

（10）物料提升机任意部位与建筑物或其他施工设备间的安全距离大于 0.6m；与外电线路的安全距离应符合《施工现场临时用电安全技术规范》（JGJ 46）的规定。

（11）卷扬机（曳引机）的安装，应符合下列规定：

1）卷扬机安装位置宜远离危险作业区，且视线良好；操作棚应符合《龙门架及井架物料提升机安全技术规范》（JGJ 88）第 6.2.4 条的规定；

2）卷扬机卷筒的轴线应与导轨架底部导向轮的中线垂直，垂直度偏差不宜大于 2°，其垂直距离不宜小于 20 倍卷筒宽度；当不能满足条件时，应设排绳器；

3）卷扬机（曳引机）宜采用地脚螺栓与基础固定牢固；当采用地锚固定时，卷扬机前端应设置固定止挡。

（12）导轨架的安装程序应按专项方案要求执行。紧固件的紧固力矩应符合使用说明书要求。安装精度应符合下列规定：

1）导轨架的轴心线对水平基准面的垂直度偏差不应大于导轨架高度的 0.15%。

2）标准节安装时导轨结合面对接应平直，错位形成的阶差应符合下列规定：

① 吊笼导轨不应大于 1.5mm；

② 对重导轨、防坠器导轨不应大于 0.5mm。

3）标准节截面内，两对角线长度偏差不应大于最大边长的 0.3%。

（13）钢丝绳宜设防护槽，槽内应设滚动托架，且应采用钢板网将槽口封盖。钢丝绳不得拖地或浸泡在水中。

（14）物料提升机拆除作业前，应对物料提升机的导轨架、附墙架等部位进行检查。确认无误后方能进行拆除作业。拆除作业时应先挂吊具、后拆除附墙架或缆风绳及地脚螺栓。在拆除作业中，不得抛掷构件。拆除作业宜在白天进行，夜间作业应有良好的照明。

（15）物料提升机安装完毕后，应由工程负责人组织安装单位、使用单位、租赁单位和监理单位等对物料提升机安装质量进行验收，并按《龙门架及井架物料提升机安全技术规范》（JGJ 88）规范要求填写验收记录。当验收合格后，应在导轨架明显处悬挂验收合格标志牌。

（16）物料提升机的架体外侧应沿全高用安全立网进行防护。在建工程各层与提升机连接处应搭设卸料通道，通道两侧应按临边防护规定设置安全防护栏杆及挡脚板。

（17）物料提升机地面进料口应设置防护围栏和搭设防护棚。防护围栏高度大于 1.8m；进料口门开启高度大于 1.8m，并设有电气安全开关；防护棚的长度大于 3m，宽度大于吊笼宽度。进料口门、防护围栏及防护棚的强度应满足《龙门架及井架物料提升机安全技术规范》（JGJ 88）规范的规定。并应保证吊笼在进料口门关闭后才能启动。

（18）物料提升机停层平台应能承受 $3kN/m^2$ 的荷载，停层平台及平台门的设置应满足《龙门架及井架物料提升机安全技术规范》（JGJ 88）规范的规定。

（19）各层通道口处都应设置常闭型的防护门。

（20）卷扬机棚应有足够的操作空间和具有防雨功能，顶部强度应满足《龙门架及井架物料提升机安全技术规范》（JGJ 88）的规定。

（21）物料提升机的卷扬机操作工必须持证上岗。

（22）物料提升机的使用，应遵照有关安全技术标准、规范、规程和使用说明书的有关规定进行。

1）每班开机前，操作人员应对卷扬机、钢丝绳、地锚、缆风绳进行检验，并进行空车运行，合格后方可使用。

2）物料提升机主要是运送物料的，在安全装置可靠的情况下，装卸料人员才能进入到吊篮、吊笼内工作，在任何情况下都不准许人员乘吊篮、吊笼上下。

3）禁止人员攀登架体和从架体下穿越。

4）物料提升机严禁超载运行。

5）架体及轨道发生变形时，必须及时校正。

6）保养设备必须停机后进行，禁止在设备运行中进行擦洗、注油等工作。

7）需重新在卷筒上缠钢丝绳时，必须要两人操作，一人开机一人扶绳，相互配合。

8）卷扬机操作工在操作中要注意传动机构的磨损情况，发现磨绳、滑轮磨偏等问题时，要及时向有关人员报告。

9）卷扬机操作工离岗时，应降下吊篮，并切断电源。

5.2.3　施工安全管理

5.2.3.1　施工升降机安装安全措施

（1）施工升降机的安装位置要视现场条件及设备情况而定，尽量远离架空线路并保持在规定的安全距离以外。

（2）安装作业人员应按施工安全技术交底内容进行作业，安装作业时应佩戴安全防护用品、系安全带、穿防滑鞋，且作业人员严禁酒后作业。专职安全生产管理人员应做好现场监督工作。

（3）施工升降机的安装作业范围应设置警戒线及明显的警示标志。非作业人员不得进入警戒范围。任何人不得在悬吊物下方行走或停留。

（4）当遇大雨、大雪、大雾或风速大于 13m/s 等恶劣天气时，应停止施工升降机的安装作业。

（5）安装顺序。

1）将底盘放置在基础上与基础预埋螺栓紧固，自升平台放在底盘上，吊篮放置在底盘中央。

2）安装标准节，每安装两个标准节（一般不大于 8m）要做临时固定。

3）立柱安装应交替进行。节点螺栓规格必须按孔径选配，不能漏装，发现孔径位置不当时，不能随意扩孔，更不能以铅丝绑扎代替，以免节点松动变形。

4）安装标准节时应注意导轨的垂直度，导轨相接处不能出现折线和过大间隙，防止运行中产生撞击。

5）施工现场条件许可时，可在地面组装，然后整体吊起，以减少高处作业。由于设计架体时，只考虑施工时的受力情况，所以在整体搬起之前，应对架体做临时加固，以增强节点抗弯能力。

（6）导轨架安装时，应对施工升降机导轨架的垂直度进行测量校准。施工升降机导轨架安装垂直度偏差应符合使用说明书和表 5-14 的规定。

表 5-14　　　　　　　　　　安 装 垂 直 度 偏 差

导轨架架设高度 h(m)	$h\leqslant70$	$70<h\leqslant100$	$100<h\leqslant150$	$150<h\leqslant200$	$h>200$
垂直度偏差	不大于 $(1/1000)h$	$\leqslant70$	$\leqslant90$	$\leqslant110$	$\leqslant130$
(mm)	对钢丝绳式施工升降机，垂直度偏差不大于 $(1.5/1000)h$				

（7）施工升降机最外侧边缘与外面架空输电线路的边线之间，应保持安全操作距离。最小安全操作距离应符合表 5-15 的规定。

表 5-15　　　　　　　　　　最 小 安 全 操 作 距 离

外电线电路电压（kV）	<1	$1\sim10$	$35\sim110$	220	$330\sim500$
最小安全操作距离（m）	4	6	8	10	15

（8）当遇意外情况不能继续安装作业时，应使已安装的部件达到稳定状态并固定牢靠，经确认合格后方能停止作业。作业人员下班离岗时，应采取必要的防护措施，并应设置明显的警示标志。

（9）当采用钢丝绳式施工升降机，其安装还应符合下列规定：

1）卷扬机应安装在平整、坚实的地点，且应符合使用说明书的要求；

2）卷扬机、曳引机应按使用说明书的要求固定牢靠；

3）应按规定配备防坠安全装置；

4）卷扬机卷筒、滑轮、曳引轮等应有防脱绳装置；

5）每天使用前应检查卷扬机制动器，动作应正常；

6）卷扬机卷筒与导向滑轮中心线应垂直对正，钢丝绳出绳偏角大于 2°时应设置排绳器；

7）卷扬机的传动部位应安装牢固的防护罩；卷扬机卷筒旋转方向应与操纵开关上指示方向一致。卷扬机钢丝绳在地面上运行区域内应有相应的安全保护措施。

（10）施工升降机安装完毕且经调试后，安装单位对安装质量进行自检，自检合格后，应经有相应资质的检验检测机构监督检验，检验合格后，使用单位应组织租赁单位、安装单位和监理单位等进行验收。同时，安装单位应向使用单位进行安全使用说明。

（11）安装作业时必须将按钮盒或操作盒移至吊笼顶部操作。当导轨架或附墙架上有人员作业时，严禁开动施工升降机，并应确保施工升降机运行通道内无障碍物。

（12）使用单位应自施工升降机安装验收合格之日起 30 日内，将施工升降机安装验收资料、施工升降机安全管理制度、特种作业人员名单等，向工程所在地县级以上建设行政主管部门办理使用登记备案。严禁使用未经验收或验收不合格的施工升降机。

5.2.3.2　施工升降机使用安全措施

（1）使用单位应对施工升降机司机进行书面安全技术交底。施工升降机司机应持有建筑施工特种作业操作资格证书，应遵守安全操作规程和安全管理制度，严禁酒后作业。对实行多班作业的施工升降机，应执行交接班制度，接班司机应进行班前检查，确认无误后，方能开机作业。

（2）施工升降机严禁使用超过有效标定期的防坠安全器和严禁用行程限位开关作为停止运行的控制开关。

（3）施工升降机额定载重量、额定乘员数标牌应置于吊笼醒目位置。严禁在超过额定载重量或额定乘员数的情况下使用施工升降机。且梯笼乘人、载物时必须使荷载均匀分布。

（4）当电源电压值与施工升降机额定电压值的偏差超过±5%，或供电总功率小于施工升降机的规定值时，及当遇大雨、大雪、大雾、施工升降机顶部风速大于 20m/s 或导轨架、电缆表面结有冰层时，均不得使用施工升降机。

（5）在施工升降机基础周边水平距离 5m 以内，不得开挖井沟，不得堆放易燃易爆物品及其他杂物。且注意施工升降机运行通道内不得有障碍物，不得利用施工升降机的导轨架、横竖支撑、层站等牵拉或悬挂脚手架、施工管道、绳缆标语、旗帜等。

（6）施工升降机安装在建筑物内部井道中时，应在运行通道四周搭设封闭屏障。对于安装在阴暗处或夜班作业的施工升降机，应在全行程装设明亮的楼层编号标志灯。夜间施工时作业区应有足够的照明，照明应满足现行行业标准《施工现场临时用电安全技术规范》（JGJ 46）的要求。

（7）施工升降机每天第一次使用前，司机应将吊笼升离地面 1～2m，停车试验制动器的可靠性。然后继续上行楼层平台，检查安全防护门、上限位、前、后门限位，确认正常方可投入运行。

（8）施工升降机运行至最上层和最下层时应操纵按钮，严禁以行程限位开关自动碰撞的方法停机。

（9）双笼施工升降机当一只梯笼在进行笼外保养或检修时，另一只梯笼不得运行。

（10）施工升降机运行中，司机不准做有妨碍施工升降机运行的动作，不得离开操作岗位。当有特殊情况离开时，应将施工升降机停到最底层，关闭电源开关锁好吊笼门。

（11）施工升降机使用期间，每 3 个月应进行不少于一次的额定载重量坠落试验。坠落试验的方法、时间间隔及评定标准应符合使用说明书和国家标准《施工升降机》（GB/T 10054）的有关要求。

（12）施工升降机停止运行后应遵守以下规定：

1）施工升降机未切断总电源开关前，司机不得离开操作岗位。

2）作业后，将梯笼降到底层，各控制开关扳至零位，切断电源，锁好闸箱和梯门。

3）班后按规定进行清扫、保养，并做好当班记录。

4）凡遇有恶劣天气、灯光不明、信号不明、机械故障等条件应停止运行。

（13）当采用钢丝绳式施工升降机时，其使用还应符合下列规定：

1）钢丝绳应符合国家标准《起重机钢丝绳保养、维护、安装、检验和报废》（GB/T 5972）的规定；

2）施工升降机吊笼运行时钢丝绳不得与遮掩物或其他物件发生碰触或摩擦；

3）当吊笼位于地面时，最后缠绕在卷扬机卷筒上的钢丝绳不应少于 3 圈，且卷扬机卷筒上钢丝绳应无乱绳现象；

4）卷扬机工作时，卷扬机上部不得放置任何物件；

5）不得在卷扬机、曳引机运转时进行清理或加油。

5.2.3.3 施工升降机拆除安全措施

（1）架体拆除前，必须查看施工现场环境，包括架空线路、外脚手架、地面的设施等各类障碍物，地锚、缆风绳、连墙杆以及被拆架体各节点、附件、电气装置情况，凡能提前拆除的尽量拆除掉。

（2）制定拆除方案，确定指挥人员，工作开始前应划定危险作业区域。

（3）夜间不得进行施工升降机的拆卸作业。

（4）拆卸附墙架时施工升降机导轨架的自由端高度应始终满足使用说明书的要求。并应确保与基础相连的导轨架在最后一个附墙架拆除后，仍能保持各方向的稳定性。

（5）分节拆除架体工作应注意两点：一是被拆除构件，不能乱扔，防止伤人，二是拆除后架体的稳定性不被破坏，如附墙杆被拆前，应加设临时支撑防止变形，拆除各标准节时，应防止失稳。

（6）整体拆除前，应对架体进行加固（方法同整体安装），将吊钩挂在吊点拉紧索具，使索具及吊钩钢丝绳成垂直位置（防止起吊时架体位移），再将底盘连接螺栓松开，最后将缆风与地锚连接处松开，拆掉附墙杆件，慢慢放倒架体。

（7）吊笼未拆除之前，非拆卸作业人员不得在地面防护围栏内、施工升降机运行通道内、导轨架内以及附墙架上等区域活动。

（8）施工升降机拆卸应连续作业。当拆卸作业不能连续完成时，应根据拆卸状态采取相应的安全措施。

5.2.3.4 物料提升机施工安全措施

（1）导轨架的斜杆和腹杆，不得随便拆除。如因施工需要在各楼层的出入口同时拆除时，必须在相应的地方装上拉杆或支撑，以保持导轨架的稳定。

（2）施工作业人员必须持证上岗，要佩戴安全帽及系好安全带，安全带挂点必须牢固。

（3）井架安装应有专人上下指挥、运送钢件应用滑轮，吊物下面不得站人，安装架身应上下呼应，统一指挥，（在井架上安装要佩安全带），脚下铺专用架板（架板最好选用无节把的杉木板，厚度≥5cm），操作宽度单侧不小于50cm。

（4）做好防滑措施，严禁赤脚、穿拖鞋、硬底鞋进行施工作业。

（5）严禁酒后进行施工作业。

（6）严禁上下交叉作业。

（7）施工作业前必须检查作业环境是否安全，安全保护设施是否齐备有效，如发现异常情况必须马上找专业人员处理，确认无误后方可作业。

（8）施工中，在安全影响范围内的地面要实行封闭，并设置安全警示标志，派专人看守及指挥作业，禁止非施工人员进入。

（9）遇六级及以上大风，雨天、雷电、浓雾及夜间禁止施工作业。

（10）施工时必须注意：各类构件严禁乱扔，防止坠物伤人，严禁从高处向下抛掷物体。用人力传递构件时必须特别小心，双方的交接必须稳固可靠，严禁高空掷物。施工途中或工作间歇时，构件严禁浮搁在架体上。

（11）安装作业必须要有专人指挥，指挥人员必须与施工人员配合密切，通信信号必须统一、清晰，需要时配备对讲机。

（12）安装用安全板要经安全员检查，符合使用要求才能使用。

（13）架体在大风雨后必须检查，如遇下沉、变形应立即进行维修并停止使用。

（14）整机安装调试完成，报有关管理部门按规定程序验收，并填写验收表格，待有关管理部门检测合格，并领取准用证后，方可投入使用。

（15）禁止人员从机笼上落及攀登架体。

（16）进行焊割作业时，必须办理动火作业证，做好防火措施，设专人配备灭火工具监焊，及时清理附近的可燃物件，用铁皮、湿透麻包袋接焊渣。

（17）遇有特殊情况马上停止作业，待问题解决后再行作业。

思考与练习

（1）简述施工升降机安全控制要点的主要内容。

（2）简述物料提升机安全控制要点的主要内容。

任务 5.3　常用施工机械使用安全

5.3.1　概述

建筑工程施工使用的机具种类繁多，《建筑施工安全检查标准》（JGJ 59）施工机具检查评分表列出了建筑施工常用的和易发生伤亡事故的10种机具，这10种机具分别是：平刨、圆盘锯、手持电动工具、钢筋机械、电焊机、搅拌机、气瓶、翻斗车、潜水泵、打桩机械。

5.3.2　施工安全控制要点及安全管理措施

5.3.2.1　木工机械

木工机械种类繁多，涉及的安全问题主要是用电安全和机械安全。这里仅介绍平刨和圆盘锯的安全技术，使用其他施工机械时，可参照相应情况考虑其安全问题。

1. 平刨

木工刨床是专门用来加工木料表面（如表面的整直、修光、刨平等）的机具。木工刨床分平刨床和压刨床两种。平刨床又分手压平刨床和直角平刨床；压刨床分单面压刨床、双面压刨床和四面刨床三种。

施工现场广泛使用的木工手压平刨床，主要采用手工操作，即利用刀轴的高速旋转，使刀架获得 25m/s 以上的切削速度，此时用手把持、推动木料紧贴工作台面进料，使它通过刀轴，木料在这复合运动中受到刨削。

在平刨上断手指的事故率很高，高居木工机械事故的首位，历来被操作人员称为"老虎口"。

（1）安全事故隐患。

1）由于木质不均匀，其表面的节疤或倒丝纹硬度超过周围木质的几倍，刨削过程中碰到节疤时，其切削力也相应增加几倍，使得两手推压木料原有的平衡突然被打破，木料弹出或翻倒，而操作人员的两手仍按原来的方式施力，因而伸进刨口，手指被切去。

2）加工的木料过短，木料长度小于 250mm。

3）临时用电不符合规范要求，如三级配电二级保护不完善，缺漏电保护器或漏电保护器失效，未做保护接零等。

4）传动部位无防护罩。

5）操作人员违章操作或操作方法不正确。

（2）安全控制要点。

1）必须使用圆柱形刀轴，绝对禁止使用方轴。

2）刨刀刃口伸出量不能超过外径 1.1mm。

3）刨口开口量不得超过规定数值。

4）每台木工平刨都必须装有安全防护装置（护手安全装置及传动部位防护罩），并配有小薄料的压板或压辊。

5）刨削工件最短长度不得小于刨口开口量的 4 倍，且刨削时必须用推板压紧工件进行刨削操作。

6）刨削前，必须仔细检查木料，如有节疤和铁钉，则须用冲头冲进去。

7）刨削过程中如若感到木料振动太大或送料推力较大时，说明刨刀刃口已经磨损，必须停机更换新磨锋利的刨刀。

8）开机后切勿立即送料刨削，一定要等到刀轴运转平稳后方可进行。刀轴的转速一般都在 5000r/min 以上，从接通电源到刀轴转动平稳需经过一段时间，如果启动时立即进行刨削，则刨削在切削速度从低到高的变化过程中进行，容易发生事故。

9）施工用电必须符合规范要求，要有保护接零（TN-S 系统）和漏电保护器。

10）施工现场应设置木工平刨作业区，并搭设防护棚；若作业区位于塔吊作业范围之内，应搭设双层防坠棚，在施工组织设计中予以策划和标识；同时，木工棚内须落实消防措施、安全操作规程及其责任人。

11）机械运转时，不得进行维修，更不得移动或拆除护手装置。

（3）安全管理措施。

1）平刨进入施工现场前，必然经过建筑安全管理部门验收，确认符合要求时，发给准用证或有验收手续方能使用。设备上必须挂合格牌。

2）施工现场严禁使用平刨、电锯、电钻等多用联合机械。

3）手压平刨必须有安全装置，操作前应检查各机械部件及安全防护装置是否松动或失灵，并检查刨刀锋利程度，经试车 1～3min 后，才能进行正式工作，如刨刃已钝，应及时调换。

4）吃刀深度一般为 1～2mm。

5）操作时左手压住木料，右手均匀推进，不要猛推猛拉，切勿将手指按于木料侧面；刨料时，先刨大面当作标准面，然后再刨小面。

6）在刨较短、较薄的木料时，应用推板去推压木料；长度不足 400mm 或薄而窄的小料不得用手压刨。

7）两人同时操作时，须待料推过刨刃 150mm 以外，下手方可接拖。

8）操作人员衣袖要扎紧，不准戴手套。

9）施工用电必须符合规范要求，并定期进行检查。

2. 圆盘锯

圆盘锯又叫圆锯机，是应用广泛的木工机械，由床身、工作台和锯轴组成。大型圆锯机座必须安装在受力可靠、稳定的基础上，小型的可以直接安放在地面上。

（1）安全事故隐患。

1）圆锯片在装上锯床之前如若未校正对中，使得圆锯片在锯切木材时仅有一部分锯齿参加工作。这些锯齿因受力较大而变钝，引发木材飞掷的危险。

2）圆锯片有裂缝、凹凸、歪斜等缺陷，锯齿折断使得圆锯片在工作时发生碰撞，引起木材飞掷、圆锯本身破裂等危险。

3）传动皮带防护不严密。

4）护手安全装置残损。

5）未做保护接零和漏电保护或其保护装置失效。

（2）安全控制要点。

1）锯片上方必须安装安全防护罩、挡板、松口刀，皮带传动处应有防护罩。

2）锯片不得有连续 2 个断齿，裂纹长度不得超过 20mm，有裂纹时应在其末端冲上裂孔（阻止其裂纹进一步发展）。

3）施工用电应符合要求，做保护接零，设置漏电保护器并确保有效。

4）操作开关必须采用单向按钮开关；无人操作时须断开电源。

（3）安全管理措施。

1）圆盘锯进入施工现场前，必须经过建筑安全管理部门验收，确认符合要求，发给准用证或有验收手续方能使用。设备上必须挂合格牌。

2）操作前，应检查机械是否完好，电器开关等是否良好，熔丝是否符合规格，并检查锯片是否有断、裂现象，并装好防护罩，运转正常后方能投入使用。

3）操作人员应戴安全防护眼镜；锯片必须平整，不准安装倒顺开关，锯口要适当，锯片要与主动轴匹配、紧牢，不得有连续缺齿。

4）操作时，操作者应站在锯片左面的位置，不应与锯片站在同一直线上，以防止木料弹出伤人。

5）木料锯到接近端头时，应由下手拉料进锯，上手不得用手直接送料，应用木板推送。锯料时，不准将木料左右搬动或高抬；送料时不宜用力过猛，遇木节要减慢进锯速度，以防木节弹出伤人。

6）锯短料时，应使用推棍，不准直接用手推进，进料速度不得过快，下手接料必须使用刨钩。剖短料时，料长不得小于锯片直径的 1.5 倍，料高不得大于锯片直径的 1/3。截料时，截面高度不准大于锯片直径的 1/3。

7）锯线走偏时，应逐渐纠正，不准猛扳。锯片运转时间过长，温度过高时，应用水冷却，直径 600mm 以上的锯片应喷水冷却。

8）木料卡住锯片时，应立即停车处理。

9）用电应符合规范要求，采用三级配电二级保护，三相五线保护接零系统；定期进行检查，注意熔丝的选用，严禁采用其他金属丝作为代用品。

5.3.2.2 搅拌机

搅拌机是用于拌制砂浆及混凝土的施工机械，在建筑施工中应用非常广泛。搅拌机以电为动力，机械传动方式有齿轮传动和皮带传动，以齿轮传动为主。搅拌机种类较多，根据用途不同分为砂浆搅拌机和混凝土搅拌机（也可用于拌制砂浆）两类；根据工作原理分为自落式和强制式两类。

（1）安全事故隐患。

1）由于临时施工用电不符规范要求，缺少漏电保护或保护失效而造成触电事故。

2）机械设备在安装、防护装置上存在问题。

3）施工人员违反操作规程。

（2）安全控制要点。

1）安装场地应平整、夯实，机械安装要平稳、牢固。

2）各类搅拌机（除反转出料搅拌机外）均为单向旋转进行搅拌，接电源时应注意搅拌筒转向要与搅拌筒上的箭头方向一致。

3）开机前，先检查电气设备的绝缘和接地（采用保护接地时）是否良好，皮带轮保护罩是否完整。

4）工作时，先启动机械进行试运转，待机械运转正常后再加料搅拌，要边加料边加水；遇中途停机、停电时，应立即将料卸出，不允许中途停机后再重载启动。

5）砂浆搅拌机加料时，不准用脚踩或用铁锹、木棒在筒口往下拨、刮拌和料，工具不能碰撞搅拌叶，更不能在转动时把工具伸进料斗里扒浆。搅拌机料斗下方不准站人；停机时，起斗必须挂上安全钩。

6）常温施工时，机械应安放在防雨棚内。

7）严禁非操作人员开动机械。

8）操作手柄应有保险装置，料斗应有保险挂钩。

9）作业后，要进行全面冲洗，筒内料要出净，料斗降落到坑内最低处。

（3）安全管理措施。

1）搅拌机使用前，必须经过建筑安全管理部门验收，确认符合要求，发给准用证或有验收手续方能使用。设备应挂上合格牌。

2）临时施工用电应做好保护接零，配备漏电保护器，具备三级配电两级保护。

3）搅拌机应设防雨棚；若机械设置在塔吊运转作业范围内，必须搭设双层安全防坠棚。

4）搅拌机的传动部位应设置防护罩。

5）搅拌机安全操作规程应悬挂在墙上，明确设备责任人，定期进行安全检查、设备维修和保养。

5.3.2.3　钢筋加工机械

钢筋工程包括钢筋基本加工（除锈、调直、切断、弯曲），钢筋冷加工，钢筋焊接、绑扎和安装等工序。在工业发达国家的现代化生产中，钢筋加工则由自动生产线连续完成。钢筋机械主要包括电动除锈机、机械调直机、钢筋切断机、钢筋弯曲机、钢筋冷加工机械（冷拉机具、拔丝机）、对焊机等。

1. 钢筋除锈机械

（1）使用电动除锈机前，要检查钢丝刷固定螺丝有无松动，检查封闭式防护罩装置及排尘设备的完好情况，防止发生机械伤害。

（2）使用移动式除锈机，要注意检查电气设备的绝缘及接地是否良好。

（3）操作人员要将袖口扎紧，戴好口罩、手套等防护用品，特别要戴好安全保护眼镜，防止圆盘钢丝刷上的钢丝甩出伤人。

（4）送料时，操作人员要侧身操作，严禁除锈机的正前方站人；长料除锈时需两人互相配合。

2. 钢筋调直机械

直径小于 12mm 的盘状钢筋使用前，必须经过放圈、调直工序；局部曲折的直条钢筋，需调直后使用。这种工作一般利用卷扬机完成。工作量较大时，采用带有剪切机构的自动矫直机，不仅生产率高、体积小、劳动条件好，而且能够同时完成钢筋的清刷、矫直和剪切等工序，还能矫直高强度钢筋。

钢筋调直方法有三种，即拉伸调直、调直机械调直和手工调直。其中，拉伸调直和调直机械调直的安全要求如下所述。

（1）拉伸调直的安全要求。

1）用人工绞磨调直钢筋时，绞磨地锚必须牢固，严禁将地锚绳拴在树干、下水井及其他不坚固的物体或建筑物上；

2）人工推转绞磨时，要步调一致，稳步进行，严禁任意撒手；

3）钢筋端头应用夹具夹牢，卡头不得小于 100mm；

4）钢筋产生应力并调直到预定程度后，应缓慢回车卸下钢筋，防止机械伤人；手工调直钢筋必须在牢固的操作台上进行。

（2）机械调直的安全要求。

1）机械冷拉调直钢筋时，必须将钢筋卡紧，防止断折和脱扣；机械前方必须设置铁板加以防护。

2）机械开动后，人员应站在两侧 1.5m 以外，不准靠近钢筋行走，预防钢筋断折或脱扣弹出伤人。

　　3. 钢筋切断机

　　钢筋的切断方法视钢筋直径大小而定，直径 20mm 以下的钢筋用手动机床切断，大直径的钢筋则必须用专用机械切断。手动切断装置一般有固定部分与活动部分，各装一个刀片，当刀片产生相对运动时，即可切断钢筋。直径 12mm 以下的钢筋，一个工人即可切断；直径 12～20mm 的钢筋，则需两人才能切断。

　　机动切断设备的工作原理与手动相同，也有固定刀片和活动刀片，后者装在滑块上，靠偏心轮轴的转动获得往复运动，装在机床内部的曲轴连杆机构，推动活动刀片切断钢筋。这种切断机生产率约为每分钟切断 30 根，直径 40mm 以下的钢筋均可切断。切割直径 12mm 以下的钢筋时，每次可切 5 根。机械切断操作的安全要求如下：

　　（1）切断机切断钢筋时，断料的长度不得小于 lm；一次切断的根数，必须符合机械的性能，严禁超量切割。

　　（2）切断直径 12mm 以上的钢筋时，需两人配合操作。人与钢筋要保持一定的距离，并应当把稳钢筋。

　　（3）断料时，料要握紧，在活动刀片向后退时将钢筋送进刀口，防止钢筋末端摆动或钢筋蹦出伤人。

　　（4）不要在活动刀片向前推进时向刀口送料，这样不能按照尺寸要求准确切断，还会发生机械或人身安全事故。

　　4. 钢筋弯曲机

　　钢筋弯曲机操作的安全要求如下：

　　（1）机械正式操作前，应检查机械各部件，并进行空载试运转正常后，方能正式操作。

　　（2）操作时，注意力要集中，要熟悉工作盘旋转的方向，钢筋放置要与挡架、工作盘旋转方向相配合，不能放反。

　　（3）操作时，钢筋必须放在插头的中下部，严禁弯曲超截面尺寸的钢筋，回转方向必须准确，手与插头的距离不得小于 200mm。

　　（4）机械运行过程中，严禁更换芯轴、销子和变换角度等，不准加油和清扫。

　　（5）转盘换向必须待停机后再进行。

　　5. 钢筋对焊机

　　钢筋对焊的原理是利用对焊机产生的强电流，使钢筋两端在接触时产生热量，待钢筋两端部出现熔融状态时，通过对焊机加压顶锻，将钢筋连接成一体。钢筋对焊适用于焊接直径 10～40mm 的 I、II、III 级钢筋。

　　根据焊接过程和操作方法的不同，对焊机可分为电阻焊和闪光焊两种。施焊作业时，对焊机的闪光区域内需设置铁皮挡隔，其他人员应停留在闪光范围之外，以防火花灼伤；对焊机上应安置活动顶罩，防止飞溅的火花灼伤操作人员。另外，对焊机工作地点应铺设木板或其他绝缘垫，焊工应站在木板或绝缘垫上操作；焊机及金属工作台还应有保护接地装置。焊机操作的安全要求如下：

　　（1）焊工必须经过专门安全技术和防火知识培训，经考核合格，持证者方准独立操作；徒工操作必须有师傅带领指导，不准独立操作。

　　（2）焊工施焊时，必须穿戴白色工作服、工作帽、绝缘鞋、手套、面罩等，并要时刻预防电弧光伤害；要及时通知周围无关人员离开作业区，以防伤害眼睛。

（3）钢筋焊接工作房应采用防火材料搭建，焊接机械四周严禁堆放易燃物品，以免引起火灾。工作棚内应备有灭火器材。

（4）遇六级以上大风天气时，应停止高处作业；雨、雪天应停止露天作业；雨雪后，应先清除操作地点的积水或积雪，否则不准作业。

（5）进行大量焊接生产时，焊接变压器不得超负荷，变压器温度不得超过 60℃；为此，要特别注意遵守焊机暂载率规定，以免过分发热而损坏。

（6）焊接过程中，如焊机有不正常响声，变压器绝缘电阻过小，导线破裂、漏电等，应立即停止使用，进行检修。

（7）焊机断路器的接触点、电极（铜头）等要定期检修，冷却水管应保持畅通，不得漏水和超过规定温度。

6. 钢筋加工机械安全管理措施

（1）钢筋加工机械使用前，必须经过调试，保证运转正常，并经建筑安全管理部门验收，确认符合要求、发给准用证或有验收手续后，方可正式使用。设备应挂上合格牌。

（2）钢筋机械应由专人使用和管理，安全操作规程应悬挂在墙上，明确责任人。

（3）施工用电必须符合规范要求，做好保护接零，配置相应的漏电保护器。

（4）钢筋冷作业区与对焊作业区必须有安全防护设施。

（5）钢筋机械各传动部位必须有防护装置。

（6）在塔吊作业范围内，钢筋作业区必须设置双层安全防坠棚。

5.3.2.4　手持电动工具

建筑施工中，手持电动工具常用于木材的锯割、钻孔、刨光和磨光加工及混凝土浇筑中的振捣作业等。电动工具按其触电保护分为 Ⅰ、Ⅱ、Ⅲ 类：Ⅰ类工具在防止触电的保护方面不仅依靠基本绝缘，而且它还包含一个附加的安全预防措施，使可触及的可导电零件在基本绝缘损坏的事故中不成为带电体。

Ⅱ类工具在防止触电的保护方面不仅依靠基本绝缘，而且它还提供双重绝缘或加强绝缘的附加安全预防措施和没有保护接地或依赖安装条件的措施。

Ⅲ类工具在防止触电保护方面依靠由安全特低电压供电和在工具内部不会产生比安全特低电压高的高压。其电压一般为 36V。

1. 安全事故隐患

手持电动工具的安全隐患主要存在于电器方面，易发生触电事故：

（1）未设置保护接零和两级漏电保护器，或保护失效。

（2）电动工具绝缘层破损而产生漏电。

（3）电源线和随机开关箱不符合要求。

（4）工人违反操作规定或未按规定穿戴绝缘用品。

2. 安全控制要点

（1）工具上的接零或接地保护要齐全、有效，随机开关灵敏、可靠。

（2）电源进线长度应控制在标准范围，以符合不同的使用要求。

（3）必须按三类手持式电动工具来设置相应的二级漏电保护，而且末级漏电动作电流分别不大于：Ⅰ类手持式电动工具（金属外壳）为 30mA（绝缘电阻不大于 2MΩ）；Ⅱ类手持式电动工具（绝缘外壳）为 15mA（绝缘电阻 7MΩ）；Ⅲ类手持式电动工具（采用 36V 以下安全电压）为 15mA。

（4）使用Ⅰ类手持电动工具必须按规定穿戴绝缘用品或站在绝缘垫上。

（5）电动工具不适宜在含有易燃、易爆或腐蚀性气体及潮湿等的特殊环境中使用，并应存放于干燥、清洁和没有腐蚀性气体的环境中。对于非金属壳体的电机、电器，存放和使用时应避免与汽油等溶剂接触。

3. 安全管理措施

（1）手持电动工具使用前，必须经过建筑安全管理部门验收，确定符合要求，发给准用证或有验收手续方能使用。设备应挂上合格牌。

（2）使用刃具的机具，应保持刃磨锋利，完好无损，安装正确，牢固可靠。

（3）使用砂轮的机具，应检查砂轮与接盘间的软垫并安装稳固，螺帽不得过紧，凡受潮、变形、裂纹、破碎、磕边缺口或接触过油、碱类的砂轮均不得使用，并不得将受潮的砂轮片自行烘干使用。

（4）作业前的检查应符合下列要求：

1）外壳、手柄不出现裂缝、破损；

2）电缆软线及插头等完好无损，开关动作正常，保护接零连接正确牢固可靠；

3）各部防护罩齐全牢固，电气保护装置可靠。

（5）机具起动后，应空载运转，应检查并确认机具联动灵活无阻。作业时，加力应平稳，不得用力过猛。

（6）严禁超载使用。作业中应注意音响及温升，发现异常应立即停机检查。在作业时间过长，机具温升超过 60℃时，应停机，自然冷却后再行作业。

（7）作业中，不得用手触摸刃具、模具和砂轮，发现其有磨钝、破损情况时，应立即停机修整或更换，然后再继续进行作业。

（8）机具转动时，不得撒手不管。

（9）使用冲击电钻或电锤时，应符合下列要求：

1）作业时应掌握电钻或电锤手柄，打孔时先将钻头抵在工作表面，然后开动，用力适度，避免晃动；转速若急剧下降，应减少用力，防止电机过载，严禁用木杠加压；

2）钻孔时，应注意避开混凝土中的钢筋；

3）电钻和电锤为 40% 断续工作制，不得长时间连续使用；

4）作业孔径在 25mm 以上时，应有稳固的作业平台，周围应设护栏。

（10）使用瓷片切割机时应符合下列要求：

1）作业时应防止杂物、泥尘混入电动机内，并应随时观察机壳温度，当机壳温度过高及产生炭刷火花时，应立即停机检查处理；

2）切割过程中用力应均匀适当，推进刀片时不得用力过猛。当发生刀片卡死时，应立即停机，慢慢退出刀片，应在重新对正后方可再切割。

（11）使用角向磨光机时应符合下列要求：

1）砂轮应选用增强纤维树脂型，其安全线速度不得小于 80m/s。配用的电缆与插头应具有加强绝缘性能，并不得任意更换；

2）磨削作业时，应使砂轮与工件面保持 15°～30°的倾斜位置；切削作业时，砂轮不得倾斜，并不得横向摆动。

（12）使用电剪时应符合下列要求：

1）作业前应先根据钢板厚度调节刀头间隙量；

2）作业时不得用力过猛，当遇刀轴往复次数急剧下降时，应立即减少推力。

（13）使用射钉枪时应符合下列要求：

1）严禁用手掌推压钉管和将枪口对准人；

2）击发时，应将射钉枪垂直压紧在工作面上，当两次扣动扳机，子弹均不击发时，应保持原射击位置数秒钟后，再退出射钉弹；

3）在更换零件或断开射钉枪之前，射枪内均不得装有射钉弹。

（14）使用拉铆枪时应符合下列要求：

1）被铆接物体上的铆钉孔应与铆钉滑配合，并不得过盈量太大；

2）铆接时，当铆钉轴未拉断时，可重复扣动扳机，直到拉断为止，不得强行扭断或撬断；

3）作业中，接铆头子或并帽若有松动，应立即拧紧。

（15）手持电动工具用电安全：

1）一般场所选用Ⅱ类手持式电动工具时，应装设额定动作电流不大于15mA，额定漏电动作时间小于0.1s的漏电保护器。采用Ⅰ类手持电动工具时，还必须做保护接零。

露天、潮湿场所或在金属构架上操作时，必须选用Ⅱ类手持电动工具，并装设防溅的漏电保护器，严禁使用Ⅰ类手持电动工具。

狭窄场所（锅炉、金属容器、地沟、管道内等）宜选用带隔离变压器的Ⅲ类手持电动工具，若选用Ⅱ类手持电动工具，必须装设防溅的漏电保护器；将隔离变压器或漏电保护器装设在狭窄场所外面，工作时应有专人监护。

2）手持电动工具的负荷线必须采用耐气候型的橡皮护套铜芯软电缆，并不得有接头。

3）电动工具使用中不得任意调换插头，更不能将导线直接插入插座内。当电动工具不用或需调换工作头时，应及时拔下插头，但不能拉着电源线拔插头。插插头时，开关应在断开位置，以防突然启动。

4）使用电动工具过程中要经常检查，如发现绝缘损坏、电源线或电缆护套破裂、接地线脱落、插头插座开裂、接触不良及断续运转等故障时，应立即修理，否则不得使用。移动电动工具时，必须握持工具的手柄，不能用拖拉橡皮软线搬动工具，并随时防止橡皮软线擦破、割断和轧坏现象，以免造成人身事故。

5）长期搁置未用的电动工具，使用前必须用500V兆欧表测定绕组与机壳之间的绝缘电阻值，应不得小于7MΩ，否则须进行干燥处理。

5.3.2.5　打桩机械

桩基础是建筑物及构筑物的基础形式之一，当天然地基的强度不能满足设计要求时，往往采用桩基础。桩基础通常是由若干根单桩组成，在单桩的顶部用承台连接成一个整体。

根据桩基础的工艺特点，桩分为预制桩和灌注桩。根据预制桩施工工艺不同，预制桩分为打入桩、静力压桩、振动沉桩等；灌注桩根据成孔的施工工艺不同，分为钻孔、冲击成孔、冲抓成孔、套管成孔、人工挖孔灌注桩等。

打桩机械种类繁多，其施工安全主要涉及用电安全、机械安全、安全操作、空中坠物等因素。

打桩机一般由桩锤、桩架及动力装置组成。桩锤的作用是对桩施加冲击,将桩打入土中;桩架的作用是将桩吊到打桩位置,并在打入过程中引导桩的方向,保证桩沿着所要求的方向冲击;动力装置及辅助设备的作用是驱动桩锤,辅助打桩施工。

1. 安全控制要点

(1) 桩机使用前应全面检查机械及相关部件,并进行空载试运转,严禁设备带"病"工作。

(2) 各种桩机的行走道路必须平整坚实,以保证移动桩机时的安全。

(3) 启动电压降一般不超过额定电压的 10%,否则要加大导线截面。

(4) 雨天施工时,电机应有防雨措施;遇到大风、大雾和大雨时,应停止施工。

(5) 设备应定期进行安全检查和维修保养。

(6) 高处检修时,不得向下乱丢物件。

2. 安全管理措施

(1) 打桩机类型应根据桩的类型、桩长、桩径、地质条件、施工工艺等综合选择。

(2) 打桩机所配置的电动机、内燃机、卷扬机、液压装置等的使用应满足《建筑机械使用安全技术规程》(JGJ 33) 的相关要求。

(3) 打桩机械使用前,必须经过建筑安全管理部门验收,确认符合要求,发给准用证或有验收手续方能使用。设备应挂上合格牌。

(4) 施工现场应按地基承载力不少于 83kPa 的要求进行平整压实。在基坑和围堰内打桩,应配置足够的排水设备。

(5) 机组人员作登高检查或维修时,必须系好安全带;工具和其他物件应放在工具包内,高空人员不得向下随意抛物。

(6) 打桩机应设有超高限位装置。

(7) 打桩作业要有施工方案,打桩作业前,应由施工技术人员向机组人员进行安全技术交底。

(8) 打桩安全操作规程应上牌,并认真遵守,明确责任人。

(9) 具体操作人员应经培训教育和考核合格,持证并经安全技术交底后,方能上岗作业。

(10) 桩锤安装时,应将桩锤运到立柱正前方 2m 以内,并不得斜吊。吊桩作业时,应在桩上拴好拉绳,不得与桩锤或机架碰撞。

(11) 当桩入土 3m 以上时,严禁用打桩机行走或回转动作来纠正桩的倾斜度。

(12) 拔送桩时,不得超过桩机起重能力;起拔载荷应符合以下规定:

1) 打桩机为电动卷扬机时,起拔载荷不得超过电动机满载电流。

2) 打桩机卷扬机以内燃机为动力,拔桩时发现内燃机明显降速,应立即停止起拔。

3) 每米送桩深度的起拔载荷可按 40kN 计算。

(13) 卷扬机钢丝绳应经常润滑,不得干摩擦。钢丝绳的使用及报废标准应按相应规范的规定。

(14) 作业中,当停机时间较长时,应将桩锤落下垫好。检修时不得悬吊桩锤。

(15) 遇有雷雨、大雾和六级以上大风等恶劣天气时,应停止一切打桩作业。当风力超过七级或有风暴警报时，应将打桩机顺风向停置，并应增加缆风绳，或将桩机立柱放倒地面上。立柱长度在 27m 及以上时，应提前放倒。

（16）临时施工用电应符合规范要求。

（17）打桩作业后，应将打桩机停放在坚实平整的地面上，将桩锤落下垫实，并切断动力电源。

思考与练习

（1）搅拌机械的安全使用注意事项有哪些？

（2）钢筋加工机械的安全使用注意事项有哪些？

（3）钢筋焊接机械的安全使用注意事项有哪些？

（4）简述打桩机械的安全要求与安全事故预防措施。

（5）手持电动工具的分类有哪些？

（6）简述手持电动工具的安全要求与安全事故预防措施。

职业活动训练

施工机具的安全检查与评分：

（1）活动分组：全班分为 6～8 个组，每组 5～7 人。

（2）活动资料：针对一个在建工程施工现场进行施工机具的安全检查与评分。

（3）活动要求：学生在教师指导下，对施工机具进行安全检查与评分，填写施工机具的安全检查与评分表。

（4）活动总结：召开成果汇报会，以小组为单位汇报活动情况，进行成果交流和活动总结。

任务 5.4　规范、规程与标准

5.4.1　《建筑施工塔式起重机安装、使用、拆卸安全技术规程》（JGJ 196）的强制性条文

《建筑施工塔式起重机安装、使用、拆卸安全技术规程》（JGJ 196）的强制性条文见表 5-16。

表 5-16　《建筑施工塔式起重机安装、使用、拆卸安全技术规程》（JGJ 196）
的强制性条文

条文编号	条文内容
2.0.3	塔式起重机安装、拆卸作业应配备下列人员： 1. 持有安全生产考核合格证书的项目负责人和安全负责人、机械管理人员； 2. 具有建筑施工特种作业操作资格证书的建筑起重机械安装拆卸工、起重司机、起重信号工、司索工等特种作业操作人员。

续表

条文编号	条文内容
2.0.9	有下列情况之一的塔式起重机严禁使用： 1. 国家明令淘汰的产品； 2. 超过规定使用年限经评估不合格的产品； 3. 不符合国家现行相关标准的产品； 4. 没有完整安全技术档案的产品。
2.0.14	当多台塔式起重机在同一施工现场交叉作业时，应编制专项方案，并应采取防碰撞的安全措施。任意两台塔式起重机之间的最小架设距离应符合下列规定： 1. 低位塔式起重机的起重臂端部与另一台塔式起重机的塔身之间的距离不得小于 2m； 2. 高位塔式起重机的最低位置的部件（或吊钩升至最高点或平衡重的最低部位）与低位塔式起重机中处于最高位置部件之间的垂直距离不得小于 2m。
2.0.16	塔式起重机在安装前和使用过程中，发现有下列情况之一的，不得安装和使用： 1. 结构件上有可见裂纹和严重锈蚀的； 2. 主要受力构件存在塑性变形的； 3. 连接件存在严重磨损和塑性变形的； 4. 钢丝绳达到报废标准的； 5. 安全装置不齐全或失效的。
3.4.12	塔式起重机的安全装置必须齐全，并应按程序进行调试合格。
3.4.13	连接件及其防松防脱件严禁用其他代用品代用。连接件及其防松防脱件应使用力矩扳手或专用工具紧固连接螺栓。
4.0.2	塔式起重机使用前，应对起重司机、起重信号工、司索工等作业人员进行安全技术交底。
4.0.3	塔式起重机的力矩限制器、重量限制器、变幅限位器、行走限位器、高度限位器等安全保护装置不得随意调整和拆除，严禁用限位装置代替操纵机构。
5.0.7	拆卸时应先降节、后拆除附着装置。

5.4.2 《建筑施工升降机安装、使用、拆卸安全技术规程》（JGJ 215）的强制性条文

《建筑施工升降机安装、使用、拆卸安全技术规程》（JGJ 215）的强制性条文见表 5-17。

表 5-17　《建筑施工升降机安装、使用、拆卸安全技术规程》（JGJ 215）的强制性条文

条文编号	条文内容
4.1.6	有下列情况之一的施工升降机不得安装使用： 1. 属国家明令淘汰或禁止使用的； 2. 超过由安全技术标准或制造厂家规定使用年限的； 3. 经检验达不到安全技术标准规定的； 4. 无完整安全技术档案的； 5. 无齐全有效的安全保护装置的。
4.2.10	安装作业时必须将按钮盒或操作盒移至吊笼顶部操作。当导轨架或附墙架上有人员作业时，严禁开动施工升降机。
5.2.2	严禁施工升降机使用超过有效标定期的防坠安全器。
5.2.10	严禁用行程限位开关作为停止运行的控制开关。
5.3.9	严禁在施工升降机运行中进行保养、维修作业。

5.4.3 《龙门架及井架物料提升机安全技术规范》（JGJ 88）的强制性条文

《龙门架及井架物料提升机安全技术规范》（JGJ 88）的强制性条文见表 5-18。

表 5-18   《龙门架及井架物料提升机安全技术规范》（JGJ 88）的强制性条文

条文编号	条文内容
5.1.5	钢丝绳在卷筒上应整齐排列，端部应与卷筒压紧装置连接牢固。当吊笼处于最低位置时，卷筒上钢丝绳不应少于 3 圈。
5.1.7	物料提升机严禁使用摩擦式卷扬机。
6.1.1	当荷载达到额定起重量的 90％时，起重量限制器应发出警示信号；当荷载达到额定起重量的 110％时，起重量限制器应切断上升主电路电源。
6.1.2	当吊笼提升钢丝绳断绳时，防坠安全器应制停带有额定起重量的吊笼，且不应造成结构损坏。自升平台应采用渐进式防坠安全器。
8.3.2	当物料提升机安装高度大于或等于 30m 时，不得使用缆风绳。
9.1.1	安装、拆除物料提升机的单位应具备下列条件： 1. 安装、拆除单位应具有起重机械安拆资质及安全生产许可证； 2. 安装、拆除作业人员必须经专门培训，取得特种作业资格证。
11.0.2	物料提升机必须由取得特种作业操作证的人员操作。
11.0.3	物料提升机严禁载人。

5.4.4 《建筑机械使用安全技术规范》（JGJ 33）的强制性条文

《建筑机械使用安全技术规范》（JGJ 33）的强制性条文见表 5-19。

表 5-19   《建筑机械使用安全技术规范》（JGJ 33）的强制性条文

条文编号	条文内容
2.0.1	特种设备操作人员应经过专业培训、考核合格取得建设行政部门颁发的操作证，并应经过安全技术交底后持证上岗。
2.0.2	机械必须按出厂使用说明书规定的技术性能、承载能力和使用条件，正确操作，合理使用，严禁超载、超速作业或任意扩大使用的范围。
2.0.3	机械上的各种安全防护和保险装置及各种安全信息装置必须齐全有效。
2.0.21	清洁、保养、维修机械或电气装置前，必须先切断电源，等机械停稳后再进行操作。严禁带电或采用预约停送电时间的方式进行检修。
4.1.11	建筑起重机械的变幅限位器、力矩限制器、起重量限制器、防坠安全器、钢丝绳防脱装置、防脱钩装置以及各种行程限位开关等安全保护装置，必须齐全有效，严禁随意调整或拆除。严禁利用限制器和限位装置代替操纵机构。
4.1.14	在风速达到 9.0m/s 及以上或大雨、大雪、大雾等恶劣天气时，严禁进行建筑起重机械的安装拆卸作业。
4.5.2	桅杆式起重机专项方案必须按规定程序审批，并应经专家论证后实施。施工单位必须指定安全技术人员对桅杆式起重机的安装、使用和拆卸进行现场监督和监测。
5.1.4	作业前，必须查明施工场地内明、暗铺设的各类管线等设施，并应采用明显记号标记。严禁在离地下管线、承压管道 1m 距离以内进行大型机械作业。
5.1.10	机械回转作业时，配合人员必须在机械回转半径以外工作。当需在回转半径以内工作时，必须将机械停止回转并制动。
7.1.23	桩孔成型后，当暂不浇注混凝土时，孔口必须及时封盖。

条文编号	条文内容
8.2.7	料斗提升时，人员严禁在料斗停留或通过；当需在料斗下方进行清理或检修时，应将料斗提升至上止点，并必须用保险锁牢或保险链挂牢。
10.3.1	木工圆锯机上的旋转锯片必须设置防护罩。
12.1.4	焊接机械焊割现场及高空焊割作业下方，严禁堆放油类、木材、氧气瓶、乙炔瓶、保温材料等易燃物品。
12.1.9	对承压状态的压力容器和装有剧毒、易燃、易爆物品的容器，严禁进行焊接或切割作业。

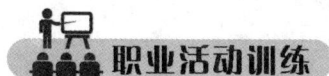

职业活动训练

活动 1. 龙门架、井架安全检查与评分

（1）活动分组：全班分为 6～8 个组，每组 5～7 人。

（2）活动资料：某设置龙门架、井架的施工现场。

（3）活动要求：学生在教师和施工现场安全员的指导下，按照龙门架、井架的安全检查评分表的内容对施工现场的龙门架、井架进行安全检查和评分。

（4）成果：龙门架、井架的安全检查评分表。

活动 2. 施工升降机安全检查与评分

（1）活动分组：全班分为 6～8 个组，每组 5～7 人。

（2）活动资料：某设置施工升降机的施工现场。

（3）活动要求：学生在教师和施工现场安全员的指导下，按照施工升降机的安全检查评分表的内容对施工现场的施工升降机进行安全检查和评分。

（4）成果：施工升降机的安全检查评分表。

项目 6 拆除工程施工安全

【知识目标】

(1) 了解拆除工程的特点及拆除过程中的危险因素。

(2) 熟悉拆除工程安全技术措施。

(3) 掌握拆除工程施工组织设计的相关内容。

【技能目标】

(1) 能参与编写、审查拆除工程专项施工方案。

(2) 能编制拆除工程的应急救援预案。

【相关案例】

详细内容请用微信扫描本页二维码阅览。

项目 6 相关拓展阅读资源

任务 6.1 拆除工程安全技术

在废弃的建筑物上建设新建筑物时，首先要对旧建筑物进行拆除。

6.1.1 拆除工程特点

(1) 拆除工期短，流动性大；

(2) 安全隐患多，危险性大。

6.1.2 拆除工程施工方法

根据拆除工程施动力的不同，拆除工程可分为人工拆除、机械拆除与爆破拆除；根据拆除对象是否破坏，拆除工程分为破坏性拆除、非破坏性拆除。

1. 人工拆除

2. 机械拆除

3. 爆破拆除

爆破拆除是利用少量炸药把需要拆除的建（构）筑物按所要求的破碎度进行爆破，使其

表明该处有二维码拓展资源，读者可用微信扫描本项目首页二维码阅览。

塌落解体或破碎的方法。

6.1.3 拆除工程中的危险因素

拆除工程中的危险因素

1. 没有计划的倒塌伤害

此种倒塌事故易将作业人员压住，甚至造成人员伤亡，其原因是：

（1）废弃的旧建筑物，多处受到损坏，当拆除结构构件或墙体的支撑物时，引起倒塌。如倾斜的墙体依靠横梁支撑，当吊起横梁时，引起墙体的倒塌；其他部位受震动也可能发生意外失稳倒塌。

（2）不了解结构传力特性，错误地拆除墙体或结构导致邻近建筑物的倒塌。如拱形结构，先拆除抵抗横向推力拉杆，造成拱结构的整体坍塌。尤其是多跨连续拱，如先拆除其中一跨而引起其他跨连续性的倒塌。

（3）不及时清理拆除的残渣，超载压垮下层楼板，造成坍塌。

2. 高处坠落伤害

在建筑物的楼板拆除后，作业面上的人员活动范围受到限制，周围环境可能有很多杂乱的瓦砾，如果有人绊倒可能会发生高处坠落而导致严重伤害。若拆除脚手架或依附于建筑物上的操作平台时，由于操作不当也会造成作业人员从高处坠落。

3. 物体打击伤害

从高处掉落下来的物体往往覆盖面较大，极易造成打击伤害，在高大建筑物的拆除中，物体打击有着更大的危险。如果现场交通混乱，管理不善，则很难避免坠物伤人。

4. 起重伤害

起重机械配合拆除作业时，有可能引起发一些伤害事故：

（1）起吊的构件没有彻底与建筑物分离，造成起吊时超载，引起起重机折臂或倾翻。

（2）起吊构件上的杂物或不稳定物没有清理干净，起升后掉落伤人。

（3）起重机选择不当或施工方法不当，也可能发生起重伤害事故。

5. 粉尘危害

在拆除工地上灰尘飞扬几乎是不可避免的，往往又不便实施洒水除尘，如灰尘中有石棉等物质危害就更大。因此必须对作业人员采取严密的防护措施，将粉尘危害降到最低点。

6. 其他伤害

（1）电气伤害。如果不将所有的电源切断，就有可能造成作业人员触电伤害。

（2）易燃易爆物的伤害。如果没有切断煤气管线，可能造成作业人员中毒，甚至发生火灾或爆炸伤人；拆除含有易燃易爆物的金属容器，采用火焰切割法时，可能着火或者爆炸伤人。

6.1.4 拆除工程施工安全技术规定 📱

施工单位应对作业区进行勘测调查，评估拆除工程作业对相邻环境可能造成的影响，并选择最安全的拆除方法。拆除作业必须由专人监督负责，其负责人必须具备拆除作业技术和经验，应全面了解拆除工程的图纸和资料，进行现场勘察，且透彻地了解拆除工序和判断危险情况。建（构）筑物拆除施工必须编制施工组织设计或专项施工方案。施工前应按照施工组织设计向全体作业人员进行安全技术交底。

1. 拆除工程施工安全基本规定
2. 拆除工程施工前的安全要求
3. 拆除工程施工时的安全要求
4. 拆除工程施工后的安全要求

6.1.5 拆除工程安全技术措施 📱

1. 人工法拆除施工的安全技术措施
2. 机械法拆除施工的安全技术措施
3. 爆破法拆除施工的安全技术措施

思考与练习

(1) 拆除工程常用的施工方法有哪些？
(2) 简述拆除工程的危险因素。
(3) 拆除工程有哪些安全技术规定？
(4) 人工拆除方法有哪些安全技术措施？
(5) 机械拆除方法有哪些安全技术措施？
(6) 爆破拆除方法有哪些安全技术措施？

任务 6.2　编制拆除工程施工组织设计

6.2.1 拆除工程施工组织设计的编制原则 📱
6.2.2 拆除工程施工组织设计的编制依据 📱
6.2.3 拆除工程施工组织设计的主要内容

拆除工程施工组织设计的主要内容包括：

(1) 被拆除建筑物及周围环境概况。

包括被拆除工程的结构类型、各构件的受力情况；填充墙、隔断、装修作法；水、电、暖、煤气、设备情况；周围房屋、道路、管线情况等并附图表示。

(2) 施工准备工作计划。

包括各项施工准备工作，即组织机构和人员分工、技术、现场、设备、器材、劳动力准备情况等。

(3) 施工方法与施工顺序。

1) 拆除工程应根据工程结构特点、施工现场周围环境情况、施工工期要求，并结合企业的技术、设备和经济状况，进行分析比较，选择安全、经济、快速、扰民小的施工方法。如：烟囱、水塔等构筑物和高层与多层框架结构建筑物，采用爆破方法较好；围墙和低矮的房屋，采用推土机和铲车推倒方法较好等。

2) 确定拆除方法后还需确定施工顺序。人工拆除方法原则上是建造施工的逆作法（见图 6-1 和图 6-2)，自上而下、逐层分段进行，即后建的先拆、先建的后拆，不得垂直交叉作业。以人工拆除砖混结构建筑为例，其施工顺序为：门窗拆除→悬挑结构拆除→屋面（楼板）拆除→圈梁、构造柱和墙体拆除→基础拆除。

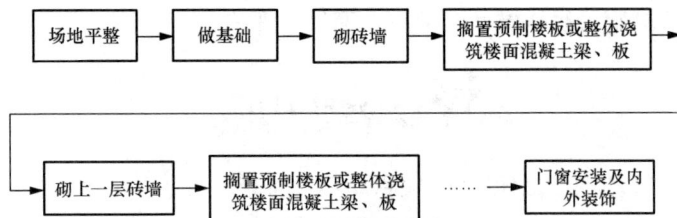

图 6-1 砖混结构建筑建造顺序

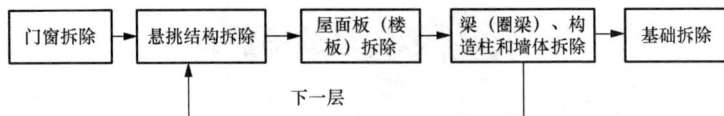

图 6-2 砖混结构人工拆除法施工顺序

3）拆除作业的顺序，原则上自上而下分层进行，但人工拆除多层框架结构楼板时，应自下而上进行，使上层楼板的混凝土废渣直接落在地面，既避免了残渣的多次清理，又避免了几层残渣过多地堆积在下面几层楼板上，而引起楼板意外的倒塌。

4）拆除工程施工组织设计要详细叙述拆除方法的详细内容，采用爆破拆除的工程项目，要详细说明爆破与起爆方法、安全距离、警戒范围、保护方法、破坏情况、倒塌方向与范围以及安全技术措施。

（4）拟订施工部署、进度计划，对各工种人员的分工及组织进行周密的安排。

（5）机械、设备、工具、材料等清单。

（6）施工总平面图。

1）施工总平面图是拆除工程施工现场各项工作安排的依据，也是施工准备工作的依据。

2）施工总平面图的内容包括：被拆除工程和周围建筑及地上、地下各种管线、障碍物、道路的布置和尺寸；起重设备的开行路线和运输道路；各种机械、设备、材料以及被拆除下来的建筑材料堆放场地位置；爆破材料及其他危险品临时库房位置、尺寸和做法；被拆除建筑物倾倒方向和范围、警戒区位置、范围及尺寸；施工用水、用电、办公室、安全设施、消防栓位置及尺寸。

（7）拆除作业安全技术措施。

1）建筑物意外坍塌的安全技术措施，如：拆除工程施工前需要将不稳固结构支撑好；在没有临时支撑的情况下，不拆除起平衡作用的结构构件，例如：承受侧向荷载的墙体，其上部的垂直荷重对结构有稳定作用，为避免墙体的意外倒塌，应加支撑再拆除其上部结构等。

2）高处坠落的安全技术措施，如：搭设脚手架和操作平台；施工现场安全通道要有足够照明；不得站立在被拆除建筑物或结构上进行拆除作业；及时清理拆除作业现场；正确使用各种劳动防护用品等。

3）落物伤人的安全技术措施，如：在拆除建筑物的周围搭置安全平网或小孔立网；清除全部易掉落的材料，包括破碎玻璃、砖块或金属尖锐物等。

4）起重作业的安全技术措施。

6.2.4　拆除工程施工组织设计的审查、交底、变更

思考与练习

（1）简述拆除工程施工组织设计的编制原则。
（2）简述拆除工程施工组织设计的编制依据。
（3）简述拆除工程施工组织设计的内容。

职业活动训练

编写拆除工程施工组织设计：
（1）活动分组：全班分为 6～8 个组，每组 5～7 人。
（2）活动资料：针对一个拆除工程，以小组为单位阅读拆除工程施工组织设计。
（3）活动要求：学生在教师指导下讨论拆除工程施工组织设计的编制原则、编制依据和主要内容，编写某工程拆除施工组织设计。
（4）活动总结：召开成果汇报会，以小组为单位汇报活动情况，进行成果交流和活动总结。

任务 6.3　编制拆除工程应急救援预案

6.3.1　拆除工程施工现场潜在险情和突发性事件

拆除工程施工现场潜在险情和突发性事件主要有以下几个方面：
（1）拆除工程施工中，建筑物发生局部或整体倒塌；
（2）施工操作人员发生高空坠落事件；
（3）施工操作人员发生触电事件；
（4）高空坠落物体砸伤施工操作人员事件；
（5）机械事故或机械伤人事件；
（6）管道、压力容器发生爆炸事件；
（7）火灾事件；
（8）食物中毒事件；
（9）运输过程中的突发性交通事故；
（10）台风、暴雨、洪水、地震等自然灾害可能引起的重大险情。

6.3.2　应急救援预案主要内容

应急救援预案主要内容包括：
（1）施工现场应急区域范围的划定。

应急区域范围的划定，目的是要清除一切安全隐患，最大限度地将险情和突发性事件带来的伤害和损失降到最低程度。

施工现场应急区域范围通常以事故危害形成后的任何安全区域为应急区域范围，如局部坍塌事件，应以事件危害半径以外的任何安全区域为应急区域范围；电气设备故障、漏电事

件应以事件以外任何绝缘区域为应急区域范围。

（2）成立应急救援预案领导小组，并定期开展演习活动。

施工现场应成立以项目经理为组长的应急救援领导小组，其组织机构如图 6-3 所示。施工现场一旦出现险情或突发性灾害事故时，救援领导小组将立即按上述组织分工开展救援工作，组长负责全面指挥，根据灾害和险情情况大小，并在第一时间向 110、120、119、公司（董事长、总经理）及当地政府安监部门、公安部门求援或报告灾情。

应急救援预案领导小组平时应定期或不定期地组织职工进行救援演习，增强安全意识，学习急救、包扎、人工呼吸等救援、消防知识等，增强临危处置能力。

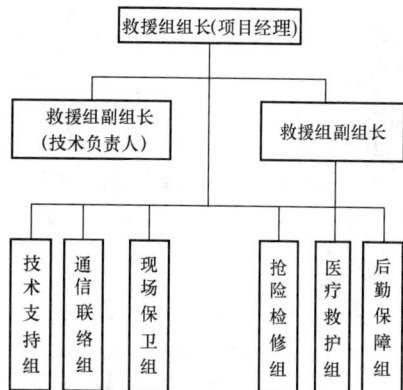

图 6-3 应急救援领导小组

（3）应急救援预案的技术装备。

1）基本装备。

① 防护用品，如安全帽、安全带、安全网、绝缘鞋、绝缘手套等；

② 一般救护用品，如救护担架、医药箱及常用救护药等。

2）专用装备。

① 医疗器材，如担架、氧气袋、塑料袋、小药箱等；

② 抢救用工具，一般工地常备的工具即可基本满足使用；

③ 照明器材，应急灯、36v 以下安全线路灯具、手电筒等。

（4）应急救援措施。

应急救援措施通常按表 6-1 实行。

表 6-1　　　　　　　　　　　　　　　　应 急 救 援 措 施

序号	应急事件	应急救援措施	执行单位
1	房屋坍塌事故	① 发生坍塌事故后，现场施工人员应立即撤离坍塌区，并立即向项目经理报告。 ② 项目经理立即启动现场应急救援系统，另一方面组织人员排除险情，防止坍塌再次发生；另一方面组织抢救受伤人员，同时拨打120，尽快将伤员送至医院抢救。 ③ 项目经理按照报告程序逐级向上报告，并保护现场，企业应急指挥机构派出应急小分队赶赴现场开展救援工作。 ④ 协助公司事故调查组对事故开展调查。	项目部
2	高空坠落事故	① 发生高空坠落事故后，最早发现者应立即大声呼叫，找人对伤者进行救援，并立即报告项目经理。 ② 项目经理立即启动现场应急救援系统，同时拨打120紧急送医院救护。 ③ 伤者如有骨折，应注意对骨折部位的保护，使用木板平抬，避免造成二次伤害。 ④ 项目经理按照报告程序逐级向上报告，并协助公司事故调查组对事故展开调查。	项目部

序号	应急事件	应急救援措施	执行单位
3	物体打击伤人事故	① 发生物体打击伤人事故后，最早发现者应大声呼叫，找人对伤者进行救援，并立即报告项目经理。 ② 项目经理组织现场营救人员迅速对伤者进行临时包扎、止血，同时拨打 120 紧急送医院救护。 ③ 项目经理按照报告程序逐级向上报告，并协助公司事故调查组展开调查。	项目部
4	触电伤人事故	① 发生触电伤人事故后，最早发现者应立即用木棒、木板等不导电材料将触电人与接触的电线、电器部分迅速分离，并呼叫同伴将触电者抬到通风平整的场地，按照有关救护知识立即进行救护，同时报告项目经理。 ② 项目经理边组织现场营救，边拨打 120，尽快将伤者送医院抢救。 ③ 项目经理按照报告程序逐级向上报告，并协助公司事故调查组展开调查。	项目部
5	机械伤人事故	① 当发生机械伤害事故后，伤者本人或最早发现者应大声呼叫拉闸断电，并同时向项目经理报告。 ② 项目经理边组织现场营救边拨打 120，尽快将伤者送医院抢救；如发现伤者断指、断腿时，应立即将其断落部分找到，用医用纱布包好，随同伤者一起送往医院救治。 ③ 项目经理按照报告程序逐级向上报告，并协助公司事故调查组对事故展开调查。	项目部
6	管道、压力容器、氧气瓶等爆炸事故	① 当发生管道、压力容器或氧气瓶、汽油、油漆等易燃易爆品爆炸时，现场施工人员应立即撤离危险区，并立即报告项目经理； ② 项目经理立即启动应急救援系统，一方面组织现场人员抢救受伤人员，另一方面指挥扑灭火源、撤离可燃物和助燃物，同时拨打 110、119、120，尽快控制灾情，送伤者至医院抢救。 ③ 项目经理按照报告程序逐级向上报告，并协助公司事故调查组对事故展开调查。	项目部公司应急小分队
7	火灾事故	① 当发生火灾事故时，现场施工人员应立即用灭火器、水龙头等进行扑救，并报告项目经理。 ② 项目经理立即组织现场扑救，当火势较大时，拨打 119 火警电话，请消防人员现场营救；当有人员伤害时，应即拨打 120，尽快将伤者送医院抢救。 ③ 项目经理按照报告程序逐级向上报告，并协助公司事故调查组进行调查。	项目部
8	食物中毒事故	① 当发现饭后有人呕吐、腹泻等不正常症状时，应及时报告项目经理，并拨打 120，尽快将病人送往医院救治。 ② 项目经理立即通知食堂将留样食品送有关部门检验。 ③ 项目经理按照报告程序逐级向上报告，并协助公司事故调查组展开事故调查。	项目部

序号	应急事件	应急救援措施	执行单位
9	交通事故	① 当发生交通事故后，乘车人员首先应奋力自救，同时拨打 110、120，尽快将受伤人员送往医院抢救，并立即报告项目经理。 ② 项目经理应组织有关人员立即赶赴事故现场，一面救人，一面按照报告程序逐级向上报告，并协助交警部门事故调查组展开调查。	项目部 公司应急小分队
10	台风、暴雨、洪水、地震	① 当遭遇台风、暴雨、洪水、地震等自然灾害时，项目经理应立即启动应急救援系统，一方面将现场施工人员撤离至安全地带，一方面组织人员对有可能造成坍塌等危险的部分采取安全措施；同时拨打 110、120，对受伤人员及时送医院抢救。 ② 项目经理按照报告程序逐级向上报告，并协助公司事故调查组开展调查，进行损失评估。	项目部 公司应急小分队

思考与练习

（1）简述拆除工程施工现场潜在险情和突发性事件。

（2）简述应急救援预案的主要内容。

职业活动训练

活动 1. 编写拆除工程安全技术交底资料

（1）活动分组：全班分为 6～8 个组，每组 5～7 人。

（2）活动资料：针对一个拆除工程，以小组为单位阅读拆除工程安全施工交底资料。

（3）活动要求：学生在教师指导下模拟拆除工程安全技术交底活动，填写拆除工程安全技术交底表格，记录和收集安全技术交底活动的安全管理档案资料。

（4）活动总结：召开成果汇报会，以小组为单位汇报活动情况，进行成果交流和活动总结。

活动 2. 编写拆除工程应急救援预案

（1）活动分组：全班分为 6～8 个组，每组 5～7 人。

（2）活动资料：针对一个拆除工程，以小组为单位阅读拆除工程应急救援预案。

（3）活动要求：学生在教师指导下讨论拆除工程施工现场潜在险情和突发性事件，编写某工程拆除工程应急救援预案。

（4）活动总结：召开成果汇报会，以小组为单位汇报活动情况，进行成果交流和活动总结。

任务 6.4 规范、规程与标准

《建筑拆除工程安全技术规范》（JGJ 147—2016）强制性条文见表 6-2。

表 6-2 《建筑拆除工程安全技术规范》（JGJ 147—2016）强制性条文

条款号	条文内容
5.1.1	人工拆除施工应从上至下逐层拆除，并应分段进行，不得垂直交叉作业。当框架结构采用人工拆除施工时，应按楼板、次梁、主梁、结构柱的顺序依次进行。
5.1.2	当进行人工拆除作业时，水平构件上严禁人员聚集或集中堆放物料，作业人员应在稳定的结构或脚手架上操作。
5.1.3	当人工拆除建筑墙体时，严禁采用底部掏掘或推倒的方法。
5.2.2	当采用机械拆除建筑时，应从上至下逐层拆除，并应分段进行；应先拆除非承重结构，再拆除承重结构。
6.0.3	拆除工程施工前，必须对施工作业人员进行书面安全技术交底，且应有记录并签字确认。

项目7　施工现场临时用电安全

【知识目标】

（1）了解施工现场临时用电安全的基本理论和相关知识；

（2）熟悉施工现场临时用电安全的一般安全要求；

（3）掌握施工现场临时用电方案的计算方法和步骤；

（4）掌握施工现场临时用电安全的基本安全措施和规范强制性规定和要求。

【技能目标】

（1）能够根据《建筑施工安全检查标准》（JGJ59）进行某实际工程施工用电组织安全检查和评分；

（2）能够编写施工现场临时用电组织设计。

【相关案例】

详细内容请用微信扫描本页二维码阅览。

项目7　相关拓展阅读资源

任务7.1　施工现场临时用电安全基本规定

7.1.1　施工现场特点和施工用电特性

7.1.1.1　施工现场特点

（1）施工现场是一个露天和高处作业场所。

（2）施工现场是一个受地域位置、周边环境、气象变化、工作条件等影响的千差万别的作业场所。

（3）施工现场各专业工种频繁交叉作业，人与机电设备和在建工程交织在一起，接触紧密。

7.1.1.2　施工用电特性

裸露性、暂设性、移动性、多样性、易损性、环境条件不可选择性。

7.1.2　施工现场临时用电安全技术

7.1.2.1　施工用电供配电系统

建筑施工现场临时用电工程专用的电源中性点直接接地的 220/380V 三相四线制低压电

力系统，必须采用三级配电系统。

1. 系统基本结构

（1）三级配电。

指施工现场从电源进线开始至用电设备之间，应经过三级配电装置配送电力。

（2）三级配电系统。

总配电箱→分配电箱→开关箱。

2. 系统设置的四项规则

分级分路；动、照分设；压缩配电间距；环境安全。

（1）分级分路。

1）一个总配电箱可以分若干分路向若干分配电箱配电；每一分路也可分支支接若干分配电箱。

2）一个分配电箱也可以分若干分路向若干开关箱配电，而其每一分路也可以支接或链接若干开关箱。

3）每台用电设备必须有各自专用的开关箱，严禁用同一个开关箱直接控制 2 台及 2 台以上用电设备（含插座）。

4）在三级配电系统中，任何用电设备均不得越级配电，即其电源线不得直接连接于分配电箱或总配电箱；任何配电装置不得挂接其他临时用电设备。

5）分级分路规则的优点

① 有利于配电系统停、送电的安全操作（送电：总配电箱→分配电箱→开关箱，停电：开关箱→分配电箱→总配电箱）。

② 有利于配电系统检修、变更、移动、拆除时有效断电，并能使断电范围缩至最小。

③ 有利于提高配电系统故障（短路、过载、漏电）保护的可靠性和层次性，同时有利于判定系统运行时的故障点，并能使故障停电范围缩至最小。

（2）动、照分设。

1）动力配电箱与照明配电箱宜分别设置；

2）当合并设置为同一配电箱时，动力和照明应分路配电；

3）动力开关箱与照明开关箱必须分设。

实行动、照分设规则的目的在于防止动力用电和照明用电相互干扰，提高各自用电的可靠性。

（3）压缩配电间距。

1）分配电箱应设在用电设备或负荷相对集中的区域；

2）分配电箱与开关箱的距离不得超过 30m；

3）开关箱与其控制的固定式用电设备的水平距离不宜超过 3m。

实行压缩配电距离规则的目的在于减少负荷矩，提高供电质量，方便用电管理和停、送电操作。

（4）环境安全。

1）环境保持干燥、通风、常温；

2）周围无易燃易爆物及腐蚀介质；

3）能避开外物撞击、强烈振动、液体浸溅和热源烘烤；

4）周围无灌木、杂草丛生；

5）周围不堆放器材、杂物。

7.1.2.2 基本保护系统

1. 基本保护系统

为了保证用电过程中，系统能够安全、可靠地运行，并对系统本身在运行过程中可能出现的诸如接地、短路、过载、漏电等故障进行自我保护，在系统结构配置中必须设置一些与保护要求相适应的子系统，即接地保护系统、过载与短路保护系统、漏电保护系统。

保护系统的设置不仅限于保护用电系统本身，而且更重要的是保护用电过程中人的安全和财产安全，特别是防止人体触电和电气火灾事故。

建筑施工现场临时用电工程专用的电源中性点直接接地的 220/380V 三相四线制低压电力系统，必须采用 TN-S 接零保护、二级漏电保护系统。

2. 接地保护系统

在电源中性点直接接地的低压电力系统中，为了防止因绝缘损坏，电气设备正常不带电的外露可导电部分（金属外壳、基座、构架等）故障带电对人体造成的触电伤害，以及电火花点燃易燃易爆物引起的电气火灾。通常需要将电气设备的外露可导电部分（金属外壳、基座、构架等）接地，与电源中性点接地一起组成接地保护系统。

施工现场临时用电工程接地保护的基本系统是 TN-S 接零保护系统（见图 7-1），严禁采用 TN-C 接零保护系统（见图 7-2）。

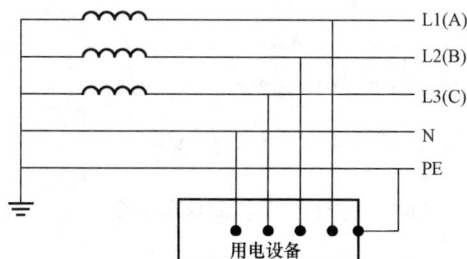

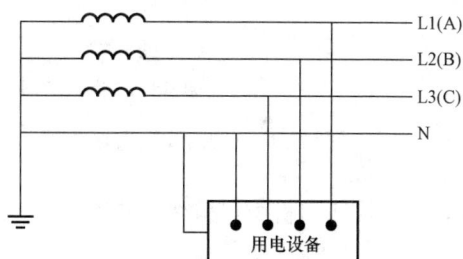

图 7-1　TN-S 接零保护系统图　　　　图 7-2　TN-C 接零保护系统图

（1）在施工现场专用变压器的供电的 TN-S 接零保护系统中，电气设备的金属外壳必须与保护零线连接。保护零线应由工作接地线、配电室（总配电箱）电源侧零线或总漏电保护器电源侧零线处引出，见图 7-3。

（2）当施工现场与外电线路共用同一供电系统时，电气设备的接地、接零保护应与原系统保持一致。不得一部分设备做保护接零，另一部分设备做保护接地。

（3）采用 TN 系统做保护接零时，工作零线（N 线）必须通过总漏电保护器，保护零线（PE 线）必须由电源进线零线重复接地处或总漏电保护器电源侧零线处，引出形成局部 TN-S 接零保护系统，见图 7-4。

（4）通过总漏电保护器的工作零线与保护零线之间不得再做电气连接。

（5）PE 零线（保护零线）应单独敷设。重复接地线必须与 PE 线相连接，严禁与 N 线相连接。

（6）施工现场的临时用电电力系统严禁利用大地做相线或零线。

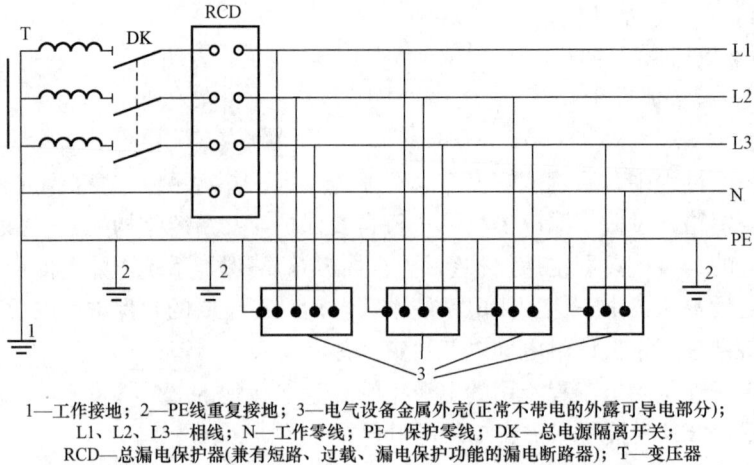

1—工作接地；2—PE线重复接地；3—电气设备金属外壳(正常不带电的外露可导电部分)；
L1、L2、L3—相线；N—工作零线；PE—保护零线；DK—总电源隔离开关；
RCD—总漏电保护器(兼有短路、过载、漏电保护功能的漏电断路器)；T—变压器

图 7-3　专用变压器供电时 TN-S 接零保护系统示意图

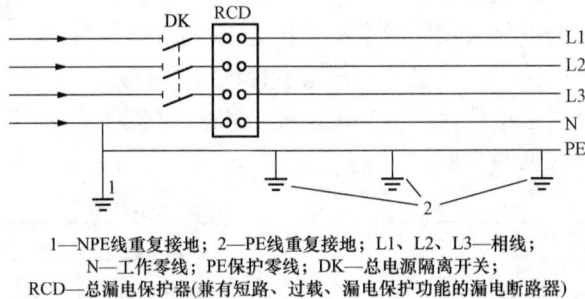

1—NPE线重复接地；2—PE线重复接地；L1、L2、L3—相线；
N—工作零线；PE保护零线；DK—总电源隔离开关；
RCD—总漏电保护器(兼有短路、过载、漏电保护功能的漏电断路器)

图 7-4　三相四线供电时局部 TN-S 接零保护系统保护零线引出示意图

（7）PE线所用材质与相线、工作零线（N线）相同时，其最小截面应符合表 7-1 的规定。

表 7-1

相线芯线截面 $S(\text{mm}^2)$	PE 线最小截面（mm^2）
$S \leqslant 16$	5
$16 < S \leqslant 35$	16
$S > 35$	$S/2$

（8）保护零线必须采用绝缘导线。配电装置和电动机械相连接的 PE 线应为截面不小于 2.5mm^2 的绝缘多股铜线。手持式电动工具的 PE 线应为截面不小于 1.5mm^2 的绝缘多股铜线。

（9）相线、N线、PE线的颜色标记。

1）相线 L1（A）、L2（B）、L3（C）相序的绝缘颜色依次为黄、绿、红色；

2）N线的绝缘颜色为淡蓝色；

3）PE线的绝缘颜色为绿/黄双色。

任何情况下上述颜色标记严禁混用和互相代用。

（10）PE线上严禁装设开关或熔断器，严禁通过工作电流，且严禁断线。

（11）在 TN 系统中，下列电气设备不带电的外露可导电部分应做保护接零：

1）电机、变压器、电器、照明器具、手持式电动工具的金属外壳（图 7-5）；

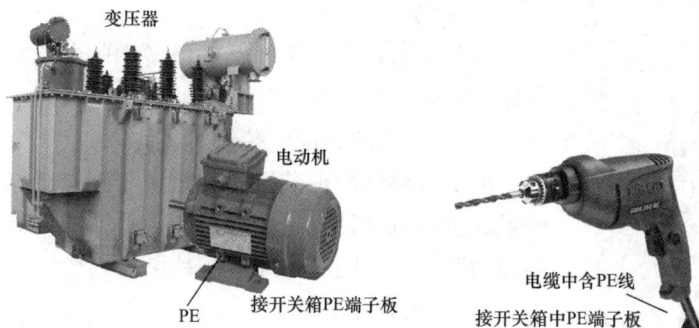

图 7-5

2）电气设备传动装置的金属部件（图 7-6）；

3）配电柜与控制柜的金属框架（图 7-7）；

4）配电装置的金属箱体、框架及靠近带电部分的金属围栏和金属门；

图 7-6　粉碎机　　　　　　图 7-7　配电柜

5）电力线路的金属保护管、敷线的钢索、起重机的底座和轨道、滑升模板金属操作平台等（图 7-8）；

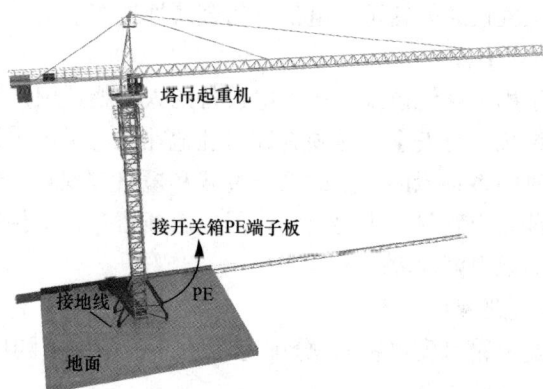

图 7-8

6）安装在电力线路杆（塔）上的开关、电容器等电气装置的金属外壳及支架（图 7-9）。

架空线路

同时接PE线
接地线

线路杆上开关

图 7-9

3. 过载与短路保护系统

（1）过载的定义。

1）过载。

过载是指用电系统线路或设备中的电流在运行过程中超过设计规定限值的状态。

2）配电线路和配电装置过载。

配电线路和配电装置过载是由于配电线路和配电装置上连接了容量超过设计规定值的用电设备。如：照明回路上随意更换大功率灯具，随意增加灯具数量。

3）用电设备过载。

用电设备过载指用电设备承担超过其自身设计制造规定的额定负荷。如：用较小容量的电动机拖动装载较重的物料提升机，在混凝土搅拌机里超限装料，造成"小马拉大车"的设备过载现象。

（2）短路的定义。

1）短路。

短路是用电系统线路或设备在运行过程中，通过线路或设备的电流突然剧增，而线路或设备中的电流迅速达到某种极限值的状态。

主要原因：由于线路或设备绝缘老化、损坏造成不同相线之间或相线与 N 线或"地"之间直接的金属性连接所致。

2）相间短路。

相间短路是指不同相线之间的金属性连接。

3）单相短路。

单相短路是指相线与 N 线的金属性连接。

4）单相"碰壳"接地短路。

相线与"地"之间的金属性连接〔相线与保护零线（PE 线）之间的金属性连接，即与已经与"地"相连接的电气设备外露可导电部分的金属性连接〕。

（3）过载与短路保护系统。

过载和短路故障对于用电系统以及使用用电设备的人和物质财产的危害是巨大的。为了消除其危害，保证用电系统运行安全，必须有针对性地在用电系统中设置一个完备的过载与短路保护系统，使其能对因各种原因导致的系统过载和短路实现自动保护。

在用电系统中，过载与短路保护主要由断路器或熔断器等自动保护电器组成，也包括兼有过载与短路保护功能的漏电断路器。

1）采用三级过载与短路保护系统。

在三级配电装置总配电箱（配电柜）、分配电箱、开关箱中，均应设置断路器或熔断器等具有过载与短路保护功能的电器。

2）总路与分路均设过载短路保护。

多回路配电装置的总路和分路中均应设置断路器或熔断器。

总配电箱（配电柜）中的总断路器、总熔断器或分路断路器、分路熔断器允许分别用兼有漏电保护功能的总漏电断路器或分路漏电器取代。同样，开关箱中的断路器也可以用漏电断路器取代。

4．漏电保护系统

（1）漏电的定义。

漏电是电气系统的不同带电体之间及带电体与正常不带电的外露可导电部分之间，因绝缘损坏而出现传导性泄漏电流的一种非正常现象或故障。

原因：电气设备或配电线路的绝缘因受潮、高温、被腐蚀或机械损伤而部分丧失或全部丧失绝缘性能所致。

相间短路、单相"碰壳"对地短路也视为最严重的漏电故障。

漏电作为一种故障，不仅对用电系统本身的安全运行具有很大的危害（触电、火灾），尤其是对于使用用电系统的人和财产具有更大的潜在危害。

建筑施工现场临时用电工程专用的电源中性点直接接地的 220/380V 三相四线制低压电力系统，应采用二级漏电保护系统。

（2）漏电保护系统。

1）采用二级漏电保护系统。

在施工现场基本供配电系统的总配电箱（配电柜）和开关箱首、末二级配电装置中，设置漏电保护器（见图 7-10）。其中，总配电箱（配电柜）中的漏电保护器可以设置于总路，也可以设置于各分路，但不必重叠设置。

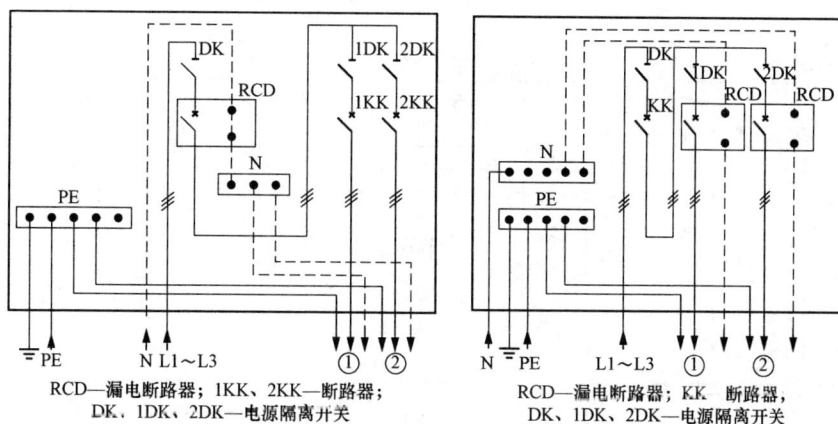

RCD—漏电断路器；1KK、2KK—断路器；　　　RCD—漏电断路器；KK—断路器，
DK、1DK、2DK—电源隔离开关　　　　　　DK、1DK、2DK—电源隔离开关

图 7-10　二级漏电保护系统示意图

2）实行分级、分段漏电保护原则。

实行分级、分段漏电保护的具体体现是合理选择总配电箱（配电柜）、开关箱中漏电保护器的额定漏电动作参数（见图 7-11）。

3）漏电保护器极数和线数必须与负荷的相数和线数保持一致。

4）漏电保护器的电源进线类别（相线或零线）必须与其进线端标记一一对应，不允许交叉混接。更不允许将 PE 线当 N 线接入漏电保护器。

5）漏电保护器在结构选型时，宜选用无辅助电源型（电磁式）产品，或选用辅助电源故障时能自动断开的辅助电源型（电子式）产品。不能选用辅助电源故障时不能断开的辅助电源型（电子式）产品。

6）漏电保护器必须与用电工程合理的接地系统配合使用。为了使漏电保护器的使用能够形成完备、可靠的防触电保护系统，漏电保护器的使用接线必须与用电系统的接地形式合理配合。

漏电保护器使用接线方法如图7-12所示。

开关箱中漏电保护器额定漏电动作参数		
额定漏电动作电流 (mA)	一般场所	不大于30
	潮湿或有腐蚀介质场所	不大于15
额定漏电动作时间(s)	不大于0.1	

总配电箱中漏电保护器额定漏电动作参数	
额定漏电动作电流 (mA)	大于30
额定漏电动作时间 (s)	大于0.1
额定漏电动作电流与时间乘积(mA·s)	不大于30

图 7-11

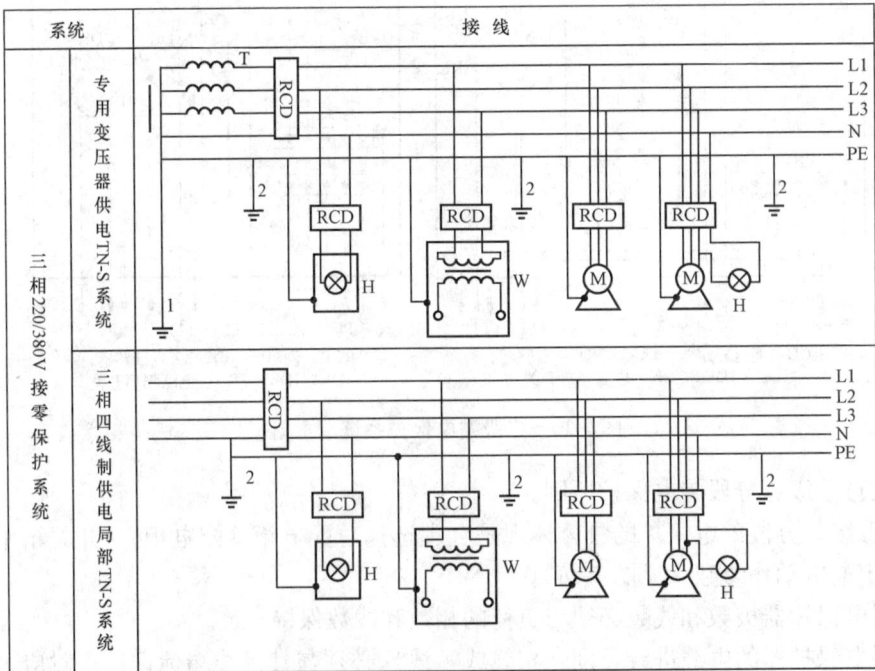

系统		接 线

L1、L2、L3—相线；N—工作零线；PE保护零线；1—工作接地；2—重复接地；
T—变压器；RCD—漏电保护器；H—照明器；W—电焊机；M—电动机

图 7-12 漏电保护器使用接线方法

7.1.2.3　接地装置

1. 定义

接地——是指设备与大地作电气连接或金属性连接。

接地体——埋入地中直接与地接触的金属物体。

接地线——连接设备与接地体的金属导体。

接地装置——接地体与接地线的连接组合。

工作接地——是指电气系统为稳定正常工作电压的接地。

重复接地——在三相四线制系统中，在其接地线的另一处或多处再作接地。

防雷接地——是指为防止雷电对电气系统和设备，以及高架金属设施和建、构筑物造成的危害，当雷击防雷装置时雷电流能顺利泄入大地。

2. 工作接地装置

电力变压器或发电机的工作接地电阻值一般不得大于 4Ω，单台容量不超过 100kVA 的变压器或发电机的工作接地电阻不得大于 10Ω。在土壤电阻率大于 $1000\Omega \cdot m$ 的地区，当达到上述电阻值有困难时，工作接地电阻值可提高到 30Ω。

3. 重复接地装置

TN 系统中的保护零线除必须在配电室或总配电箱处做重复接地外，还必须在配电系统的中间处和末端处做重复接地。

PE 线每一处重复接地装置的接地电阻值，一般场所不应大于 10Ω。在工作接地电阻值允许达到 10Ω 的电力系统中，所有重复接地装置的并联等效电阻值不应大于 10Ω。

4. 防雷接地装置

防雷装置一般要求其接地装置的冲击接地电阻值不得大于 30Ω。如防雷接地与重复接地共用同一接地装置，则接地电阻值应满足重复接地的要求。

5. 防静电接地装置

防静电接地装置：每组专设的静电接地体的接地电阻值不应大于 100Ω，高土壤电阻率地区不应大于 1000Ω。

6. 接地装置构造

（1）每一接地装置的接地线应采用 2 根及以上导体，在不同点与接地体做电气连接。不得采用铝导体做接地体或地下接地线。垂直接地体宜采用角钢、钢管或光面圆钢，不得采用螺纹钢。接地可利用自然接地体，但应保证其电气连接和热稳定。

（2）移动式发电机供电的用电设备，其金属外壳或底座应与发电机电源的接地装置有可靠的电气连接。

7.1.2.4　防雷

（1）施工现场内的起重机、井字架、龙门架等机械设备，以及钢脚手架和正在施工的在建工程等的金属结构，当在相邻建筑物、构筑物等设施的防雷装置接闪器的保护范围以外时，应按表 7-2 规定安装防雷装置。表 7-2 中地区年均雷暴日（d）应按《施工现场临时用电安全技术规范》（JGJ 46）附录 A 执行。

（2）当最高机械设备上避雷针（接闪器）的保护范围能覆盖其他设备，且又最后退出现场，则其他设备可不设防雷装置。

（3）确定防雷装置接闪器的保护范围可采用《施工现场临时用电安全技术规范》（JGJ

46）附录 B 的滚球法。

（4）机械设备或设施的防雷引下线可利用该设备或设施的金属结构体，但应保证电气连接。

表 7-2　　　　　　施工现场内机械设备及高架设施需安装防雷装置的规定

地区年平均雷暴日（d）	机械设备高度（m）
≤15	≥50
>15，<40	≥32
≥40，<90	≥20
≥90 及雷害特别严重地区	≥12

（5）机械设备上的避雷针（接闪器）长度应为 1～2m。塔式起重机可不另设避雷针（接闪器）。

（6）安装避雷针（接闪器）的机械设备，所有固定的动力、控制、照明、信号及通信线路，宜采用钢管敷设。钢管与该机械设备的金属结构体应做电气连接。

（7）施工现场内所有防雷装置的冲击接地电阻值不得大于 30Ω。

（8）做防雷接地机械上的电气设备，所连接的 PE 线必须同时做重复接地，同一台机械电气设备的重复接地和机械的防雷接地可共用同一接地体，但接地电阻应符合重复接地电阻值的要求。

7.1.2.5　配电装置

1. 配电装置的箱体结构

（1）箱体材料。

采用冷轧钢板或阻燃绝缘材料制作，钢板厚度应为 1.2～2.0mm，其中开关箱箱体钢板厚度不得小于 1.2mm，配电箱箱体钢板厚度不得小于 1.5mm，箱体表面应做防腐处理。

（2）配电电器安装板。

箱内的电器应先安装在金属或非木质阻燃绝缘电器安装板上，然后方可整体紧固在配电箱、开关箱箱体内。金属电器安装板与金属箱体应做电气连接。

配电箱的电器安装板上必须分设 N 线端子板和 PE 线端子板。N 线端子板必须与金属电器安装板绝缘；PE 线端子板必须与金属电器安装板做电气连接。

进出线中的 N 线必须通过 N 线端子板连接；PE 线必须通过 PE 线端子板连接。

（3）统一进、出线设置位置为其正常竖直安装位置的下底面。

配电箱、开关箱的进、出线口应配置固定线卡，进出线应加绝缘护套并成束卡固在箱体上，不得与箱体直接接触。移动式配电箱、开关箱的进、出线应采用橡皮护套绝缘电缆，不得有接头。

（4）按照箱内电器配置和安装规程确定箱体尺寸。

配电箱、开关箱的箱体尺寸应与箱内电器的数量和尺寸相适应，箱内电器安装板的板面电器安装尺寸，见表 7-3。

表 7-3　　　　　　配电箱、开关箱内电器安装尺寸选择值

间距名称	最小净距（mm）
并列电器（含单极熔断器）间	30
电器进、出线瓷管（塑胶管）孔与电器边沿间	15A，30 20-30A，50 60A 及以上，80

续表

间距名称	最小净距（mm）
上、下排电器进出线瓷管（塑胶管）孔间	25
电器进、出线瓷管（塑胶管）孔至板边	40
电器至板边	40

（5）箱体设门，并配锁，以适应户外环境和用电管理要求。

（6）箱体外形均有防雨、防雪设施；符合外壳防护等级 IP44（防止直径或厚度大于 1.0mm 的固体物体侵入，防止飞溅的水侵入）的要求，以适应户外环境要求。

（7）考虑到施工现场的配电箱、开关箱一般都是露天放置，要有承受户外风、沙、雨、雪、烟、雾、腐蚀介质侵蚀和强烈阳光照晒，故其箱体内外表面均应有防护涂层如喷塑或油漆等，另外考虑到使用识别方便，箱体表面涂层应有符合相关部门规定的颜色。

（8）应装设在干燥、通风及常温场所，不得装设在有严重损伤作用的瓦斯、烟气、潮气及其他有害介质中，也不得装设在易受外来固体物撞击、强烈振动、液体浸溅及热源烘烤场所，否则，应予清除或做防护处理。

（9）固定式配电箱、开关箱的中心点与地面的垂直距离应为 1.4～1.6m。移动式配电箱、开关箱应装设在坚固、稳定的支架上。其中心点与地面的垂直距离宜为 0.8～1.6m。

（10）金属箱体、金属电器安装板以及电器正常不带电的金属底座、外壳等必须通过 PE 线端子板与 PE 线做电气连接，金属箱门与金属箱体必须通过采用编织软铜线做电气连接。

2. 总配电箱的电器配置与接线

总配电箱应装设三类电器，即电源隔离电器、短路与过载保护电器及漏电保护电器。配置次序：从电源端开始依次是隔离电源、短路与过载保护电器、漏电保护电器，见图 7-13。

3. 分配电箱的电器配置与接线

分配电箱应装设两类电器，即电源隔离电器和短路与过载保护电器。配置次序：从电源端开始依次是隔离电源、短路与过载保护电器，见图 7-14。

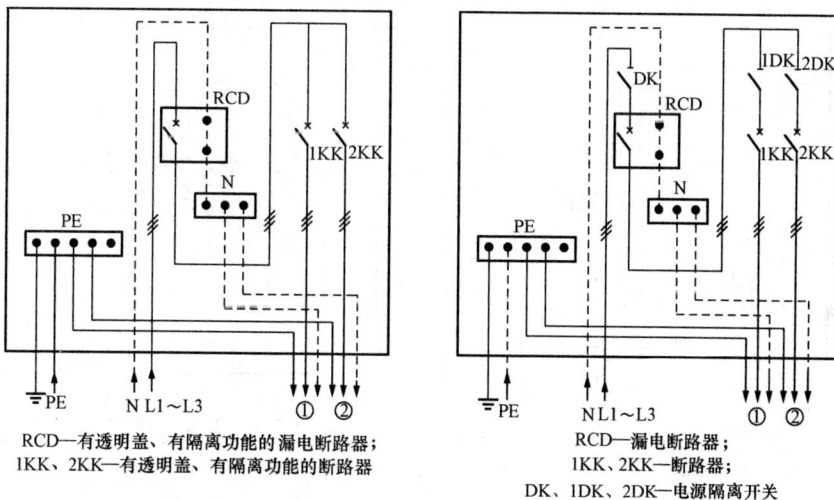

RCD—有透明盖、有隔离功能的漏电断路器；
1KK、2KK—有透明盖、有隔离功能的断路器

RCD—漏电断路器；
1KK、2KK—断路器；
DK、1DK、2DK—电源隔离开关

图 7-13　总配电箱的电器配置与接线示意图（一）

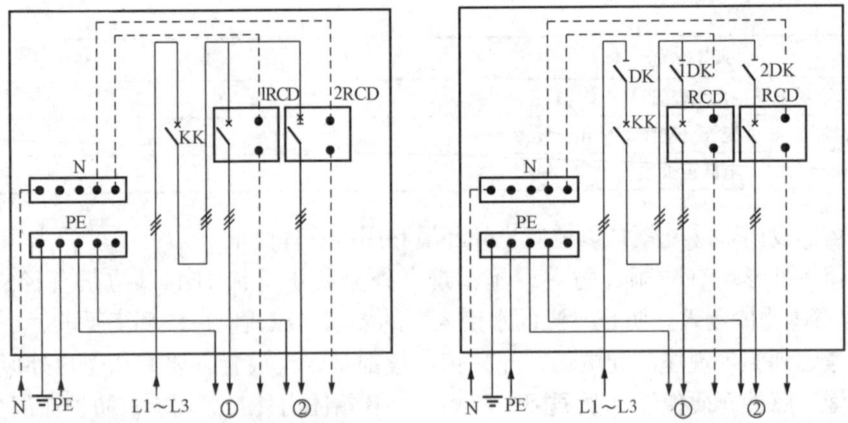

KK—有透明盖、有隔离功能的断路器；
1RCD、2RCD—有透明盖、有隔离功能的漏电断路器

RCD—漏电断路器；KK—断路器；
DK、1DK、2DK—电源隔离开关

图 7-13　总配电箱的电器配置与接线示意图（二）

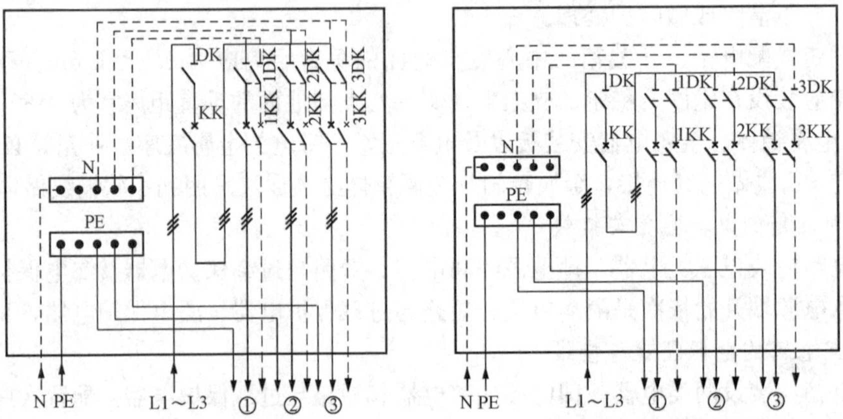

三相动力分配电箱电器配置配线图
KK、1KK、2KK、3KK—断路器；
DK、1DK、2DK、3DK—隔离开关

单相、照明分配电箱电器配置配线图
KK、1KK、2KK、3KK—断路器；
DK、1DK、2DK、3DK—隔离开关

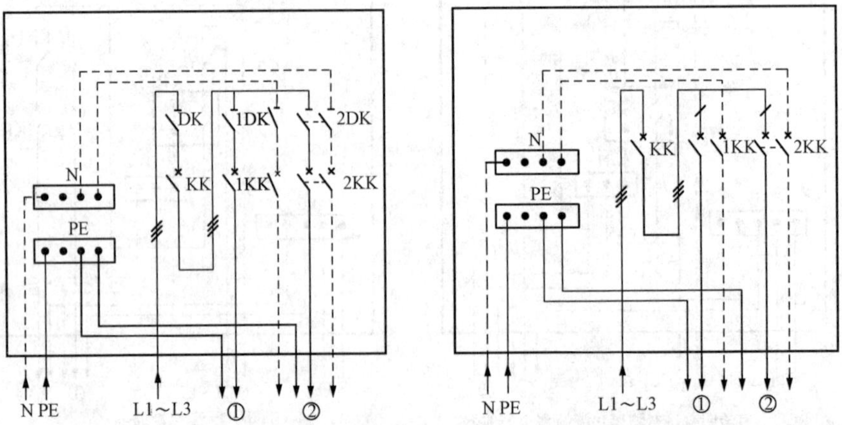

三相、单相动照混合分配电箱电器配置配线图
KK、1KK、2KK—断路器；
DK、1DK、2DK—隔离开关

三相、单相动照混合分配电箱电器配置配线图
KK、1KK、2KK—有透明盖
的、有隔离功能的断路器

图 7-14　分配电箱的电器配置与接线示意图

4. 开关箱的电器配置与接线

（1）开关箱电器配置与接线规则：电源进线端均应设有隔离电源开关，隔离开关负荷侧均应有过载、短路、漏电保护电器，见图 7-15。

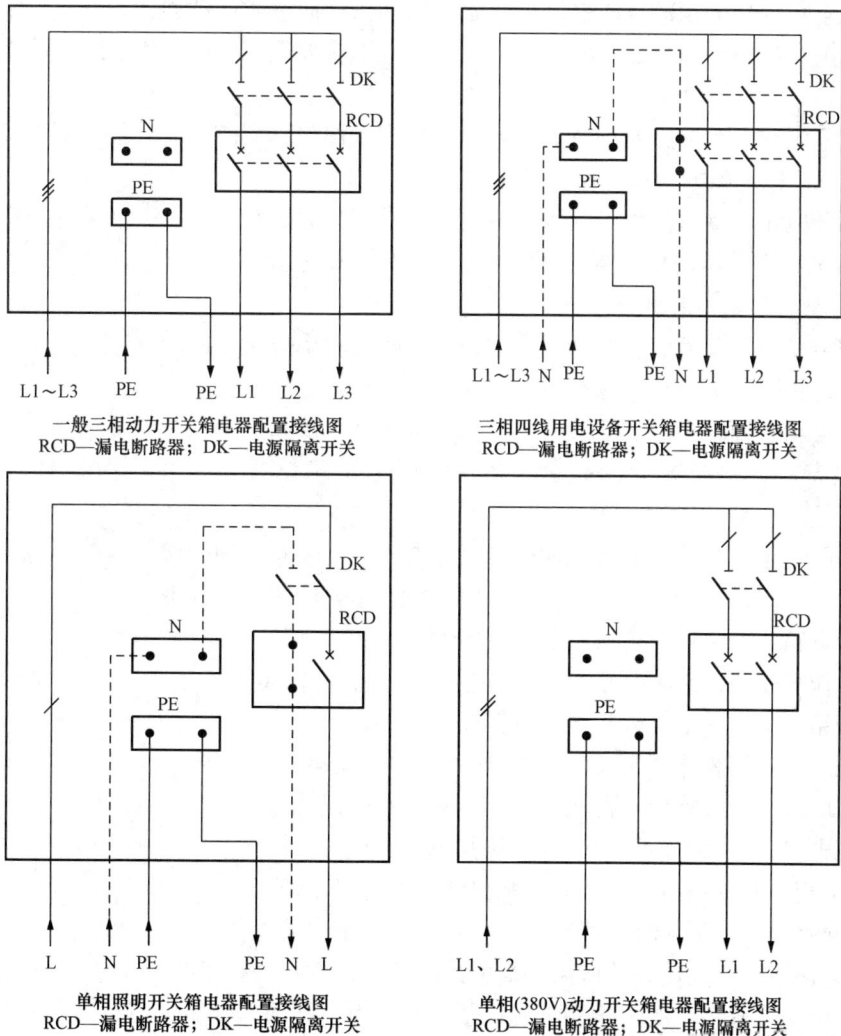

一般三相动力开关箱电器配置接线图
RCD—漏电断路器；DK—电源隔离开关

三相四线用电设备开关箱电器配置接线图
RCD—漏电断路器；DK—电源隔离开关

单相照明开关箱电器配置接线图
RCD—漏电断路器；DK—电源隔离开关

单相(380V)动力开关箱电器配置接线图
RCD—漏电断路器；DK—电源隔离开关

图 7-15 开关箱的电器配置与接线示意图

（2）对非直接接触操控用电设备（设备本身配有控制器）的开关箱，3kW 及以下（允许用手动开关不频繁操控的）动力设备的开关箱，照明设备的开关箱，用于过载、短路保护的断路器均可以用熔断器取代。

（3）如果漏电断路器是有透明盖、有隔离功能的漏电断路器，则开关箱中只需装设一个具有过载、短路、漏电、隔离功能的组合电器。但要注意该种组合电器一般只能作为配电电器使用，不宜用于控制器中或直接用于直接频繁操控的用电设备。

5. 配电箱、开关箱电器配置的注意事项

（1）配电箱的电器应具备电源隔离，正常接通与分断电路，以及短路、过载、漏电保护功能。电器选配必须能使所连接的电线电缆有短路保护和过载保护。

（2）漏电保护器应装设在总配电箱、开关箱靠近负荷的一侧，且不得用于启动电气设备的操作。

（3）漏电保护器的极数和线数必须与其负荷侧负荷的相数和线数一致。

（4）配电箱、开关箱的电源进线端严禁采用插头和插座做活动连接。

（5）开关箱中漏电保护器的额定漏电动作电流不应大于 30mA，额定漏电动作时间不应大于 0.1s。

使用于潮湿或有腐蚀介质场所的漏电保护器应采用防溅型产品，其额定漏电动作电流不应大于 15mA，额定漏电动作时间不应大于 0.1s。

（6）总配电箱中漏电保护器的额定漏电动作电流应大于 30mA，额定漏电动作时间应大于 0.1s，但其额定漏电动作电流与额定漏电动作时间的乘积不应大于 30mA·s。

6. 配电箱、开关箱使用与维护

（1）配电箱、开关箱应有名称、用途、分路标记及系统接线图。

（2）配电箱、开关箱箱门应配锁，并应由专人负责。

（3）配电箱、开关箱应定期检查、维修。检查、维修人员必须是专业电工。检查、维修时必须按规定穿、戴绝缘鞋、手套，必须使用电工绝缘工具，并应做检查、维修工作记录。

（4）对配电箱、开关箱进行定期维修、检查时，必须将其前一级相应的电源隔离开关分闸断电，并悬挂"禁止合闸、有人工作"停电标志牌，严禁带电作业。

（5）配电箱、开关箱必须按照下列顺序操作：

送电操作顺序为：总配电箱→分配电箱→开关箱；停电操作顺序为：开关箱→分配电箱→总配电箱。但出现电气故障的紧急情况可除外。

（6）施工现场停止作业 1h 以上时，应将动力开关箱断电上锁。

（7）配电箱、开关箱内不得放置任何杂物，并应保持整洁。

（8）配电箱、开关箱内不得随意挂接其他用电设备。

1）配电箱、开关箱内的电器配置和接线严禁随意改动。

2）熔断器的熔体更换时，严禁采用不符合原规格的熔体代替。

3）漏电保护器每天使用前应启动漏电试验按钮试跳一次，试跳不正常时严禁继续使用。

（9）配电箱、开关箱的进线和出线严禁承受外力，严禁与金属尖锐断口、强腐蚀介质和易燃易爆物接触。

7.1.2.6 配电线路

1. 配电线路的形式

（1）放射式（图 7-16）。

适用于施工现场负荷或大容量设备分片相对集中或重要用电设备的配线。

优点：各线路故障互不影响，供电可靠性高，维修方便。

缺点：配电线路和电器用量较多，投资较大，系统用电灵活性较差。

（2）树干式（图 7-17）。

适用于负荷较少，且分布比较均匀的用电场所。

优点：配电线路和电器比放射式配线用量少，系统用电灵活性较好。

缺点：配电线路和电器用量较多，投资较大，系统用电灵活性较差。

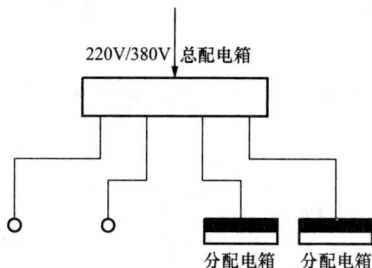

图 7-16　放射式配线线路

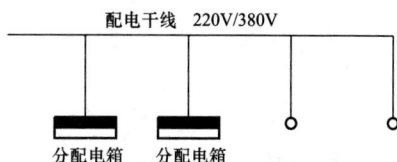

图 7-17　树干式配线线路

（3）链式（图 7-18）。

适用于相距较近的开关箱中，且不是很重要的小容量≤3（kW）的负荷场所，但链接独立负荷数不能超过 3～4 个。

（4）环形配线（图 7-19）。

适用于若干个变压器低压侧通过联络线和开关接成环状配电线路。

优点：任一段线路发生故障时均不会造成供电中断，供电可靠性高，且减少电压损失和电能损耗。

缺点：供电可靠性较差，当干线发生故障时，干线上所有用电设备均受影响。

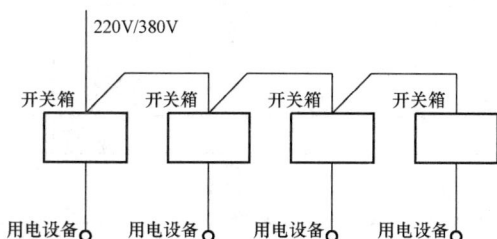

图 7-18　链式配线线路

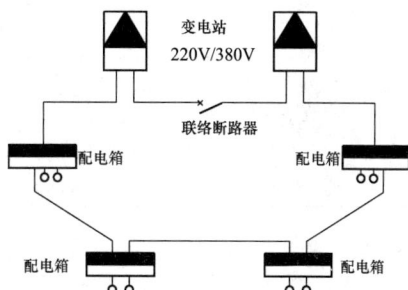

图 7-19　环形配线线路

2. 配线形式确定原则

（1）采用架空线路时，由总配电箱至分配电箱宜采用放射—树干式配线，由分配电箱至开关箱也宜采用放射—树干式配线。

（2）采用电缆线路时，由总配电箱至分配电箱宜采用放射式配线，由分配电箱至开关箱也宜采用放射式配线。

（3）采用架空—电缆混合线路时，可综合运用上述两种所确定的原则。

（4）采用多台专用变压器供电，规模较大，且属于重要工程的施工现场，可考虑采用环形配线形式。

3. 配电线路选择

（1）架空线路。

1）必须采用绝缘导线，架设在专用电杆上，电杆埋设深度宜为杆长的 1/10 加 0.6m，回填土应分层夯实。

2）架空线路的档距不得大于 35m，在一个档距内，每层导线的接头数不得超过该层导线条数的 50%，且一条导线应只有一个接头。架空线路的线间距不得小于 0.3m，靠近电杆的两导线的间距不得小于 0.5m。

3）三相四线制线路的 N 线和 PE 线截面不小于相线截面的 50%；绝缘铜线截面不小于 10mm²，绝缘铝线截面不小于 16mm²。

4）架空线路相序排列。

a. 动力、照明线在同一横担上架设时，导线相序排列是：面向负荷从左侧起依次为 L1、N、L2、L3、PE；

b. 动力、照明线在二层横担上分别架设时，导线相序排列是：上层横担面向负荷从左侧起依次为 L1、L2、L3；下层横担面向负荷从左侧起依次为 L1（L2、L3）、N、PE。

5）架空线路的线间距不得小于 0.3m，靠近电杆的两导线的间距不得小于 0.5m。

6）架空线路横担间的最小垂直距离不得小于表 7-4 所列数值；横担宜采用角钢或方木，低压铁横担角钢应按表 7-5 选用，方木横担截面应按 80mm×80mm 选用；横担长度应按表 7-6 选用。

表 7-4　　　　　　　　　　　　横担间的最小垂直距离（m）

排列方式	直线杆	分支或转角杆
高压与低压	1.2	1.0
低压与低压	0.6	0.3

表 7-5　　　　　　　　　　　　低压铁横担角钢选用表

导线截面（mm²）	直线杆	分支或转角杆	
		二线及三线	四线及以上
16、25、35、50	L50×5	2×L50×5	2×L63×5
70、95、120	L63×5	2×L63×5	2×L70×6

表 7-6　　　　　　　　　　　　横 担 长 度 选 用

横担长度（m）		
二线	三线、四线	五线
0.7	1.5	1.8

7）架空线路与邻近线路或固定物的距离应符合表 7-7 的规定。

8）架空线路宜采用钢筋混凝土杆或木杆。钢筋混凝土杆不得有露筋、宽度大于 0.4mm 的裂纹和扭曲；木杆不得腐朽，其梢径不应小于 140mm。

9）直线杆和 15°以下的转角杆，可采用单横担单绝缘子，但跨越机动车道时应采用单横担双绝缘子；15°到 45°的转角杆应采用双横担双绝缘子；45°以上的转角杆，应采用十字横担。

10）架空线路绝缘子应按下列原则选择：

直线杆采用针式绝缘子；耐张杆采用蝶式绝缘子。

11）电杆的拉线宜采用不少于 3 根直径 4.0mm 的镀锌钢丝。拉线与电杆的夹角应在 30°～45°之间。拉线埋设深度不得小于 lm。

电杆拉线如从导线之间穿过，应在高于地面 2.5m 处装设拉线绝缘子。

表 7-7   架空线路与邻近线路或固定物的距离

项目	距离类别					
最小净空距离 （m）	架空线路的过引线、 接下线与邻线		架空线与架空线 电杆外缘		架空线与摆动最大时树梢	
	0.13		0.05		0.50	
最小垂直距离 （m）	架空线同杆架 设下方的通信、 广播线路 1.0	架空线最大弧垂与地面			架空线最大 弧垂与暂设 工程顶端 2.5	架空线与邻近电力线路交叉
		施工现场	机动车道	铁路轨道		1kV 以下	1～10kV
		4.0	6.0	7.5		1.2	2.5
最小水平距离（m）	架空线电杆与 路基边缘		架空线电杆与铁路 轨道边缘		架空线边线与建筑物凸出部分	
	1.0		杆高（m）＋3.0		1.0	

12）因受地形环境限制不能装设拉线时，可采用撑杆代替拉线，撑杆埋设深度不得小于 0.8m，其底部应垫底盘或石块。撑杆与电杆的夹角宜为 30°。

13）接户线在档距内不得有接头，进线处离地高度不得小于 2.5m。接户线最小截面应符合表 7-8 规定。接户线线间及与邻近线路间的距离应符合表 7-9 的要求。

表 7-8   接 户 线 的 最 小 截 面

接户线架设方式	接户线长度（m）	接户线截面（mm²）	
		铜线	铝线
架空或沿墙敷设	10～25	6.0	10.0
	≤10	4.0	6.0

表 7-9   接户线线间及与邻近线路间的距离

接户线架设方式	接户线档距（m）	接户线线间距离（mm）
架空敷设	≤25	150
	＞25	200
沿墙敷设	≤6	100
	＞6	150
架空接户线与广播电话线交叉时的距离 （mm）		接户线在上部，600；接户线在下部，300
架空或沿墙敷设的接户线零线和相线交叉时的距离 （mm）		100

14）架空线路必须有短路保护。

采用熔断器做短路保护时，其熔体额定电流不应大于明敷绝缘导线长期连续负荷允许载流量的 1.5 倍。

采用断路器做短路保护时，其瞬动过流脱扣器脱扣电流整定值应小于线路末端单相短路电流。

15）架空线路必须有过载保护。

采用熔断器或断路器做过载保护时，绝缘导线长期连续负荷允许载流量不应小于熔断器熔体额定电流或断路器长延时过流脱扣器脱扣电流整定值的 1.25 倍。

（2）电缆线路。

1）电缆中必须包含全部工作芯线和用作保护零线或保护线的芯线。需要三相四线制配电的电缆线路必须采用五芯电缆。

五芯电缆必须包含淡蓝、绿/黄两种颜色绝缘芯线。淡蓝色芯线必须用作 N 线；绿/黄双色芯线必须用作 PE 线，严禁混用。

2）电缆线路应采用埋地或架空敷设，严禁沿地面明设，并应避免机械损伤和介质腐蚀。埋地电缆路径应设方位标志。

3）埋地敷设的深度不应小于 0.7m，在穿越建筑物、构筑物、道路、易受机械损伤、介质腐蚀场所及引出地面从 2.0m 高到地下 0.2m 处，必须加设防护套管，防护套管内径不应小于电缆外径的 1.5 倍。

4）在建工程内的电缆线路必须采用电缆埋地引入，严禁穿越脚手架引入。电缆垂直敷设应充分利用在建工程的竖井、垂直孔洞等，并宜靠近用电负荷中心，固定点每楼层不得少于一处。

5）电缆水平敷设宜沿墙或门口刚性固定，最大弧垂距地不得小于 2.0m。

6）电缆线路必须有短路保护和过载保护，短路保护和过载保护电器与电缆的选配应符合《施工现场临时用电安全技术规范》（JGJ 46）的要求。

（3）室内配线。

1）必须采用绝缘导线或电缆，采用瓷瓶、瓷（塑料）夹、嵌绝缘槽、穿管或钢索敷设的方式。

2）架空进户线的室外端应采用绝缘子固定，过墙处应穿管保护，距地面高度不得小于 2.5m，并应采取防雨措施。

3）导线或电缆的截面应根据用电设备或线路的计算负荷确定，但铜线截面不应小于 1.5mm²，铝线截面不应小于 2.5mm²。

4）室内配线必须有短路保护和过载保护，短路保护和过载保护电器与绝缘导线、电缆的选配应符合《施工现场临时用电安全技术规范》（JGJ 46）的要求。对穿管敷设的绝缘导线线路，其短路保护熔断器的熔体额定电流不应大于穿管绝缘导线长期连续负荷允许载流量的 2.5 倍。

7.1.2.7　电动建筑机械和手持式电动工具的选购、使用、检查和维修

1. 一般规定

（1）电动建筑机械和手持式电动工具的选购、使用、检查和维修及其用电安全装置应符合相应的国家现行有关强制性标准的规定，且具有产品合格证和使用说明书；

1）建立和执行专人专机负责制，并定期检查和维修保养；

2）接地符合《施工现场临时用电安全技术规范》（JGJ 46）的要求，运行时产生振动的设备的金属基座、外壳与 PE 线的连接点不少于 2 处；

3）漏电保护符合《施工现场临时用电安全技术规范》（JGJ 46）的相关要求；

4）按使用说明书使用、检查、维修。

（2）塔式起重机、施工升降机、滑升模板的金属操作平台及需要设置避雷装置的物料提升机，除应连接 PE 线外，还应做重复接地。设备的金属结构构件之间应保证电气连接。

（3）手持式电动工具中的塑料外壳Ⅱ类工具和一般场所手持式电动工具中的Ⅲ类工具可

不连接 PE 线。

（4）每台电动建筑机械或手持式电动工具的开关箱内，除应装设过载、短路、漏电保护电器外，还应按《施工现场临时用电安全技术规范》（JGJ 46）的要求装设隔离开关或具有可见分断点的断路器，以及按照 JGJ 46 规范的要求装设控制装置。正、反向运转控制装置中的控制电器应采用接触器、继电器等自动控制电器，不得采用手动双向转换开关作为控制电器。电器规格可按 JGJ 46 规范附录 C 选配。

（5）电动建筑机械和手持式电动工具的负荷线应按其计算负荷选用无接头的橡皮护套铜芯软电缆，其性能应符合现行国家标准《额定电压 450/750V 及以下橡皮绝缘电缆》（CB 5013）中第 1 部分（一般要求）和第 4 部分（软线和软电缆）的要求；其截面可按《施工现场临时用电安全技术规范》（JGJ 46）附录 C 选配。

1）电缆芯线数应根据负荷及其控制电器的相数和线数确定：三相四线时，应选用五芯电缆；三相三线时，应选用四芯电缆；当三相用电设备中配置有单相用电器具时，应选用五芯电缆；单相二线时，应选用三芯电缆。

2）电缆芯线应符合《施工现场临时用电安全技术规范》（JGJ 46）的规定，其中 PE 线应采用绿/黄双色绝缘导线。

2. 起重机械

（1）塔式起重机的电气设备应符合现行国家标准《塔式起重机安全规程》（CB 5144）中的要求。

（2）塔式起重机应按《施工现场临时用电安全技术规范》（JGJ 46）的要求做好重复接地和防雷接地。轨道式塔式起重机接地装置的设置应符合下列要求：

1）轨道两端各设一组接地装置；

2）轨道的接头处作电气连接，两条轨道端部做环形电气连接；

3）较长轨道每隔不大于 30m 加一组接地装置。

（3）塔式起重机与外电线路的安全距离应符合《施工现场临时用电安全技术规范》（JGJ 46）的要求。

（4）轨道式塔式起重机的电缆不得拖地行走。

（5）需要夜间工作的塔式起重机，应设置正对工作面的投光灯。

（6）塔身高于 30m 的塔式起重机，应在塔顶和臂架端部设红色信号灯。

（7）在强电磁波源附近工作的塔式起重机，操作人员应戴绝缘手套和穿绝缘鞋，并应在吊钩与机体间采取绝缘隔离措施，或在吊钩吊装地面物体时，在吊钩上挂接临时接地装置。

（8）施工升降机梯笼内、外均应安装紧急停止开关。

（9）施工升降机和物料提升机的上、下极限位置应设置限位开关。

（10）施工升降机和物料提升机在每日工作前必须对行程开关、限位开关、紧急停止开关、驱动机构和制动器等进行空载检查，正常后方可使用。检查时必须有防坠落措施。

3. 桩工机械

（1）潜水式钻孔机电机的密封性能应符合现行国家标准《外壳防护等级（IP 代码）》（GB 4208）中的 IP68 级的规定。

（2）潜水电机的负荷线应采用防水橡皮护套铜芯软电缆，长度不应小于 1.5m，且不得承受外力。

（3）潜水式钻孔机开关箱中的漏电保护器必须符合《施工现场临时用电安全技术规范》（JGJ 46）中对潮湿场所选用漏电保护器的要求。

4. 夯土机械

（1）夯土机械开关箱中的漏电保护器必须符合《施工现场临时用电安全技术规范》（JGJ 46）中对潮湿场所选用漏电保护器的要求。

（2）夯土机械 PE 线的连接点不得少于 2 处。

（3）夯土机械的负荷线应采用耐气候型橡皮护套铜芯软电缆。

使用夯土机械必须按规定穿戴绝缘用品，使用过程应有专人调整电缆，电缆长度不应大于 50m。电缆严禁缠绕、扭结和被夯土机械跨越。

多台夯土机械并列工作时，其间距不得小于 5m；前后工作时，其间距不得小于 10m。

夯土机械的操作扶手必须绝缘。

5. 焊接机械

（1）电焊机械应放置在防雨、干燥和通风良好的地方。焊接现场不得有易燃、易爆物品。

（2）交流弧焊机变压器的一次侧电源线长度不应大于 5m，其电源进线处必须设置防护罩。发电机式直流电焊机的换向器应经常检查和维护，应消除可能产生的异常电火花。

（3）电焊机械开关箱中的漏电保护器必须符合《施工现场临时用电安全技术规范》（JGJ 46）的要求。交流电焊机械应配装防二次侧触电保护器。

（4）电焊机械的二次线应采用防水橡皮护套铜芯软电缆，电缆长度不应大于 30m，不得采用金属构件或结构钢筋代替二次线的地线。

（5）使用电焊机械焊接时必须穿戴防护用品。严禁露天冒雨从事电焊作业。

6. 手持式电动工具

（1）空气湿度小于 75% 的一般场所可选用 I 类或 II 类手持式电动工具，其金属外壳与 PE 线的连接点不得少于 2 处；除塑料外壳 II 类工具外，相关开关箱中漏电保护器的额定漏电动作电流不应大于 15mA，额定漏电动作时间不应大于 0.1s，其负荷线插头应具备专用的保护触头。所用插座和插头在结构上应保持一致，避免导电触头和保护触头混用。

（2）在潮湿场所或金属构架上操作时，必须选用 II 类或由安全隔离变压器供电的 III 类手持式电动工具。金属外壳 II 类手持式电动工具使用时，必须符合《施工现场临时用电安全技术规范》（JGJ 46）的要求；其开关箱和控制箱应设置在作业场所外面。在潮湿场所或金属构架上严禁使用 I 类手持式电动工具。

（3）狭窄场所必须选用由安全隔离变压器供电的 III 类手持式电动工具，其开关箱和安全隔离变压器均应设置在狭窄场所外面，并连接 PE 线。漏电保护器的选择应符合《施工现场临时用电安全技术规范》（JGJ 46）中对使用于潮湿或有腐蚀介质场所漏电保护器的要求。操作过程中，应有人在外面监护。

（4）手持式电动工具的负荷线应采用耐气候型的橡皮护套铜芯软电缆，并不得有接头。

（5）手持式电动工具的外壳、手柄、插头、开关、负荷线等必须完好无损，使用前必须做绝缘检查和空载检查，在绝缘合格、空载运转正常后方可使用。绝缘电阻不应小于表 7-10 规定的数值。

（6）使用手持式电动工具时，必须按规定穿、戴绝缘防护用品。

表 7-10 手持式电动工具绝缘电阻限值

测量部位	绝缘电阻（MΩ）		
	Ⅰ类	Ⅱ类	Ⅲ类
带电零件与外壳之间	2	7	1

注 绝缘电阻用 500V 兆欧表测量。

7. 其他电动建筑机械

（1）混凝土搅拌机、插入式振动器、平板振动器、地面抹光机、水磨石机、钢筋加工机械、木工机械、盾构机械、水泵等设备的漏电保护应符合《施工现场临时用电安全技术规范》（JGJ 46）的要求。

（2）混凝土搅拌机、插入式振动器、平板振动器、地面抹光机、水磨石机、钢筋加工机械、木工机械、盾构机械的负荷线必须采用耐气候型橡皮护套铜芯软电缆，并不得有任何破损和接头。

（3）水泵的负荷线必须采用防水橡皮护套铜芯软电缆，严禁有任何破损和接头，并不得承受任何外力。

（4）盾构机械的负荷线必须固定牢固，距地高度不得小于 2.5mm。

（5）对混凝土搅拌机、钢筋加工机械、木工机械、盾构机械等设备进行清理、检查、维修时，必须首先将其开关箱分闸断电，呈现可见电源分断点，并关门上锁。

7.1.2.8 照明

1. 一般规定

（1）在坑、洞、井内作业、夜间施工或厂房、道路、仓库、办公室、食堂、宿舍、料具堆放场及自然采光差等场所，应设一般照明、局部照明或混合照明。

1）在一个工作场所内，不得只设局部照明。

2）停电后，操作人员需及时撤离的施工现场，必须装设自备电源的应急照明。

（2）现场照明应采用高光效、长寿命的照明光源。对需大面积照明的场所，应采用高压汞灯、高压钠灯或混光用的卤钨灯等。

（3）照明器的选择必须按下列环境条件确定：

1）正常湿度一般场所，选用开启式照明器；

2）潮湿或特别潮湿场所，选用密闭型防水照明器或配有防水灯头的开启式照明器；

3）含有大量尘埃但无爆炸和火灾危险的场所，选用防尘型照明器；

4）有爆炸和火灾危险的场所，按危险场所等级选用防爆型照明器；

5）存在较强振动的场所，选用防振型照明器；

6）有酸碱等强腐蚀介质场所，选用耐酸碱型照明器。

（4）照明器具和器材的质量应符合国家现行有关强制性标准的规定，不得使用绝缘老化或破损的器具和器材。

（5）无自然采光的地下大空间施工场所，应编制单项照明用电方案。

2. 照明供电

（1）一般场所宜选用额定电压为 220V 的照明器。

（2）下列特殊场所应使用安全特低电压照明器：

1）隧道、人防工程、高温、有导电灰尘、比较潮湿或灯具离地面高度低于2.5m等场所的照明，电源电压不应大于36V；

2）潮湿和易触及带电体场所的照明，电源电压不得大于24V；

3）特别潮湿场所、导电良好的地面、锅炉或金属容器内的照明，电源电压不得大于12V。

（3）使用行灯应符合下列要求：

1）电源电压不大于36V；

2）灯体与手柄应坚固、绝缘良好并耐热耐潮湿；

3）灯头与灯体结合牢固，灯头无开关；

4）灯泡外部有金属保护网；

5）金属网、反光罩、悬吊挂钩固定在灯具的绝缘部位上。

（4）远离电源的小面积工作场地、道路照明、警卫照明或额定电压为12～36V照明的场所，其电压允许偏移值为额定电压值的-10%～5%；其余场所电压允许偏移值为额定电压值的±5%。

（5）照明变压器必须使用双绕组型安全隔离变压器，严禁使用自耦变压器。

照明系统宜使三相负荷平衡，其中每一单相回路上，灯具和插座数量不宜超过25个，负荷电流不宜超过15A。

（6）携带式变压器的一次侧电源线应采用橡皮护套或塑料护套铜芯软电缆，中间不得有接头，长度不宜超过3m，其中绿/黄双色线只可作PE线使用，电源插销应有保护触头。

（7）工作零线截面应按下列规定选择：

1）单相二线及二相二线线路中，零线截面与相线截面相同；

2）三相四线制线路中，当照明器为白炽灯时，零线截面不小于相线截面的50%；当照明器为气体放电灯时，零线截面按最大负载相的电流选择；

3）在逐相切断的三相照明电路中，零线截面与最大负载相线截面相同。

（8）室内、室外照明线路的敷设应符合《施工现场临时用电安全技术规范》（JGJ 46）的要求。

3. 照明装置

（1）照明灯具的金属外壳必须与PE线相连接，照明开关箱内必须装设隔离开关、短路与过载保护电器和漏电保护器，并应符合《施工现场临时用电安全技术规范》（JGJ 46）的规定。

（2）室外220V灯具距地面不得低于3m，室内220V灯具距地面不得低于2.5m。

（3）普通灯具与易燃物距离不宜小于300mm；聚光灯、碘钨灯等高热灯具与易燃物距离不宜小于500mm，且不得直接照射易燃物。达不到规定安全距离时，应采取隔热措施。

（4）路灯的每个灯具应单独装设熔断器保护。灯头线应做防水弯。

（5）荧光灯管应采用管座固定或用吊链悬挂。荧光灯的镇流器不得安装在易燃的结构物上。

（6）碘钨灯及钠、铊、铟等金属卤化物灯具的安装高度宜在3m以上，灯线应固定在接线柱上，不得靠近灯具表面。

（7）投光灯的底座应安装牢固，应按需要的光轴方向将枢轴拧紧固定。

（8）螺口灯头及其接线应符合下列要求：

1）灯头的绝缘外壳无损伤、无漏电；

2）相线接在与中心触头相连的一端，零线接在与螺纹口相连的一端。

（9）灯具内的接线必须牢固，灯具外的接线必须做可靠的防水绝缘包扎。

（10）暂设工程的照明灯具宜采用拉线开关控制，开关安装位置宜符合下列要求：

1）拉线开关距地面高度为 2～3m，与出入门的水平距离为 0.15～0.2m，拉线的出口向下；

2）其他开关距地面高度为 1.3m，与出入门的水平距离为 0.15～0.2m。

（11）灯具的相线必须经开关控制，不得将相线直接引入灯具。

（12）对夜间影响飞机或车辆通行的在建工程及机械设备，必须设置醒目的红色信号灯，其电源应设在施工现场总电源开关的前侧，并应设置外电线路停止供电时的应急自备电源。

7.1.2.9　外电线路的防护

（1）在建工程不得在外电架空线路正下方施工、搭设作业棚、建造生活设施或堆放构件、架具、材料及其他杂物等。

（2）在建工程（含脚手架）的周边与外电架空线路的边线之间的最小安全操作距离应符合表 7-11 规定。

表 7-11　　在建工程（含脚手架）的周边与架空线路的边线之间的最小安全操作距离

外电线路电压等级（kV）	<1	1～10	35～110	220	330～500
最小安全操作距离（m）	4.0	6.0	8.0	10	15

注　上、下脚手架的斜道不宜设在有外电线路的一侧。

（3）施工现场的机动车道与外电架空线路交叉时，架空线路的最低点与路面的最小垂直距离应符合表 7-12 规定。

表 7-12　　　　施工现场的机动车道与架空线路交叉时的最小垂直距离

外电线路电压等级（kV）	<1	1～10	35
最小垂直距离（m）	6.0	7.0	7.0

（4）起重机严禁越过无防护设施的外电架空线路作业。在外电架空线路附近吊装时，起重机的任何部位或被吊物边缘在最大偏斜时与架空线路边线的最小安全距离应符合表 7-13 规定。

表 7-13　　　　　　起重机与架空线路边线的最小安全距离

电压（kV）		<1	10	35	110	220	330	500
安全距离（m）	沿垂直方向	1.5	3.0	4.0	5.0	6.0	7.0	8.5
	沿水平方向	1.5	2.0	3.5	4.0	6.0	7.0	8.5

（5）施工现场开挖沟槽边缘与外电埋地电缆沟槽边缘之间的距离不得小于 0.5m。

（6）当达不到第（2）～（4）点中的规定时，必须采取绝缘隔离防护措施，并应悬挂醒目的警告标志。

（7）架设防护设施时，必须经有关部门批准，采用线路暂时停电或其他可靠的安全技术措施，并应有电气工程技术人员和专职安全人员监护。

（8）防护设施与外电线路之间的安全距离不应小于表 7-14 所列数值。

表 7-14	防护设施与外电线路之间的最小安全距离					
外电线路电压等级（kV）	≤10	35	110	220	330	500
最小安全操作距离（m）	1.7	2.0	2.5	4.0	5.0	6.0

（9）防护设施应坚固、稳定，且对外电线路的隔离防护应达到 IP30 级（防护设施点缝隙能防止 2.5mm 固体异物穿越）。

（10）当第（6）规定的防护措施无法实现时，必须与有关部门协商，采取停电、迁移外电线路或改变工程位置等措施，未采取上述措施的严禁施工。

（11）在外电架空线路附近开挖沟槽时，必须会同有关部门采取加固措施，防止外电架空线路电杆倾斜、悬倒。

7.1.2.10　电气设备的防护

（1）电气设备现场周围不得存放易燃易爆物、污染和腐蚀介质，否则应予清除或做防护处置，其防护等级必须与环境条件相适应。

（2）电气设备设置场所应能避免物体打击和机械损伤，否则应做防护处置。

思考与练习

（1）简述施工用电供配电系统的基本结构和系统设置的规则。

（2）简述施工用电基本保护系统。

（3）哪些电气设备不带电的外露可导电部分应做保护接零？

（4）总配电箱、分配电箱和开关箱有哪些电器配置，其配置次序如何？

（5）配电线路的形式有哪些？如何选用？

（6）请指出图 7-20～图 7-22 中有哪些地方违规？

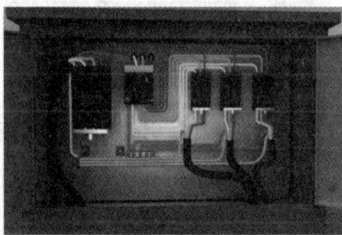

图 7-20　配电箱

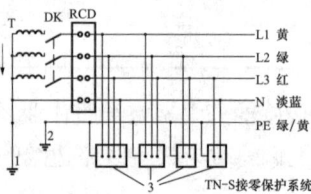

图 7-21　TN-S 系统

图 7-22　电焊机

任务 7.2　编制施工用电组织设计

7.2.1　施工用电组织设计编制的目的和任务

1. 施工用电组织设计编制的目的

编制施工用电组织设计是保障施工现场临时用电安全可靠的、首要的、不可缺少的基础性技术措施。

（1）在于使施工现场施工用电有一个可遵循的科学依据，从而保障其运行的安全可靠性。

（2）作为施工用电的主要技术资料，有助于加强现场临时用电的技术管理，从而保障其使用的安全性和可靠性。

2．施工用电组织设计编制的任务

为现场施工设计一个完备的临时用电工程，制定一套安全用电技术措施和电器防火措施，同时所设计的施工用电要求，还要兼顾用电方便和经济。

7.2.2　施工用电组织设计

1．内容

（1）现场勘测；

（2）确定电源进线、变电站或配电室、配电装置、用电设备位置及线路走向；

（3）进行负荷计算；

（4）选择变压器；

（5）设计配电系统：

1）设计配电线路，选择导线或电缆；

2）设计配电装置，选择电器；

3）设计接地装置；

4）绘制临时用电工程图纸，主要包括用电工程总平面图、配电装置布置图、配电系统接线图、接地装置设计图。

（6）设计防雷装置；

（7）确定防护措施；

（8）制定安全用电措施和电气防火措施。

2．编制注意事项

（1）施工现场临时用电设备在 5 台及以上或设备总容量在 50kW 及以上者，应编制用电组织设计。

（2）临时用电组织设计及变更时，必须履行"编制、审核、批准"程序，由电气工程技术人员组织编制，经相关部门审核及具有法人资格企业的技术负责人批准后实施。变更用电组织设计时应补充有关图纸资料。

（3）临时用电工程必须经编制、审核、批准部门和使用单位共同验收，合格后方可投入使用。

（4）施工现场临时用电设备在 5 台以下和设备总容量在 50kW 以下者，应制定安全用电和电气防火措施。同时要满足上述第 2、3 点的要求。

3．编制依据

（1）施工组织设计；

（2）《施工现场临时用电安全技术规范》（JGJ 46）；

（3）《低压配电设计规范》（GB 50054）；

（4）《供配电系统设计规范》（GB 50052）；

（5）施工机械设备产品说明书；

（6）住建部、各省市对施工安全用电的相关规定和要求。

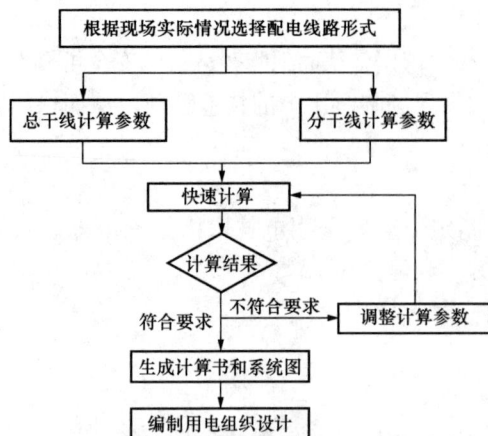

图 7-23　编制流程图

4. 编制流程（图 7-23）

5. 设计思路

（1）根据现场实际情况选择配电线路形式（放射式、树干式、链式或环形配线）。

（2）根据总计算负荷和峰值电流选择电源和备用电源。

（3）根据总负荷、支路负荷计算出的总电流、支路电流和架设方式选择总电源线线径和支路线径。

（4）根据总负荷、支路负荷计算出的总电流、支路电流，选择总配电箱、分配电箱及开关箱的电器。

★ 思考与练习

（1）简述施工用电组织设计编制的目的和任务。

（2）施工用电组织设计编制须注意哪些事项？

任务 7.3　规范、规程与标准

《施工现场临时用电安全技术规范》（JGJ 46）强制性条文见表 7-15。

表 7-15　　　《施工现场临时用电安全技术规范》（JGJ 46）强制性条文

章	条文内容
1　总则	1.0.3　建筑施工现场临时用电工程专用的电源中性点直接接地的 220/380V 三相四线制低压电力系统，必须符合下列规定： 1　采用三级配电系统； 2　采用 TN-S 接零保护系统； 3　采用二级漏电保护系统。
3　临时用电管理	3.1.4　临时用电组织设计及变更时，必须履行"编制、审核、批准"程序，由电气工程技术人员组织编制，经相关部门审核及具有法人资格企业的技术负责人批准后实施。变更用电组织设计时应补充有关图纸资料。 3.1.5　临时用电工程必须经编制、审核、批准部门和使用单位共同验收，合格后方可投入使用。 3.3.4　临时用电工程定期检查应按分部、分项工程进行，对安全隐患必须及时处理，并应履行复查验收手续。
5　接地与防雷	5.1.1　在施工现场专用变压器的供电的 TN-S 接零保护系统中，电气设备的金属外壳必须与保护零线连接。保护零线应由工作接地线、配电室（总配电箱）电源侧零线或总漏电保护器电源侧零线处引出。

章	条文内容
5　接地与防雷	5.1.2　当施工现场与外电线路共用同一供电系统时，电气设备的接地、接零保护应与原系统保持一致。不得一部分设备做保护接零，另一部分设备做保护接地。采用 TN 系统做保护接零时，工作零线（N 线）必须通过总漏电保护器，保护零线（PE 线）必须由电源进线零线重复接地处或总漏电保护器电源侧零线处，引出形成局部 TN-S 接零保护系统。 5.1.10　PE 线上严禁装设开关或熔断器，严禁通过工作电流，且严禁断线。 5.3.2　TN 系统中的保护零线除必须在配电室或总配电箱处做重复接地外，还必须在配电系统的中间处和末端处做重复接地。在 TN 系统中，保护零线每一处重复接地装置的接地电阻值不应大于 10Ω。在工作接地电阻值允许达到 10 绕的电力系统中，所有重复接地的等效电阻值不应大于 10Ω。 5.4.7　做防雷接地机械上的电气设备，所连接的 PE 线必须同时做重复接地，同一台机械电气设备的重复接地和机械的防雷接地可共用同一接地体，但接地电阻应符合重复接地电阻值的要求
6　配电室及自备电源	6.1.6　配电柜应装设电源隔离开关及短路、过载、漏电保护电器。电源隔离开关分断时应有明显可见分断点。 6.1.8　配电柜或配电线路停电维修时，应挂接地线，并应悬挂"禁止合闸、有人工作"停电标志牌。停送电必须由专人负责。 6.2.3　发电机组电源必须与外电线路电源连锁，严禁并列运行。 6.2.7　发电机组并列运行时，必须装设同期装置，并在机组同步运行后再向负载供电
7　配电线路	7.2.1　电缆中必须包含全部工作芯线和用作保护零线或保护线的芯线。需要三相四线制配电的电缆线路必须采用五芯电缆。五芯电缆必须包含淡蓝、绿/黄两种颜色绝缘芯线。淡蓝色芯线必须用作 N 线；绿/黄双色芯线必须用作 PE 线，严禁混用。 7.2.3　电缆线路应采用埋地或架空敷设，严禁沿地面明设，并应避免机械损伤和介质腐蚀。埋地电缆路径应设方位标志
8　配电箱及开关箱	8.1.3　每台用电设备必须有各自专用的开关箱，严禁用同一个开关箱直接控制 2 台及 2 台以上用电设备（含插座）。 8.1.11　配电箱的电器安装板上必须分设 N 线端子板和 PE 线端子板。N 线端子板必须与金属电器安装板绝缘；PE 线端子板必须与金属电器安装板做电气连接。进出线中的 N 线必须通过 N 线端子板连接；PE 线必须通过 PE 线端子板连接。 8.2.10　开关箱中漏电保护器的额定漏电动作电流不应大于 30mA，额定漏电动作时间不应大于 0.1s。使用于潮湿或有腐蚀介质场所的漏电保护器应采用防溅型产品，其额定漏电动作电流不应大于 15mA，额定漏电动作时间不应大于 0.1s。 8.2.11　总配电箱中漏电保护器的额定漏电动作电流应大于 30mA，额定漏电动作时间应大于 0.1s，但其额定漏电动作电流与额定漏电动作时间的乘积不应大于 30mA·s。 8.2.15　配电箱、开关箱的电源进线端严禁采用插头和插座做活动连接。 8.3.4　对配电箱、开关箱进行定期维修、检查时，必须将其前一级相应的电源隔离开关分闸断电，并悬挂"禁止合闸、有人工作"停电标志牌，严禁带电作业
9　电动建筑机械和手持式电动工具	9.7.3　对混凝土搅拌机、钢筋加工机械、木工机械、盾构机械等设备进行清理、检查、维修时，必须首先将其开关箱分闸断电，呈现可见电源分断点，并关门上锁

章	条文内容
10　照明	10.2.2　下列特殊场所应使用安全特低电压照明器： 1 隧道、人防工程、高温、有导电灰尘、比较潮湿或灯具离地面高度低于 2.5m 等场所的照明，电源电压不应大于 36V； 2 潮湿和易触及带电体场所的照明，电源电压不得大于 24V； 3 特别潮湿场所、导电良好的地面、锅炉或金属容器内的照明，电源电压不得大于 12V。 10.2.5 照明变压器必须使用双绕组型安全隔离变压器，严禁使用自耦变压器。 　　10.3.11　对夜间影响飞机或车辆通行的在建工程及机械设备，必须设置醒目的红色信号灯，其电源应设在施工现场总电源开关的前侧，并应设置外电线路停止供电时的应急自备电源

职业活动训练

参观施工现场，解决下列问题：

（1）施工现场平面布置、焊接机具、消防设施、器材的布置是否符合要求？

（2）施工现场对特殊工种防火有哪些要求？

（3）施工现场如何进行防火检查？

（4）施工现场消防安全管理是否满足要求？

项目8 施工现场消防安全

【知识目标】

（1）了解施工现场消防安全的基本理论和相关知识；

（2）熟悉施工现场平面布置的消防安全要求；

（3）掌握焊接机具与燃气具的安全管理、消防设施与消防器材的布置原则；特殊工种、地下工程与高层建筑施工、季节性施工的防火要求、消防检查与施工现场灭火方法等。

【技能目标】

（1）能够参与编制施工现场消防专项施工方案；

（2）能够组织施工现场消防安全检查，并记录、收集、整理有关安全管理档案资料。

【相关案例】

详细内容请用微信扫描本页二维码阅览。

项目8 相关拓展阅读资源

任务8.1 施工现场消防安全技术

建设工程施工现场常见的安全事故有高处坠落、坍塌、物体打击、机械损伤、火灾等。在常见的安全事故中，火灾事故占比不大，但危害大。施工现场消防安全管理包括总平面布局、建筑防火、临时消防设施、防火管理等内容。

8.1.1 施工现场总平面布局

1. 施工现场总平面布局一般规定

2. 消防车道

（1）施工现场内应设置临时消防车道，临时消防车道与在建工程、临时用房、可燃材料堆场及其加工场的距离，不宜小于5m，且不宜大于40m；施工现场周边道路满足消防车通行及灭火救援要求时，施工现场内可不设置临时消防车道。

（2）临时消防车道的设置应符合下列规定：

表面该处有二维码拓展资源，读者可用微信扫描本项目首页二维码阅览。

1）临时消防车道宜为环形，如设置环形车道确有困难，应在施工现场设置尺寸不小于12m×12m 的回车场。

2）临时消防车道的净宽度和净空高度分别不应小于 4m。

3）临时消防车道的右侧应设置消防车行进路线指示标识。

4）临时消防车道路面、扑救作业场地及其下面的管道和暗沟等应能承受大型消防车通行压力及工作荷载。

（3）下列建筑应设置环形临时消防车道，设置环形临时消防车道确有困难时，除应按规范要求设置回车场外，尚应按要求设置临时消防救援场地：

1）建筑高度大于 24m 的在建工程。

2）建筑工程单体占地面积大于 3000m² 的在建工程。

3）超过 10 栋，且为成组布置的临时用房。

（4）临时消防救援场地的设置应符合下列要求：

1）临时消防救援场地应在在建工程装饰装修阶段设置。

2）临时消防救援场地应设置在成组布置的临时用房场地的长边一侧及在建工程的长边一侧。

3）场地宽度应满足消防车正常操作要求且不应小于 6m，与在建工程外脚手架的净距不宜小于 2m，且不宜超过 6m。

8.1.2　建筑防火 📱

1. 建筑防火一般规定

2. 临时用房防火

3. 在建工程防火

8.1.3　临时消防设施 📱

1. 一般规定

2. 灭火器

3. 临时消防给水系统

4. 应急照明

任务8.2　施工现场防火管理

8.2.1　禁火区域划分及审批规定

施工现场的动火作业，必须执行审批制度。

（1）凡属下列情况之一的属一级动火：

1）禁火区域内；

2）油罐、油箱、油槽车和储存过可燃气体、易燃液体的容器以及连接在一起的辅助设备；

3）各种受压设备；

4）危险性较大的登高焊、割作业；

5）比较密封的室内、容器内、地下室等场所；

6）现场堆有大量可燃和易燃物质的场所。

一级动火作业由所在单位行政负责人填写动火申请表，编制安全技术措施方案，报相关保卫部门及消防部门审查批准后，方可动火。

古建筑和重要文物单位等场所动火作业，按一级动火手续上报审批。

（2）凡属下列情况之一的为二级动火

1）在具有一定危险因素的非禁火区域进行临时焊、割等用火作业；

2）小型油箱等容器；

3）登高焊、割等用火作业。

二级动火作业由所在施工现场的负责人填写动火申请表，编制安全技术措施方案，报本单位主管部门审查批准后，方可动火。

（3）在非固定的、无明显危险因素的场所进行用火作业，均属三级动火作业。

三级动火作业由所在班组填写动火申请表，经施工现场负责人及主管人员审查批准后，方可动火。

8.2.2 施工现场防火管理一般规定 📱

1. 一般规定

2. 可燃物及易燃易爆危险品管理

3. 用火、用电、用气的管理

4. 其他施工管理

8.2.3 特殊工种防火 📱

1. 焊工的防火安全要求

电气焊是利用电能或化学能转变为热能从而对金属进行加热的熔接方法。焊接或切割的基本特点是高温、高压、易燃、易爆。

（1）电焊工。

（2）气焊工。

（3）电、气焊作业过程中的防火要求。

（4）"十不烧"规定。

2. 木工的防火安全要求

3. 电工的防火安全要求

4. 油漆工的防火安全要求

5. 防水工的防火安全要求

6. 防腐蚀作业的防火安全要求

7. 架子工的防火安全要求

8.2.4 地下工程防火 📱

8.2.5 高层建筑防火 📱

1. 高层建筑施工防火措施

2. 高层建筑施工防火注意事项

8.2.6 雨期和夏季防火要求 📱

8.2.7 施工现场防火检查 📱

施工现场防火检查是督促查看建筑工地的消防工作情况、控制火灾、减少火灾损失、维护消防安全的重要手段，是现场施工单位自身消防安全管理的重要措施。

1. 施工现场防火检查制度
2. 施工现场防火检查内容
3. 施工现场防火安全检查方法

任务 8.3　规范、规程与标准

《建设工程施工现场消防安全技术规范》（GB 50720）强制性条文见表 8-1。

表 8-1　　　《建设工程施工现场消防安全技术规范》（GB 50720）强制性条文

条文编号	条文内容
3.2.1	易燃易爆危险品库房与在建工程的防火间距不应小于 15m，可燃材料堆场及其加工场、固定动火作业场与在建工程的防火间距不应小于 10m，其他临时用房、临时设施与在建工程的防火间距不应小于 6m。
4.2.1	宿舍、办公用房的防火设计应符合下列规定： 1. 建筑构件的燃烧性能等级应为 A 级。当采用金属夹芯板材时，其芯材的燃烧性能等级应为 A 级。
4.2.2	发电机房、变配电房、厨房操作间、锅炉房、可燃材料库房及易燃易爆危险品库房的防火设计应符合下列规定：1. 建筑构件的燃烧性能等级应为 A 级。
4.3.3	既有建筑进行扩建、改建施工时，必须明确划分施工区和非施工区。施工区不得营业、使用和居住；非施工区继续营业、使用和居住时，应符合下列要求： 1. 施工区和非施工区之间应采用不开设门、窗、洞口的耐火极限不低于 3.0h 的不燃烧体隔墙进行防火分隔。 2. 非施工区内的消防设施应完好和有效，疏散通道应保持畅通，并应落实日常值班及消防安全管理制度。 3. 施工区的消防安全应配有专人值守，发生火情应能立即处置。 4. 施工单位应向居住和使用者进行消防宣传教育、告知建筑消防设施、疏散通道的位置及使用方法，同时应组织进行疏散演练。 5. 外脚手架搭设不应影响安全疏散、消防车正常通行及灭火救援操作，外脚手架搭设长度不应超过该建筑物外立面周长的 1/2。
5.1.4	施工现场的消火栓泵应采用专用消防配电线路。专用消防配电线路应自施工现场总配电箱的总断路器上端接入，且应保持不间断供电。
5.3.5	临时用房的临时室外消防用水量不应小于表 5.3.5（表 8-2）的规定。
5.3.6	在建工程的临时室外消防用水量不应小于表 5.3.6（表 8-3）的规定。
5.3.9	在建工程的临时室内消防用水量不应小于表 5.3.9（表 8-4）的规定。
6.2.1	用于在建工程的保温、防水、装饰及防腐等材料的燃烧性能等级，应符合设计要求。
6.2.3	室内使用油漆及其有机溶剂、乙二胺、冷底子油等易挥发产生易燃气体的物资作业时，应保持良好通风，作业场所严禁明火，并应避免产生静电。
6.3.1	施工现场用火，应符合下列要求： 3. 焊接、切割、烘烤或加热等动火作业前，应对作业现场的可燃物进行清理；作业现场及其附近无法移走的可燃物应采用不燃材料对其覆盖或隔离。 5. 裸露的可燃材料上严禁直接进行动火作业。 9. 具有火灾、爆炸危险的场所严禁明火。
6.3.3	施工现场用气，应符合下列要求： 1. 储装气体的罐瓶及其附件应合格、完好和有效；严禁使用减压器及其他附件缺损的氧气瓶，严禁使用乙炔专用减压器、回火防止器及其他附件缺损的乙炔瓶。

表 8-2　　　　　　　　　　　　　临时用房的临时室外消防用水量

临时用房的建筑面积之和	火灾延续时间（h）	消火栓用水量（L/s）	每支水枪最小流量（L/s）
1000m³＜体积≤5000m³	1	10	5
面积＞5000m³		15	5

表 8-3　　　　　　　　　　　　　在建工程的临时室外消防用水量

在建工程（单体）体积	火灾延续时间（h）	消火栓用水量（L/s）	每支水枪最小流量（L/s）
10000m³＜体积≤30000m³	1	15	5
体积＞30000m³	2	20	5

表 8-4　　　　　　　　　　　　　在建工程的临时室内消防用水量

建筑高度、在建工程体积（单体）	火灾延续时间（h）	消火栓用水量（L/s）	每支水枪最小流量（L/s）
24m＜建筑高度＜50m 或 30000m³＜体积≤50000m³	1	10	5
建筑高度＞50m 或体积＞50000m³	1	15	5

思考与练习

（1）施工现场总平面布局的消防安全要求有哪些？

（2）如何对焊接机具进行消防安全管理？

（3）施工现场有哪些特殊工种需要特别注意防火安全？

（4）防火检查的内容有哪些？

（5）高层建筑如何防火？

职业活动训练

通过参观一个施工现场，解决以下问题：

（1）施工现场平面布置、焊接机具、消防设施、器材的布置是否符合要求？

（2）现场对特殊工种防火要求有哪些？

（3）现场如何进行防火检查？

（4）现场采用何种方法灭火？

（5）施工现场的消防安全管理是否能满足要求，有哪些地方需要改进？

参 考 文 献

［1］　国振喜. 简明钢筋混凝土结构计算手册. 3 版. 北京：机械工业出版社，2017.

［2］　本书编写组. 建筑结构静力计算手册. 3 版. 北京：中国建筑工业出版社，2021.

［3］　广州市建筑集团有限公司. 建筑施工工艺标准. 北京：中国建筑工业出版社，2006.

［4］　江正荣. 建筑施工计算手册. 4 版. 北京：中国建筑工业出版社，2018.

［5］　杜荣军. 建筑施工安全手册. 北京：中国建筑工业出版社，2016.

［6］　吴瑞卿. 建筑施工安全专项方案编制新技术与实例. 北京：中国环境出版社，2014.

［7］　住房和城乡建设部办公厅建办质(2018)31 号：关于实施《危险性较大的分部分项工程安全管理规定》有关问题的通知. 北京，2018.

［8］　中华人民共和国住房和城乡建设部令第 37 号：危险性较大的分部分项工程安全管理规定. 北京，2018.